“十二五”职业教育国家规划教材
经全国职业教育教材审定委员会审定

办公自动化实用教程

（第三版）

石朝晖　刘文娟　主　编
周　伟　谢杨洋　杨东岳　副主编

中国财经出版传媒集团
经济科学出版社
Economic Science Press

图书在版编目（CIP）数据

办公自动化实用教程/石朝晖，刘文娟主编．—3版．—北京：经济科学出版社，2020.6

“十二五”职业教育国家规划教材　经全国职业教育教材审定委员会审定

ISBN 978－7－5218－1644－0

Ⅰ.①办…　Ⅱ.①石…　②刘…　Ⅲ.①办公自动化－职业教育－教材　Ⅳ.①C931.4

中国版本图书馆CIP数据核字（2020）第105560号

责任编辑：张　蕾
责任校对：隗立娜
责任印制：李　鹏　范　艳

办公自动化实用教程（第三版）
石朝晖　刘文娟　主　编
周　伟　谢杨洋　杨东岳　副主编
经济科学出版社出版、发行　新华书店经销
社址：北京市海淀区阜成路甲28号　邮编：100142
编辑工作室电话：010－88191375　发行部电话：010－88191522
网址：www.esp.com.cn
电子邮箱：esp@esp.com.cn
天猫网店：经济科学出版社旗舰店
网址：http://jjkxcbs.tmall.com
北京密兴印刷有限公司印装
787×1092　16开　20印张　500000字
2020年8月第1版　2020年8月第1次印刷
ISBN 978－7－5218－1644－0　定价：49.80元
（图书出现印装问题，本社负责调换。电话：010－88191510）

修订版前言

随着信息技术、网络技术在人们日常生活和办公信息化工作中的日益普及，社会各行各业对提高工作人员基本知识素养和办公软件的技术应用能力的要求越来越迫切，办公自动化技术在现代化人才培养中的重要性日益凸显。

我国的高等职业教育近几年发展迅猛，高职教材作为知识的主要传播媒介日新月异，在高职教学中的作用不容忽视。本教材正是结合当前职业需求，从现代办公自动化技术的应用及发展需要等建设方向出发，充分考虑该门课程的综合性、时效性和实用性等特点，在系统地介绍办公自动化的发展及现代常用办公通信设备和应用软件的同时，侧重于实用案例的应用和技能的训练，以期达到任务驱动和案例教学的目的。

《办公自动化实用教程》是“十二五”职业教育国家规划教材，为了适应市场需求和职业需求，《办公自动化实用教程》（第三版）采用 Office 2016 版本全系列办公组件编写教材案例，从现代办公自动技术的应用以及发展需要等建设方向出发，以技能培养为主线，引导读者在了解一定的职业规范的前提下，掌握处理办公环境中综合问题的能力，体现由文档办公平台向开发平台转型的理念，为用户介绍 2016 版本中包含的新功能、新组件，给用户带来全新的使用和开发体验。

教材充分考虑了办公任务的综合性、时效性和实用性等特点，侧重于实用项目应用和技能训练。主要内容包括四大部分：基础理论篇、办公软件篇、网络办公篇和办公设备篇。

其中，基础理论篇主要介绍办公自动化的理论知识和发展过程，并对办公自动化系统前沿知识和发展趋势做出展望；办公软件篇按照办公中常用操作，依照办公功能进行项目任务设计，主要讲解办公中的文字处理、图文处理、表格制作、数据处理、演示文稿制作以及电子邮件等内容；网络办公篇主要讲解办公中局域网的组建和应用、互联网资源的获取和利用以及网络电话、网络会议在办公中的实现；办公设备篇主要讲解常用办公设备的使用、维护和简单维修。

全书采用项目化教学编写体例，通过选取更贴近实际应用的办公岗位典型案例作为项目任务组织相关知识点，并结合知识点介绍如何完成项目任务，引导学生在“学中做”、在“做中学”，把基础知识的学习和基本技能的掌握有机地结合在一起，并通过“知识链接”等模块的延伸，进一步拓宽读者视野，最后通过“项目实训”模块巩固所学知识并熟练操作。让读者既能够从中掌握较为系统的知识技能，又能够了解到办公岗位真实的工作要求，更加适合即将毕业的职业院校学生使用。

本教材的编写队伍成员，均长期从事计算机基础课程的教学工作，有着丰富的教学经验以及编写各类计算机教材、读物的丰富经历。编写文笔精炼，图表步骤详略得当，案例典型、针对性强，样例实用，操作规范；对于高职高专教材在高职教学中的地位、发展及编写特点的把握比较恰当。

本书不仅可作为高校教材，而且可作为公务人员培训教材使用，具有较大的市场空间。本书第一版、第二版反响良好，多次重印。本次改版，作者根据国家相关文件的要求，做了大量修订。

本教材除出版物之外，提供所有的任务素材、任务效果电子版可供用户下载使用。后期将进一步完善教材配套资源的建设，为教师和学生提供方便的教学和学习材料。

本教材内容适用于 Windows7\8\10 操作系统上的中文版 Office2016，绝大部分内容也可以兼容 Office2007\2013。Office2016 在不同版本操作系统上的显示风格有细微差异，但操作方法完全相同。

编者

2020. 8

目　录

项目1 办公中的文档处理及应用

任务1.1 制作企业管理制度

学习目标

- 熟悉 Word 2016 的工作界面;
- 掌握如何设置字体样式;
- 掌握如何设置段落样式;
- 掌握如何应用样式;
- 掌握添加项目符号的方法;
- 掌握使用格式刷快速复制文本或段落样式。

任务引入

企业管理制度是企业为求得最大利益,在生产管理实践活动中指定的各种带有强制性义务,并能保证一定权力的各项规定或条例。制作一份好的企业管理制度,不仅要有精彩的内容,更要有规范的版式结构。

某公司经过内部管理结构调整以后,重新拟定了一份“企业管理制度”,准备制作成一本小册子,发放给每个员工。如何利用 Word 功能,对原稿进行格式编排、版面美化呢?

任务分析

1. 企业管理制度书写规范

一份好的企业管理制度包括公司的经营目的和观念、公司战略与目标、公司的管理组织以及各业务职能领域活动的规定。企业管理制度是企业员工在企业生产经营活动中需要共同遵守的规定的准则的总称,企业管理制度的表现形式或组成一般包括以下管理制度文件:

- 企业组织机构设置;
- 职能部门划分及职能分工、岗位工作说明;
- 专业管理制度、工作或流程;
- 管理表单。

2. 主要编排、美化工作

使用 Word 2016 制作企业管理制度,既要通过设置字体样式、段落样式美化文档,还要添

加项目符号和编号,让文档看起来更加规范整齐。主要编排、美化工作如下:

- 页面设置;
- 设置各级标题格式;
- 设置正文格式;
- 给“员工守则”细则添加项目符号。

任务效果图

任务效果如图 1.1 所示。

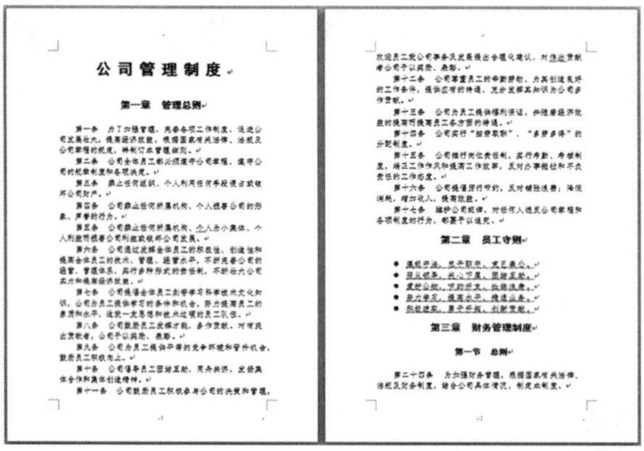

图 1.1　任务效果

任务实施

一、认识 Word 2016 界面

启动 Word 2016 之后,进入 Word 主界面,其文档窗口由快速访问工具栏、标题栏、选项卡、功能区、文本编辑区、状态栏等部分组成,如图 1.2 所示。

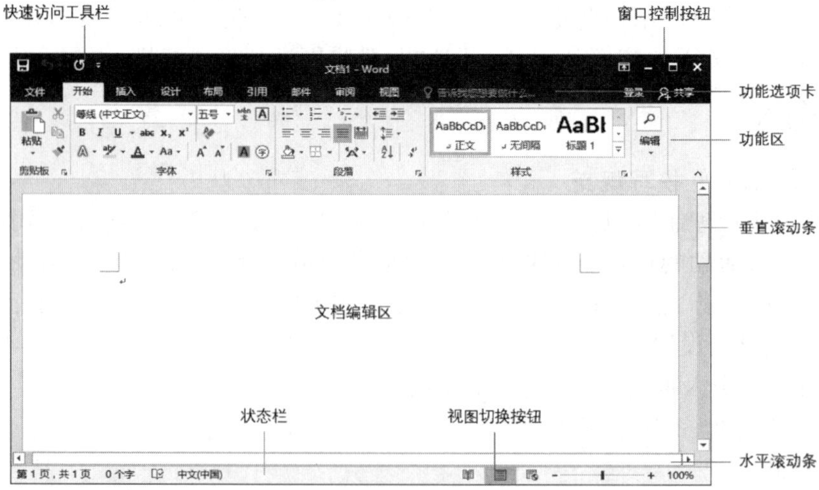

图 1.2　Word 2016 主界面

1. 快速访问工具栏

Word 2016 文档窗口中的“快速访问工具栏”主要包括一些常用的功能，例如保存、撤销、恢复、打印预览和快速打印等命令按钮，帮助用户快速启动常用命令。单击自定义快速启动工具栏右侧的下拉按钮，用户可以根据需要添加多个自定义命令。图 1.2 中左上角处显示了常用命令。

2.“文件”选项卡

Word 2016 中的“文件”按钮是一个类似于菜单的按钮，位于 Word 2016 窗口左上角。单击“文件”按钮可以打开“文件”面板，面板左侧包含“信息”“新建”“打开”“保存”“另存为”“打印”“共享”“导出”“关闭”等常用命令，如图 1.3 所示为“信息”命令面板。

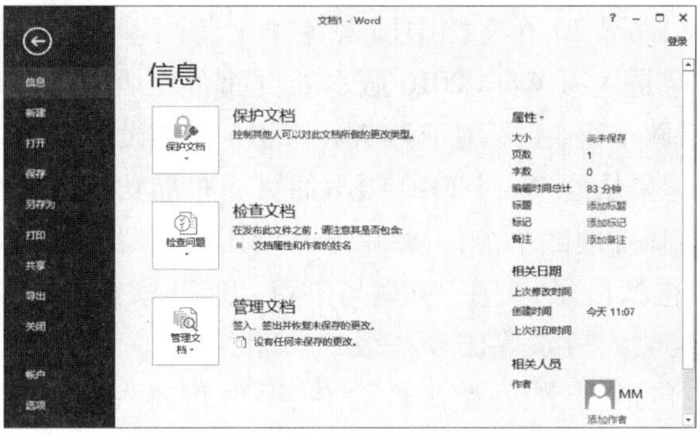

图 1.3　“文件”面板

单击“打开”命令，在该命令面板右侧可以查看最近使用的 Word 文档列表，用户可以通过该面板快速打开使用过的 Word 文档。在每个历史 Word 文档名称的右侧含有一个固定按钮，单击该按钮可以将该记录固定在当前位置，而不会被后续历史 Word 文档名称替换。

单击“新建”命令，在该命令面板右侧，用户可以看到丰富的 Word 2016 内置文档类型，包括“空白文档”“博客文章”“书法字帖”等。用户还可以通过 Office. com 提供的模板新建诸如“会议日程”“证书”“奖状”“小册子”等实用 Word 文档。如图 1.4 所示。

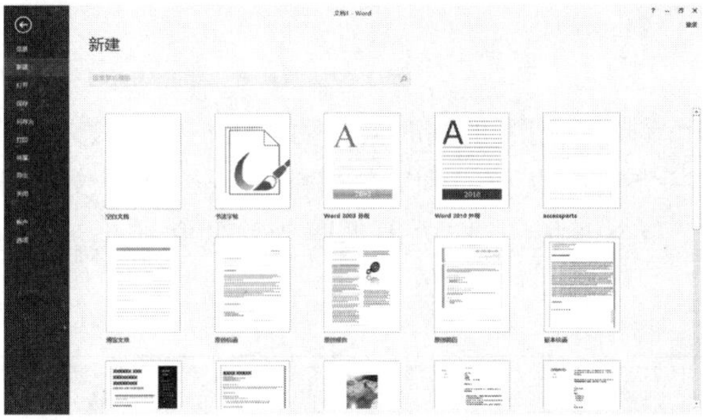

图 1.4　“新建”命令面板

3. 功能区

Microsoft Word 2016 延续了 2007 和 2010 版本的界面风格——在 Word 2016 窗口标题下的类似菜单的“选项卡”以及各项选项卡下与之相对应的功能区界面（见图 1.5），它位于 Office 屏幕顶端的带状区域，包含了用户使用 Office 程序时需要的几乎所有功能。每个功能区根据功能的不同又分为若干个组，如图 1.5 所示为“开始”功能区。

图 1.5 “开始”功能区

(1)“开始”功能区:包括剪贴板、字体、段落、样式和编辑五个组,主要用于对 Word 2016 文档进行文字编辑和格式设置,是用户最常使用的功能区。

(2)“插入”功能区:包括页面、表格、插图、加载项、媒体、链接、批注、页眉和页脚、文本和符号十个组,主要用于在 Word 2016 文档中插入各种元素。

(3)“设计”功能区:这是从原 Word 2010 版本的页面布局功能区分划出来的一个新功能区,包括文档格式和页面背景两个组,主要用于为 Word 2016 文档设计格式以及背景设置。

(4)“布局”功能区:这是从原 Word 2010 版本的页面布局功能区分划出来的一个新功能区,包括页面设置、稿纸、段落和排列四个组,主要用于帮助用户设置 Word 2016 文档页面样式。

(5)“引用”功能区:包括目录、脚注、引文与书目、题注、索引和引文目录六个组,主要用于在 Word 2016 文档中实现插入目录等比较高级的功能。

(6)“邮件”功能区:包括创建、开始邮件合并、编写和插入域、预览结果和完成五个组,主要用于在 Word 2016 文档中进行邮件合并方面的操作。

(7)“审阅”功能区:包括校对、见解、语言、中文简繁转换、批注、修订、更改、比较、保护和 OneNote 十个组,主要用于对 Word 2016 文档进行校对和修订等操作,适用于多人协作处理 Word 2016 长文档。

(8)“视图”功能区:包括视图、显示、显示比例、窗口、宏五个组,主要用于设置 Word 2016 操作窗口的视图类型,以方便操作。

二、创建“企业管理制度”文档

1. 新建文档

默认情况下,Word 2016 程序在打开的同时会自动新建一个空白文档(默认文件名为“文档1”)。

用户如果需要新建一个空白文档,可以在当前 Word 2016 文档窗口中依次单击“文件”“新建”按钮,打开“新建”命令面板,直接单击需要创建的文档类型(例如,“空白文档”)即可。如图 1.4 所示。

知识链接:在 Word 2016 中有三种类型的 Word 模板:. dot 模板(兼容 Word 97 – 2003 文档)、. dotx(未启用宏的模板)和 . dotm(启用宏的模板)。在“新建”命令面板中创建的空白文档使用的是 Word 2016 的默认模板 Normal. dotm。

2. 保存文档

默认情况下,Word 2016 会将其编辑的文档保存为 . docx 格式。在此,我们将新创建的文档保存并命名为“企业管理制度 . docx”。

注意:在接下来的制作过程中要随时进行保存操作(按组合键 Ctrl + S)。

(1)改变 Word 2016 文档的默认保存格式。

如果 Word 2016 用户经常需要跟 Word 2003 用户交换 Word 文档,而 Word 2003 用户在未安装文件格式兼容包的情况下又无法直接打开 .docx 文档,那么 Word 2016 用户可以将其默认的保存格式设置为 .doc 文件。

在 Word 2016 文档窗口,依次单击"文件""选项"按钮,打开"Word 选项"对话框。切换到"保存"选项卡,在"将文件保存为此格式"下拉菜单中选择"Word 97 - 2003 文档(*. doc)"选项,单击"确定"按钮,如图 1.6 所示。

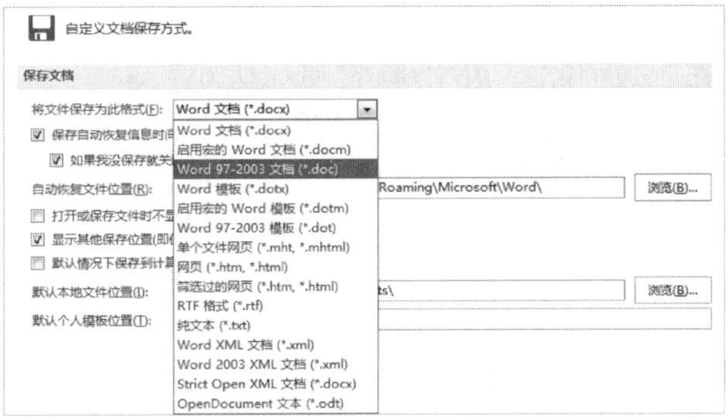

图 1.6　改变 Word 2016 文档默认保存格式

注意:进行了上述设置之后,使用右键菜单新建的 Word 文档依然是 .docx 格式,只有在 Word 2016 文档窗口进行保存时才能默认保存为 .doc 文件。

(2)将 Word 2016 文档保存为 Word 2003 文档。

对于在 Word 2016 窗口中编辑的文档,如果希望其能够在 Word 2003 窗口中编辑,则可以将 Word 2016 文档保存为 Word 2003 文档。

在 Word 2016 文档窗口中依次单击"文件""另存为…"按钮,打开"另存为"对话框。单击"保存类型"下拉三角按钮,在文件类型列表中选择"Word 97 - 2003 文档"选项,选择保存位置并输入文件名,单击"保存"按钮即可,如图 1.7 所示。

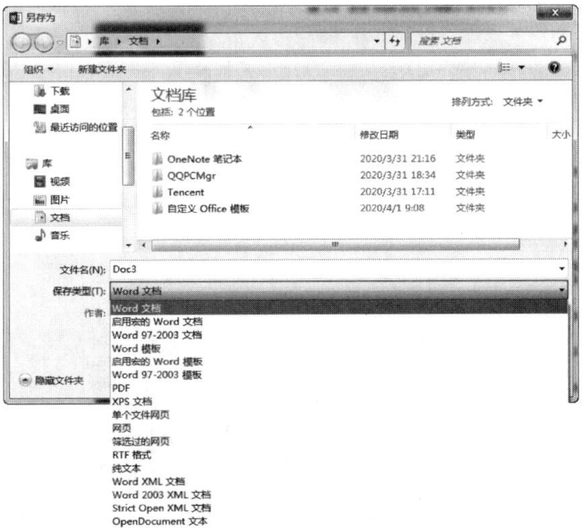

图 1.7　将 Word 2016 文档保存为 Word 2003 文档

三、页面设置

Word 2016 以办公最常使用的 A4 纸为默认页面。假如用户需要将文档打印到 A3、B4、信封、法律专用纸以及其他不同大小的纸张上，最好在编辑文档之前修改页面的大小。当然，这项操作也可以在编辑文档的过程中进行，不过要注意的是，如果文档编辑完成以后再设置页面大小，可能会造成版式混乱。

这里，我们需要对“企业管理制度 .docx”文档的页边距和纸张大小进行设置。具体操作步骤如下：

步骤一　设置纸张大小。将“企业管理制度 .docx”文档切换到“布局”功能区，在“页面设置”组中单击“纸张大小”按钮，并在下拉列表中选择“16 开”纸张，如图 1.8 所示。

步骤二　设置页边距。页边距是页面四周的空白区域，通常可以插入文字、图形、页眉、页脚和页码等。在“布局”功能区中的“页面设置”组中，单击“页边距”按钮，弹出如图 1.9 所示下拉列表。

单击所需页边距类型时，整个文档会自动更改为已选择的页边距类型(对于常见的页边距宽度，可以选择“普通”类型)。

在此，我们需要指定页边距。单击“自定义边距…”命令按钮，打开“页面设置”对话框，设置页边距上为 1.5 厘米、下为 2 厘米，左右各为 1.5 厘米(见图 1.10)，然后单击“确定”按钮。

图 1.8　设置纸张大小

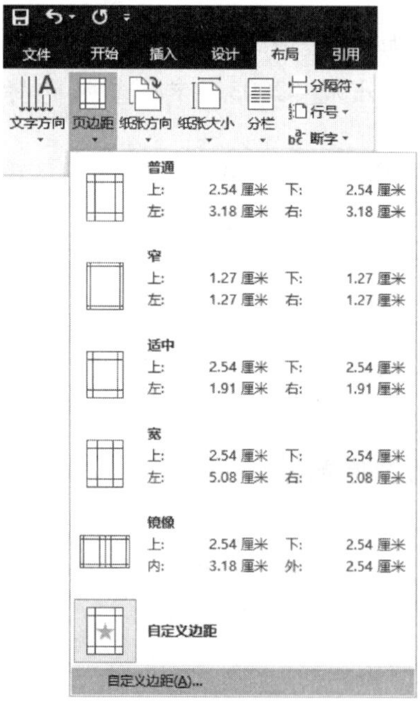

图 1.9　设置页边距(1)

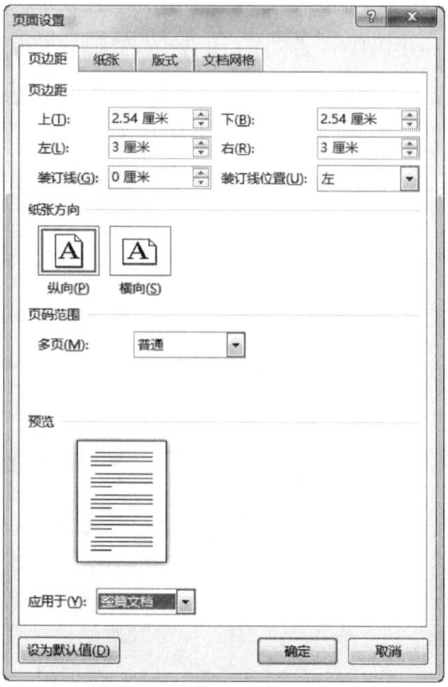

图 1.10　设置页边距(2)

知识链接：①在“页面设置”对话框中，单击“设为默认值”按钮，新的默认设置将保存在该文档使用的模板中，每个基于该模板的新文档都将自动使用新的页边距设置。

②要更改文档中的某一部分的边距，请选择相应文本，然后在“页面设置”对话框中输入新的边距，在“应用于”框中，单击“所选文字”，Word 2016 自动在应用新页边距设置的文字前后插入分节符。如果文档已划分为若干节，可以单击某个节或选择多个节，然后更改页边距。

四、文字编辑与格式化

1. 文字录入编辑

页面设置完成后，在文档中录入企业管理制度原稿内容。效果如图 1.11 所示。

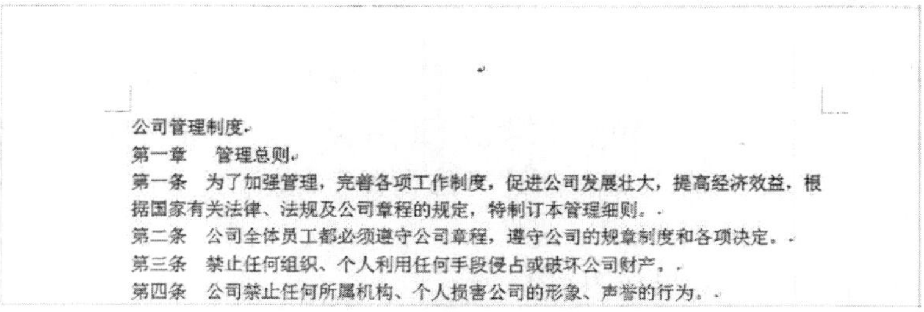

图 1.11　录入企业管理制度文本

2. 设置字体、字形和字号

步骤一　设置标题字体格式。选择标题内容“企业管理制度”，分别在“开始”功能区的“字体”“字号”下拉列表中选择“黑体”“一号”，单击“加粗”按钮（或者按快捷键 Ctrl + B）设置“加粗”格式。如图 1.12 所示。

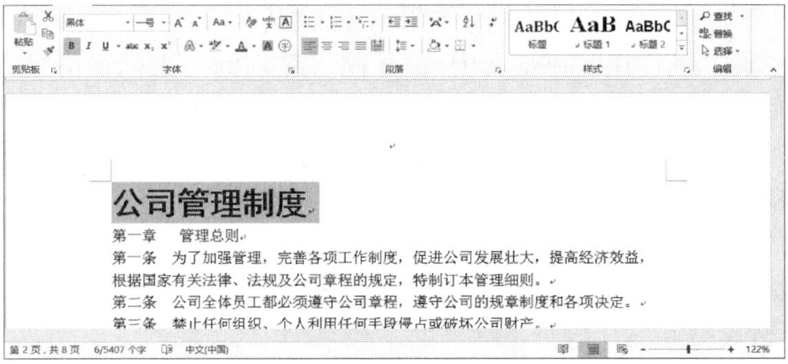

图 1.12　设置标题字体格式

步骤二　选择标题文字，单击“开始”功能区中“字体”组右下角的对话框启动器“ ”，弹出“字体”对话框，如图 1.13 所示。单击“高级”选项卡，在“间距”下拉列表框中选择“加宽”，在对应“磅值”文本框中填写“4 磅”，然后单击“确定”按钮。

步骤三　设置标题文本效果。选择标题内容“企业管理制度”，在“开始”功能区“字体”选项组中单击“文本效果”按钮，在弹出的下拉列表中选择“阴影”→“右下斜偏移”效果，如图 1.14 所示。

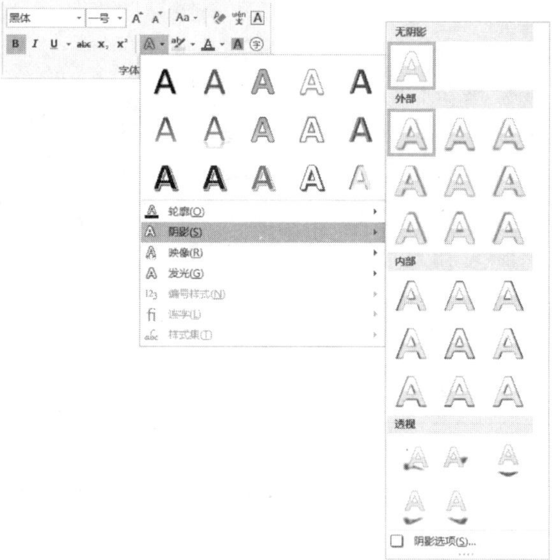

图 1.13　设置字符间距　　　　图 1.14　设置文本效果

步骤四　设置正文字体格式。在标题段落下正文开始处单击鼠标,按下 Ctrl + Shift + End 组合键,选中所有正文文字,利用步骤一所述方法设置字体格式为“仿宋_GB2312”“四号”。

步骤五　设置一级标题字体格式。选择第一个一级标题内容“第一章　管理总则”,设置“黑体”“三号”“加粗”格式。效果如图 1.15 所示。

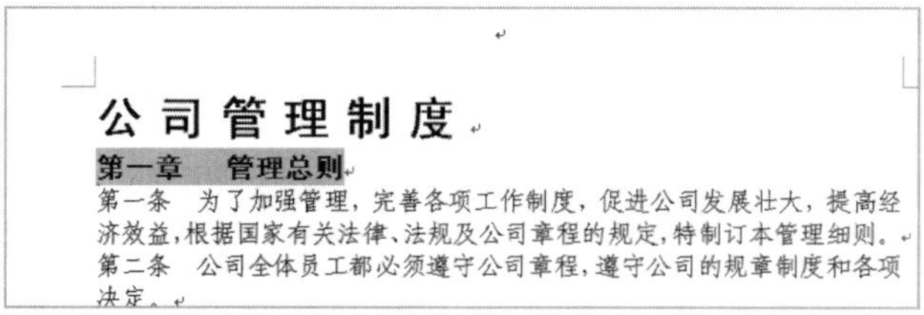

图 1.15　字体格式设置效果

步骤六　“格式刷”的应用。在正文中,由于同一级别的一级标题格式完全相同,我们就可以借助“格式刷”的功能,快速将“第一章　管理总则”文字格式套用到其他一级标题部分。

选中“第一章　管理总则”段落文本,然后单击“开始”功能区中“剪贴板”区域的“格式刷”按钮,此时鼠标指针将变成刷子形状,按下鼠标左键从文字开始处“刷”至文字结束处即可快速复制已有的字体格式。

利用上述方法,我们还可以对文档中的二级标题(例如,“第一节 总则”)等进行“黑体”“四号”“加粗”等格式设置。

知识链接: 如果我们单击一次“格式刷”按钮,会发现复制一次字体格式之后,鼠标指针就会恢复到正常形态,只有再次单击“格式刷”按钮才能继续复制格式。实际上,双击“格式刷”按钮,就可以重复使用该功能继续复制格式到多个位置,在此期间只有按下 ESC 键或者再次单击“格式刷”按钮才能关闭“格式刷”功能。

3. 添加下划线

对于文档中需要重点标注的内容,可以通过调整字符间距、添加下划线等方法加以实现。例如,对于“第二章 员工守则”中的内容,我们可以进行字符间距的调整,具体操作步骤如下。

步骤一　如图 1.16 所示选中文本,单击“字体”选项组右下角的“字体”对话框启动器按钮 ,弹出“字体”对话框,在“字体”选项卡中选择一种下划线线型。

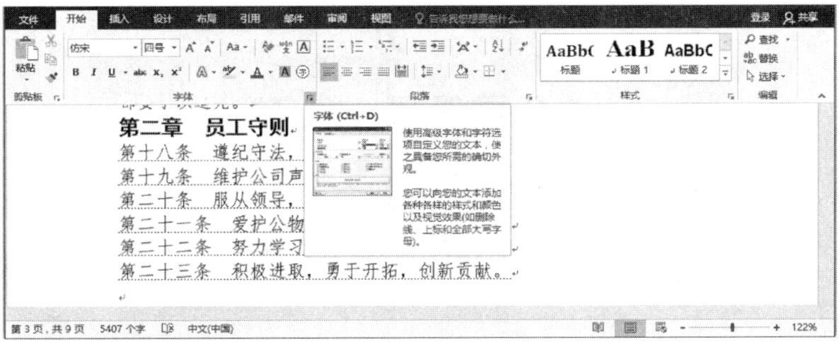

图 1.16　“字体”对话框启动器

步骤二　切换至“高级”选项卡,在“间距”下拉列表框中选择字符间距的类型为“加宽”,相应的“磅值”设置为“0.3 磅”,如图 1.17 所示。

步骤三　单击“确定”按钮,得到如图 1.18 所示效果。

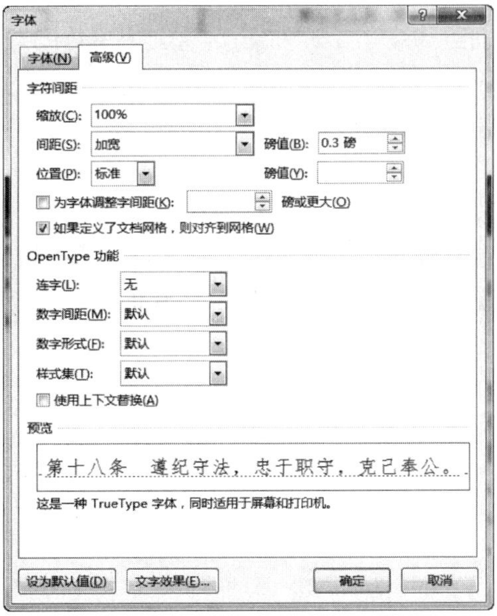

图 1.17　设置文本的字符间距

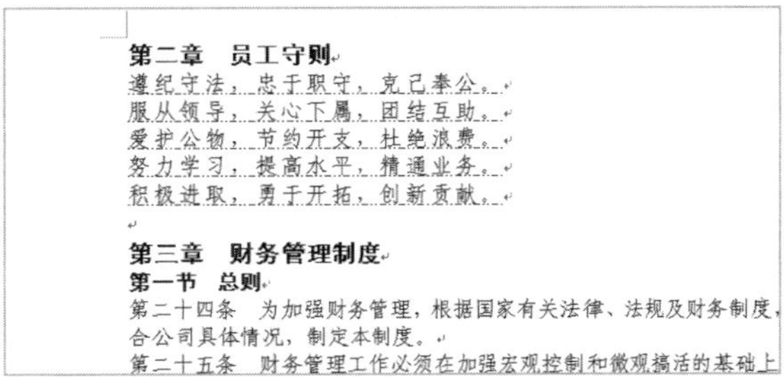

图 1.18　字符间距设置效果

4. 设置段落格式

段落指的是两个段落标记之间的文本内容,是独立的信息单位,具有自身的格式特征。段落格式是指以段落为单位的格式设置,通常包括对段落的对齐方式、段落缩进、首行缩进、行间距和段落间距等的设置。

步骤一　设置各级标题段落的对齐方式和段间距。将鼠标放置于主标题段落中任意位置,单击“开始”功能区“段落”组中的“居中”按钮(见图 1.19),将主标题所在段落居中显示。

行间距是指行与行之间的距离,段间距是指文档中段落与段落之间的距离。单击“段落”组右下角的对话框启动器,弹出“段落”对话框,在“间距”组中设置“段前”和“段后”值均为“1 行”;设置“行距”为“1.5 倍行距”,如图 1.20 所示。

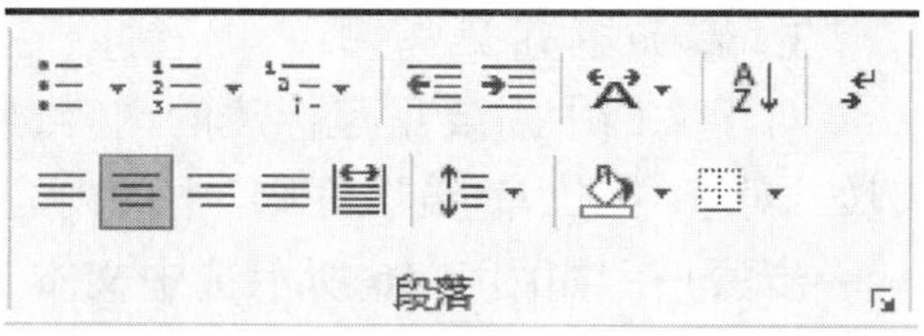

图 1.19　“段落”选项组中的“居中”按钮

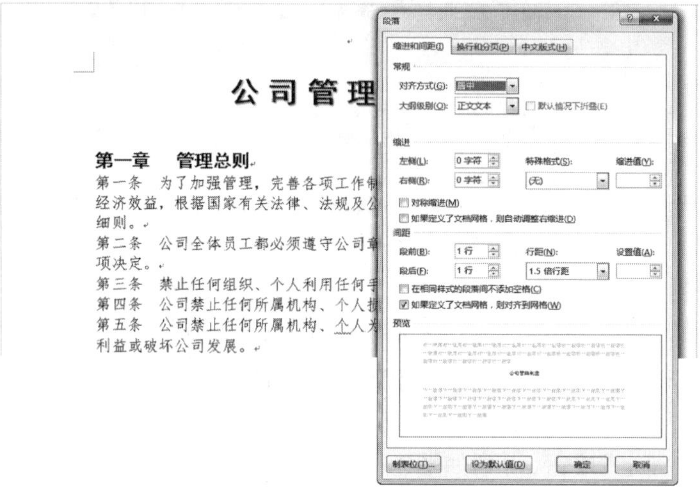

图 1.20　设置段间距

按照步骤一将其他章、节段落均设置为相同的段落格式。

步骤二　设置正文段落的缩进和段间距。缩进是指段落到左右页边距的距离,根据中文的书写方式,正文中的每个段落都会首行缩进两个字符。

将鼠标置于正文第一段文本的任意位置,单击“段落”组右下角的对话框启动器,弹出“段落”对话框,在“缩进”选项组中设置“特殊格式”为“首行缩进”,“磅值”为“2 字符”;在“间距”选项组中设置“段前”和“段后”均为“1 磅”,单击“确定”按钮。按照步骤二将其他正文段落设置为相同的段落格式,得到如图 1.21 所示效果。

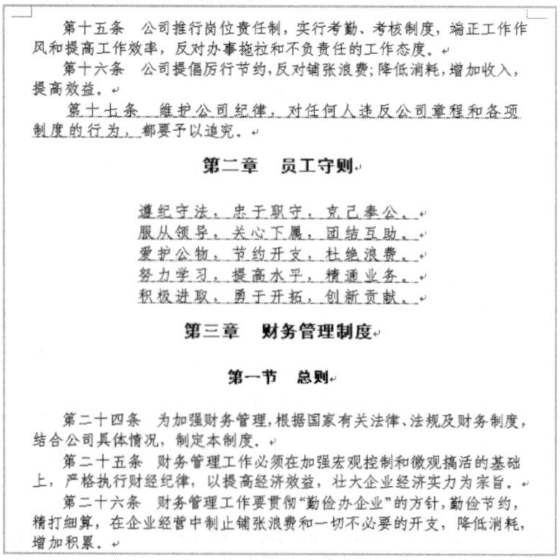

第十五条　公司推行岗位责任制,实行考勤、考核制度,端正工作作风和提高工作效率,反对办事拖拉和不负责任的工作态度。

第十六条　公司提倡厉行节约,反对铺张浪费;降低消耗,增加收入,提高效益。

第十七条　维护公司纪律,对任何人违反公司章程和各项制度的行为,都要予以追究。

第二章　员工守则

遵纪守法,忠于职守,克己奉公。
服从领导,关心下属,团结互助。
爱护公物,节约开支,杜绝浪费。
努力学习,提高水平,精通业务。
积极进取,勇于开拓,创新贡献。

第三章　财务管理制度

第一节　总则

第二十四条　为加强财务管理,根据国家有关法律、法规及财务制度,结合公司具体情况,制定本制度。

第二十五条　财务管理工作必须在加强宏观控制和微观搞活的基础上,严格执行财经纪律,以提高经济效益,壮大企业经济实力为宗旨。

第二十六条　财务管理工作要贯彻“勤俭办企业”的方针,勤俭节约,精打细算,在企业经营中制止铺张浪费和一切不必要的开支,降低消耗,增加积累。

图 1.21　设置段落格式

步骤三　选中正文最后两行(即部门和日期),单击“开始”功能区“段落”组中的“文本右对齐”按钮,将两段落设置为右对齐格式。

知识链接:如何快速重复相同操作?

在 Word 2016 文档中重复执行相同操作时,例如,在上述设置段落对齐方式操作过程中,如果手动逐段设置,不但效率低下,而且也容易造成遗漏。在这里,我们可以借助“选择格式相似的文本”功能快速提高操作效率。

由于所有的“第 n 节”段落均已经设置了相同的字体和段落格式,所以当将鼠标定位在其中某一段落中时,在“开始”选项组中的“编辑”组中,单击“选择”命令按钮,从下拉列表中选择“选择格式相似的文本”命令,可同时选中上述所有“第 n 节”所在段落,此时设置“居中对齐”“段前间距 1 行”“段后间距 1 行”“1.5 倍行距”等段落格式,即可同时完成所有“第 n 节”所在段落的格式设置,如图 1.22 所示。

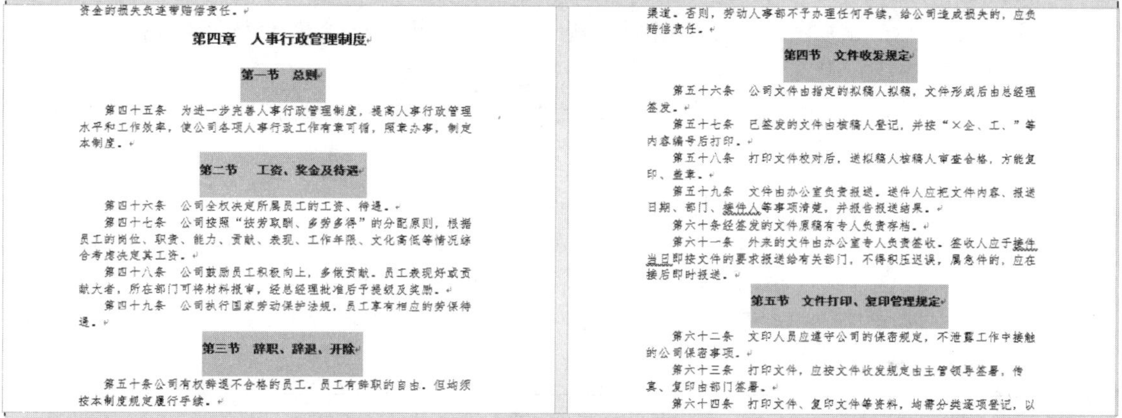
资金的损失负连带赔偿责任。

第四章　人事行政管理制度

第一节　总则

第四十五条　为进一步完善人事行政管理制度,提高人事行政管理水平和工作效率,使公司各项人事行政工作有章可循,照章办事,制定本制度。

第二节　工资、奖金及待遇

第四十六条　公司全权决定所属员工的工资、待遇。

第四十七条　公司按照“按劳取酬、多劳多得”的分配原则,根据员工的岗位、职责、能力、贡献、表现、工作年限、文化高低等情况综合考虑决定其工资。

第四十八条　公司鼓励员工积极向上,多做贡献。员工表现好或贡献大者,所在部门可将材料报审,经总经理批准后予提级及奖励。

第四十九条　公司执行国家劳动保护法规,员工享有相应的劳保待遇。

第三节　辞职、辞退、开除

第五十条公司有权辞退不合格的员工。员工有辞职的自由。但均须按本制度规定履行手续。

渠道。否则,劳动人事部不予办理任何手续,给公司造成损失的,应负赔偿责任。

第四节　文件收发规定

第五十六条　公司文件由指定的拟稿人拟稿,文件形成后由总经理签发。

第五十七条　已签发的文件由核稿人登记,并按“×企、工、”等内容编号后打印。

第五十八条　打印文件校对后,送拟稿人核稿人审查合格,方能复印、盖章。

第五十九条　文件由办公室负责报送。送件人应把文件内容、报送日期、部门、接件人等事项清楚,并报告报送结果。

第六十条经签发的文件原稿有专人负责存档。

第六十一条　外来的文件由办公室专人负责签收。签收人应于接件当日即按文件的要求报送给有关部门,不得积压迟误,属急件的,应在接后即时报送。

第五节　文件打印、复印管理规定

第六十二条　文印人员应遵守公司的保密规定,不泄露工作中接触的公司保密事项。

第六十三条　打印文件,应按文件收发规定由主管领导签署,传真、复印由部门签署。

第六十四条　打印文件、复印文件等资料,均需分类逐项登记,以

图 1.22　选择格式相似的文本

5. 为文档添加项目符号

项目符号的应用对象是段落,只添加在段落的第一行的最左侧。Word 2016 提供有项目符号库和自定义项目符号这两种添加项目符号的方法。

在“企业管理制度 . docx”文档中,对于“员工守则”这样并列的内容,可以通过设置项目符号突出显示,使得文档有条理、层次清晰、可读性强。具体操作步骤如下。

步骤一　定位在“遵纪守法、忠于职守、克己奉公”段落中,单击“开始”功能区“段落”组中的“项目符号”下拉按钮,从“项目符号库”列表中选择对应的项目符号,如图 1.23 所示。

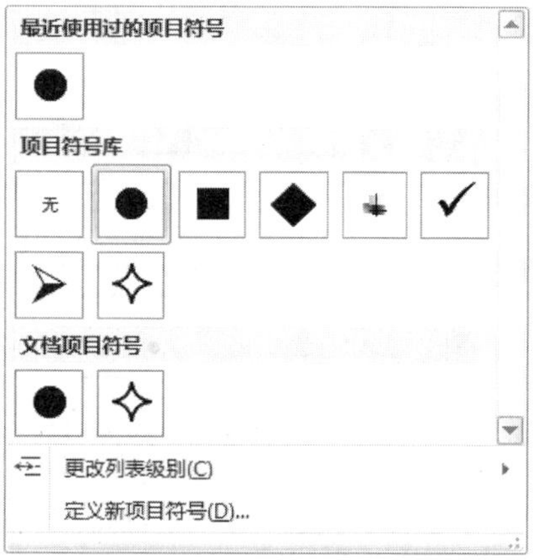

图 1.23　选择项目符号

步骤二　使用格式刷,给文档中所有“员工守则”中并列语句添加项目符号。效果如图 1.24 所示。

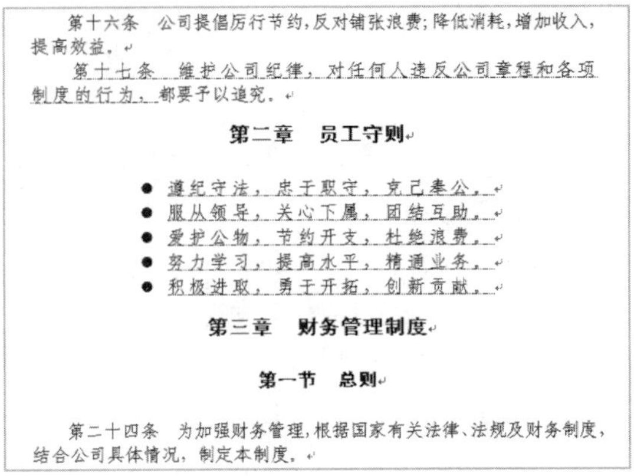

第十六条　公司提倡厉行节约，反对铺张浪费；降低消耗，增加收入，提高效益。

第十七条　维护公司纪律，对任何人违反公司章程和各项制度的行为，都要予以追究。

第二章　员工守则

- 遵纪守法，忠于职守，克己奉公。
- 服从领导，关心下属，团结互助。
- 爱护公物，节约开支，杜绝浪费。
- 努力学习，提高水平，精通业务。
- 积极进取，勇于开拓，创新贡献。

第三章　财务管理制度

第一节　总则

第二十四条　为加强财务管理，根据国家有关法律、法规及财务制度，结合公司具体情况，制定本制度。

图 1.24　设置项目符号效果

知识链接:定义新项目符号

用户也可以根据实际需要定义新项目符号,使其更具有个性化特征(例如,将公司的 Logo 作为项目符号),具体操作步骤如下:

步骤一　在 Word 2016 文档窗口中,单击“开始”功能区的“段落”组中的“项目符号”下拉三角按钮,打开“项目符号”下拉列表(见图 1.23),从中选择“定义新项目符号”选项,打开“定义新项目符号”对话框,如图 1.25 所示。

步骤二　单击“符号”按钮,打开“符号”对话框,在“字体”下拉列表中选择字符集,然后在字符列表中选择合适的字符,单击“确定”按钮,如图 1.26 所示。

步骤三　返回“定义新项目符号”对话框,可以预览到新的项目符号效果,如图 1.27 所示。

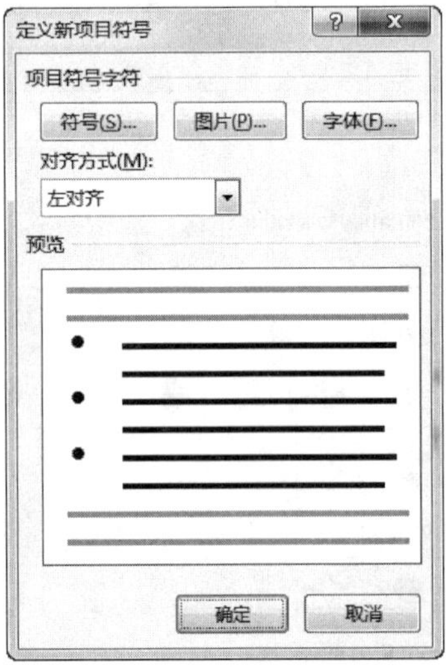

图 1.25　定义新项目符号

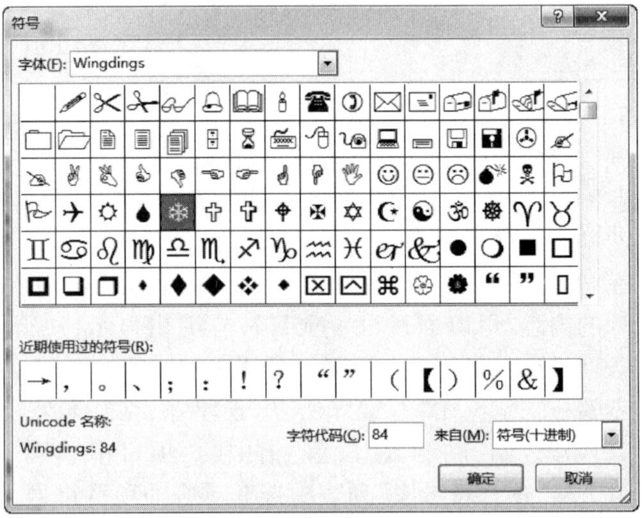

图 1.26　选择新的项目符号

如果继续定义图片项目符号,则可以单击“图片…”按钮,打开“图片项目符号”对话框,进行自定义操作,使用更多种适用的小图片作为项目符号。

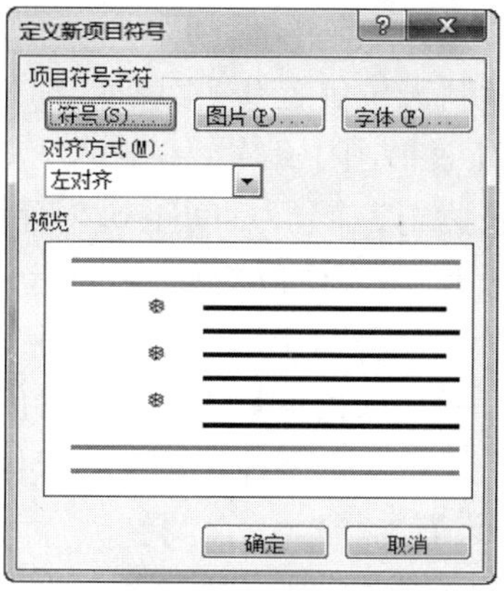

图 1.27　新项目符号

任务实训

制作政府采购公告

运用所学知识，制作政府采购公告，得到如图 1.28、图 1.29 所示效果。

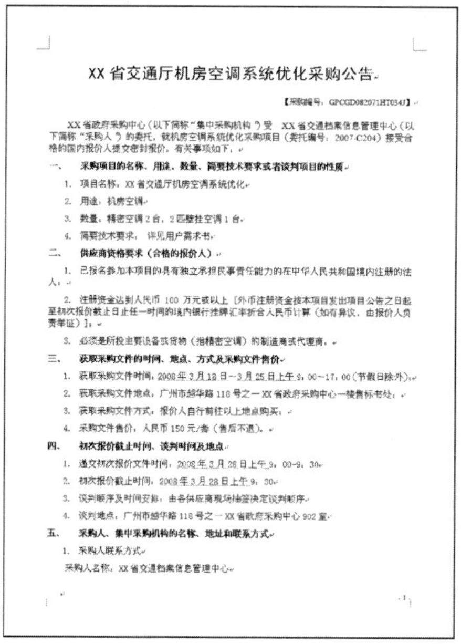

XX 省交通厅机房空调系统优化采购公告

【采购编号：GPCGD082071HT034J】

XX 省政府采购中心（以下简称“集中采购机构”）受 XX 省交通档案信息管理中心（以下简称“采购人”）的委托，就机房空调系统优化采购项目（委托编号：2007-C204）接受合格的国内报价人提交密封报价，有关事项如下：

一、　采购项目的名称、用途、数量、简要技术要求或者谈判项目的性质

1. 项目名称：XX 省交通厅机房空调系统优化
2. 用途：机房空调
3. 数量：精密空调 2 台，2 匹壁挂空调 1 台
4. 简要技术要求：详见用户需求书

二、　供应商资格要求（合格的报价人）

1. 已报名参加本项目的具有独立承担民事责任能力的在中华人民共和国境内注册的法人；

2. 注册资金达到人民币 100 万元或以上［外币注册资金按本项目发出项目公告之日起至初次报价截止日止任一时间的境内银行挂牌汇率折合人民币计算（如有异议，由报价人负责举证）］；

3. 必须是所投主要设备或货物（指精密空调）的制造商或代理商。

三、　获取采购文件的时间、地点、方式及采购文件售价

1. 获取采购文件时间：2008 年 3 月 18 日—3 月 25 日上午 9：00—17：00（节假日除外）；
2. 获取采购文件地点：广州市越华路 118 号之一 XX 省政府采购中心一楼售标书处；
3. 获取采购文件方式：报价人自行前往以上地点购买；
4. 采购文件售价：人民币 150 元/套（售后不退）。

四、　初次报价截止时间、谈判时间及地点

1. 递交初次报价文件时间：2008 年 3 月 28 日上午 9：00—9：30
2. 初次报价截止时间：2008 年 3 月 28 日上午 9：30
3. 谈判顺序及时间安排：由各供应商现场抽签决定谈判顺序
4. 谈判地点：广州市越华路 118 号之一 XX 省政府采购中心 902 室

五、　采购人、集中采购机构的名称、地址和联系方式

1. 采购人联系方式

采购人名称：XX 省交通档案信息管理中心

-1-

图 1.28　采购公告效果(1)

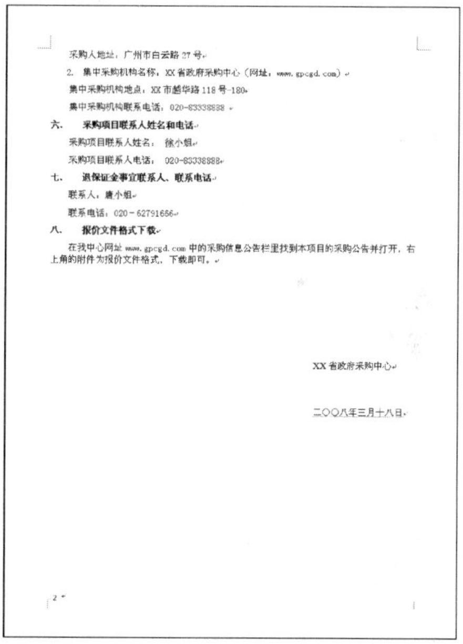

采购人地址：广州市白云路 27 号

2. 集中采购机构名称：XX 省政府采购中心（网址：www.gpcgd.com）

集中采购机构地点：XX 市越华路 118 号-180

集中采购机构联系电话：020-83338888

六、　采购项目联系人姓名和电话

采购项目联系人姓名：徐小姐

采购项目联系人电话：020-83338888

七、　退保证金事宜联系人、联系电话

联系人：唐小姐

联系电话：020－62791666

八、　报价文件格式下载

在我中心网址 www.gpcgd.com 中的采购信息公告栏里找到本项目的采购公告并打开，右上角的附件为报价文件格式，下载即可。

XX 省政府采购中心

二〇〇八年三月十八日

2

图 1.29　采购公告效果(2)

制作要求：

1. 页面设置：设置上、下、左、右页边距皆为“2 厘米”；设置纸张为“A4”；其他采用默认设置。

2. 设置标题的字体格式为“黑体、二号、常规”、段落格式为“段前、段后间距 1 行，居中对齐”，其他采用默认设置。

3. 设置“采购编号”段落的字体格式为“宋体(中文)、Times New Roman(西文)、五号、常规”，段落格式为“段前、段后间距 1 行，右对齐”。

4. 设置正文一级文字：将所有效果图中编号为“一、二、…”的段落的字体格式均设置为

"宋体、小四、常规",段落格式设置为"段前、段后间距 0.5 行,首行缩进 0.74 厘米",增加项目编号,自定义为"对齐位置 0 厘米、制表位位置 0.74 厘米、缩进位置 0.74 厘米"。

5. 设置正文二级文字:将所有效果图中编号为"1,2,3,…"的段落的字体格式均设置为"宋体、小四、加粗",段落格式设置为"段前、段后间距 0.5 行,悬挂缩进 0.74 厘米",增加项目编号,自定义为"对齐位置 0.74 厘米、制表位位置 0.74 厘米、缩进位置 0 厘米"。

6. 设置落款文字:将"XX 省政府采购中心"段落文字设置字体格式为"宋体、常规、小四";设置段落格式为"左缩进 33 字符、段前间距 8 行、段后间距 3 行"(其他采用默认设置)。将"二〇〇八年三月十八日"段落文字设置字体格式为"宋体、常规、小四";设置段落格式为"左缩进 33 字符"(其他采用默认设置)。

7. 文档保存:将文档命名为"XX 省交通厅机房空调系统优化采购公告",保存在"我的文档"中。

任务 1.2　页面版式的设计与应用——制作市场营销调研报告

学习目标

- 了解调研报告文档的一般格式;
- 了解分页符的使用方法;
- 掌握 Word 样式的使用方法;
- 掌握多级编号的设置方法;
- 了解文档的各种视图查看方法;
- 掌握页眉和页脚的添加方法;
- 为文档元素添加题注、交叉引用、脚注和尾注;
- 提取和更新目录;
- 为 Word 文档设置权限密码。

任务引入

各种调查报告,是行政公文中最常见的文档之一。在一篇较长的调研报告中,由于涉及很多论点和分析,需要有一个较为清晰的文档结构。这样就要为文档中不同级别的标题设置不同的格式,还要生成目录,便于浏览。大多数用户可能还是更习惯于使用格式刷来批量设置文本格式,然而,手工在长篇文档中查找同级标题并设置格式,本身就是个麻烦的事情。再者,如果文件排好后想将某一级别的标题字体再换一换,那么刚才那份"折磨"恐怕又得重来一次了,整体效率很低。那么,究竟怎样操作才能更有效地实现这一要求呢?

其实,如果我们事先使用了"样式"功能,这些问题就能轻松地迎刃而解了。

任务分析

样式就是应用于文档中的文本、表格和列表的一组格式，在 Word 2016 的“开始”选项卡中的“样式”组，可以让我们在不同文章中设定相同的格式，使在不同时间编辑的文件具有相同的风格。当应用样式时，系统会自动完成该样式中所包含的所有格式的设置工作，可以大大提高排版的工作效率。

我们可以用两种方式进行调研报告的编辑：

(1)先编辑完文档，再套用样式。

这种方法非常类似于平时的格式刷使用，需要先将标题选中，然后再点击“样式”窗格中的相应样式即可。然而这种方式虽然可以快速修改同级标题格式，但要将所有同级标题从偌大的文章中找出也要花费大量的时间。

(2)在编写文件同时套用样式。

这种方法可以让我们一边编写文件一边设置样式，为了加快操作效率，可以给每个样式设置一个快捷键(或者设置工具按钮)。使用时，定位在某个标题段落，按下相应的快捷键(或单击工具栏中的相应按钮)即可。

如果用户觉得 Word 内嵌样式不够丰富，也可以自己根据需要新建样式，使得文档更具有特色。

下面，我们以“房地产卖方市场调研报告”的制作过程为例，介绍如何利用“样式”对该文档进行格式化操作。

任务效果图

本任务效果如图 1.30 所示。

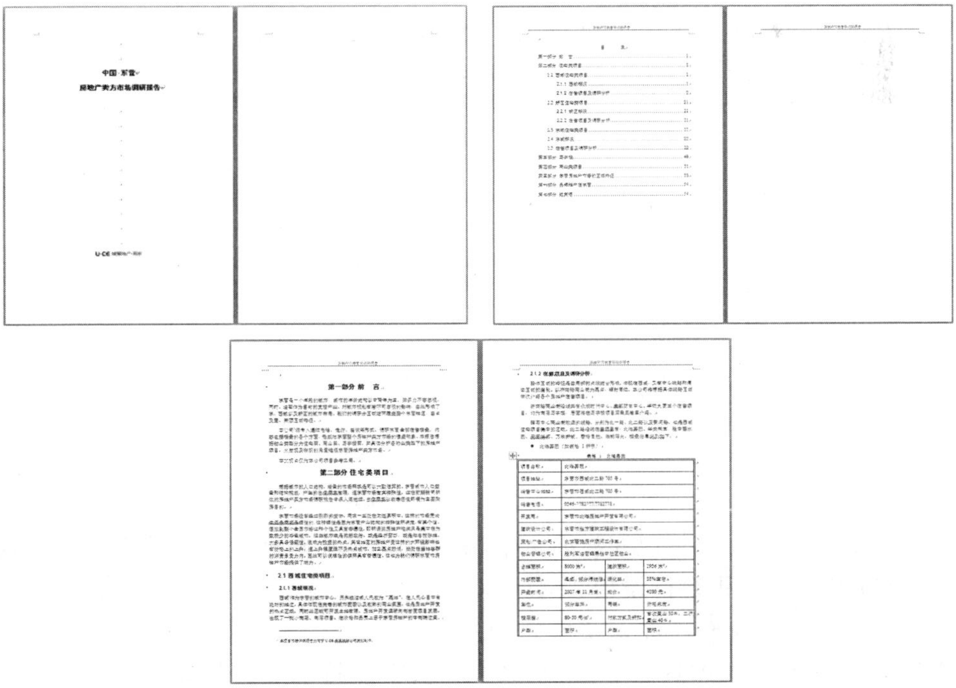

图 1.30　任务效果(封面、目录、正文)

任务实施

一、页面板块划分

一份篇幅很长的调研报告,一般包括封面页、目录页、正文页和附录页等几部分,在使用 Word 2016 排版时,如果能对页面板块进行划分,则可以制作出具有多种版式的文档,使页面效果更加丰富。通过对文档进行分页、分节和分栏等处理,可以获得多种不同的版式。

这里,我们首先需要将“房地产市场营销报告”文档划分为四个部分:封面、目录、前言和正文。

1. 插入分页符——制作封面页

在 Word 中,每当输入的内容布满一个页面时,Word 将自动添加一个新的页面,然后接着上一页继续输入内容。如果需要将某个位置之后的内容强制转到下一页,可以手动强行分页。这里我们利用“插入空白页”将“市场营销调研报告”文档的封面页与其他页面部分相“剥离”。具体操作方法如下:

在封面页和目录页之间定位,按下 Ctrl + Enter 组合键,将封面页和后续页面分离,如图 1.31 所示。

由于封面页一般是印刷在特殊纸张上的,它的背面是不需要任何内容的,因此需要再次执行上述操作,插入一个空白页。

利用上述方法还可以将文档中其他需要强制分页的页面进行同样处理,读者可以自行练习。分页之后将在分页位置插入一个分页符,在默认的“页面视图”下是看不到它的,可以切换至“草稿”视图下看到这个分页符,如图 1.32 所示。

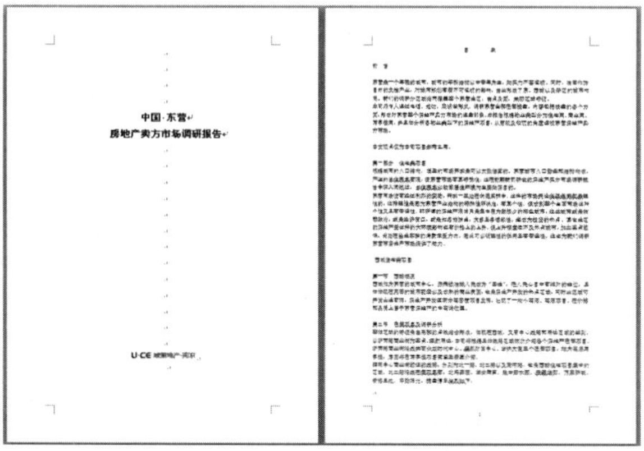

图 1.31　插入空白页

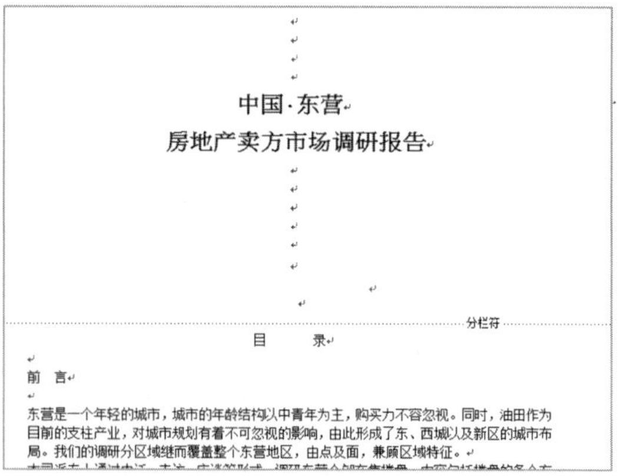

图 1.32　“草稿”视图模式下的分页符

插入空白页完成之后,就可以在封面页中添加首页内容并且设置首页内容的格式了。读者可以根据前面学过的知识自行设置。

2. 插入分节符——将文档分成不同的节

分节在 Word 文档排版中具有非常强大的功能,很多特殊版式都离不开分节符。分节符的主要功能是将分节符两侧的内容变成完全独立的两部分,每部分都可以拥有自己的页面格式,彼此互不干扰。

在文档中添加分节符的方法与添加分页符类似,下面我们利用这种方法在目录页前后插入两个“节”。具体操作方法如下:

步骤一　单击将光标定位在“目录”字符之前,单击“布局”功能区“页面设置”组中的“分隔符”按钮 分隔符 ,从如图1.33所示下拉列表中选择“连续”命令,即可在插入点位置添加一个分节符。

步骤二　使用同样的方法,在“目录”的下一段落(前言)开始处插入“下一页”分隔符,在目录页的下一页开始新的一节(“前言”及其他后续页面),如图1.34所示。

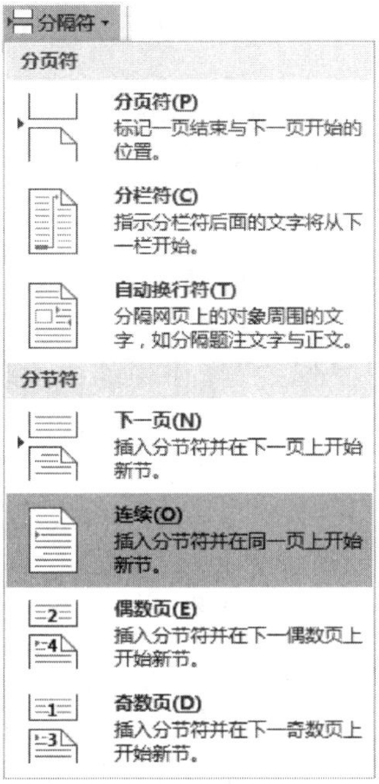

图1.33　插入“连续”分隔符

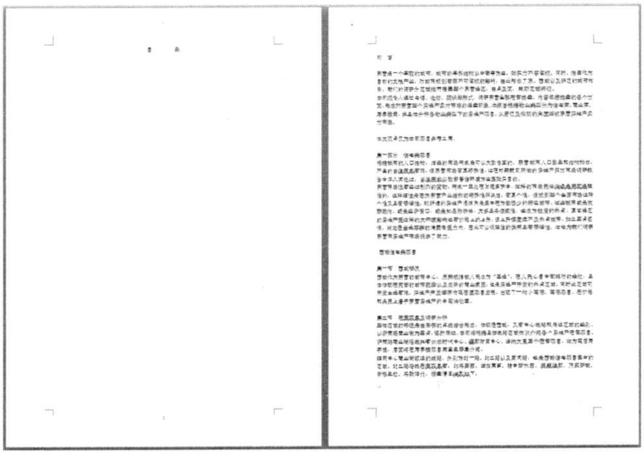

图1.34　在目录页之后分节

知识链接: 在如图1.33所示的菜单命令中,其中“分节符”组中的四种分节符含义如下:

- 下一页:插入此类型的分节符之后,其后的内容将属于下一节,并从新的一页开始。此类型的分节符主要用于在同一文档中使用不同的页面设置(纸张大小、方向等)。
- 连续:在同一文档中插入此分节符,文档中内容的位置不会发生变化。此类型的分节符主要用于为文档中的不同内容进行分栏。
- 偶数页:插入此类型的分节符,新的一节将在文档的偶数页面上开始。这对于排版时每章第一页需要落在偶数页上的书籍类文档很有用处。
- 奇数页:插入此类型的分节符,新的一节将在文档的奇数页面上开始。这对于排版时每章第一页需要落在奇数页上的书籍类文档很有用处。

二、样式和多级自动编号

在长篇文档中,单独设置文本和段落格式的操作方法显然效率较低,想要提高 Word 文档编排质量和操作效率,可以使用样式和模板。

1. Word 2016 样式介绍

样式就是一种包含了多种基本格式的混合体,这些基本格式是指字体格式、段落格式、编号格式等。按照样式类别划分,Word 2016 包含 5 种样式——字符、段落、链接段落、表格、列表。其中字符类样式应用于设置文字格式,段落类样式用于设置段落格式,链接段落和字符类样式可以同时设置字符或段落格式,表格类样式只用于表格,列表类样式则用于自动编号和项目符号。

例如,要设置某个段落的格式,只需要单击该段落内容,然后在“开始”功能选项卡的“样式”下拉列表中选择一种所需的样式即可。这个列表中的样式是 Word 2016 的内置样式,如图 1.35 所示。

另外,也可以使用“样式”窗格来为指定的内容快速设置样式。单击“开始”功能选项卡中“样式”组右下角的对话框启动器按钮,打开如图 1.36 所示的“样式”窗格。该窗格中列出的样式与“样式”下拉列表中的样式相同,唯一区别是默认情况下,“样式”窗格中的样式名称没有反映出样式所具有的格式外观。勾选“样式”窗格底部的“显示预览”复选框,则可以在“样式”窗格中进行实时预览,如图 1.37 所示。

图 1.35　Word 2016 预置样式

图 1.36　“样式”窗格

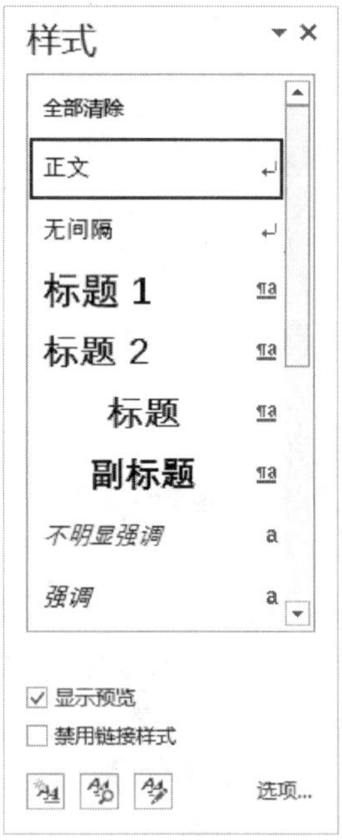

图 1.37　“样式”窗格（显示预览）

2. 新建样式

通常情况下,Word 提供的默认样式无法满足实际的使用需要,这时有两个方法:一种是修改 Word 2016 提供的内置样式,另一种是创建新的样式。

在创建新样式时，主要将参数设置分为以下三个部分：

- 属性：该部分用于设置新样式的基本信息，包括名称、样式类型、样式中格式的来源（样式基准）以及样式之后的下一段落自动指定为哪一种样式（后续段落样式）。
- 格式：该部分用于设置样式的字体和段落的基本格式，包括字体、字号、颜色、对齐方式、行距、缩进等。
- 附加格式：该部分需要单击对话框底部的"格式"按钮并从弹出的菜单中选择一种类型来进行设置。它是对样式在格式上的扩充，可以全面设置字体格式、段落格式、边框和底纹、自动编号、文字效果等多种格式，这些格式的设置方法与单独设置文本的某个格式的方法是相同的，还可以为样式设置快捷键以加快使用样式的速度。

这里，我们首先为"房地产市场营销调研报告"文档中的插图和表格创建一个新的段落样式——"插图"样式。具体操作方法如下：

步骤一　单击如图 1.37 所示"样式"窗格底部的"新建样式"按钮，打开如图 1.38 所示"根据格式设置创建新样式"对话框。在"名称"文本框中输入"插图"，在"样式类型"下拉列表框中选择"段落"，在"样式基准"下拉列表框中选择"（无样式）"，在"后续段落样式"下拉列表中选择"正文"。

步骤二　在"格式"参数选项下，设置字体格式为"宋体、五号"，设置对齐方式为"居中对齐"，其他均为默认值。

步骤三　单击"确定"按钮，完成新样式的创建，在"样式"窗格中可以看到新创建的"插图"样式，如图 1.39 所示。

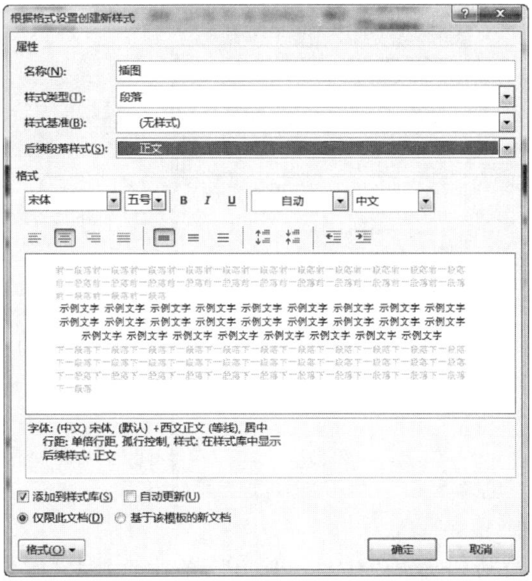

图 1.38　创建新的"插图"样式

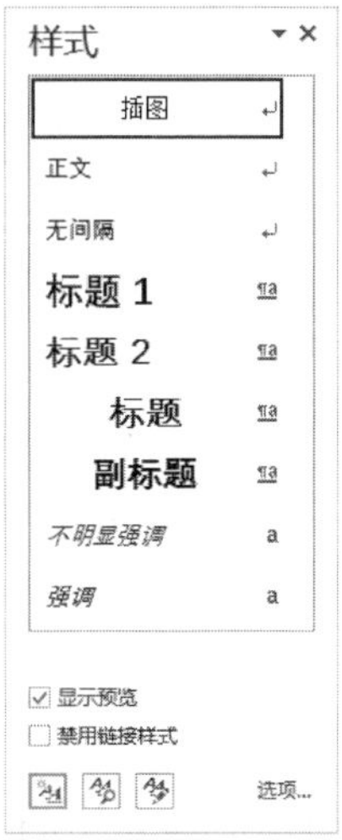

图 1.39　"样式"窗格中的"插图"样式预览

知识链接:第一,为什么在"样式基准"中要选择"(无样式)"?

在为样式选择"样式基准"时要特别注意,因为一旦将新建样式以某个样式为起点开始创建样式,那么当修改这个基准样式的格式时,新建样式的格式也会随之变化,这样通常会导致更多的混乱。因此,最好在新建样式时将"样式基准"设置为"(无样式)"。

第二,为什么在"后续段落样式"中要选择"正文"?

设置"后续段落样式"也是极为有用的,正确设置该项可以实现按 Enter 键后,Word 自动调整下一段落的格式(例如,此处在"插图"样式所在段落之后按下 Enter 键,下一段落的格式自动调整为"正文"样式)。这样只要结束一个段落的输入,到下一段时就直接由 Word 设置好想要的格式,而不用自己费心了。

3. 修改正文样式

除了新建样式的方法之外,我们也可以直接修改 Word 2016 内置的样式,使其符合我们的需求。此处我们将原有的"正文"样式进行重新修改设置,它具有的格式要求如下:

- 字体格式:宋体、小四;
- 段落格式:首行缩进 2 字符、段前间距和段后间距均为 0. 5 行。

具体操作方法如下。

步骤一　在"样式"下拉列表中右击"正文"样式按钮,从弹出的下拉列表中选择"修改"命令,弹出如图 1. 40 所示"修改样式"对话框。该对话框类似于前面介绍的"根据格式设置创建新样式"对话框。

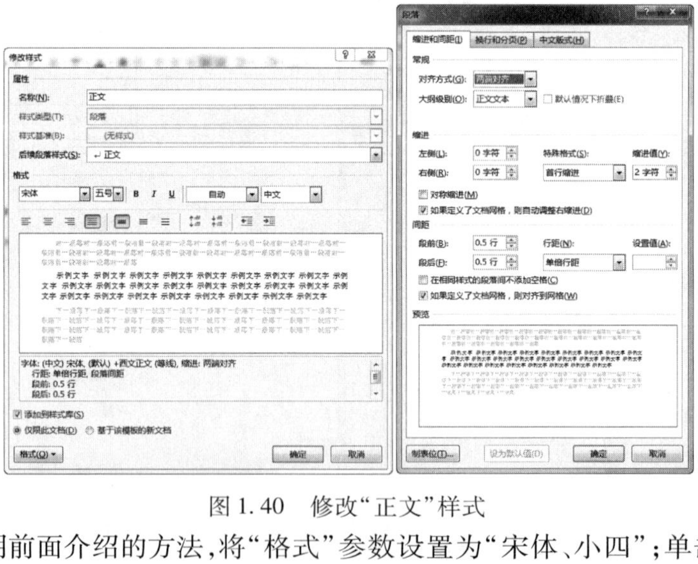

图 1. 40　修改"正文"样式

步骤二　使用前面介绍的方法,将"格式"参数设置为"宋体、小四";单击"格式"按钮,在下拉菜单中单击"段落…"命令,打开"段落"对话框,设置参数为"首行缩进 2 字符、段前间距和段后间距均为 0. 5 行",其他默认。单击"确定"按钮返回"根据格式设置创建新样式"对话框。

步骤三　设置保存修改位置。在对话框的底部,单击选中"仅限此文档"单选按钮,将上述更改保存于当前文档中(如果选中“基于该模板的新文档”单选按钮,则将当前样式的修改结果保存到文档所套用的模板中)。单击“确定”按钮,完成对“正文”样式的修改。

由于“房地产市场营销调研报告”原始文档中所有正文均使用“正文”样式,所以此时在“市场营销调研报告”原始文档中即可看到修改后的“正文”应用效果,如图1.41所示。

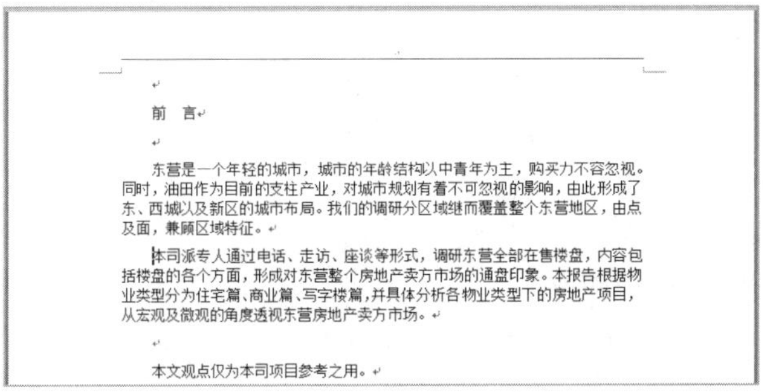
前　言

东营是一个年轻的城市，城市的年龄结构以中青年为主，购买力不容忽视。同时，油田作为目前的支柱产业，对城市规划有着不可忽视的影响，由此形成了东、西城以及新区的城市布局。我们的调研分区域继而覆盖整个东营地区，由点及面，兼顾区域特征。

本司派专人通过电话、走访、座谈等形式，调研东营全部在售楼盘，内容包括楼盘的各个方面，形成对东营整个房地产卖方市场的通盘印象。本报告根据物业类型分为住宅篇、商业篇、写字楼篇,并具体分析各物业类型下的房地产项目,从宏观及微观的角度透视东营房地产卖方市场。

本文观点仅为本司项目参考之用。

图1.41　“正文”样式的应用

三、创建多级自动编号

在长篇文档中多级编号随处可见,例如下面的示例:

第1章

　　1.1

　　　　1.1.1

……

　　1.2

　　　　1.2.1

……

第2章

　　2.1

　　　　2.1.1

……

　　2.2

　　　　2.2.1

……

多级编号完全可以使用手工输入来完成,但是如果各章位置需要调整,那么相关的章节编号势必也要被全部更改。因此为了提高工作效率,对于体系较为复杂的多级编号,应该尽可能让其自动排序。在Word 2016中可以很方便地设置类似上述介绍的多级编号。

下面我们介绍如何为“房地产市场营销调研报告”文档设置多级自动编号,具体操作方法如下:

1. 将1级编号链接到标题1样式

步骤一　单击“开始”功能区“段落”组中的“多级列表”按钮,在下拉列表中选择“定义新的多级列表”命令,如图1.42所示。

步骤二　打开“定义新多级列表”对话框,单击左下角的“更多”按钮,显示如图 1.43 所示对话框。在“单击要修改的级别”区域中单击选择数字列表中的“1”,然后在右侧的“将级别链接到样式”下拉列表框中选择要使用第 1 级自动编号的样式“标题 1”。在“输入编号的格式”文本框中的自动编号“1”左侧输入“第”字符,在其右侧输入“部分”字符,在“此级别的编号样式”的下拉列表框中选择“一、二、三(简)…”。在“编号之后”下拉列表框中选择“空格”;将“对齐位置”和“文本缩进位置”均设置为“0 厘米”。

步骤三　单击“字体”按钮,在弹出的如图 1.43 所示“字体”对话框中设置第 1 级自动编号的字体格式为“黑体(中文字体)、Arial(西文字体)、三号、加粗”。单击“确定”按钮返回“定义新多级列表”对话框,可以在“编号格式”区域看到字体设置效果,如图 1.43 所示。

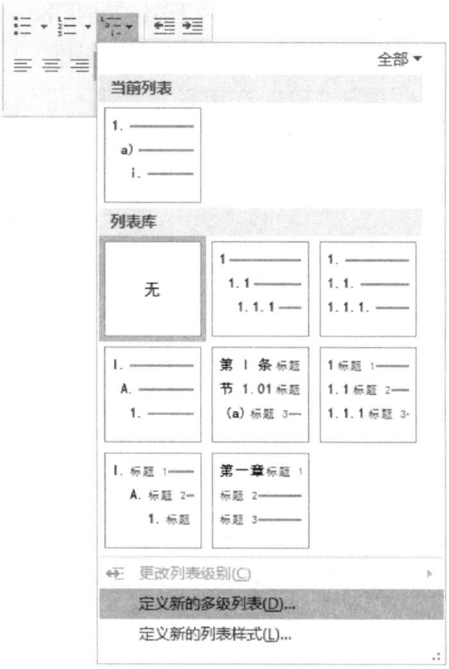

图 1.42　“定义新的多级列表”菜单命令

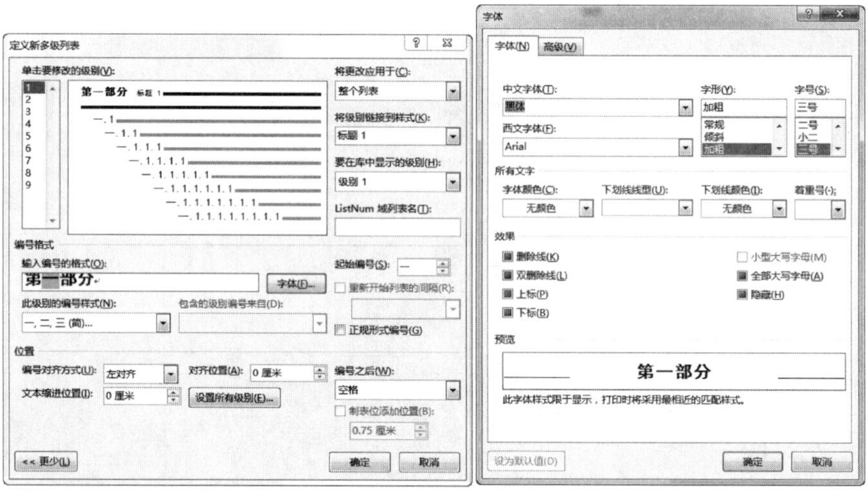

图 1.43　“定义新多级列表”对话框

2. 将其他级别的编号链接到不同标题样式

继续设置第 2 级和第 3 级编号样式。

步骤一　将第 2 级编号链接到“标题 2”样式。在对话框上方的数字列表中单击“2”,然后在“将级别链接到样式”下拉列表中选择“标题 2”。设置第 2 级编号的字体格式为“黑体(中文字体)、Arial(西文字体)、四号、加粗”。勾选“正规形式编号”复选框(目的是显示“1.1 ”的样式),“对齐位置”和“文本缩进位置”和第 1 级编号设置相同,如图 1.44 所示。

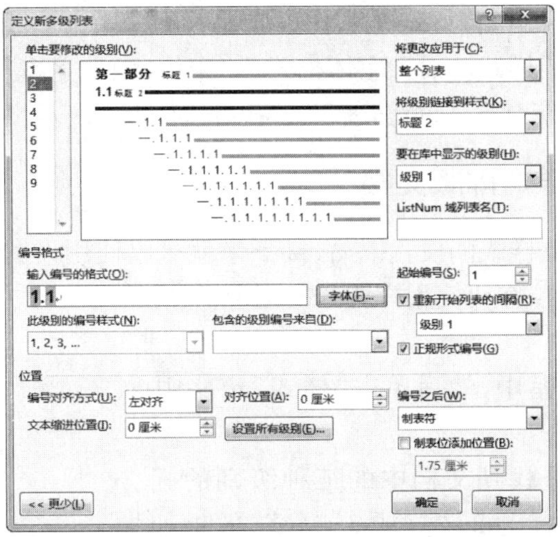

图 1.44　设置链接到“标题 2”样式的“2 级”自动编号

步骤二　将第 3 级编号链接到“标题 3”样式。在对话框上方的数字列表中单击“3”，然后在“将级别链接到样式”下拉列表中选择“标题 3”。设置第 3 级编号的字体格式为“宋体（中文字体）、Arial（西文字体）、小四、加粗”。勾选“正规形式编号”复选框（目的是显示“1.1.1”的样式），“对齐位置”和“文本缩进位置”和第 1 级编号设置相同。如图 1.45 所示。

步骤三　单击“确定”按钮，完成具有三个级别的多级自动编号的设置。此时在“样式”窗格中即可看到我们刚刚设置好的链接到各级标题样式的多级编号，如图 1.46 所示。

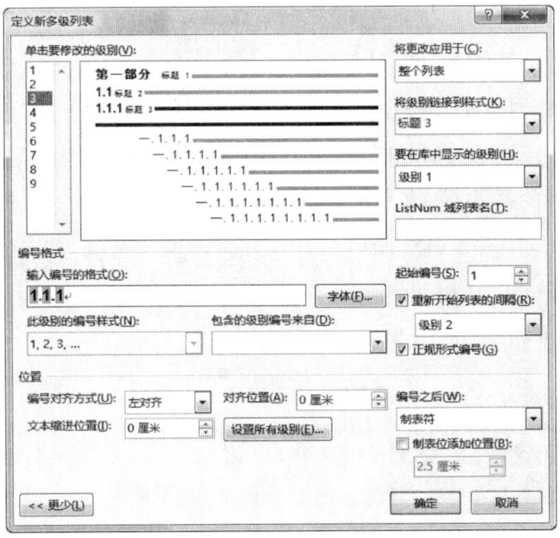

图 1.45　设置链接到“标题 3”样式的“3 级”自动编号

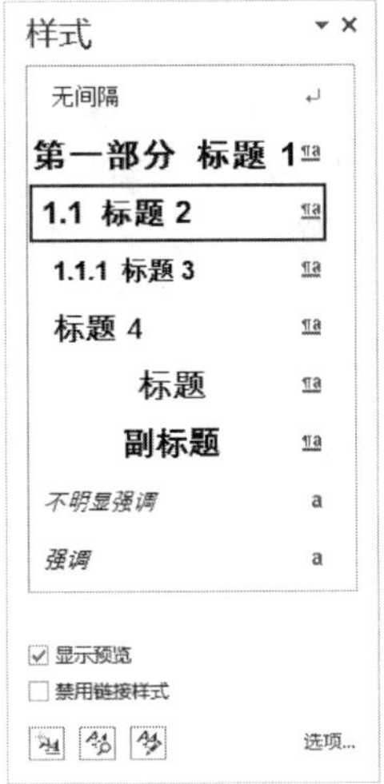

图 1.46　设置完成的“样式”预览

3. 设置各级标题格式

完成了多级自动编号的设置之后，还要考虑到原有各级标题的样式是否和多级自动编号的格式是否吻合，需要按照前面介绍的修改内置样式的方法，对各级标题的内置样式进行修改。

步骤一　修改“标题 1”样式。设置字体格式为“黑体（中文字体）、Arial（西文字体）、三号、加粗”，设置段落格式为“居中对齐、单倍行距、段前间距和段后间距均为 0.5 行”。

步骤二　修改“标题 2”样式。设置字体格式为“黑体（中文字体）、Arial（西文字体）、四号、加粗”,设置段落格式为“两端对齐、首行缩进 2 字符、单倍行距、段前间距和段后间距均为 0.5 行”。

步骤三　修改“标题 3”样式。设置字体格式为“宋体(中文字体)、Arial(西文字体)、小四号、加粗”,设置段落格式为“两端对齐、首行缩进 2 字符、单倍行距、段前间距和段后间距均为 6 磅”。

四、使用设置好的样式排版文档

当我们完成了各级标题样式的设置以后,接下来就可以使用设置好的样式进行文档的排版了。操作很简单,只需要定位在要使用样式的段落中,然后单击“样式”窗格中相应的样式即可。

1. 设置各级标题

单击定位在“前言”段落中,然后单击“样式”窗格中的“标题 1”样式,将该级标题样式应用到该段落中。

利用上述方法,逐个查找到文档中的三种级别的标题,分别设置为“标题 1”“标题 2”“标题 3”样式,效果如图 1.47 所示。

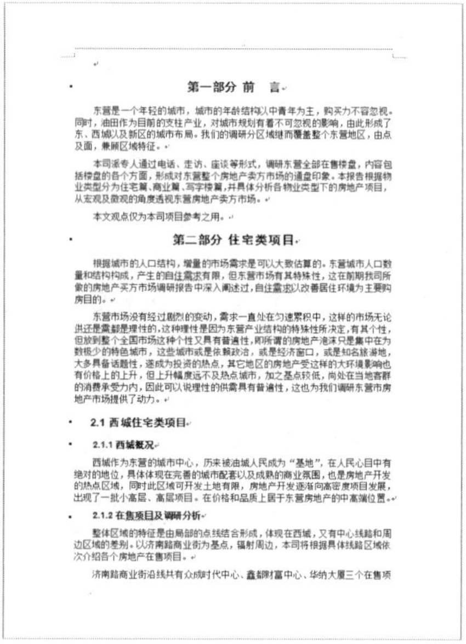

图 1.47　设置各级标题

2. 设置正文文本

由于原始文档中使用了不同格式的正文样式,可以利用如下几种方法将它们调整为统一的“正文”样式。

方法一,利用格式刷复制样式和格式。首先将正文中第一段文本设置为“正文”样式,然后全选整个段落,双击“格式刷”按钮,将它的格式和样式逐一复制到其他正文段落中去。

方法二,替换已有样式为“正文”样式。定位在使用了某种类型样式的段落中,查看“样式”窗格中哪个样式被使用了,确定之后右击该样式,从弹出的菜单中选择“选择所有 N 个实例”命令(N 代表应用此样式的段落总数),即可同时选中所有使用此样式的内容(如图 1.48 所示),然后单击“样式”窗格中的“正文”样式,即可将所有选中内容设置为新样式。重复操作即可快速批量地设置全文内容格式。

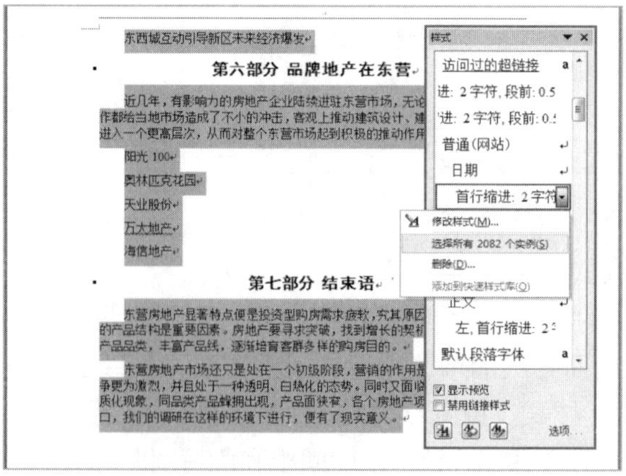

图 1.48　选择所有 N 个实例

五、使用各种视图查看调研报告

Word 2016 提供了 5 种视图模式，分别是页面视图、阅读版式视图、Web 版式视图、大纲视图和草稿视图。其中，在 Word 2016 的状态栏右端显示其中的阅读视图、页面视图和 Web 版式视图三个按钮，单击其中任何一个即可切换至对应的视图中。如果需要选择其他视图模式，可以在“视图”功能区的“视图”组单击相应选项。

- 页面视图：Word 2016 的默认视图模式，在该视图下对文档进行的任何编辑所得到的结果与实际打印输出的效果是一样的，通常文本输入、编辑文档等操作都是在页面视图下进行的。
- 阅读版式视图：主要用于以阅读版式视图方式查看文档，它最大的优点是利用最大的空间来阅读或者批注文档。单击阅读版式视图工具栏中的“关闭”按钮或者按下 ESC 键，即可关闭阅读版式视图方式，返回到文档之前所处的视图方式。
- Web 版式视图：主要用于查看网页形式的文档外观，当选择显示 Web 版式视图时，编辑窗口将显示得更大，并且自动换行以适应窗口。此外，还可以在 Web 版式视图下设置文档背景以及浏览和制作网页等。
- 大纲视图：大纲视图是显示文档结构和大纲工具的视图，它将所有的标题分级显示出来，层次分明，特别适合较多层次的文档，对于浏览定位整篇文档有很大的帮助，前提是对标题套用了样式并且设置大纲级别。
- 草稿视图：主要用于查看草稿形式的文档，便于快速编辑文本。在草稿视图中不会显示图片、图示、页眉和页脚等文档元素。当转换为草稿视图时，上下页面的空白转换为虚线。

阅读版式视图、Web 版式视图、草稿视图这三种视图在编辑与排版中应用甚少，此处不做过多介绍。

1. 通过大纲视图查看文档结构

在大纲视图下，可以定制和审视文档的整体层次结构，纵观全局。

- 根据标题所在的不同大纲级别，查看文档结构。
- 发现某个标题的级别不正确，可以为它重新进行更正。
- 快速选择整块的文档内容，调整在文档中的位置。
- 检查大纲中使用的样式。

单击“视图”功能区“视图”组中的“大纲视图”按钮，即可切换至大纲视图模式，如图 1.49 所示。

在“显示级别”列表框中选择“3 级”大纲级别，Word 2016 将只显示拥有此级别或者更高级别的内容，如图 1.50 所示。

单击定位在某一大纲内容处，单击“上移(在大纲内上移项目)”按钮或“下移(在大纲内下移项目)”按钮，可以将其移动到其他位置——这样就可以快速地将这一部分内容“整体”移动到另一个位置，方便文档的编辑，如果文档使用了多级编号，移动的文档内容的各级标题编号也会自动根据所处章节位置进行调整。

如果在查看大纲标题的同时还想看到正文级别的第一行内容，可以勾选“仅显示首行”复选框。

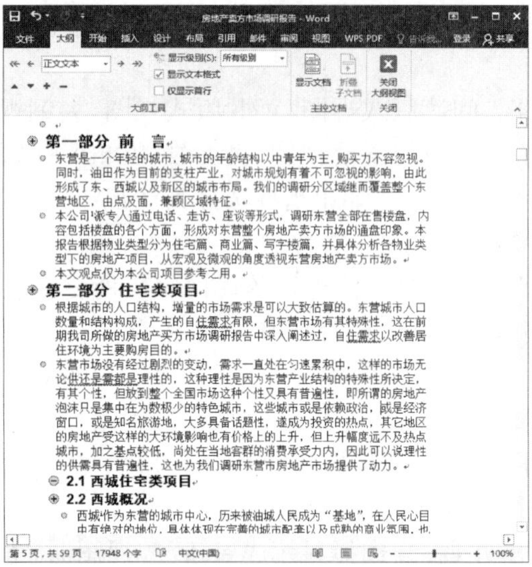

图 1.49　通过大纲视图查看文档结构

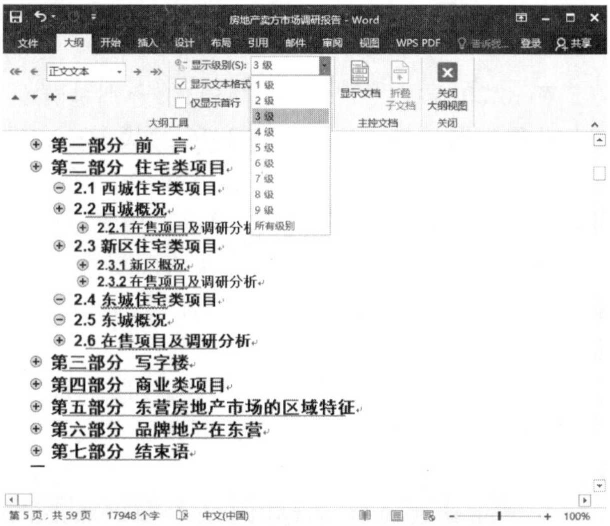

图 1.50　显示 3 级大纲级别

2. 快速定位文档——导航窗格

对于较长的文档,如果需要查看某一级标题下的内容,通过拖拽文档右侧的垂直滚动条来定位文档比较麻烦,也不利于查找,可以利用导航窗格来进行文档的快速定位。

在"视图"功能区"显示"组中勾选"导航窗格"复选框,即可打开"导航"窗格,如图 1.51 所示就是"房地产市场营销调研报告"的导航窗格,它显示了所有设置了大纲级别的段落。单击其中需要查看的段落,即可快速定位到文档中该段落的位置。

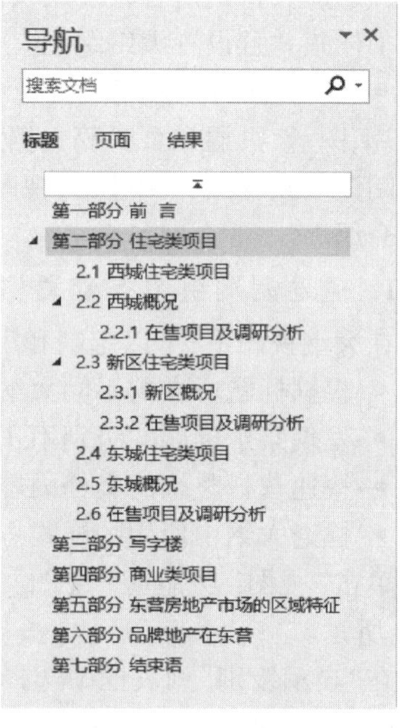

图 1.51　利用导航窗格快速浏览文档

六、添加自动化项目

在 Word 排版中,有些页面元素是不需要人工干预的,它们与编号性质相关,并且可能经常需要更新。例如,页码表示某个页面在文档中的顺序号;题注表示某个图片(或者表格)在文档中所有图片(或者表格)中所处的顺序。另外,目录也是文档的自动化元素,创建之后如果文档中各标题内容有所变化,则可以通过特定的方法更新目录的内容,而不需要重新创建目录。充分利用这些元素的自动化功能可以极大减轻用户的工作量,提高工作效率。

1. 制作首页不同的页眉

在页眉和页脚中可以放置对文档十分有利的信息。例如,可以在页眉中放置文档的标题、篇名、章名等;在页脚中放置页码、总页数,以便用户时刻了解当前阅读的进度等。

对于"房地产市场营销调研报告"这样的长篇文档来说,封面不应该显示页眉,从目录页开始到正文结束,所有页面需要制作统一的页眉:"房地产市场营销调研报告"。这里就应用到了前面介绍的分隔符的知识。具体操作方法如下：

步骤一　快速双击文档上方的页边距空白处，即可进入页眉编辑状态。

步骤二　在页眉编辑状态下，激活"页眉和页脚工具"选项卡，切换至目录页，可以看到当前位于整篇文档的第二节。单击"导航"组中的"链接到前一条页眉"按钮，取消第二节页眉处的"与上一节相同"，如图 1.52 所示。

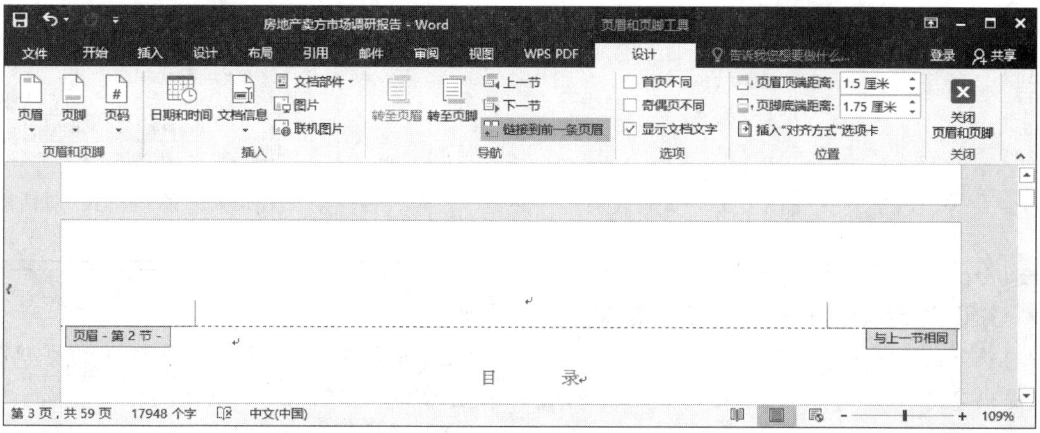

图 1.52　取消"链接到前一条页眉"

步骤三　在页眉中输入文本"房地产市场营销调研报告"，此时浏览前后页的页眉，发现封面页及其后面的空白页并没有显示页眉内容，而目录页开始的后续所有页面都显示相同的页眉内容。

步骤四　双击正文部分，即可退出页眉和页脚编辑状态，返回文档编辑模式。

注意：

取消"链接到前一条页眉"是操作成功的关键，它的目的是使得前后页眉和页脚的内容相互独立，这样修改某一节页眉和页脚就不会影响另一节的页眉和页脚内容。

2. 在正文页脚中添加页码

在"房地产市场营销调研报告"文档中，封面页和目录页不需要插入页码，从正文的第一页开始显示页码。具体操作方法如下：

步骤一　双击页脚位置，进入页眉和页脚编辑模式。

步骤二　切换至正文的第一页（即"前言"页），单击取消"链接到前一条页脚"，然后单击"页眉和页脚"组中的"页码"按钮，从弹出的列表中选择"页面底端""普通数字 2"选项，在当前位置插入页码，效果如图 1.53 所示。

浏览后续页面，可以看到在页脚处显示了连续编号的页码效果。

页码还包含很多格式，无论在插入页码之前还是之后，设置页码格式都有效。单击"页眉和页脚工具"功能选项卡中的"页码"按钮，从下拉列表中选择"设置页码格式…"命令，弹出如图 1.54 所示"页码格式"对话框。在"编号格式"下拉列表框中提供了多种预置的页码格式，可以根据需要进行选择。

同时还可以在"页码编号"区域选择是否接着上一节继续编排页码，或者重新设置一个起始页码，这样之后的页码将重新调整。

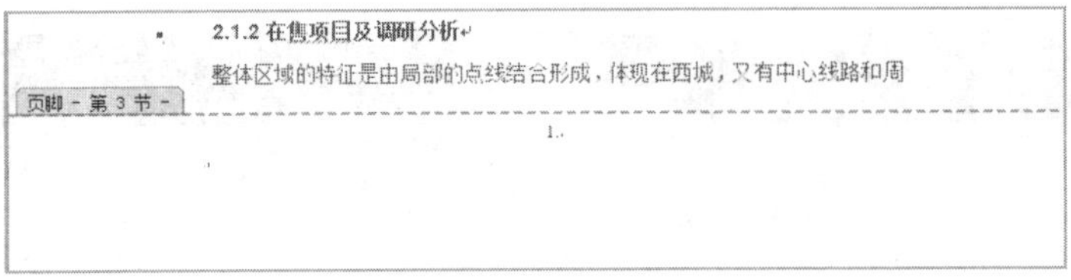

图 1.53　页码效果

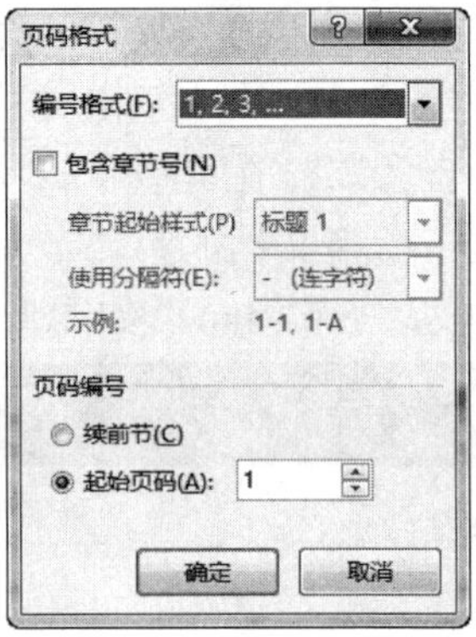

1.54　“页码格式”对话框

知识链接:怎样使得每一章的首页不显示页码?

长篇文档中的篇章一般都是独立分节的,这就为我们灵活地设置多种样式的页码格式提供了方便。例如,为了使得每一章的首页不显示页码,可以这样操作:

定位在正文某一章所在页脚中,勾选“页眉和页脚工具”选项卡下“选项”组中的“首页不同”复选框,然后在该章的第二页页脚处插入页码,显示的结果就是该页页码从“2”开始编号,而首页不显示页码。

3. 添加题注

在“房地产市场营销调研报告”文档中有很多表格,需要为其统一编号并且添加说明性文字,这就应用到了 Word 2016 的“添加题注”功能。

题注通常包括三部分:题注标签、流水号、说明文字。例如,“图 1.1 Word 2016 工作界面”就是一个题注,表示当前标注的是一个图片,图编号为第 1(章编号)章的第 1(图的流水号)个图,图的说明文字为“Word 2016 工作界面”。

下面,我们为“房地产市场营销调研报告”文档中的表格添加题注。具体操作方法如下:

步骤一　右击文档中第一个表格,从快捷菜单中选择“插入题注…”命令,弹出“题注”对话框,选择“标签”为“表格”,“位置”为“在所选项目上方”,如图 1.55 所示。

步骤二　单击“确定”按钮,即可在所选表格上方插入“表格 1”题注,空两格后输入说明文字“北海嘉园”,效果如图 1.56 所示。

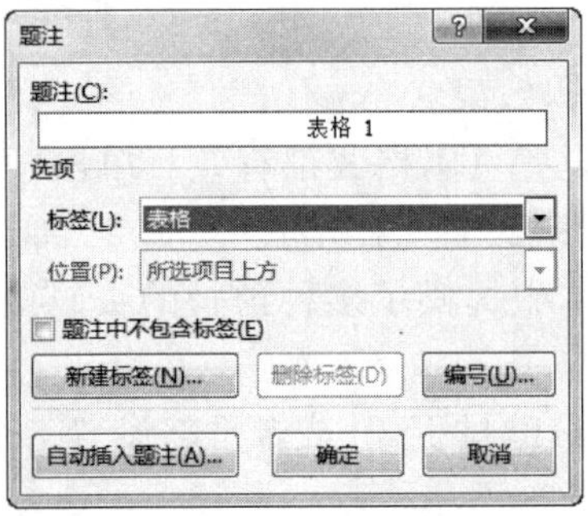

图 1.55　添加“表格”题注

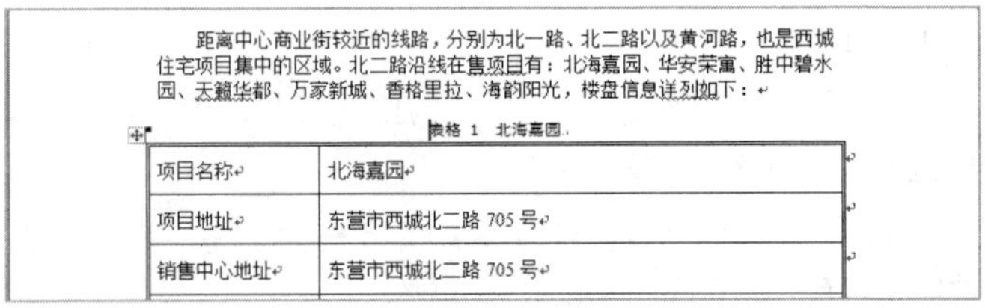

图 1.56　添加题注效果

给文档中的所有表格逐一添加表注，完成全文的添加题注工作。

知识链接：(1) Word 2016 的几种预置题注标签。

Word 2016 预置了几种题注标签，分别是“Figure(图)”“表格”“表”“公式”。如果想要创建新的题注标签(例如“图”)，可以在“题注”对话框中单击“新建标签”按钮，在打开的“新建标签”对话框中进行设置，如图 1.57 所示。此后就可以在创建题注的时候使用新的题注标签了。

添加表格题注的方法与添加图片题注的方法相同，只是选择的题注标签不同而已。

(2) 如何为表格(或图片)添加带有章编号的题注。

添加这种格式的题注之前，首先需要为 Word 2016 内置的标题 1～9 样式设置自动编号(应该使用正规编号格式，即“1，2，3，…”，不能使用汉字编号格式“一、二、三、…”)，然后在“题注”对话框中单击“编号…”按钮，随后在弹出的对话框中勾选“包含章节号”复选框(如图 1.58 所示)，这样才能使用类似于“表格 1.1”格式的编号。

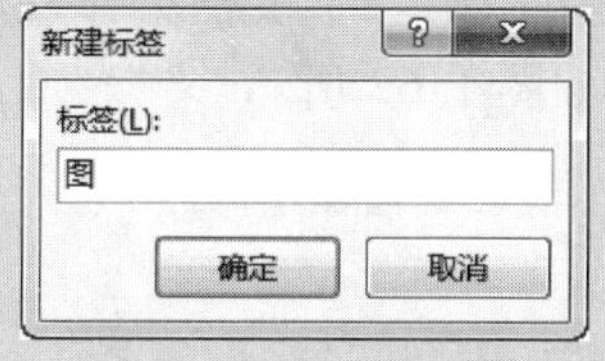

图 1.57　新建标签

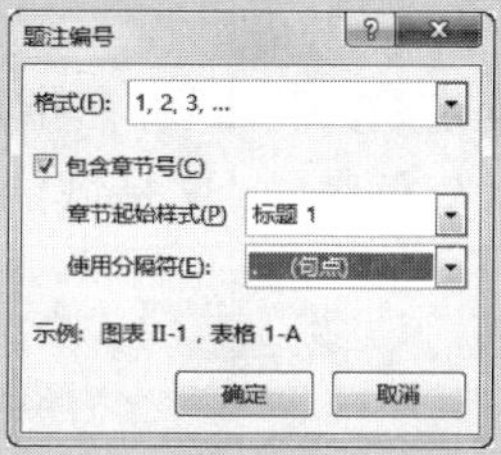

图 1.58　包含章节号

4. 插入交叉引用

在编辑文档的过程中，可能经常需要引用文档内其他位置的内容，例如“如图 1.1 所示”这种形式的文字，这类内容就属于交叉引用。为了便于表述，我们把输入“如图 1.1 所示”这类文字的位置称为“引用位置”，而把这些内容所指向的位置称为“被引用位置”。

在仅有几页的文档中，使用手工方式完成上述的交叉引用工作是毫无问题的，但是对于有着几十页甚至上百页的文档，如果一旦一处或者多处被引用位置的内容发生变化，那么修改引用位置的内容将变成一件非常可怕的事情。

为了可以让引用位置的内容自动随着被引用位置的内容而同步修改，就需要使用 Word 提供的交叉引用功能。例如，在“房地产市场营销调研报告”文档中，表格上方的文本可以添加诸如“如表 1.1 所示”的交叉引用。具体操作方法如下：

步骤一　在引用位置输入所需要的内容，例如“如所示”(其中“如”和“所示”之间留给要引用的可变内容)，如图 1.59 所示。

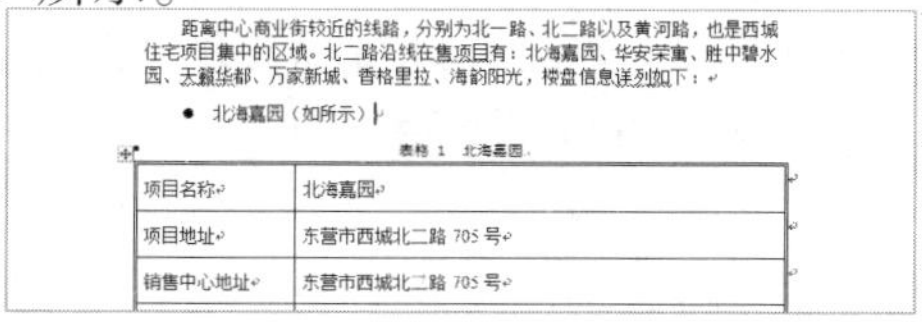
距离中心商业街较近的线路，分别为北一路、北二路以及黄河路，也是西城住宅项目集中的区域。北二路沿线在售项目有：北海嘉园、华安荣寓、胜中碧水园、天籁华都、万家新城、香格里拉、海韵阳光，楼盘信息详列如下：

- 北海嘉园（如所示）

表格 1　北海嘉园

项目名称	北海嘉园
项目地址	东营市西城北二路 705 号
销售中心地址	东营市西城北二路 705 号

图 1.59　输入所需要的内容

步骤二　定位在“如”和“所示”文本之间,然后单击“插入”功能区“链接”组中的“交叉引用”按钮(或者单击“引用”功能区“题注”组中的“交叉引用”按钮),打开如图 1. 60 所示的“交叉引用”对话框。在“引用类型”下拉列表中选择“表格”选项,在“引用内容”下拉列表中选择“只有标签和编号”选项,然后在下方的列表框中选择对应的标题,如图 1. 61 所示。

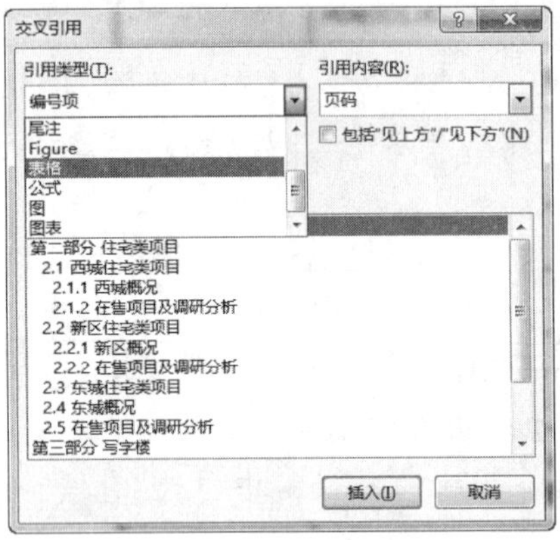

图 1. 60　选择引用类型

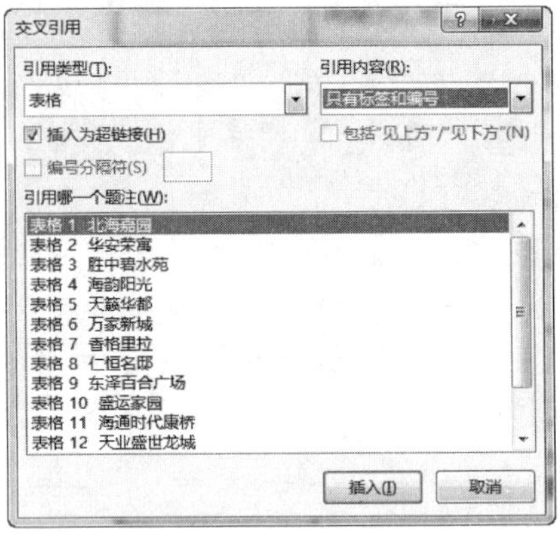

图 1. 61　选择引用内容

步骤三　单击“确定”按钮,即可在指定位置引用第一个表格编号(“如表格 1 所示”),单击编号内部时,会显示灰色底纹,这是域的特征,如图 1. 62 所示。

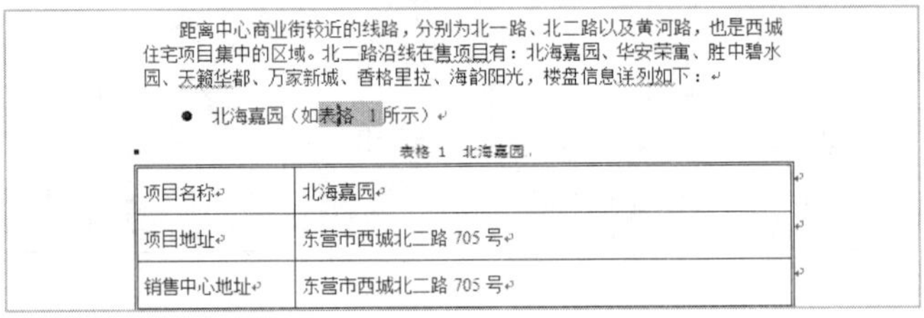

图 1. 62　交叉引用

在文档的其他相应位置逐一插入正确的交叉引用,完成全文的引用工作。

知识链接:更新域

以后如果被引用位置的编号发生了改变,那么可以右击交叉引用位置的编号,在弹出的快捷菜单中选择“更新域”命令,即可自动更新引用位置的编号,使其与被引用位置的编号一致。

如果文档中多处被引用位置的编号发生改变,按下 Ctrl + A 组合键选择全文,然后再执行上述“更新域”命令即可将整篇文档中的交叉引用进行更新。

5. 插入脚注与尾注

在文档中如果需要对某一页中的某个词语进行简要的说明和解释,可以创建脚注和尾注。脚注位于文档每一页的底部,通常起到补充说明的作用;而尾注则位于文档的结尾,通常说明文档所参考的文献等内容。

下面,我们为“房地产市场营销调研报告”文档的某一处内容添加脚注。具体操作方法如下:

步骤一　单击要说明内容(此处需要定位在文档中“本公司”文本之后),然后单击“引用”功能区“脚注”组中的“插入脚注”按钮(见图1.63),Word会自动切换工作界面至当前页面的底部(与正文之间会出现一条分隔线,同时自动编号“1”)。

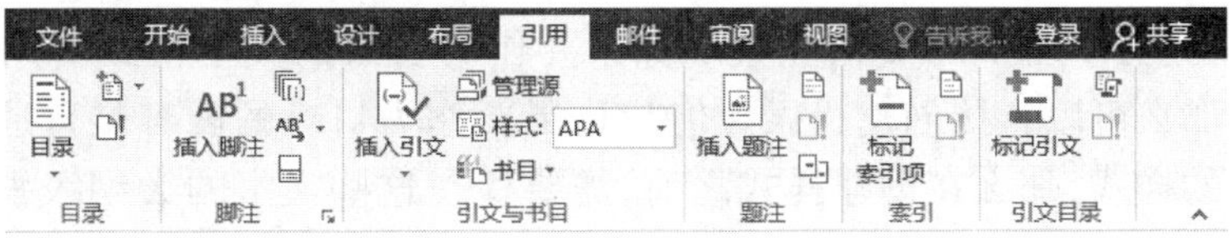

图1.63　“插入脚注”按钮

步骤二　输入注释内容(“此项目市场调研报告为南京U.CE域策地产公司策划制作。”),如图1.64所示。

步骤三　切换至文档中添加脚注的位置,可以看到第一处脚注(“本公司”文本后)的编号“1”(通常被称为“脚注引用标记”,当一个页面中有多个脚注时,脚注编号会依次自动编号)效果,如图1.65所示。

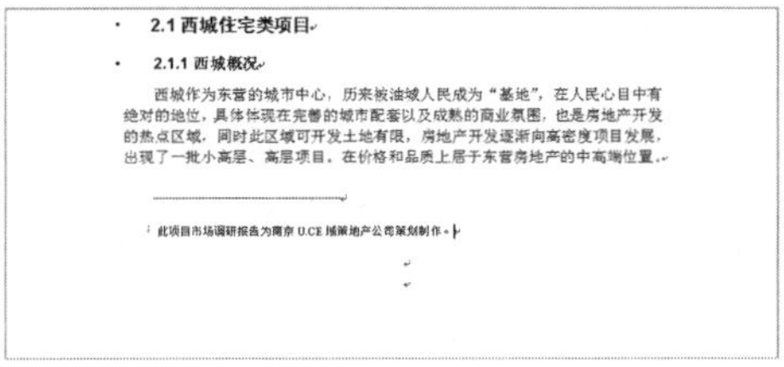

图1.64　编写脚注内容

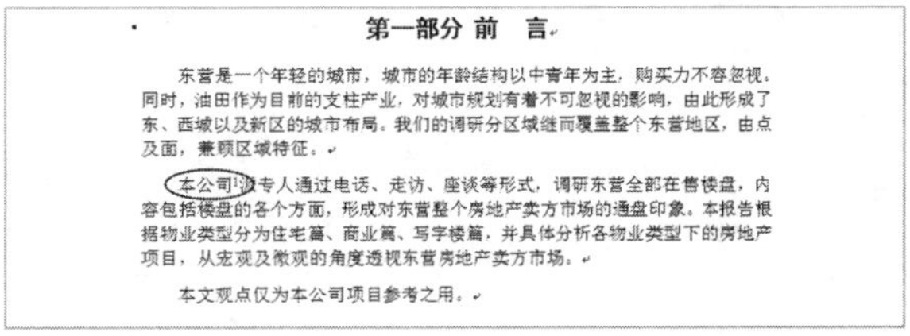

图1.65　添加脚注

单击“引用”功能区“脚注”组中的“插入尾注”按钮,将在文档结尾处添加尾注,方法与添加脚注相同。

知识链接:自动转换脚注和尾注

如果想一次性将文档中的所有脚注转换为尾注或者将尾注转换为脚注,可以单击“引用”功能区“脚注”组中的对话框启动器,打开“脚注和尾注”对话框,单击“转换”按钮,弹出“转换注释”对话框(见图1.66),选择转换类型后单击“确定”按钮,即可完成转换操作。

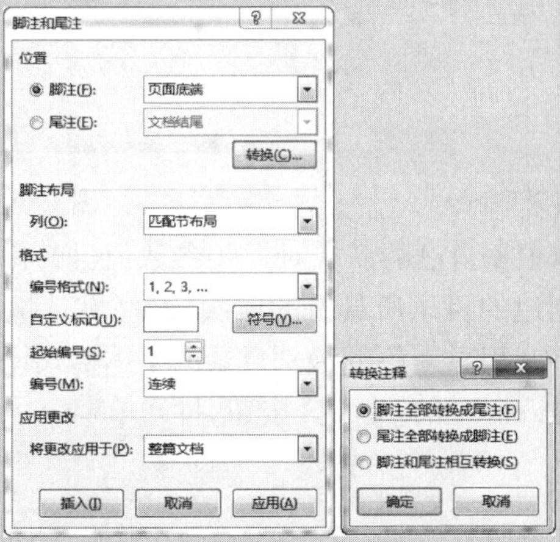

图1.66　脚注和尾注的自动转换

6. 提取和更新目录

为了便于掌握一篇文档的结构，通常需要制作一份目录。尤其在编写一份论文或者一本书籍时，创建目录是必不可少的文档元素。如果要作为目录的文字格式套用了 Word 预置的标题 1～9 样式，那么可以直接创建目录。但是如果要作为目录的内容是普通的正文样式，或者套用了自定义的样式，那么在创建样式之前，需要检查这些文字的大纲级别，否则将无法正确创建出目录。

在此，我们为已经套用了标题样式的“房地产市场营销调研报告”创建一个目录，具体操作方法如下：

步骤一　定位在目录页的第二段，单击“引用”功能区“目录”组中的“目录”按钮，在打开的列表中可以选择 Word 2016 预置的目录样式（见图 1.67）。此处为了更灵活地创建目录，我们选择“插入目录”命令，打开如图 1.68 所示的“目录”对话框。

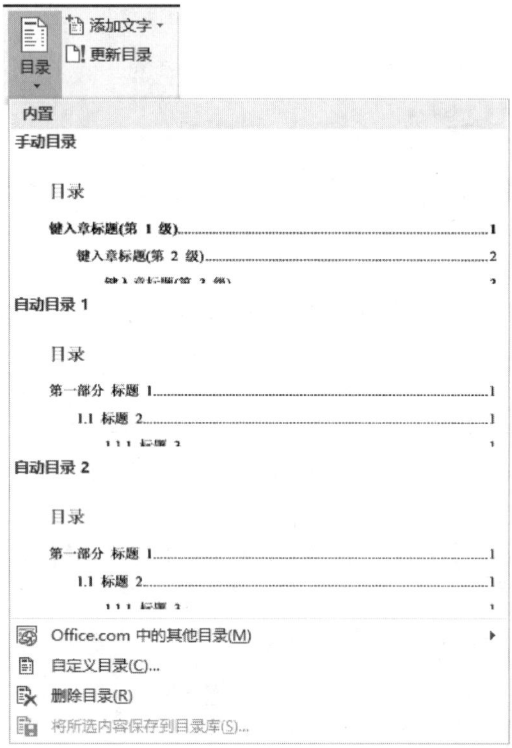

图 1.67　选择“插入目录”命令

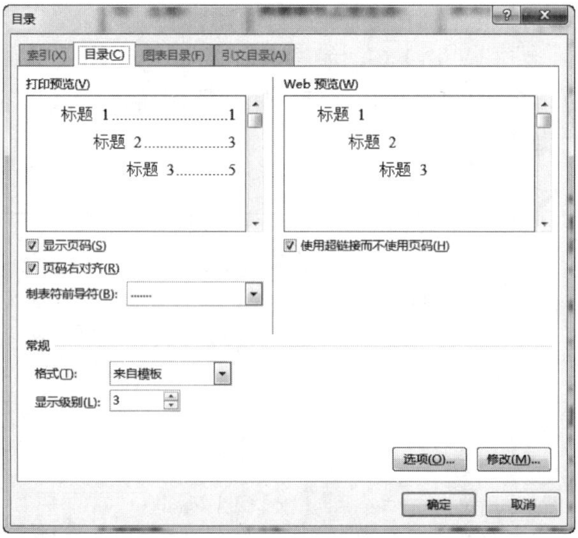

图 1.68　设置目录样式

在此对话框中，我们可以根据自己的需求对一些参数值进行修改。例如，可以通过修改“显示级别”中的数字来确定要创建的目录所具有的层次数量（默认情况下为三级目录）。单击“修改”按钮，还可以打开“样式”对话框，对不同级别目录的字体格式、段落格式等进行外观设置。

步骤二　单击“目录”对话框中的“确定”按钮，即可在插入点位置自动生成目录，效果如图 1.69 所示。

注意：

（1）如果修改了与目录标题对应的文档内的标题内容时，只需要右击目录并选择快捷菜单中的“更新域”命令，然后在打开的提示框中选择“更新整个目录”单选按钮，即可将修改结果更新到目录中。

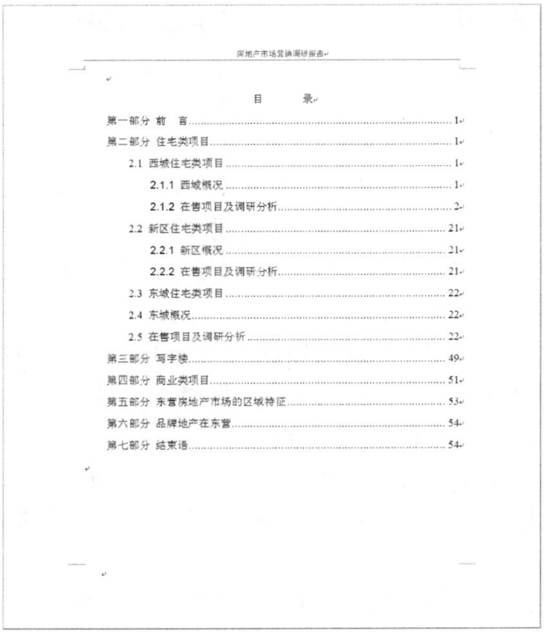
房地产市场营销调研报告

目　录

第一部分 前　言……1
第二部分 住宅类项目……1
2.1 西城住宅类项目……1
2.1.1 西城概况……1
2.1.2 在售项目及调研分析……2
2.2 新区住宅类项目……21
2.2.1 新区概况……21
2.2.2 在售项目及调研分析……21
2.3 东城住宅类项目……22
2.4 东城概况……22
2.5 在售项目及调研分析……22
第三部分 写字楼……49
第四部分 商业类项目……51
第五部分 东营房地产市场的区域特征……53
第六部分 品牌地产在东营……54
第七部分 结束语……54

图 1.69　生成目录

(2)除了正文内容可以生成目录以外,还可以创建图表目录,前提是要事先正确设置图片或表格的题注标签,生成目录时正确选择图表题注所使用的样式。

七、设置权限操作密码

对于重要的公司文件,应当为文档设置权限密码。操作步骤如下:

步骤一　单击“文件”→“另存为”命令,在弹出的“另存为”对话框中单击“工具”按钮右侧下拉列表中的“常规选项…”命令,打开如图 1.70 所示“常规选项”对话框。

图 1.70　设置文档权限密码

步骤二 在“打开文件时的密码”文本框中键入打开密码,它会以“ * ”显示在屏幕上;在“修改文件时的密码”文本框中输入修改密码,为安全起见,最好不要与打开密码相同。同时可以选择“建议以只读方式打开文档”复选框。单击“确定”按钮完成设置。

任务实训

制作技术转让协议

运用所学知识,撰写一份“技术转让协议”,创建新样式格式化文档。要求如下:

1. 设置封面页:定位于正文开始处,使用插入“下一页”方法,插入一个分节符,使得文档生成封面页,输入封面内容并且进行格式设置:

(1)标题文本为“技术转让合同”,设置段落对齐方式为“居中对齐”、段前段后间距分别为“8 行”“14 行”;字体格式为“黑体、一号、字符间距加宽 5 磅”。

(2)其他公司名称、甲方/乙方信息、签约时间等段落设置“段落左缩进 8 字符”。

2. 设置“填写说明”页:定位正文开始处,使用插入“下一页”方法,插入一个分节符,新增一个页面,输入“填写说明”内容,一次性选中所有编号为“一、二……”的标题,应用“标题 4”样式。

3. 设置正文样式:

(1)将正文部分所有段落(不包括落款部分)的格式均改为“段前间距和段后间距 0.5 行、首行缩进 2 字符”。

(2)将落款部分所有段落设置为“左缩进 17 字符”。

(3)为文中的各级条款编号,分别应用样式“标题 1”“标题 2”“标题 3”。

4. 生成目录:定位正文开始处,使用插入“下一页”方法,插入一个分节符,新增一个页面,输入“技术转让协议目录”。回车另起一行,生成目录。

5. 添加奇偶页不同的页眉和页脚:在所有奇数页页眉中输入“ × ×公司技术转让协议”,页脚添加居右对齐的页码;在所有偶数页页眉中输入“ × ×公司内部资料”,同时添加公司 LOGO 图标,页脚添加居左对齐的页码。封面页和说明页不添加页眉和页脚。

任务 1.3 使用表格展示数据——制作应聘人员登记表

学习目标

- 掌握表格的创建与编辑;
- 掌握表格边框和底纹的设置;
- 会使用预设表格样式。

任务引入

某单位要招聘重要人才,为了提高人力资源部的工作效率,快速了解应聘人员的信息,需要设计和制作一份统一格式的应聘人员登记表。需要根据自身需求设计表格,然后再利用 Word 2016 的表格功能,进行表格的编辑和美化。

任务分析

应聘人员登记表的使用会让用人单位的招聘工作更加清晰、高效,从而快速了解应聘人员的全面信息,切实反映应聘人员的岗位素质。设计项目大致有以下几项:

- 应聘人员的基本信息,如姓名、性别、出生年月、籍贯、文化程度、通信地址等;
- 应聘人员的学习简历和工作经历;
- 应聘人员的特长、技能;
- 应聘人员要应聘的职位;
- 相关部门和领导对应聘人员的评价;

以上设计项目不一定面面俱到,可增可减,只要适合单位自身情况即可。

由于表格设计的需求,需要进行如下的编辑、美化工作:

- 规则表格的创建;
- 添加、删除行或列;
- 单元格的合并与拆分;
- 单元格大小的调整;
- 设置单元格内文字的对齐方式与方向;
- 设置表格的边框和底纹;
- 使用预设表格样式美化表格。

任务效果图

本任务效果如图 1.71 所示。

锐丰广告策划公司

应聘人员登记表						
编号:		年　月　日				
姓名		性别		出生日期		
文化程度		婚否		政治面貌		
民族		身高		有无住房		
户籍所在地						
专业或工种				从业时间		
技术等级或职称				工作单位		
待业或职工				有何特长		
身份证号码				家庭地址		
本人联系地址				联系电话		
学习或工作简历	起止时间	学习或工作单位			专业或工种	
家庭情况	如果有直系或旁系家属在本公司工作必须写明					
	姓名	关系	年龄	文化程度	现工作单位	
需要说明的其他事项						
本人承诺	1. 保证所填写的资料真实。 2. 保证遵守招聘单位各项规章制度及国家有关法规。 应聘人签名: 年　月　日					
使用说明:						
1. 电子表格。规格:A4 纸单面打印;标题为 16 磅微软雅黑,表体为 10 磅微软雅黑。						
2. 本表由公司招聘时应聘人员填写。						
3. 使用频率:业务发生时。						
4. 保管部门:公司人力资源部。						

图 1.71　任务效果

任务实施

一、表格的创建与编辑

1. 页面设置

按照公司统一的制表规范,需要对表格进行页面设置。在“布局”功能区“页面设置”组中单击“页面设置”对话框启动器按钮,打开“页面设置”对话框,在其中设置上边距和下边距均为“2.4 厘米”,纸张为“A4”。

2. 插入表格

步骤一　创建 Word 文档。在文档的第一行输入公司名称:“锐丰广告策划公司”,为其设置格式为“微软雅黑,16 磅,段前间距和段后间距均为 1 行,居中”,保存文档。

步骤二　绘制表格。定位在第二行,切换到“插入”功能区,在“表格”组中单击“表格”按钮,并在打开的“表格”列表中选择“插入表格…”,打开“插入表格”对话框,选择“32 行 7 列”,如图 1.72 所示,然后单击“确定”按钮,得到如图 1.73 所示的表格。同时,功能区面板会自动切换到“表格工具”的“设计”选项卡,如图 1.74 所示(若插入点不在表格内,则不显示“表格工具”选项卡)。

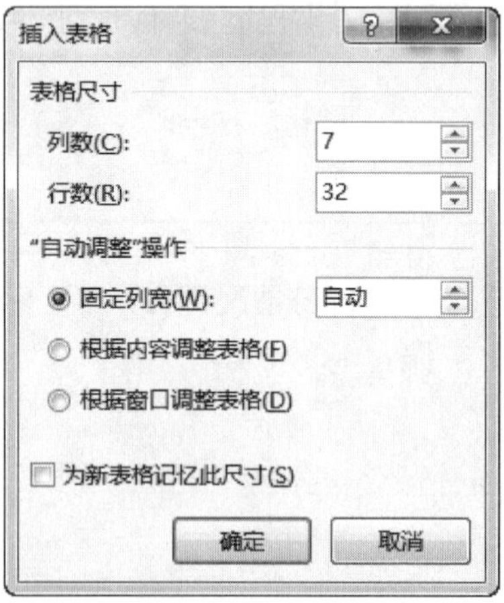

图 1.72　插入表格

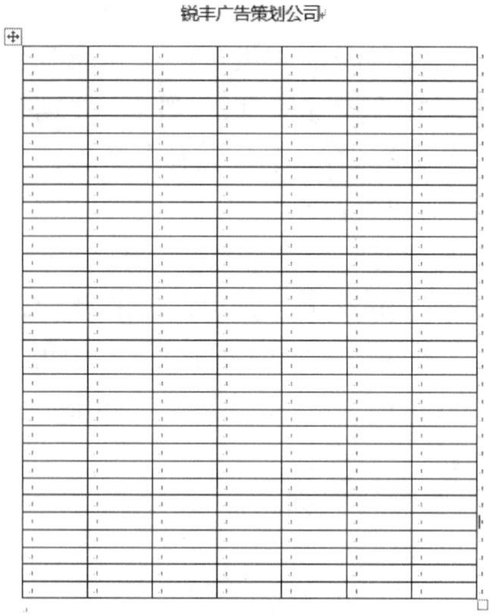

图 1.73　插入规则表格

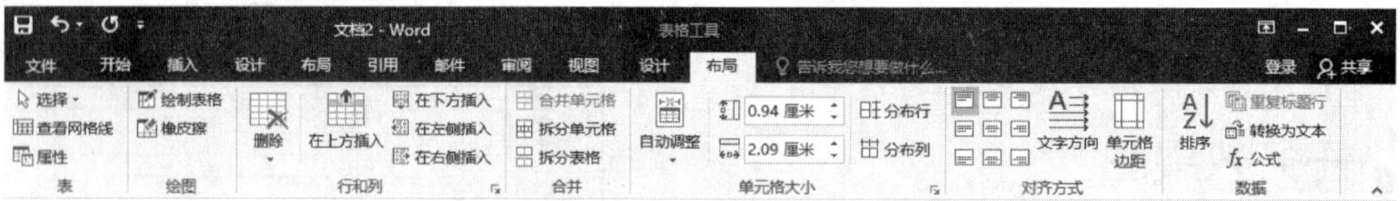

图 1.74　“表格工具”的“布局”面板

知识链接:

(1)绘制简单表格。

在 Word 文档中插入列数和行数在 10×8(10 为列数,8 为行数)范围内的表格,可以按照以下方法操作:在“表格”下拉列表中,移动鼠标让列表中的表格处于选中状态,此时列表上方将显示出相应的表格列数和行数,同时在 Word 文档中也将显示出相应的表格,当显示需要的表格时,单击鼠标左键即可。

(2)添加、删除行和列。

如果绘制的表格的行数或列数不足(或多余),可以添加、删除行或列。

添加行(或列)方法:定位在添加行(或列)相邻的行(或列)中,在“布局”面板中“行和列”组中(见图 1.80),单击“在上方插入”或“在下方插入”按钮(“在左侧插入”或“在右侧插入”按钮)即可。

删除行(或列)方法:定位在要删除的行(或列)中,在“布局”面板中“行或列”组中,单击“删除”按钮。

3. 合并与拆分单元格

Word 直接插入的表格都是行列平均分布的，但在编辑“应聘人员登记表”表格时，需要根据录入内容，合并其中的某些相邻单元格，或者将一个单元格拆分成多个单元格。

步骤一　合并单元格。在刚插入的图 1.73 所示表格中，选中第一行的所有单元格，然后单击“布局”功能区“合并”组里的“合并单元格”按钮，将所选七个单元格合并为一个单元格。

按照上述方法，根据案例要求，选中需要合并的单元格区域，将它们一一合并，如图 1.75 所示。

步骤二　拆分单元格。选中第一列的第 12 行至 24 行单元格，在“布局”功能区“合并”组里单击“拆分单元格”按钮，弹出“拆分单元格”对话框，选择 13 行 2 列（见图 1.76），单击“确定”按钮，将选中的 13 个单元格拆分成为 26 个单元格（说明：多个单元格同时拆分时，图 1.76 中的“拆分前合并单元格”复选框一定要选中）。

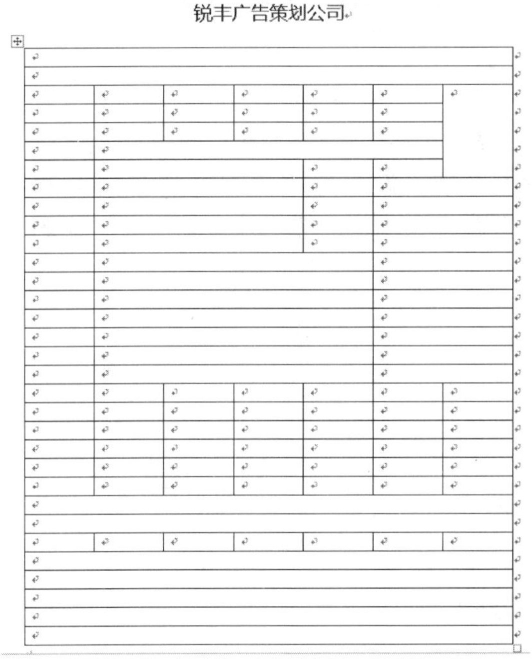

图 1.75　合并单元格

图 1.76　拆分单元格

按照上述方法，分别利用“合并单元格”和“拆分单元格”命令，根据内容需要，编辑“应聘人员登记表”表格。

4. 编辑表格文本

根据内容需要，在“应聘人员登记表”表格中输入相关文本内容。

步骤一　设置文本格式。按照公司制表要求，为表体内容设置字体格式为“微软雅黑，10 磅”，段落格式为“行距/固定值 12 磅”。

步骤二　设置文字方向。“应聘人员登记表”表格中的部分文本需要在单元格中竖直显示，可以单击定位在该单元格中，然后单击“表格工具/布局”功能区“对齐方式”组中的“文字方向”命令按钮即可。

步骤三　设置对齐方式。“应聘人员登记表”表格中的大部分内容适合于在单元格中居中对齐，可以选中表格，然后单击“表格工具/布局”功能区“对齐方式”组中的“水平居中”按钮(见图 1.77)即可。

其他不需要居中对齐的单元格内容,可以选中这些单元格,按照上述方法,选择"中部两端对齐"命令按钮调整对齐位置。个别位置的文本对齐,还可以利用"开始"功能区"段落"组中的"居中"或者"右对齐"等方法进行设置(例如:应聘人签名)。

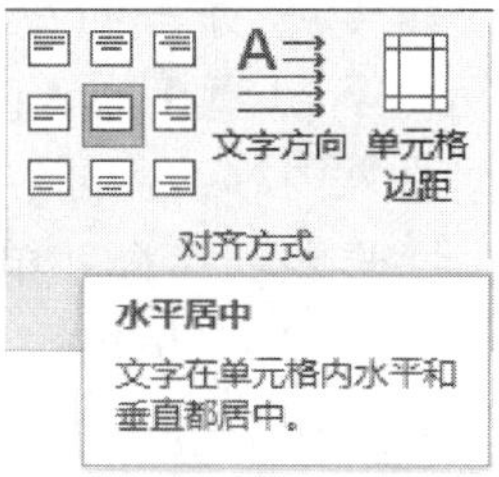

图 1.77　设置单元格文本对齐方式

5. 调整单元格大小

步骤一　调整列宽。如果表格列宽不合适,会导致单元格中的文本变为两行显示,使得布局不美观(例如,第一列),解决的方法是将鼠标指针放置在一、二两列的分隔竖线上,当指针变成双向箭头时,拖动竖线移动到适当位置后松开鼠标即可。

步骤二　调整行高。当表格中的内容全部录入完成后,就要根据打印的要求进行页面布局的设置了。为了使得表格能够适应 A4 纸的版心大小,可以通过适当调整行高加以解决。首先,将表格选中,单击"表格工具/布局"功能区"单元格大小"组中"高度"右侧的调整按钮,将行高统一设置为"0.5 厘米"(见图 1.78);然后根据内容和版式布局的需要,分别将相应的行高做进一步的调整(例如,第一行"应聘人员登记表"调整为"1 厘米";倒数第六行"应聘人签名"调整为"3 厘米"等)。

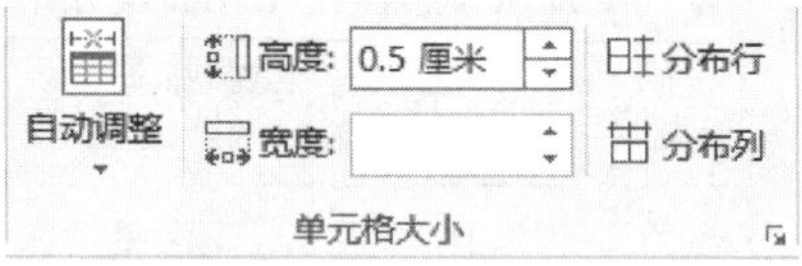

图 1.78　设置行高值

表格编辑的结果如图 1.79 所示。

锐丰广告策划公司

应聘人员登记表						
编号:				年　月　日		
姓名		性别		出生日期		
文化程度		婚否		政治面貌		
民族		身高		有无住房		
户籍所在地						
专业或工种				从业时间		
技术等级或职称				工作单位		
待业或职工				有何特长		
身份证号码				家庭地址		
本人联系地址				联系电话		

学习或工作简历	起止时间	学习或工作单位	专业或工种

家庭情况	如果有直系或旁系家属在本公司工作必须写明				
	姓名	关系	年龄	文化程度	现工作单位

需要说明的其他事项

本人承诺:
1. 保证所填写的资料真实。
2. 保证遵守招聘单位各项规章制度及国家有关法规。

应聘人签名:

年　月　日

使用说明:
1. 电子表格,规格:A4 纸单面打印;标题为 16 磅微软雅黑,表体为 10 磅微软雅黑。
2. 本表由公司招聘时应聘人员填写。
3. 使用频率:业务发生时。
4. 保管部门:公司人力资源部。

图 1.79　表格编辑效果

知识链接：出于美观考虑，在单元格大小足够输入字符的情况下，可以平均表格各行的高度，让所有行的高度一致；或者平均表格各列的宽度，让所有列的宽度一致。设置行高的方法：选择要设置的表格，在“单元格大小”组中单击“分布行”按钮（如果要平均表格各列的宽度则单击“分布列”按钮）。

二、美化表格

上面制作出来的“应聘人员登记表”，应该说基本上可以应用了，但是还可以再加入一些特殊的修饰，如边框和底纹的设置，使其变得更加漂亮。

1. 设置粗外框线

选中表格，在“表格样式”组中单击“边框”按钮右侧的小三角按钮，在其下拉列表中选择“边框和底纹”命令，弹出“边框和底纹”对话框，在“边框”选项卡下的“设置”列表中选择“自定义”边框设置方式；在“宽度”下拉列表中选择边框宽度值为“2.25 磅”，单击“确定”按钮完成设置。如图 1.80 所示。

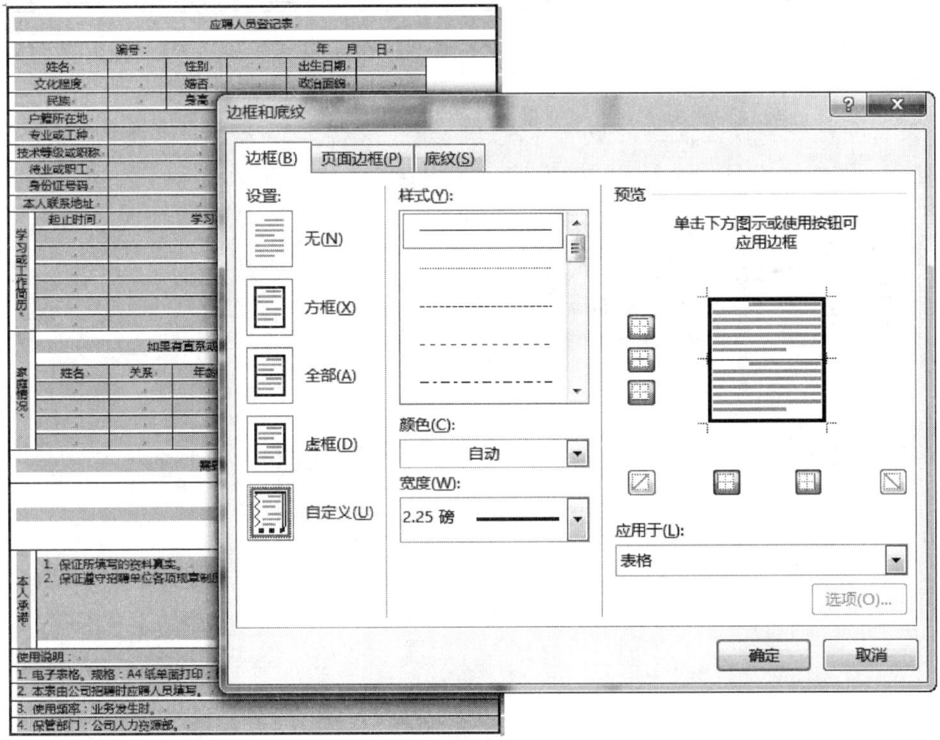

图 1.80　使用“边框和底纹”对话框设置边框

说明：如果需要更改外框线的线条样式或颜色，可以在“样式”列表中选择表格边框的线条样式，然后在“颜色”下拉列表中选择边框颜色即可。

2. 添加底纹

选中要设置底纹的单元格（例如，第一行“应聘人员登记表”），在“表格工具/设计”功能区“表格样式”组中单击“底纹”按钮,在其下拉列表中选择“深蓝”颜色,即可为所选对象添加底纹。如图 1.81 所示。

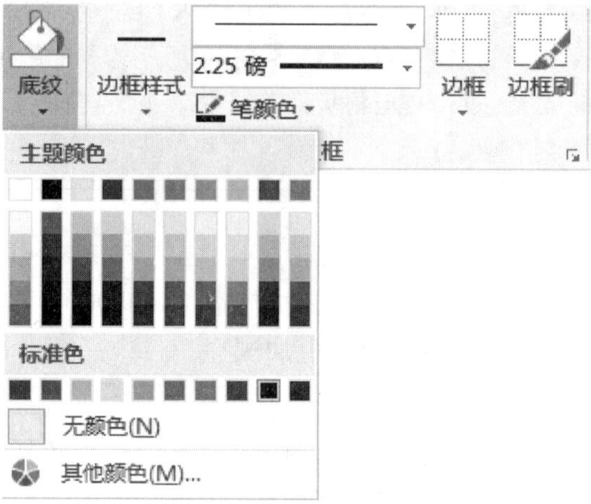

图 1.81　选择“底纹”颜色

知识链接:

(1)设置底纹样式。

如果需要进一步设置表格的底纹样式,可以在“表格工具/设计”功能区“边框”组中,单击“边框”右侧的下拉三角按钮,在下拉列表中选择“边框和底纹…”命令。打开“边框和底纹”对话框,切换至“底纹”选项卡,在“填充”下拉列表中选择颜色,在“样式”下拉列表中选择图案样式(例如,20%)。如图 1.82 所示。

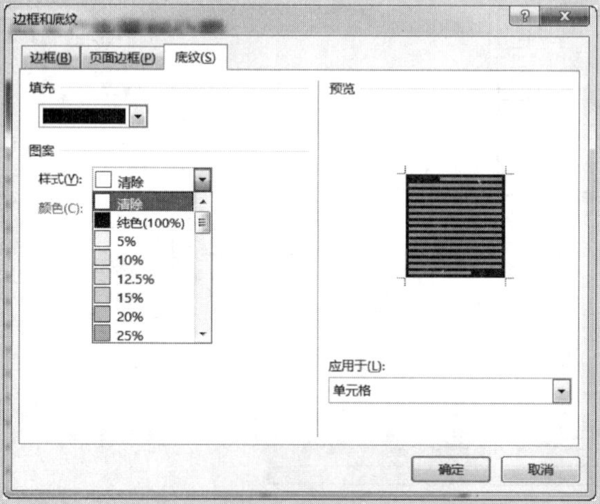

图 1.82　设置底纹图案

(2)使用预设表格样式。

在文档中插入表格后,默认的表格样式比较平庸,如果报告文档比较严肃,表格可以是白底黑字。但如果对报告文档的版式美观有较高的要求,那么还需要调整表格的样式,让它与文档风格一致。Word 2016 提供有多套表格样式,可以快速地为表格改变外观。

套用表格样式的方法:选择要设置样式的表格,单击“表格工具/设计”功能区“表格样式”组中的▾按钮,然后在展开的下拉列表中选择一种样式即可,如图 1.83 所示。

图 1.83　表格内置样式

任务实训

制作订购单表

运用所学知识,制作一张“订购单”,得到如图 1.84 所示效果。要求如下:

制作要求如下:

(1)页面设置:纸张为“A4”;纸张方向为“纵向”;上下页边距均为“3 厘米”、左右页边距均为“2 厘米”。

(2)绘制表格:绘制一个 20 行 4 列表格,合并和拆分部分单元格,如图 1.84 所示。

(3)填写相关内容;调整单元格的行距和列宽。

(4)设置单元格对齐方式和字体格式:设置单元格对齐方式为“水平居中”;文本“订购单”设置成“黑体、二号、加粗”,其他文本设置成“黑体、小四、加粗”。

(5)改变“序号”和“备注”的文字方向。

(6)底纹设置:设置第 1 行第 1 列单元格底纹为“蓝色、强调文字颜色 1,深色 25%”;表格最后两行的底纹为“水绿色,强调文字颜色 5,淡色 60%”;其他单元格底纹为“淡黄”,如

图 1. 84 所示。

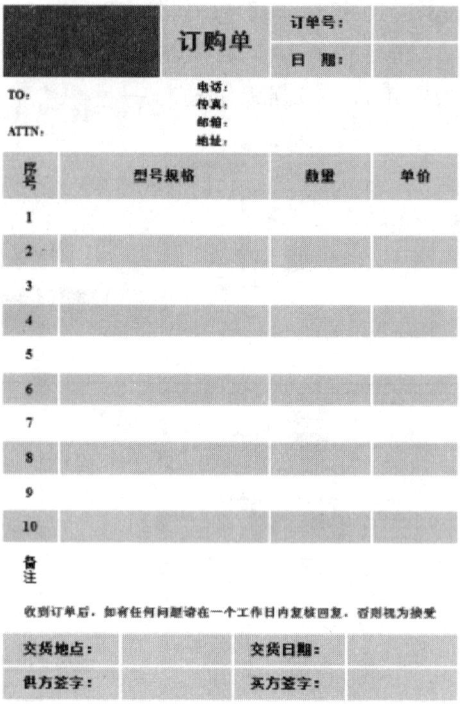

	订购单	订单号:	
		日　期:	

TO:　　电话:

　　　　传真:

ATTN:　　邮箱:

　　　　地址:

序号	型号规格	数量	单价
1			
2			
3			
4			
5			
6			
7			
8			
9			
10			

备注

收到订单后，如有任何问题请在一个工作日内复核回复，否则视为接受

交货地点:		交货日期:	
供方签字:		买方签字:	

图 1. 84　订购单

(7)边框设置:表格的内外框线均设置为“2. 25 磅、白色”。

任务 1. 4　插图与文档的完美结合——制作学院简介

学习目标

- 掌握在文档中插入图片和剪贴画的方法;
- 熟悉截取电脑屏幕的方法;
- 掌握美化图片的方法;
- 掌握自选图形的绘制与设置;
- 掌握 SmartArt 图形的使用方法。

任务引入

一年一度的招生工作即将开始,学院准备制作一份“学院简介”,除了必要的文字介绍之外,还要将一些关于教学场景、实习实训设备、学生活动等内容的图片插入文档中,并配以图形和艺术字等手段,美化文档外观,达到图文并茂的表现效果。

任务分析

插图是表现人思想的另一种途径，能够更直观地表达需要表达的内容。图片、图示等是编写文档是最为重要的素材之一，它不但可以美化文档的外观，而且可以采用图形化的方式，增强文档的可读性和说服力，还可以让读者在阅读文档的过程中查看所对应的图片，产生身临其境的感觉，或者通过插图的配合使读者更清楚地了解作者要表达的意图。

Word 2016 加强了对图片的处理能力，并提供了很多图片特效，可以将文档中的图片制作成如同经过专业软件处理过的图片效果。

下面，我们以“学院简介”的制作过程为例，展示 Word 2016 强大的图文混排功能。

任务效果图

本任务效果图如图 1.85 所示。

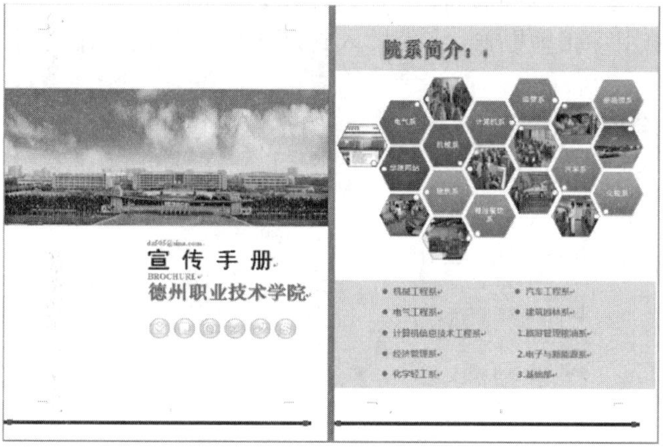

图 1.85　任务效果（封面、封二）

任务实施

一、添加图片

在 Word 2016 中插入图片时，主要通过三种途径完成操作——插入计算机中的图片、联机图片以及手动截取计算机屏幕中的画面。

1. 插入计算机中的图片

例如，我们将学院的一张全景图片插入封面页中，具体操作方法如下：

定位在封面页第一行位置，单击“插入”功能区“插图”组中的“图片”按钮，弹出“插入图片”对话框，在本地计算机中选中目标图片，单击“插入”按钮（或者直接双击图片）将图片插入指定位置，效果如图 1.86 所示。

在 Word 中，图片默认都是以嵌入式插入文档中的。所谓嵌入式，即像嵌入文档中一样，图片不能随意地拖到文档的其他位置，而只能像文字一样，在每行中水平移动，并且与文字并排紧密地靠在一起。在后面的内容中，我们还要介绍如何定位图片和文字的位置关系。

图 1.86　插入图片

2. 联机图片

在 Word 2016 中已经没有了旧版 Office 所提供的剪贴画功能了,取而代之的是在“插入”功能区“插图”组中增加了一个“联机图片”命令按钮。通过单击此按钮,可以通过 Bing 或者 OneDrive 查找丰富的线上图片资源,将其插入自己的文档中。

这里,我们需要使用一张剪贴画,将其插入封面页的底部位置作为封面页的装饰。具体操作方法如下:

步骤一　定位在封面页中,单击“插入”功能区“插图”组中的“联机图片”按钮,打开“插入图片”窗口,如图 1.87 所示界面。

图 1.87　联机搜索图片资源

步骤二　单击“必应图像搜索”字符,弹出如图 1.88 所示窗口,在“bing”右侧搜索框内输入关键字(此处为“剪贴画”),然后单击右侧的搜索按钮。

图 1.88　bing 图像搜索

步骤三　启动线上资源搜索，在窗口的下方显示出与输入的关键字相符合的图像资源，找到合适的图片（见图1.89），然后单击“插入”按钮，即可将选中的剪贴画下载并插入文档中指定的位置。

剪贴画插入后的效果如图1.90所示。

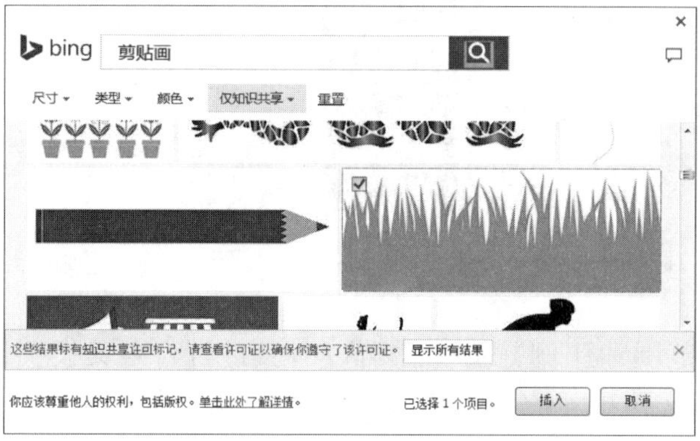

图1.89　选择图片并插入文档

图1.90　插入剪贴画

3. 截取计算机屏幕画面

截取计算机屏幕画面功能可以将系统中未最小化的程序窗口屏幕以图片的形式截取到Word中。在截取图片的过程中，包括截取全屏图像和自定义截取图像两种方式。

这里，我们需要在封面页背面插入一张学院网站首页的图片，就可以借助于截屏的方法来实现。具体操作方法如下：

（1）截取全屏图像。

截取全屏图像时，只要选择了要截取的程序窗口后，Word 2016程序会自动执行截取整个屏幕的操作，并将截取图形自动插入文档中的指定位置。具体操作方法如下：

步骤一　单击定位在封面页的下一页相应位置，单击“插入”功能区“插图”组中的“屏幕截图”按钮，在弹出的“屏幕截图”下拉列表中可以看到当前所有未最小化的程序窗口，如图1.91所示。

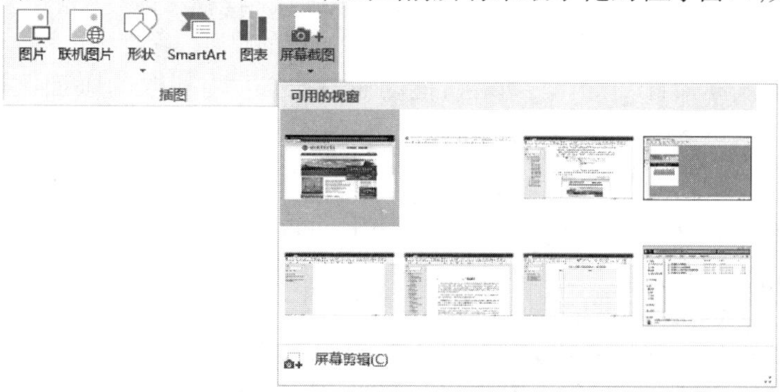

图1.91　“屏幕截图”下拉列表中的可用视窗

步骤二　单击要截取学院网站屏幕窗口,即可将所选择的网站程序画面截取到当前文档中,如图 1. 92 所示。

图 1. 92　截取程序窗口图像

(2)自定义截取图像。

如果希望截取屏幕中任意区域(截取范围和比例)的内容,可以对其进行自定义设置,自定义截取的图像内容同样会自动插入当前文档中。此处我们仅需要截取网站的内容部分,不截取其他菜单栏等部分。具体操作方法如下:

步骤一　单击要插入图像的文档位置,单击图 1. 91 中"屏幕截图"下拉列表中的"屏幕剪辑"选项,然后迅速单击状态栏中要截取图像的网站程序窗口,打开截取图像的窗口后,屏幕中的画面呈现半透明的白色效果,如图 1. 93 所示。

图 1. 93　使用鼠标拖选要截取的画面区域

步骤二　此时鼠标指针变为十字形状,拖动鼠标,经过要截取的画面区域,最后释放鼠标即可结束自定义截取屏幕画面的操作,将所截取的图像自动插入文档指定位置,如图 1. 94 所示。

按照上述方法,我们可以在"学院简介"文档中的其他位置插入所需要的宣传图片。

二、图文混排

插入文档中的图片和剪贴画等,因为默认版式的原因会显得跟整篇文档内容不协调,需要重新调整图片的环绕方式、大小和位置,这就需要解决图片和文字的混合排版问题。

图 1.94　自定义截取的画面区域

1. 更改图片版式

图片在文档中存在两种方式：嵌入式（只能在文档的每一行中被移动和存放，不能随意在文档中被移动）和浮动式（可以在文档中被随意摆放，不受限制，可以将其覆盖在文字的上方或者置于文字的下方作为背景）。默认插入的图片均为嵌入式，但是可以随时在两种图片版式之间进行切换。

在 Word 2016 中有多种方法可以改变图片的版式，下面我们分别以前面插入的三幅图片为例加以介绍。

方法一，利用右键菜单命令更改图片版式。右击封面页中学院的全景图片，选择“环绕文字”下拉菜单下的子菜单命令“四周型”，如图 1.95 所示。

方法二，利用“图片工具/格式”上下文选项卡命令更改图片版式。选择剪贴画，激活“图片工具/格式”上下文选项卡，单击“排列”组中“环绕文字”按钮下拉列表中的“衬于文字下方”命令，如图 1.96 所示。

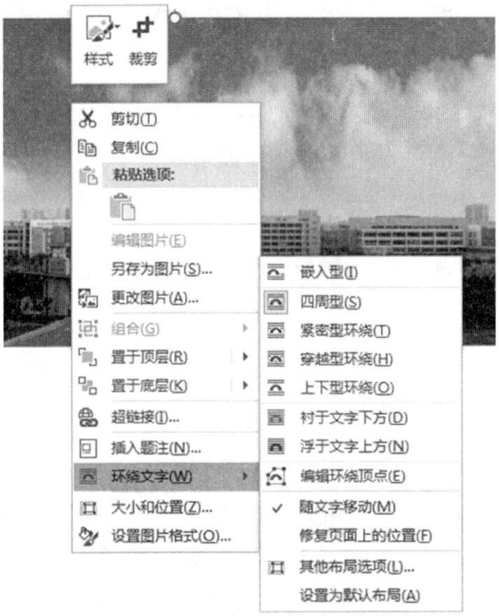

图 1.95　利用右键菜单命令更改图片版式

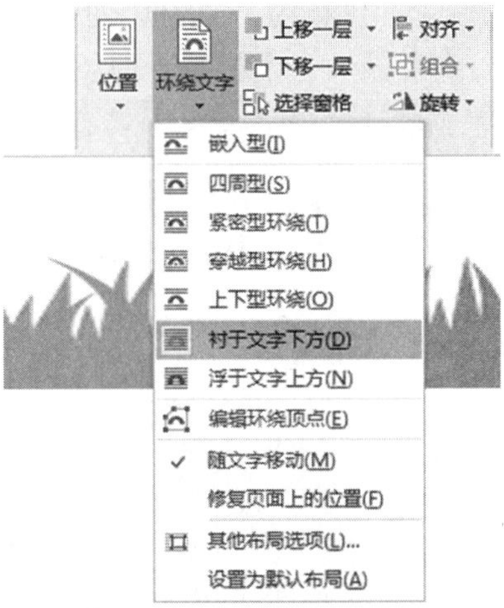

图 1.96　利用“图片工具/格式”上下文选项卡命令更改图片版式

方法三,利用“布局选项”工具按钮更改图片版式。单击选中封面页背面的学院网站截图,在图片外侧右上角出现一个“布局选项”按钮,单击该按钮,从弹出的列表中选择“穿越型环绕”,如图 1.97 所示。

图 1.97　利用“布局选项”工具按钮更改图片版式

2. 调整布局选项

分别选中上述图片,利用右键下拉列表中的“其他布局选项…”命令,打开如图 1.98 所示“布局”对话框,将“距正文”选项中的左右边距均改为“0”厘米。

3. 调整图片大小和位置

设置了图片的环绕方式之后,接下来,我们需要调整其大小和位置。调整图片大小有三种方法:

方法一,鼠标拖动法。单击图片之后直接拖动图片四周的控制点,可以随意缩放图片。

方法二,使用功能区选项。在“图片工具/格式”上下文选项卡“大小”组中,修改图片的高度和宽度数值,可以精确地控制图片的大小。

方法三,使用“布局”对话框。打开“布局”对话框切换至“大小”选项卡,可以指定图片的实际大小,或者输入一个相对于原始图片大小的比例值,如图 1.99 所示。

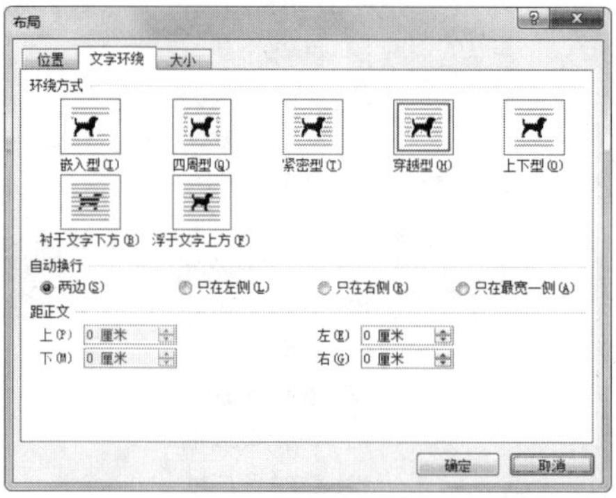

图 1.98　设置图片布局选项

图 1.99　设置图片大小

注意:如果希望在调整图片大小的时候始终保持图片的高度和宽度比例,以避免图片变形,那么应该在调整前勾选“锁定纵横比”复选框。

调整后的效果如图 1. 100 所示。

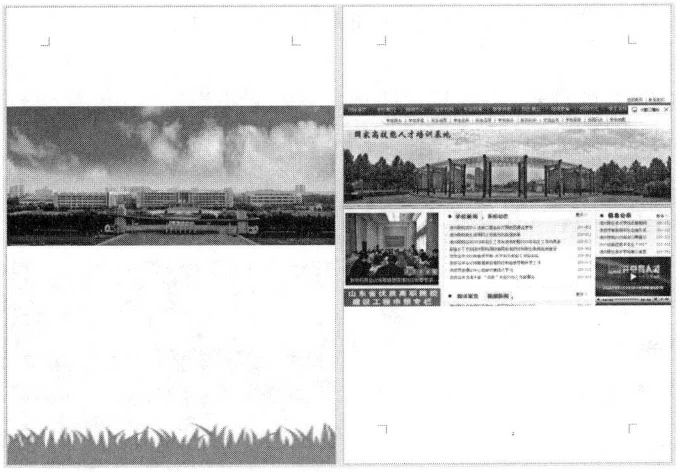

图 1. 100　调整图片大小和位置

三、图片编辑

将图片插入文档中后，Word 2016 程序会为图片的大小、边框等效果应用默认的效果，为了让图片与文本内容完美结合，还需要对图片进行一系列的编辑处理。

1. 删除图片背景

删除图片背景功能，可以将图片中主体部分周围的背景删除掉。例如，我们需要将一张展示校园风光的图片（如图 1. 101 所示）添加到“学院简介”文档中，并且将其背景删除，具体操作方法如下：

图 1. 101　原始图片

步骤一　双击要删除背景的图片，文档自动切换至“图片工具/格式”上下文选项卡，单击“调整”组中的“删除背景”按钮，进入“背景消除”功能选项卡。在图片的周围可以看到一些浅蓝色的控点，拖动控点可以调整删除的背景范围，到达合适位置后释放鼠标，如图 1. 102 所示。

步骤二　按下回车键或者单击图片区域外，即可完成删除图片背景的操作，得到如图 1. 103 所示效果。

图 1. 102　设置图片背景删除范围

图 1. 103　删除背景后的图片效果

2. 裁剪图片

剪裁图片是一项非常有用的功能，可以将插入图片的多余部分去除，并突出图片中重要部分的显示。剪裁图片的几种方式：

方法一，普通裁剪。普通裁剪是指仅对图片的四周进行裁剪，经过该方法裁剪过的图片，宽高比例会根据裁剪的范围自动进行调整。

这里,我们利用普通裁剪的方法对一幅插图进行修饰(裁剪去图片背景中的旁观者),具体操作方法如下:

步骤一 在“图片工具/格式”上下文选项卡的“大小”组中,单击“裁剪”按钮下拉列表中的“裁剪”命令(见图 1.104),图片四周出来 8 个“T”字形黑色控点。

步骤二 利用鼠标拖动“T”字形黑色控点,然后单击图片之外的任意区域,即可将控点之外的部分裁剪掉,如图 1.105 所示。

图 1.104 “图片工具 格式”选项卡中的“裁剪”按钮

图 1.105 使用鼠标拖动法裁剪图片

方法二,将图片裁剪为不同形状。默认插入的图片为矩形,如果将图片改为其他形状,可以让图片与文档配合得更为美观。例如,我们需要将一幅插图修改为椭圆形外形,具体操作方法如下:

单击选中图片,如图 1.106 所示在“裁剪”按钮下拉列表中选择“裁剪为形状”命令,然后单击其中的“椭圆”形状按钮,即可将原始图片裁剪为椭圆形。

方法三,按照比例裁剪。在“裁剪”按钮下拉列表中,还可以通过选择“纵横比”级联菜单命令(如图 1.107 所示),按照比例进行图片的裁剪,Word 2016 程序将会根据设定比例自动裁剪图片的多余部分。

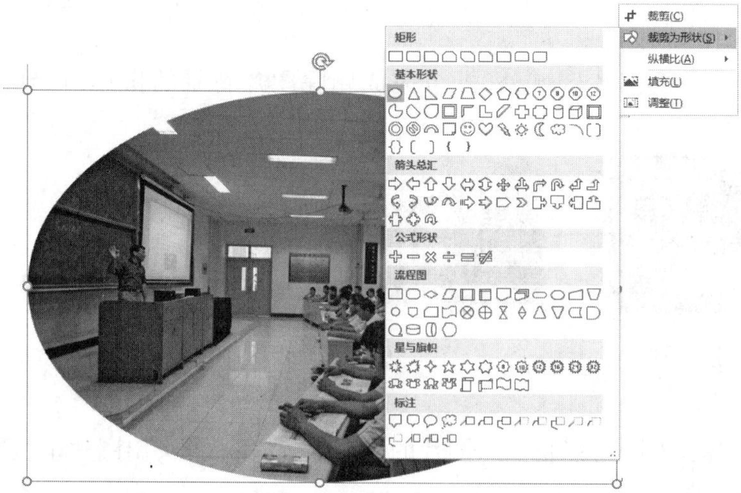

图 1.106 选择“裁剪为形状”的形状类型

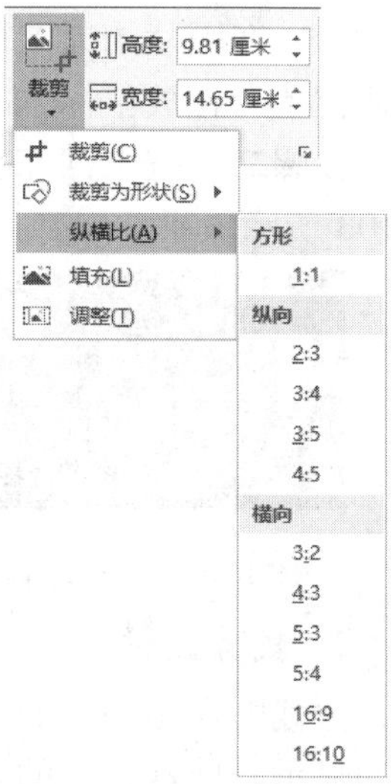

图 1.107 按比例裁剪

知识链接:重设图片

将图片设置完毕后,对效果不满意,可以在“图片工具/格式”上下文选项卡的“调整”组中,单击“重设图片”按钮,将图片恢复为默认效果,如图1.108所示。

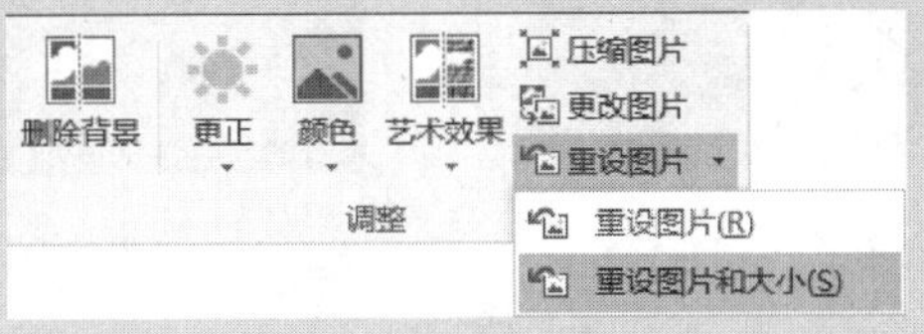

图1.108　“重设图片”按钮

四、设置图片的艺术效果

Word 2016加强了图片外观的处理能力,预设了标记、铅笔灰度、铅笔素描等22种效果,仅需要很少的操作,就可以为图片设置需要通过专业软件才能得到的专业化效果。

1. 应用预设艺术效果

下面,我们为一幅插图预设艺术效果,具体操作方法如下:

步骤一　单击图片,在“图片工具/格式”上下文选项卡中,单击“调整”组中的“艺术效果”按钮,从下拉列表中单击“蜡笔平滑”效果,如图1.109所示。

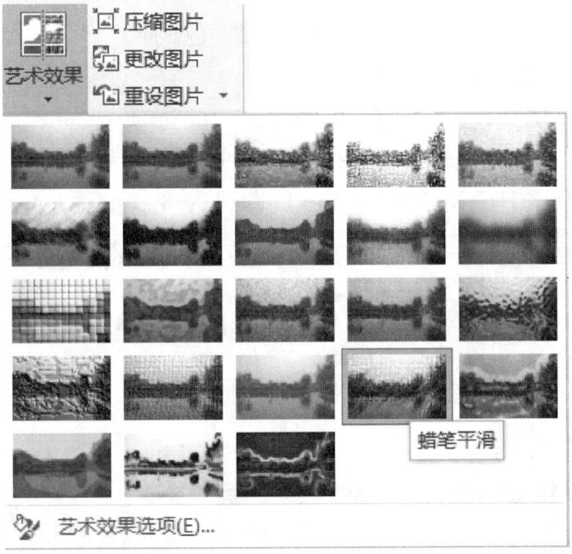

图1.109　选择“蜡笔平滑”艺术效果

步骤二　图片在设置艺术效果前后的对比如图1.110、图1.111所示。

图 1.110　原始图片

图 1.111　设置了“蜡笔平滑”艺术效果的图片

2. 自定义设置艺术效果

程序中预设的每一种艺术效果都有相应的参数,为图片设置了艺术效果之后,可以通过更改效果参数来改变图片的艺术效果。

例如,在上述图片艺术效果设置完成之后,可以单击图 1.109 中的“艺术效果选项…”命令,打开“设置图片格式”对话框,将“透明度”值由默认值修改为“0”,将缩放比例修改为“93”,如图 1.112 所示。

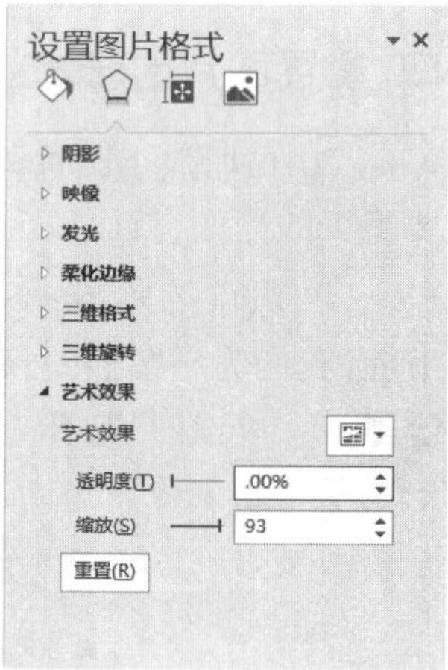

图 1.112　自定义图片艺术效果

3. 调整图片色调与光线

当图片文件过暗或者曝光不足时,可以通过调整图片的色彩与光线等参数将其恢复为正常效果。

(1)调整图片色调。

下面,我们将一张反映大学生军训的图片进行颜色的调整,改变它的饱和度和色调,具体操作方法如下:

单击要编辑的图片,切换至“图片工具 格式”功能选项卡,单击“调整”组中的“颜色”按钮,从下拉列表中选择“色调”区域内的“色温 11200K”图标(见图 1.113),即可改变当前图片的色调。

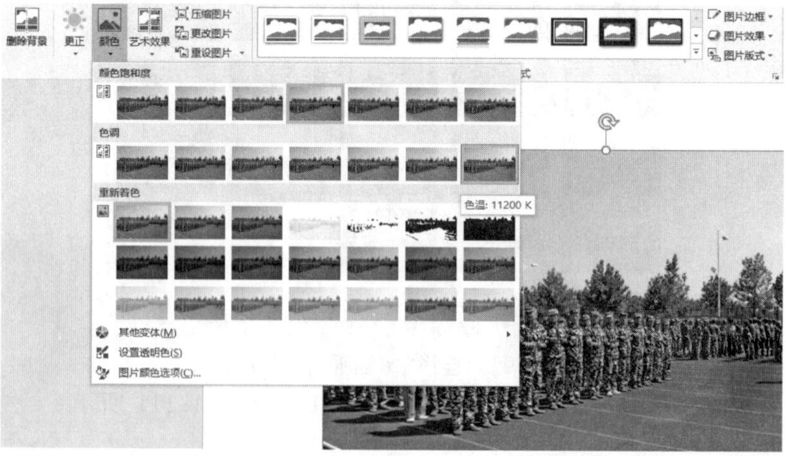

图 1.113　调整图片颜色饱和度、色调和重新着色

(2)调整图片颜色和饱和度。

饱和度是指图片中色彩的浓郁程度,饱和度越高的图片色彩越鲜艳;反之,饱和度越低的图片色彩越暗淡。

这里,我们为文档中反映大学生义务植树的一张图片进行饱和度的调整,具体操作方法如下:

选中图片,在“颜色”组中单击“颜色饱和度”区域内的“饱和度:300%”效果(见图 1.114),使图片颜色变得更为柔和。

图 1.114　调整图片亮度与对比度

(3)对图片进行着色。

对图片进行着色是指为图片设置不同颜色的变体,Word 2016 程序中预设了灰度、冲蚀、黑白等 20 种着色效果,设计时单击图 1.114 所示“重新着色”区域中的目标样式即可实现。

(4)调整图片亮度与对比度。

亮度和对比度可以调整图片的光线及图片中每种色彩的强度。在选中图片后,切换至“图片工具/格式”上下文选项卡,单击“调整”组中的“更正”按钮,从下拉列表中选择“亮度和对比度”区域中的某种样式图标,即可实现设计效果,如图 1.115 所示。

图 1.115　选择亮度和对比度

也可以单击下拉列表中的“图片更正选项…”按钮,从弹出的“设置图片格式”对话框中进行自定义图片更正,如图 1.116 所示。

另外,在“更正”下拉列表中还可以对图片进行锐化和柔化处理,其中锐化是使得图片更加清晰,而柔化则是使得图片模糊。

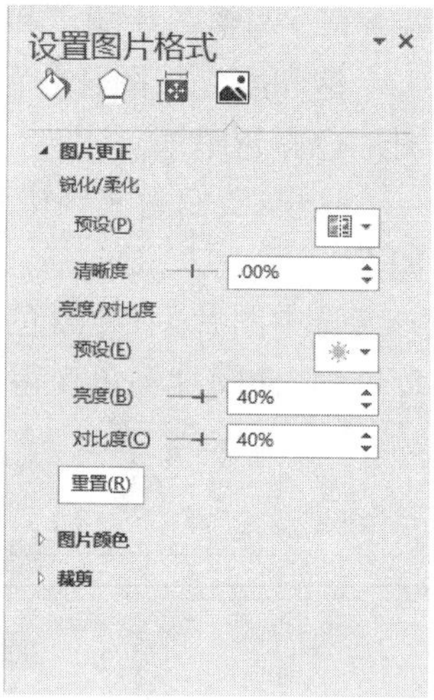

图 1.116　自定义进行图片更正

4. 设置图片样式

图片样式是指图片的形状、边框、阴影、柔化边缘等效果。设置图片样式时,可以直接使用 Word 2016 中预设的样式,也可以自定义设置图片样式。

(1)应用预设图片样式。

直接插入的素材图片没有立体效果,应用一种预设样式,就可以为其添加栩栩如生的立体效果。例如,我们为“学院简介”中的一幅插图进行图片样式的设置,具体操作方法如下:

选中图片,切换至“图片工具/格式”上下文选项卡,在“图片样式”组中单击下拉三角按钮,打开图片总体样式库,从中选择“旋转白色”样式,得到如图 1. 117 所示效果。

图 1. 117　应用程序预设图片样式

(2)自定义设置图片样式。

自定义调整图片样式时,可以通过调整图片边框和图片效果两个选项进行设置,其中图片效果中包括预设、阴影、映射、发光、柔化边缘、棱台、三维旋转 7 个选项。

例如,我们给“学院简介”中的一幅插图添加边框和效果,具体操作方法如下:

步骤一　设置图片边框。选中图片,切换至“图片工具/格式”上下文选项卡,单击“图片边框”组中的“图片边框”按钮,从下拉列表中为当前图片添加“灰色—25%,背景 2,深色—50%”边框效果,从“粗细”下拉列表中选中“2. 25 磅”,如图 1. 118 所示。

步骤二　柔化图片边缘。单击“图片样式”组中的“图片效果”按钮,在弹出的下拉菜单中依次选择“柔化边缘”/“25 磅”选项,效果如图 1. 119 所示。

图 1.118　设置“图片边框”

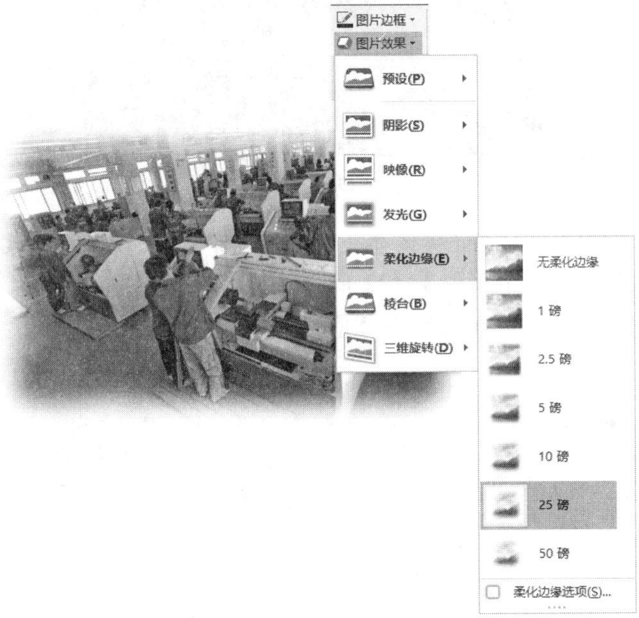

图 1.119　柔化边缘

另外，根据文档排版的需要，我们还可以为图片设置阴影、映像、棱台等效果。

知识链接：对图片进行压缩处理

图片经过裁剪后，虽然只能看到图片剩余的部分，但是从根本上说，被剪裁掉的部分仍然存在于文档中，只是被隐藏了而已，它仍然会占据文档的容量，可以通过其他方法将存在于文档中的残余部分彻底删除掉。

选择要压缩的图片，切换至“图片工具/格式”上下文选项卡，单击“调整”组中的“压缩图片”按钮，打开“压缩图片”对话框，勾选“删除图片的剪裁区域”复选框，单击“确定”按钮，即可删除文档中存留的图片的剪裁区域了。

5. 将图片转换为 SmartArt 图形

利用 Word 2016 的 SmartArt 图示功能,可以根据需要将插入文档中的图片转换为不同形状的 SmartArt 图形,还可以快速创建出专业而美观的图示化效果,而且对于创建好的图示还可以使用现有的编辑功能进行一些简单的处理,从而使图示更具专业水平。

例如,我们将“学院简介”中的两幅图片转换为 SmartArt 图形。具体操作方法如下:

步骤一　选择 SmartArt 图形样式。在“学院简介”文档中插入第一张图片(见图 1.120),单击该图片,切换至“图片工具/格式”上下文选项卡,单击“图片版式”按钮下拉列表中的“蛇形图片重点列表”选项,如图 1.121 所示。

图 1.120　原始图片

步骤二　在 SmartArt 图形中输入文本。此时原始图片转换为 SmartArt 图形,单击该图形左侧文本框编辑箭头按钮,展开如图 1.122 所示“在此输入文字”文本编辑区域,在“文本”区域输入“集体宣誓”,右侧 SmartArt 图形中相应出现同样文本。

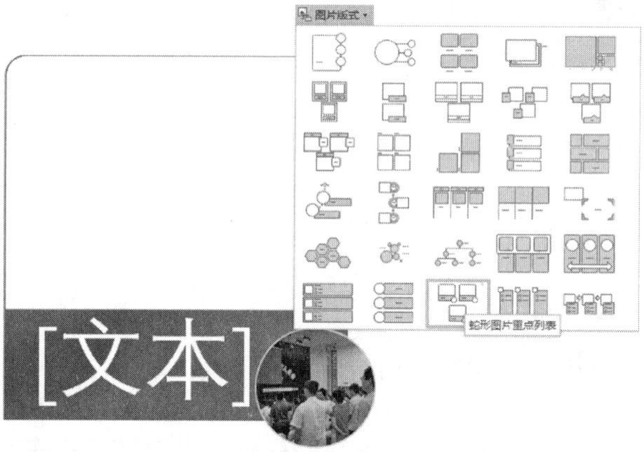

图 1.121　将图片转换为 SmartArt 图形

图 1.122　添加 SmartArt 图形(1)

步骤三　添加 SmartArt 图形。在文本区域“集体宣誓”最右侧定位,按 Enter 键产生第二个图形,输入“义务植树”文本,单击左侧对应的图形按钮,打开“插入图片”对话框,然后选择插入另一幅图片,得到如图 1.123 所示效果。

步骤四　调整 SmartArt 图形大小和位置。按住 Ctrl 键,单击同时选择两幅图片,然后按下 Shift 键拖拽图片左上角的白色控点,当指针变为斜向的双箭头形状时,向外拖动鼠标,将图片调整到合适大小,再将其移动到合适位置,如图 1.124 所示。

图 1.123　添加 SmartArt 图形(2)

图 1.124　调整 SmartArt 图形大小

参照上述步骤,我们将前面在封二页中插入的学院网站截图转换为 SmartArt 图形,同时添加学院各个系部的 SmartArt 图形。

知识链接:SmartArt 图形样式

双击生成的封二页的 SmartArt 图形,切换至“SmartArt 工具/设计”上下文选项卡,在“更改颜色”按钮下拉列表中选择一种颜色样式,在“SmartArt 样式”列表中选择一种样式,即可将初始态的 SmartArt 图形快速格式化为如图 1.125 所示效果。

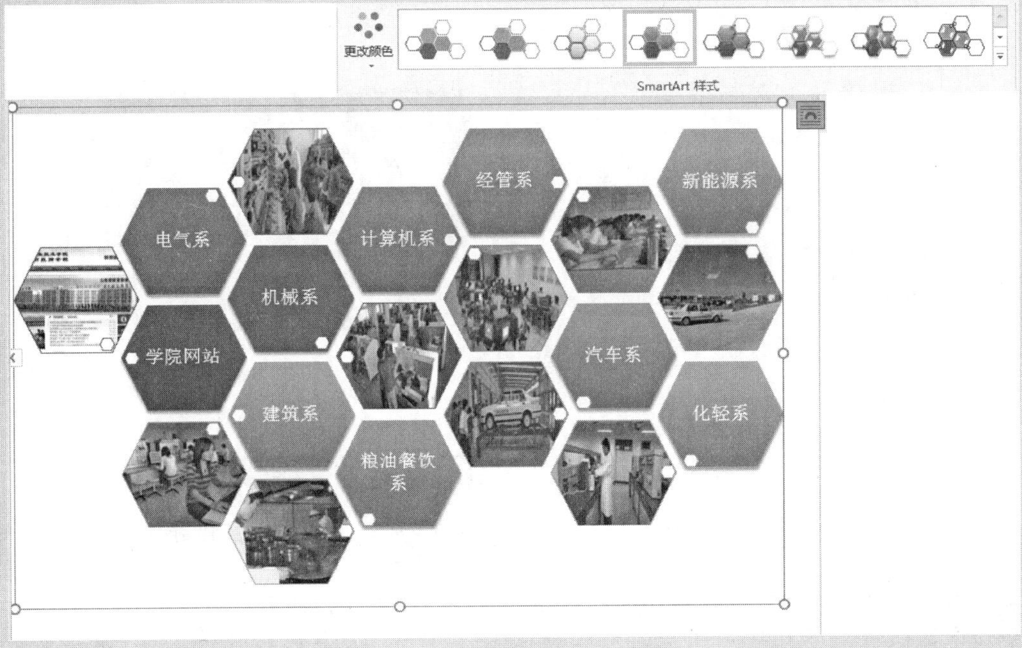

图 1.125　设置 SmartArt 图形样式

五、添加自选图形

Word 2016 程序中的自选图形包括线条、矩形、基本形状、箭头总汇、公式形状、流程图、星与旗帜、标注 8 种类型,通过不同类型的自选图形组合,可以制作出不同效果的图形来。

在此,我们以封面页内容为例,了解自选图形的编辑和美化等操作。

1. 插入自选图形

插入自选图形也就是绘制自选图形的过程,在选择了图形的样式之后,根据需要绘制适当大小的图形。

例如,在封面页原有图片的基础上,我们为其继续添加自选图形。具体操作方法如下:

步骤一　选择形状。定位在封面页中,单击“插入”功能区“插图”组中的“形状”按钮,从其下拉列表中选择横排“文本框”形状。

步骤二　绘制图形形状。拖动鼠标指针在封面页适当位置绘制一个矩形文本框,然后在其中输入“宣传手册”文本,将文本字体格式设置为“黑体、加粗、小初”。

步骤三　设置图形格式。右单击文本框边框线,选择“设置形状格式…”命令,弹出如图 1.126 所示对话框,单击“布局属性”按钮,切换至“文本框”选项,在“垂直对齐方式”中选择“中部对齐”,勾选“根据文字调整文字大小”复选框。

步骤四　继续添加文本框,在文本框中依次添加封面页的文字信息,并且为不同的文本框设置不同的字体格式,得到如图 1.127 所示效果。

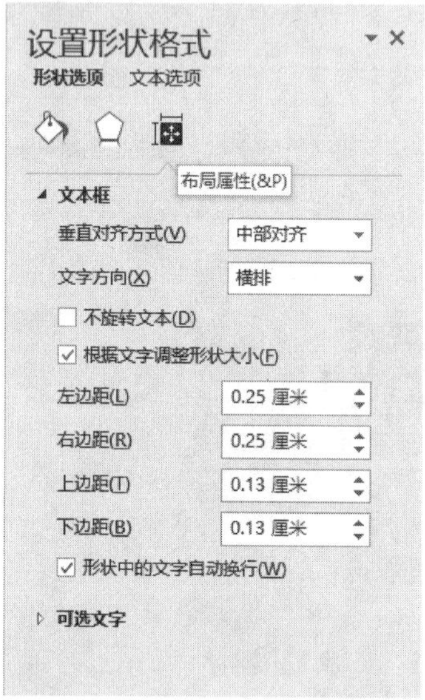

图 1.126　设置文本框格式

图 1.127　利用形状美化封面页

知识链接:(1)为文字应用快速样式。在为图形中的文本应用样式之后,如果想要快速地设置形状中文本的格式,可以通过“艺术字样式”组中的“文本填充”“文本轮廓”“文本效果”按钮更改文本的效果。例如,切换至“绘图工具/格式”上下文选项卡,在“文本效果”按钮下拉列表中选择一种阴影样式,为图 1.127 中的学院名称设置如图 1.128 所示的“阴影”效果。

(2)设置形状样式。除了“文本框”类图形外,在文档中插入的其他图形,Word 2016 程序会为其应用默认的蓝色填充效果,在后期制作过程中,可以对其填充颜色、轮廓、棱台、阴影等效果进行适当设置,如图 1.129 所示。

图1.128　为图形中的文本快速设置阴影样式

图1.129　为形状设置更多效果

2. 组合形状图形

如果使用几个图形共同绘制了一个图形(例如封面页的几个文本框),并且这组图形对于各个形状有着较为严格的位置要求,那么最好的方法是将这些图形组合在一起。这样无论以后是移动或者复制这些图形,都不会将其分散,也便于对其进行整体操作。下面我们将上述几个文本框进行组合,具体操作方法如下:

按住鼠标依次单击选中要组合的几个文本框,切换至“绘图工具/格式”上下文选项卡,在“排列”组中单击“组合”按钮,并且从弹出的列表中选择“组合”命令(见图1.130),将几个文本框组合为一个整体图形。

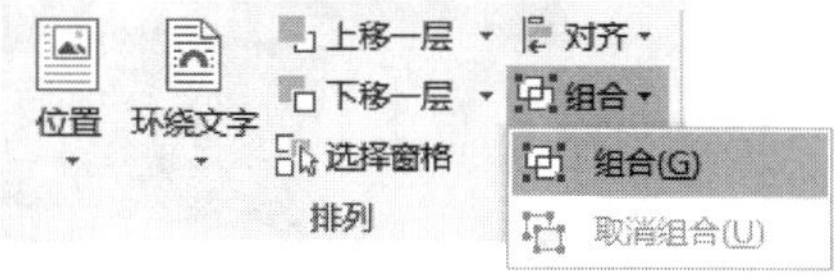

图1.130　组合图形

六、同时处理图形和图像

在Word 2016中,图形和图像并不是一个相同的概念,但是它们仍然有一些相似的操作,甚至可以层叠或者组合在一起,产生更加丰富的变化。下面总结了图形和图像在操作上的相似点和不同点,如表1.1所示。

表1.1　**图形和图像在操作上的相似点和不同点**

操作比较	图　形	图　像
相同的操作	可以设置大小、形状、边框效果、特殊效果、文字环绕方式、旋转角度、对齐方式、层叠位置、在文档中的位置	

续表

操作比较		图　形	图　像
不同的操作	调整色彩	不可以	可以
	压缩功能	没有	有
	更改图形/图像	只能在删除后重新绘制	直接更改当前图像
	样式	只能设置形状样式	可以设置图像样式
	填充颜色	可以	不可以
	添加文本	可以	不可以

由于文档中存在着很多图像和图形,因此会遇到同时操作多个图像或图形的情况。对多个图像或图形的操作一般包括层叠、对齐、分布等(前提:只有将图像更改为“非嵌入式”版式,才能像图形一样进行类似的操作)。下面,我们以“学院简介”文档中的多个图像为例进行介绍。

1. 层叠

当图像之间相距较近互相遮挡时,可以调整各个图像之间的层次关系。如图 1.131 所示的三张图像,如果要使得其中的第二张图像介于上下两张图像之间位置,可以右单击该图像,在弹出的快捷菜单中选择“置于底层/下移一层”命令即可,得到如图 1.132 所示效果。

图 1.131　调整层次之前

图 1.132　调整层次之后

2. 对齐和分布

在使用形状绘制复杂图形时,由于手工插入的图像和图形位置不准确,导致多个图像或图形之间的间距不等,此时可以借助于 Word 2016 的“对齐”功能快速排列、对齐多个图形。例如,想要将上面的三张图片排列整齐,具体操作方法如下:

步骤一　按住 Ctrl 键依次单击选择三张图片,然后单击“图片工具/格式”上下文选项卡“格式”组中的“对齐”按钮,从其下拉列表中选择“横向分布”命令(见图 1.133),调整三张图像在水平方向均匀分布。

步骤二　然后执行“纵向分布”命令,调整三张图像在垂直方向均匀分布,得到如图 1.133 所示效果。

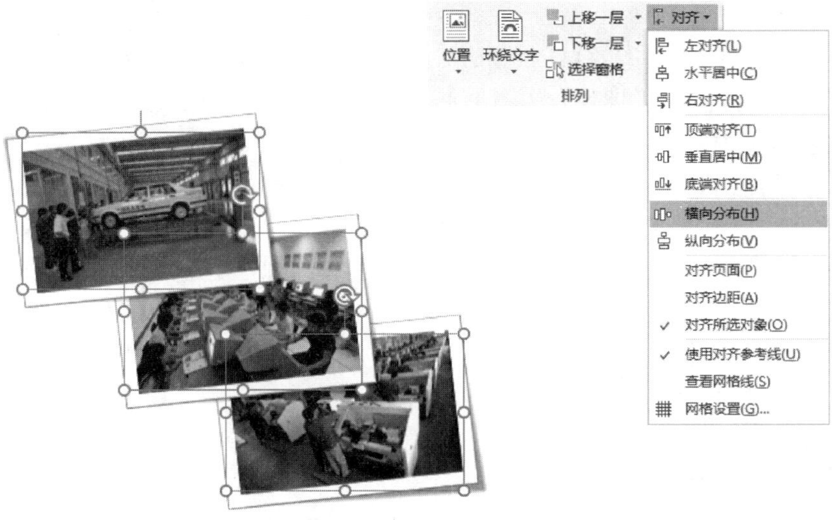

图 1.133　均匀分布三张图片

七、添加特效艺术字

艺术字也可以看作是一种图片或图形，在 Word 2016 文档中，默认情况下创建的艺术字为“浮于文字上方”类型，可以将其置于文档内的任何位置上。

1. 在文档中插入艺术字

例如，我们首先在封二页中插入艺术字，进一步修饰文档效果。具体操作方法如下：

步骤一　单击要放置艺术字的位置，切换至“插入”选项卡，单击“文本”组中的“艺术字”按钮，在弹出的列表中选择一种艺术字样式，如图 1.134 所示。

步骤二　选择艺术字样式之后，在插入点位置插入一个文本框，其中自动输入了默认的文字（“请在此放置您的文字”），并体现了与所选艺术字样式对应的效果。按下 Delete 键删除默认文字，输入所需内容（“展望未来”），如图 1.135 所示。

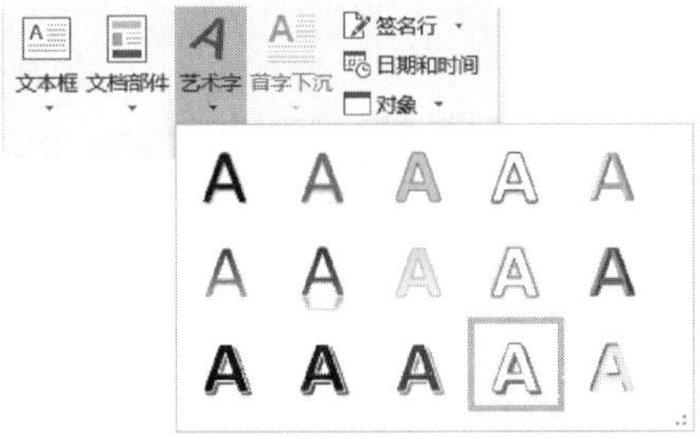

图 1.134　选择艺术字样式

图 1.135　输入文本

2. 修改艺术字

(1)修改艺术字样式。

单击艺术字后，将激活“绘图工具/格式”上下文选项卡，可以在“艺术字样式”组中选择“文本填充”“文本轮廓”“文字效果”改变艺术字的样式类型。

例如，此处我们将“展望未来”艺术字的文本效果更改为“波形 1”样式，具体操作方法如下：

单击该艺术字，单击“文本效果”按钮，从下拉列表中选择“转换”命令，并从其下拉列表中选择“波形 1”样式，将艺术字修改为如图 1.136 所示效果。

(2)修改艺术字内容。

如果需要增删艺术字的内容，可以右击该艺术字，在弹出的快捷菜单中选择“编辑文字”命令，直接进行修改。

此处，我们将得到的“波形 1”样式的艺术字“展望未来”复制一份，修改文字为“激情飞扬”。并且将其艺术字的文字效果修改为“波形 2”，调整两组艺术字的位置，得到如图 1.137 所示效果。

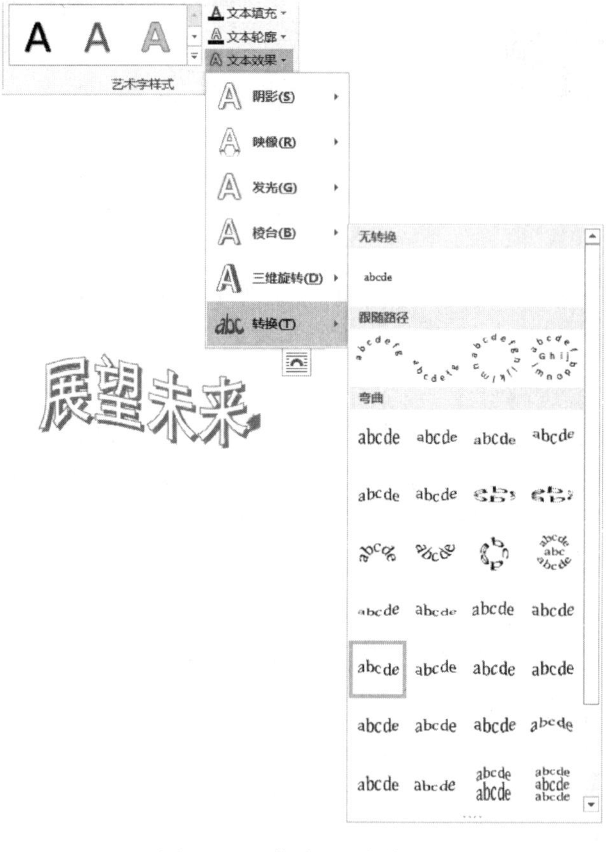

图 1.136　修改“文字效果”

图 1.137　复制艺术字

艺术字的大多数设置与图形相似，然而也可以通过其特有的格式设置选项对其文字、距离以及对齐方式等进行调整，此处不再赘述。

任务实训

制作研讨会邀请函

公司要举办一个研讨会，要向公司内部的一些优秀员工发出邀请。利用 Word 2016 的图文混排功能，制作一个如图 1.138 所示的图文并茂的邀请函，这样的邀请函是不是比传统公文格式的邀请函显得更有个性呢？

图 1.138　邀请函成品预览

一、插入图片

(1) 设置页边距：在“页面设置”对话框中，将“上、下、左、右”页边距皆修改为“0 厘米”，将纸张方向修改为“横向”。

(2) 选择纸型：使用默认的“A4”纸张。

(3) 插入图片：将本地磁盘中的素材图片插入文档中。

(4) 设置图片版式：将邀请函中的图片设置为“四周型”的图片版式。

(5) 设置图片大小：将插入的图片调整为宽度和页面宽度相同，高度“5.65 厘米”。

(6) 调整图片位置：将“研讨会邀请函”中的图片放置在文档顶端，精确调整图片位置：利用“对齐或分布”功能，选择“顶端对齐”和“左对齐”命令，将图片调整为与页面顶端对齐，如图 1.139 所示。

图 1.139　调整图片位置

二、制作艺术字“邀请函”

为了使邀请函更具有艺术性，我们将“邀请函”三个文字制作成为艺术字。

(1) 艺术字“邀”的制作：选择一种艺术字样式，输入文字“邀”，设置字体格式为“华文中宋、48 磅、加粗”。

（2）设置艺术字格式：调整艺术字大小为“高度 1.69 厘米、宽度 1.73 厘米”；将“文本填充”和“文本轮廓”颜色都设置为与插入图片颜色相近的一种蓝色“RGB(48,94,143)”；将艺术字版式设置为“四周型”。

（3）添加艺术字阴影效果：设置艺术字“邀”的“阴影”效果为“右下斜偏移”。

（4）复制得到其他艺术字：将设置好格式的艺术字“邀”复制两次，分别修改得到艺术字“请”和“函”，将其中的艺术字“函”的字体格式调整为“幼圆、66 磅、加粗”，大小调整为“高度 3.85 厘米、宽度 1.59 厘米”。

（5）调整艺术字位置：首先，使用鼠标分别拖动三个艺术字到大概位置；然后选中艺术字“邀”和“请”，利用“对齐”组中的“左对齐”命令，使得两个艺术字左端对齐；选中艺术字“邀”和“函”，将它们调整为“顶端对齐”；选中艺术字“请”和“函”，调整为“底端对齐”。最终得到调整位置后的艺术字效果如图 1.140 所示。

图 1.140　调整艺术字大小和位置

三、应用文本框

在此，我们使用文本框，在其中输入有关公司邀请文字内容。

(1)绘制文本框并输入文本：插入一个横排文本框，在其中输入相关的内容，效果如图 1.141 所示。

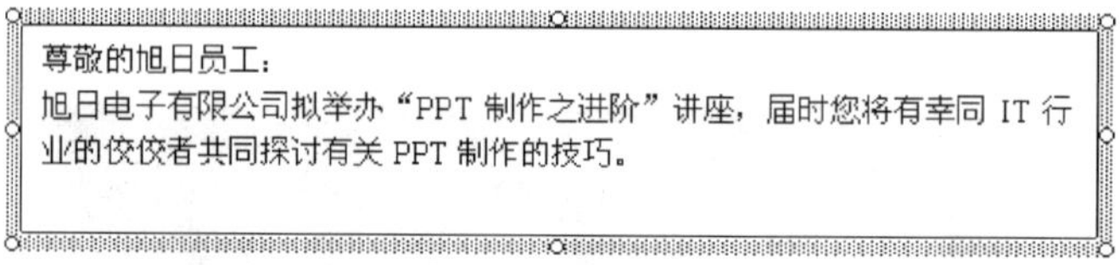

图 1.141　绘制横排文本框并输入文本

（2）设置文本框格式：将线条颜色和填充颜色均设置为“无颜色”，使文本框具有透明的效果。

（3）设置文本框内文本格式：设置字体格式为“黑体、四号、蓝色—RGB(48,94,143)”；设置文本框中文本的“行距”为“固定值 18 磅”。

（4）绘制第二个横排文本框：输入相关内容，设置字体格式为“幼圆、小四、蓝色—RGB(48,94,143)”；设置段落“行距”为“固定值 18 磅”。调整其中文字“时间”“地点”“内容”格式为“加粗”；文字“PPT 入门”“PPT 设计原则”“PPT 制作”格式为“加粗、褐色”。

（5）绘制第三个文本框：输入“旭日电子有限公司”，设置字体格式为“华文中宋、加粗、四号、褐色”。

（6）调整文本框位置：首先，拖动文本框到合适的位置，然后选中三个文本框，利用“右对齐”命令，精确调整三个文本框的相对位置，效果如图 1.142 所示。

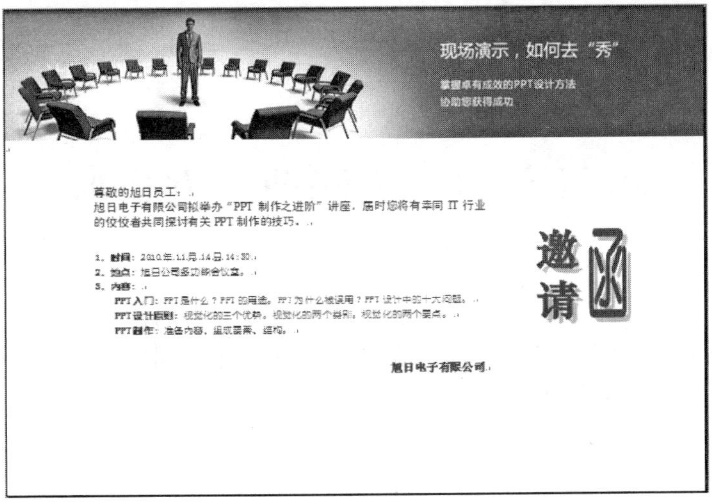

图 1.142　添加文本框效果

四、绘制自选图形

（1）绘制自选图形并设置格式：在文档底部添加三个大小不同的矩形，设置“形状填充”及“形状轮廓”颜色均为“蓝色—RGB(48,94,143)”。将三个矩形的高度设置为“2.58 厘米”，宽度分别设置为“1.48 厘米”“0.56 厘米”“27.62 厘米”。

（2）对齐与分布：将左端第一个矩形调整为相对于页面左对齐；将右端第一个矩形调整为相对于页面右对齐；将三个矩形调整为“底端对齐”和“横向分布”，使得三个矩形均匀地分布在页面的底端。

（3）组合：选中三个矩形，利用“组合”菜单命令，将其组合成为一个整体。

（4）将组合体设置为“衬于文字下方”版式，完成自选图形格式设置，效果如图 1.143 所示。

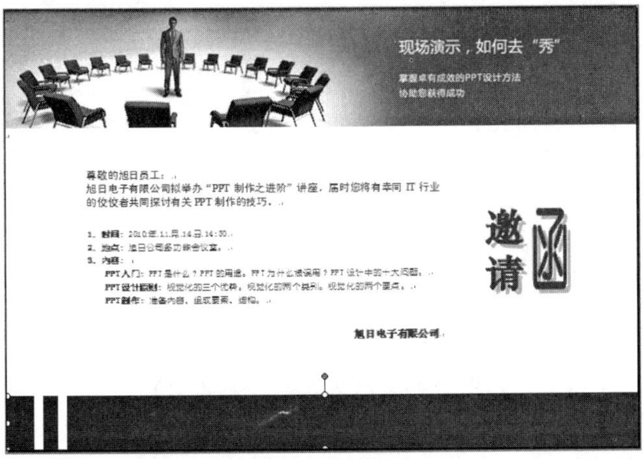

图 1.143　组合的自选图形效果

（5）添加文本框：绘制一个大小合适的文本框，输入文字“Invitation”；设置“形状填充”和“形状轮廓”颜色均为“无颜色”，设置文本框字体格式为“Arial Black、小初、白色”，最后拖拽文本框至矩形组合体上面适当位置。

最后,为了保证邀请函中各种图形及图片的位置固定不变,将它们组合为一个整体。最终的邀请函效果如图 1.138 所示。

项目实训　为毕业论文排版

快要毕业了,很多毕业生就要准备毕业论文了,许多同学的论文内容基本上完成了,但是对于论文格式与排版的设计却成了一些不熟悉 Office 操作的同学的难题。下面,我们一起动手,为自己设计一份合格的毕业论文。

实训目的

- 学会使用分页符和空白页;
- 掌握分节与页眉和页脚配合的设置方法;
- 掌握奇偶页不同的页眉和页脚的设置方法;
- 学会为文档的标题设置级别样式;
- 掌握制作带有超链接效果的目录;
- 学会制作图片型水印。

实训要求

本项目实训是为了一份毕业论文进行排版。一份正式的论文通常需要具备三要素:论文封面、专业的文档目录和正确的页码,如图 1.144 所示。

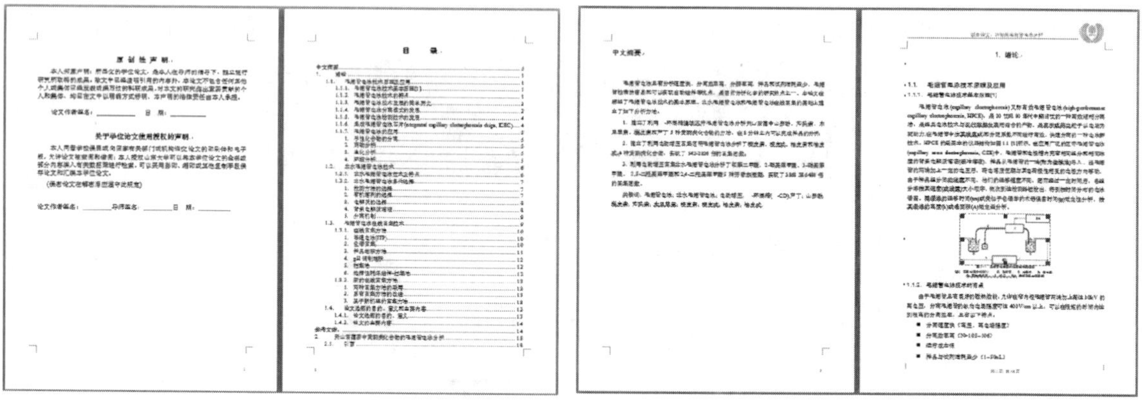

图 1.144　论文排版效果(部分)

操作步骤

一、论文的页面设置和文本格式化

1. 页面设置

打开已经写好的论文文档,设置上页边距为 3 厘米、下边距和左右边距均为 2.5 厘米,装订线设置为1厘米;设置纸张大小为“A4”;设置页眉和页脚“距边界”距离分别为“1.6厘米”和“1.5厘米”。

2. 设置正文的字体和段落格式

按照论文格式要求,正文字体使用“小四、宋体”,参考资料则使用“五号、宋体”;将论文总标题格式设置为“二号、黑体、居中”。将正文段落格式设置为“两端对齐,首行缩进2字符,段后间距0.5行,行距/固定值20磅”。

二、自定义毕业论文版面格式

毕业论文一般都要求在正文的前面设置封面、原创性声明、中英文目录,在中文的后面设置参考文献、图表索引和致谢词,还要求单独为目录页和正文页设置各自的页眉和页脚(包括页码)等。

1. 将论文分成不同的节——插入“分页”

定位在“原创性声明”页的第一行之前,插入“下一页”分隔符,为论文分隔出一个“封面页”。定位在“原创性声明”页的最后一行之后,再插入一个“下一页”分隔符,生成一个空白的“目录页”。

按照上述方法,分别在“摘要页”“绪论页”以及正文的每一章的第一页开始处、正文的最后一行结束处等位置,连续插入“下一页”分隔符,最终将毕业论文分成若干个独立的节——“封面页”“原创性声明页”“目录页”“摘要页”“正文页(含绪论)”“参考文献页”等。

2. 为论文设置自动编号——样式的应用

按照论文格式的要求,需要对文章中不同的层次标题设置相应的级别编号,这里要使用Word的“大纲级别”来组织文档。通常Word内置的标题样式不符合论文格式要求,需要手动修改。在此,我们采用自定义样式的方法来实现论文各级标题的自动编号。

(1)修改“标题1”字体和段落样式。

在“开始”功能区“样式”组中,打开“快速样式库”,右击“标题1”样式,在下拉菜单中选择“修改…”命令,打开“修改样式”对话框。在其中修改字体格式为“三号、黑体”,修改段落格式为“段前间距0.5行、段后间距0.5行、单倍行距、居中”。

(2)修改其他标题的字体和段落格式。

按照论文格式的要求,仿照上述方法,分别修改标题2~4样式:

“标题2”样式:四号、黑体/Arial、单倍行距、段前间距0.5行、段后间距0.5行;

“标题3”样式:小四、黑体/Arial、单倍行距、段前间距0.5行、段后间距0.5行、左对齐;

“标题4”样式:小四、黑体/Arial、单倍行距、首行缩进2字符、段前间距0行、段后间距0行、左对齐。

(3)修改“标题1”的多级编号。

单击“开始”功能区“段落”组中的“多级列表”按钮,在下拉列表中选择一种多级列表样式,如图1.145所示。

单击“定义新的多级列表…”按钮,打开“定义新多级列表”对话框,在“单击要修改的级别”列表框中选择“1”级别,“此级别的编号样式”选择“一、二、三(简)…”,在“输入编号的格式”框中,在“一”的左侧输入“第”,在“一”的右侧输入“部门”;“将级别链接到样式”设置为“标题1”;“输入编号的格式”设置为“三号、黑体”。

(4)设置其他标题样式的多级列表。

参照上述操作方法，在“定义新多级列表”对话框中，分别设置标题 2 ~4 样式的多级列表：

“标题 2”：“将级别链接到样式”设置为“标题 2”；勾选“正规形式编号”复选框；“输入编号的格式”设置为“四号、黑体”；“对齐位置”设置为“0 厘米”。

“标题 3”：“将级别链接到样式”设置为“标题 3”；勾选“正规形式编号”复选框；“输入编号的格式”设置为“小四、黑体”；“对齐位置”设置为“0 厘米”。

“标题 4”：“将级别链接到样式”设置为“标题 4”；“输入编号的格式”框中仅保留“级别 4”的编号；“输入编号的格式”设置为“小四、黑体”；“对齐位置”设置为“0 厘米”。如图 1.146 所示。

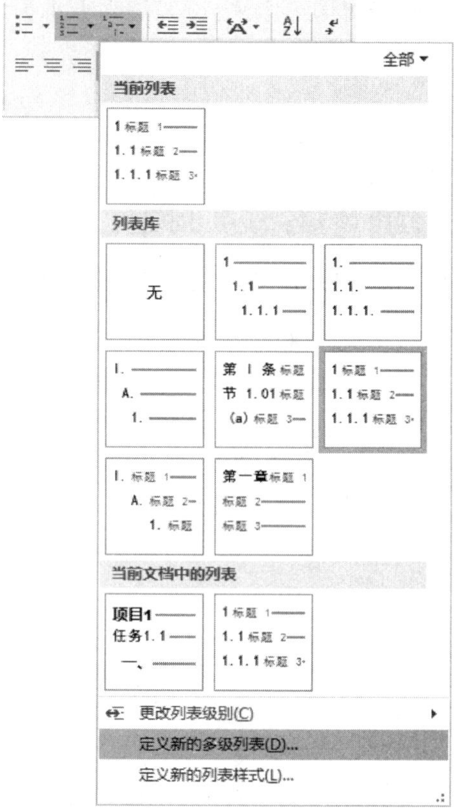

图 1.145　选择一种多级编号样式

(5)为各级标题自动编号——样式的应用。

各级标题样式修改完之后，接下来我们就要应用到毕业论文的各级标题上去。

在论文“中文摘要”部分，定位在“中文摘要”段落中，单击快速样式库中的“第一部分 标题 1”样式，将该样式应用在选定段落上，如图 1.147 所示。

按照上述方法，分别为“绪论”以及正文各个章节不同级别的标题段落应用相应的样式格式。例如：章的标题使用“1.1 标题 2”样式，节标题使用“1.1.1 标题 3”，第三层次标题使用“1. 标题4”。

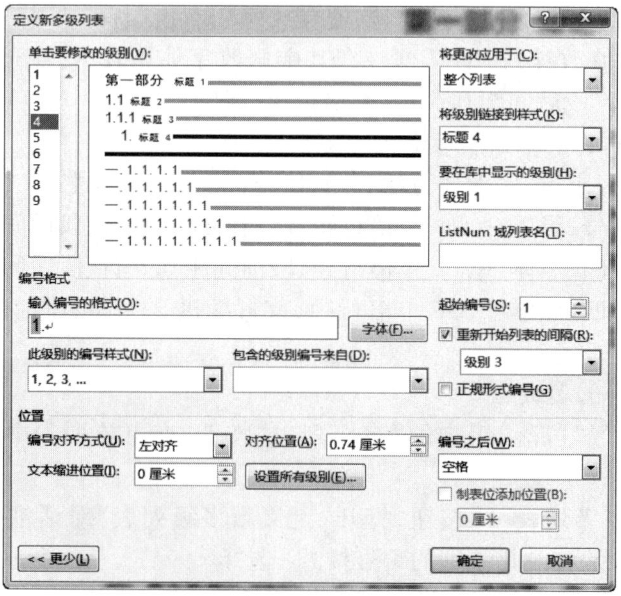

图 1.146　设置各级标题的编号样式

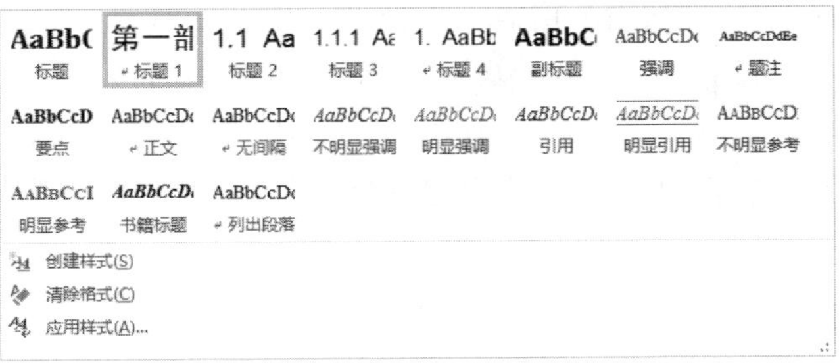

图1.147　应用标题样式到论文各级标题

说明:

“中文摘要”段落以及“参考文献”段落在应用了“标题1”样式后,会带有“第n部分”的自动编号形式,可以这样停止它的自动编号——定位在需要停止自动编号的段落中(例如,“中文摘要”),单击“开始”功能区“段落”组中的“编号”按钮,即可停止编号,其他部分也会随之自动更新编号。

3. 自动生成索引目录

一般地,毕业论文会比较长,这就需要在论文开始插入一个文章目录,以便让老师在阅读论文之前,大体了解文章架构及整体思路。使用Word内置的索引功能,可以自动生成文章的索引目录。

定位在目录页的“目录”段落右侧,按下Enter键产生新行,在新行中插入目录(按照默认设置)。

4. 图表和公式的自动编号

在论文中,图表和公式要求按在章节中出现的顺序分章编号,例如,图1.1、表2.1、公式3.4等。

按论文格式要求,第一章的图编号格式为“图1-X”,表格编号格式为“表1-X”。利用“插入题注”(表注)功能,对论文中的所有图表和公式进行自动编号(包含章节号)。

利用“交叉引用”功能,分别在文章中的相应位置引用图片、表格和公式的题注(“引用内容”为“只有标签和编号”)。

5. 自动生成参考文献

论文的参考文献要求放置在论文正文的后面,一般要在正文引用处还要注明所引用的参考文献。参考文献的标注可以利用Word的“尾注”功能进行编号的自动维护。

(1)自动生成参考文献序号——“尾注”的应用。

光标移到正文中要引用参考文献的位置,利用“引用”功能区“脚注”组中的“插入尾注”按钮(见图1.148),在本节末尾逐一插入论文所需要标注的参考文献。

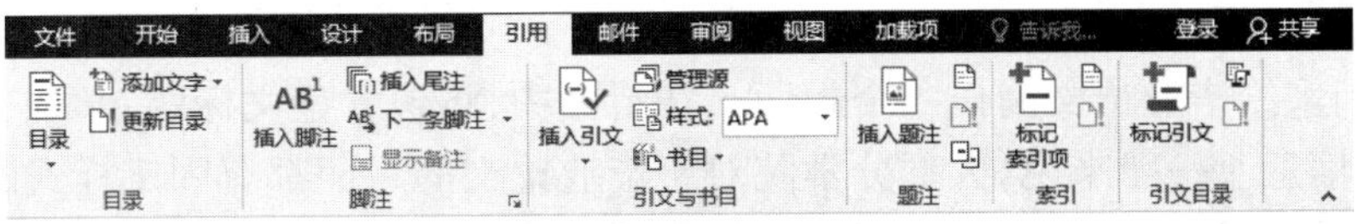

图1.148　插入尾注

(2)为参考文献序号加上方括号——查找和替换。

论文的参考文献前面的序号一般要求使用方括号标注,例如,[1]、[2]……等。利用“替换”功能为所有的参考文献序号一次性地增添方括号。

单击“开始”功能区“编辑”组中的“替换”按钮,打开如图 1.149 所示对话框,定位在“查找内容”文本框中,单击“特殊字符”按钮,从下拉列表中选择“尾注标记(^e)”;定位在“替换为”文本框中,选择“特殊字符”中的“查找内容([^&])”,如图 1.150 所示。

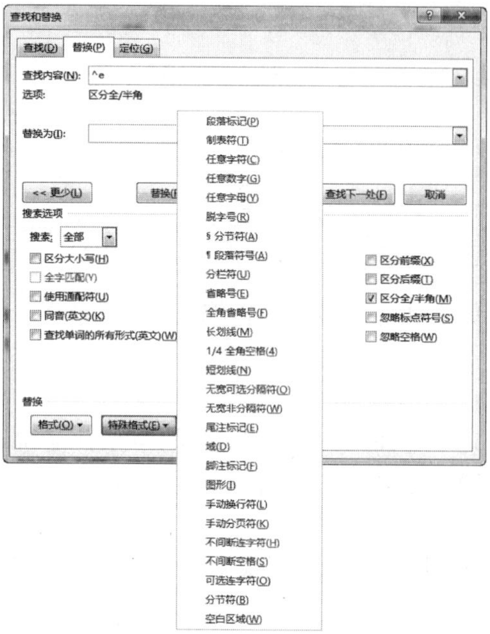

图 1.149　在“查找内容”中插入“尾注标记”

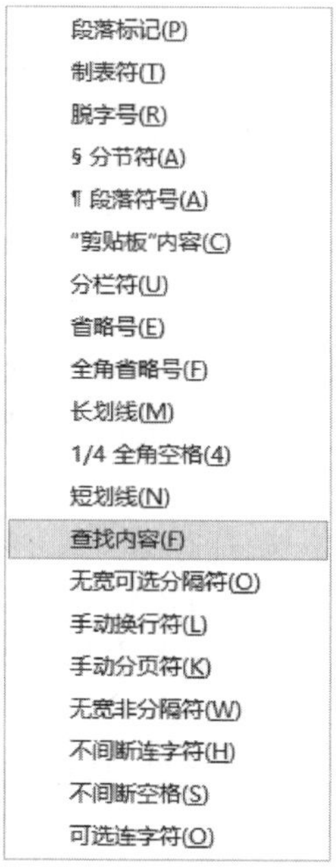

图 1.150　在“替换为”插入“查找内容”

单击“全部替换”按钮,Word 就会查找到所有尾注中的上标序号,并将其替换为“[1]”“[2]”“[3]”…形式。

三、添加 LOGO 页眉和页码

接下来,我们将在页眉添加学校 LOGO 和论文标题,以及在页脚中添加论文页码。

1. 在页面中添加学校 LOGO 和论文标题

定位在正文第一页中,单击“插入”功能区“页眉和页脚”组中的“页眉”按钮,选择插入内置的“空白”页眉样式,在页眉编辑区域填写论文标题,并将其设置为“五号、宋体、右侧对齐”;将学院 LOGO 图片插入页眉区域,设置图片版式为“四周型”,调整图片的大小和位置。

2. 在页脚中添加论文页码

切换至页脚编辑区域,添加“第 X 页 共 Y 页”页码,设置“居中对齐”。

四、制作论文封面

最后,我们来给毕业论文制作一个封面。在封面中,将包含论文标题、学院、班级、姓名、指导教师等必要信息。一般来说,大部分学院对于毕业论文的封面都有固定样式的设计要求,还有的学校会提供现成的封面,这里就不再详细介绍它的制作了。如果没有特殊要求,大家可以自行进行设计,在封面设计中改变正文中白纸黑字的单调样式,增加一些色彩和图形,提升毕业论文的整体形象。

项目2　办公中的表格制作与应用

任务2.1　Excel 2016基本操作——制作形成性考核表

学习目标

- 认识Excel 2016的工作界面；
- 工作簿和工作表的基本操作；
- 工作表中单元格数据的编辑和格式设置；
- VLOOKUP、COUNTIF、SUM、IF等函数的应用。

任务引入

在日常办公中，经常要制作一些表格，并对其中的数据进行统计、计算、分析，Excel提供了强大的功能足以满足用户的需要。某高职院校的刘老师要为自己的任教班级制作一份“形成性考核成绩表”，如何利用Excel 2016快速地实现数据录入与相关的数据处理呢？

任务分析

根据学校关于形成性考核的相关规定，“形成性考核成绩表”的组成部分一般要求包含日常教学中的学生考勤、课后作业、平时测试等部分。刘老师准备设计多个独立的工作表，将上述成绩数据分别放置，最终生成学期成绩汇总表，这样做的目的是使得多个工作表之间存在数据链接关系，方便信息传递。

由于表格设计的需求，需要进行如下的编辑、美化工作：

- 工作表的创建和基本操作；
- 在单元格中输入各种类型数据；
- 设置单元格格式；
- 设置表格的边框和底纹；
- 应用公式和函数进行计算。

任务效果图

本任务效果如图2.1所示。

图 2.1　任务效果

任务实施

一、认识 Excel 2016 工作界面

1. 快速访问工具栏

Excel 2016 文档窗口中的"快速访问工具栏"用于放置命令按钮,使用户快速启动经常使用的命令,如图 2.2 所示。默认情况下,"快速访问工具栏"中只有数量较少的命令,用户可以根据需要添加多个自定义命令。

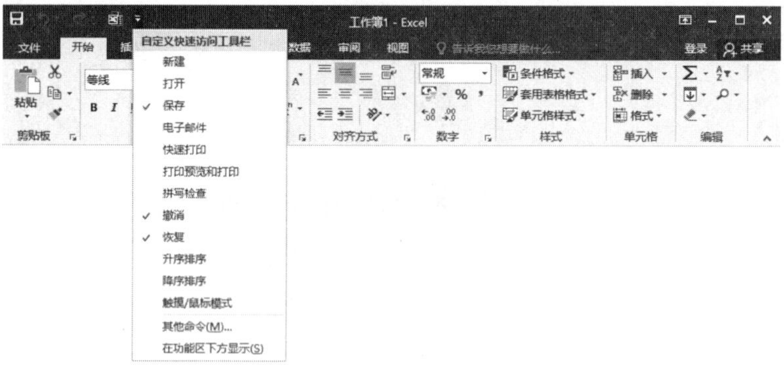

图 2.2　快速访问工具栏

2. 功能区

Microsoft Excel 2016 延续了功能区和功能组的外观风格,每个功能区根据功能的不同提供了各种不同的命令,并将相关命令进行了分组。如图 2.2 所示为"开始"功能区。

"开始":此功能区包含基本的剪贴板命令、格式命令、样式命令、插入和删除行或列的命令,以及各种工作表编辑命令。

"插入":此功能区提供了可在工作表中插入需要的任何内容——表、图、图表、符号等。

"页面布局":此功能区包含的命令可影响工作表的整体外观,包括一些与打印有关的设置。

"公式":使用此功能区可插入函数公式、定义名称、访问公式审核工具,以及控制 Excel 执行计算的方式。

"数据":此功能区提供了 Excel 中与数据相关的命令。

"审阅":此功能区包含的工具用于检查拼写、翻译单词、添加注释,以及保护工作表。

“视图”:包含的命令用于控制有关工作表的显示的各个方面。此功能区上的一些命令也可以在状态栏中获取。

3. 编辑栏

编辑栏是 Excel 2016 中比较重要的一个输入栏,向单元格内输入公式或内容都要经过这里,如图 2.3 所示。

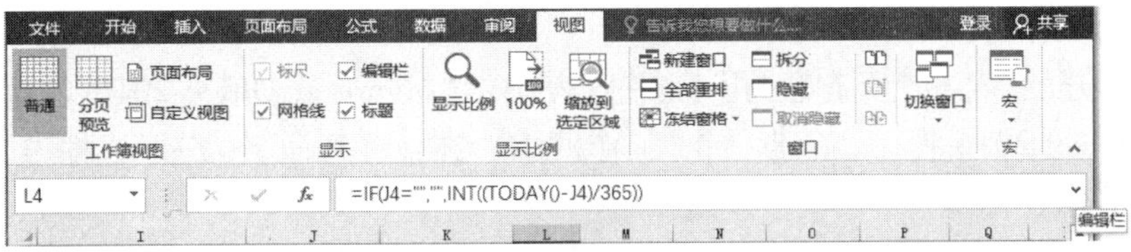

图 2.3　编辑栏

编辑栏的显示与隐藏方法:切换到“视图”功能面板,在“显示”组中勾选“编辑栏”复选框就显示编辑栏;反之,编辑栏就隐藏,如图 2.3 所示。

扩展编辑栏方法:在单元格中输入多行文字,但是在编辑栏中仅显示首行文字。单击编辑栏末尾的下拉箭头(见图 2.3),可以扩展编辑栏,扩展之后即可看到所有文字。

4. 工作表

由 Excel 程序创建的文档称为工作簿,一个工作簿可以包含多个“页面”,这些页面称为工作表,如图 2.4 所示,每个工作表都是相对独立的,可以存放不同的内容。在实际应用中,这种结构形式非常好用,例如可以把多个相关的表格存放在同一工作簿的各个工作表中,即方便携带(只需携带一个文档),又可以很方便地在表格之间相互调用数据。

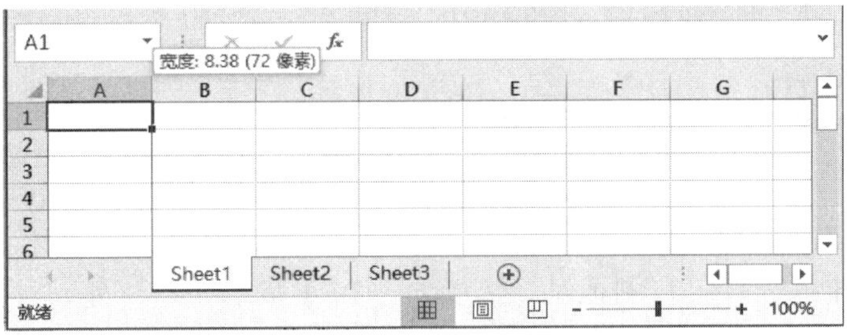

图 2.4　工作表

默认情况下,Excel 2016 建立的工作簿仅包含“sheet1”(sheet1 被称为“工作表标签”)一个工作表,单击该工作表标签右侧的符号“⊕”,就可以根据自己的实际需要添加工作表。还可以对工作表进行删除、重命名、移动或复制等操作。

5. 行号和列标

每个工作表都由行和列组成,每一行的行号由 1、2、3……等数字表示;每一列的列号由 A、B、C……等字母表示,如图 2.4 所示。Z 列之后依次是 AA、AB、AC……以此类推。

选择整行和整列:单击行号或列标可选择工作表的该行或该列。

调整行高:把鼠标放在某行号(例如,2)下边的边缘处,鼠标变成双向箭头,拖动鼠标即可改变该行行高。

调整列宽:把鼠标放在某列标(例如,B)右边的边缘处,鼠标变成双向箭头,拖动鼠标即可改变该列列宽。

二、制作“形成性考核成绩表”

Excel 工作表是承载信息数据的主体,这里,我们将“形成性考核成绩表”的不同数据分别存储在几个工作表中,以便于数据之间的传递和链接。

1. 制作“考勤”表

(1)创建新工作簿。

依次单击“开始”菜单“所有程序”程序列表中的“Microsoft Office 2016”/“Excel 2016”命令选项,运行 Excel 2016 程序,新建一个“工作簿 1”文档,将其命名为“形成性考核成绩表”。

(2)修改工作表标签。

右单击 sheet1 工作表标签,选择其中的“重命名”命令,将其命名为“考勤”。再次右单击“考勤”工作表标签,选择“工作表标签颜色”中的“标准红色”。

(3)制作表头。

在“考勤”工作表的 A1 单元格中输入“2019 - 2020 学年第一学期 2019 级会计 1 班考勤记录表”。

(4)制作标题行。

步骤一　自 A5 单元格开始向右在连续单元格区域中依次输入“序号”“学号”“姓名”“性别”;然后在 E4 单元格中输入“1 周”,在 E5 单元格中输入“1 次”,在 F5 单元格中输入“2 次”;选中 E4:E5 单元格,单击“开始”功能区“对齐方式”组中的“合并后居中”按钮,如图 2.5 所示。

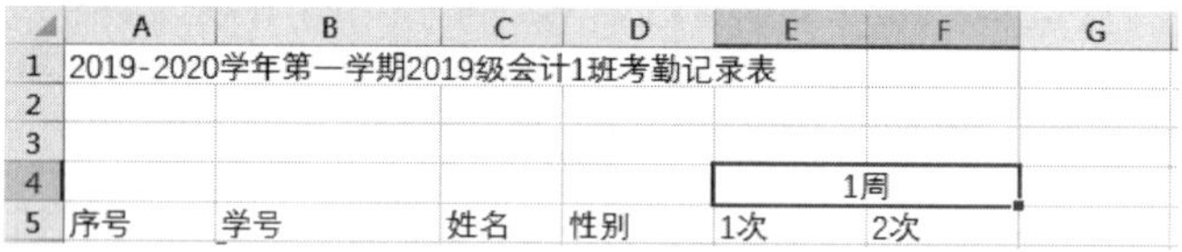

图 2.5　制作表头和标题行

步骤二　自动填充序列。选择“1 周”单元格区域,然后用鼠标左键按住该区域右下角的小方块(即:填充句柄)一直向右侧拖动,会出现一个“1 周、2 周、3 周……”的递增序列,看到提示“20 周”时松开释放鼠标,即可得到一个填充序列(按照本学期 20 教学周计算);

选择 E5:F5 单元格区域(即:“1 次”和“2 次”),按住 Ctrl 键,再利用上述操作方法拖动填充句柄向右复制直至“20 周”结束,即可得到每周重复的一个填充序列,如图 2.6 所示。

图 2.6　自动填充序列

步骤三　在标题行的最右端(即:单元格区域)依次输入“正常”“迟到”“早退”“请假”“旷课”“小计”项目。

(5)输入学生名单。

步骤一　录入学生信息。分别在标题行之下依次输入本班的学生“学号”“姓名”“性别”。

步骤二　自动填充“序号”。分别在 A6、A7 单元格中输入“1”和“2”,然后选中 A6:A7 单元格区域,双击其填充句柄即可根据学生信息数量,自动生成一个“1、2、3……”的序号。

（6）设置单元格格式。

步骤一　设置字体格式。全选整个表格区域（包括表头），在“开始”功能区“字体”组中选择字体格式为“微软雅黑 10 磅”。选择 A1:AX1 单元格区域，设置表头格式为“合并后居中 16 磅”。

步骤二　设置对齐方式。分别选择 A4:A5 单元格区域（“序号”），在“开始”功能区“对齐方式”组中分别设置“合并后居中”和“自动换行”。按照上述方法，分别为“性别”“正常”“迟到”“早退”“请假”“旷课”“小计”列进行相应的“合并后居中”和“自动换行”设置。选择 A:AX 列，设置对齐方式为“居中”。

步骤三　调整行高和列宽。选中第 1 行和第 2 行行标之间的分隔线，用鼠标拖拽适当增大表头行行高；选择 A 列（“序号”），在“开始”功能区“单元格格式”组中单击“格式”按钮，从下拉列表中选择“列宽…”命令，在弹出的对话框中设置列宽值为“2.7”，如图 2.7 所示。

重复上述操作，分别为除了“学号”“姓名”两列之外的其他数据列设置列宽为“2.7”。

步骤四　选择“序号”列和“学号”列，在“开始”功能区“数字”组中打开“数字格式”下拉列表，从中选择“文本”格式，如图 2.8 所示。

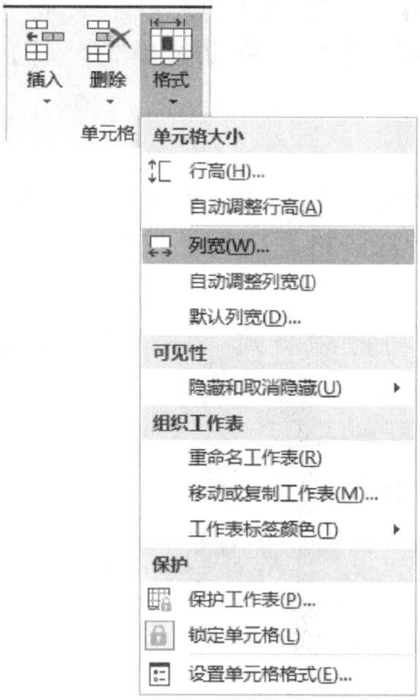

图 2.7　设置列宽

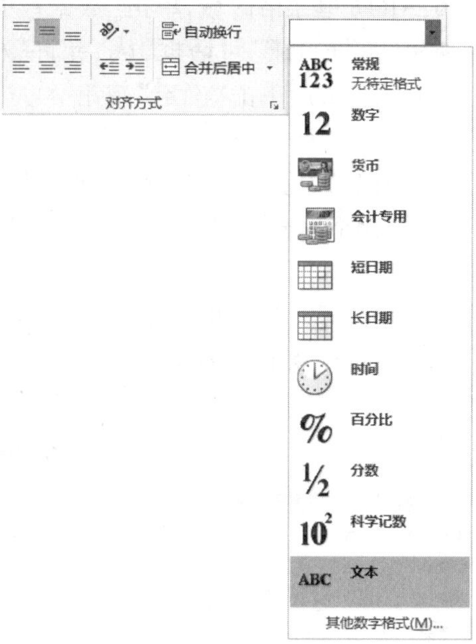

图 2.8　设置数字格式

步骤五　添加边框线和底纹。选择 A4:AX 数据区域，在“开始”功能区“字体”组中单击“边框”下拉按钮，从下拉列表中选择“所有框线”选项命令为其添加边框线。选择标题行（即：A4:AX5 单元格区域），在“开始”功能区“字体”组中单击“填充颜色”下拉按钮，从下拉列表中选择一种适宜的主题颜色为其添加底纹。重复上述操作，为最右侧的数据统计区域（即：AS4:AX47 单元格区域）也填充相同的底纹颜色，如图 2.9 所示。

在表头和标题行之间合适位置，添加“制表日期”；在表格下方合适位置，添加注释文本：

正常 -0、迟到 -1、早退 -2、请假 -3、旷课 -4

在表格中将使用这些简单的数字作为考勤标记。

图 2.9　添加边框线和底纹

(7)数据验证。

为了防止在“考勤”表中填充无效数字,造成统计信息不准确,需要为从“1 周”到“20 周”之间的数据区域设置“数据验证”——仅允许输入“0,1,2,3,4”数字,操作方法如下:

选择 E6:AR47 单元格区域,单击“数据”功能区“数据工具”组中的“数据验证”命令,弹出如图 2.10 所示“数据验证”对话框,从“允许”框中选择“整数”,数据选择“介于”,最小值为“0”,最大值为“4”,最后单击“确定”按钮。

(8)突出显示“旷课”数据。

为了在考勤记录中重点突出所有“旷课”的单元格,可以为这些单元格设置条件格式规则——当这些单元格填充了“4”时,自动显示为一种特殊的格式(例如,浅红色填充深红色文本),操作方法如下:

步骤一　选择 E6:AR47 单元格区域,单击“开始”功能区“样式”组中的“条件格式”命令,从其下拉列表中选择“突出显示单元格规则”/“等于…”命令,如图 2.11 所示。

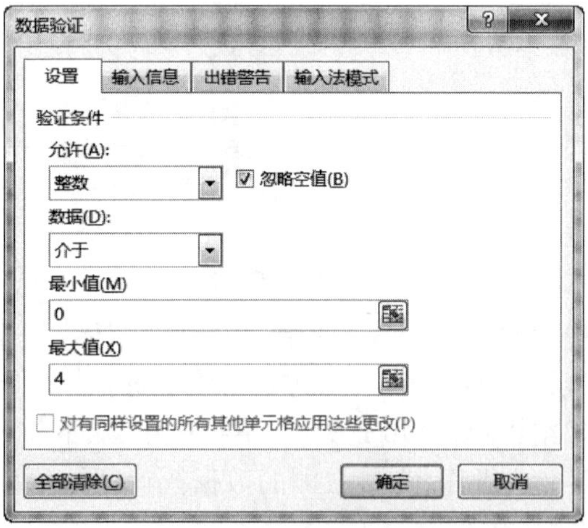

图 2.10　数据验证

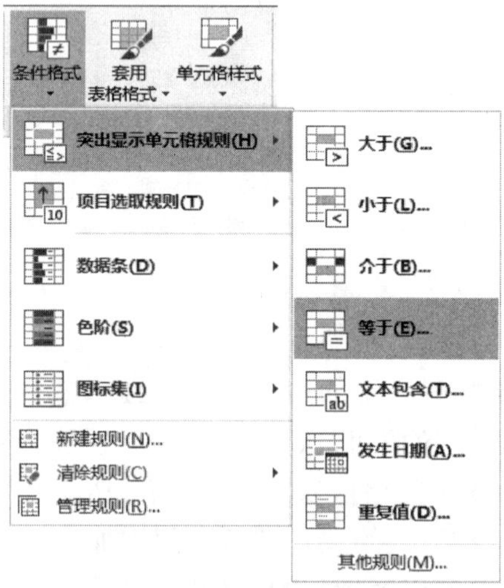

图 2.11　选择条件格式规则

步骤二　在弹出的“等于”对话框中,在“为等于以下值的单元格设置格式:”框中输入“4”,在“设置”中选择“浅红色填充深红色文本”(见图 2.12),最后单击“确定”按钮。

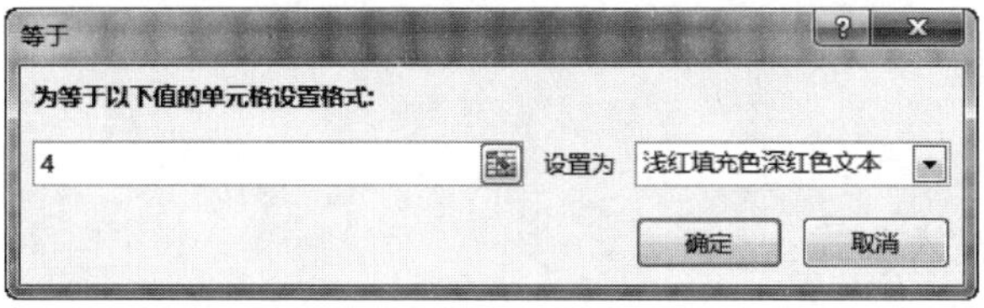

图 2.12　设置条件格式

(9)考勤信息统计。

考勤记录的数据最终需要进行汇总统计,利用单条件计数函数 COUNTIF 可以完成统计工作。

在 AS6 单元格中构建如下函数公式:

=COUNTIF(E6:AR6,0)

按下 Enter 键,得到第一位学生本学期考勤中所有“正常”记录的小计。利用填充句柄将 AS6 单元格中的公式向下复制填充直至最后一行,得到全部学生的“正常”记录小计。

按照上述操作方法,分别统计“迟到”“早退”“请假”“旷课”汇总,如表 2.1 所示。

表 2.1　COUNTIF 函数统计考勤

单元格位置	统计项目	函数公式
AS6	正常	=COUNTIF(E6:AR6,0)
AT6	迟到	=COUNTIF(E6:AR6,1)
AU6	早退	=COUNTIF(E6:AR6,2)
AV6	请假	=COUNTIF(E6:AR6,3)
AW6	旷课	=COUNTIF(E6:AR6,4)

【函数解读】:

COUNTIF 函数的语法格式为计算某个区域中满足条件的单元格数目,在统计“正常”的公式中,它的第一参数 Range 是需要统计的某位学生 20 周考勤记录区域,第二参数 Criteria 是需要满足的条件“0”,如图 2.13 所示。

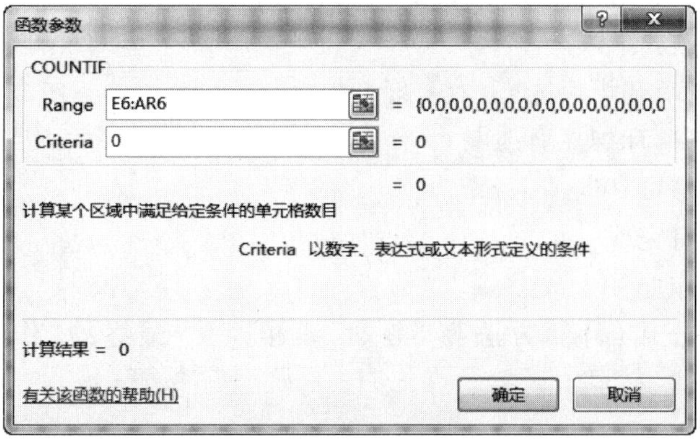

图 2.13　统计“正常”小计

(10)小计。

“形成性考核成绩表”按照一学期 20 教学周进行设计,在总计 100 分中,按照“考勤”20

分、“作业”20 分、“测验”60 分分配分值。因此,“考勤”表中的“小计”分数按照如下方法进行统计计算:

=正常×1+迟到×0.3+早退×0.3+请假×0.1+旷课×0

在 AX6 单元格中输入公式:

=AS6*1+AT6*0.3+AU6*0.3+AV6*0.1+AW6*0

按下 Enter 键,得到第一位学生本学期考勤“小计”。利用填充句柄将 AX6 单元格中的公式向下复制填充直至最后一行,得到全部学生的考勤“小计”。

知识链接:取消网格线

为了更清晰地显示表格中的文本和数字,可以通过取消“视图”功能区中“网格线”复选框的方法来实现,这样整个工作表就会呈现白纸状态。

2. 制作“作业”表

“作业”表的结构和核算方法与“考勤”表基本相同,因此可以将“考勤”表复制一份,然后做相应修改就可以了。

(1)复制工作表。

右单击“考勤”工作表标签,选择“移动或复制…”命令,在弹出的“移动或复制工作表”对话框中,选择放置工作表的位置,勾选“建立副本”复选框,如图 2.14 所示。

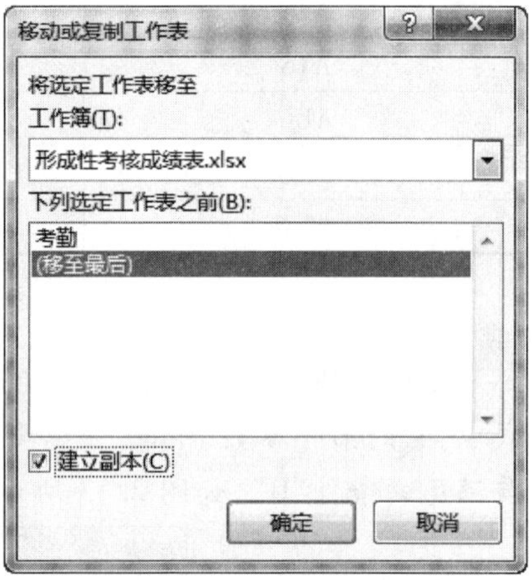

图 2.14　复制工作表

将得到的“考勤(2)”副本工作表重命名为“作业”,将工作表标签颜色设置为“标准橙色”。

(2)修改标题。

将表头修改为“2019-2020 学年第一学期 2019 级会计 1 班作业记录表”;将标题行右端的五个统计项目分别修改为“优秀”“良好”“一般”“较差”“未交”,并将表格下方的注释文本进行修改:

优秀-0:自主完成,知识点完整,效果好

良好-1:自主完成,知识点有遗漏

一般-2:有抄袭嫌疑

较差-3:基本没有完成

未交-4:未提交作业

保留原有的函数公式(计算方法与“考勤”表相同)。最终的“作业”表效果如图 2.15 所示。

3. 制作“测验”表

(1)新建工作表。

单击“新工作表”按钮,在“作业”工作表的的右侧插入一个新工作表,将其重命名为“测验”,设置工作表标签颜色为“标准绿色”。

图 2. 15　“作业”工作表效果

(2)编辑表格数据。

步骤一　建立表头。在 A1 单元格内输入表头文本“2019－2020 学年第一学期 2019 级会计 1 班测验记录表”。

步骤二　建立标题行。自 A3 单元格开始向右输入标题行文本，然后复制“考勤”表中的相应内容粘贴到“序号”“学号”“姓名”“性别”数据区域中。

步骤三　设置单元格格式。参照“考勤”表中的操作方法，为“测验”表进行设置字体格式、对齐方式、合并单元格、调整行高和列宽、添加边框线和底纹等操作。

最终效果如图 2. 16 所示。

2019-2020学年第一学期2019级会计1班测验记录表

序号	学号	姓名	性别	第1次	第2次	第3次	小计
1	201504060901	栾睿	女				
2	201704010101	刘治钰	女				
3	201704010102	姬莉	女				
4	201704010103	王研	女				
5	201704010105	刘哲	女				
6	201704010106	李俊	女				
7	201704010107	罗晓颖	女				
8	201704010109	赵心语	女				
9	201704010112	王蓓蓓	女				

图 2. 16　“测验”工作表

步骤四　修改注释文本。将数据区域下方原有的注释文本修改为：

每次测验按 20 分计，共计 60 分。

(3)计算“小计”。

在 H4 单元格中输入如下公式：

＝SUM(E4:G4)

向下复制该公式，完成全部“小计”数据列的计算。

4. 制作“总评”表

(1)新建工作表。

新建一个工作表，命名为“总评”，设置工作表标签颜色为“标准蓝色”。

(2)编辑数据。

参照“测验”工作表的制作方法，编辑“总评”工作表中的相关内容，并为其设置适宜的单元格格式，最终效果如图 2. 17 所示。

在数据区域下方编辑注释文本：

	A	B	C	D	E	F	G	H	I
1	2019-2020学年第一学期2019级会计1班总评表								
2									
3	序号	学号	姓名	性别	考勤	作业	测验	小计	评语
4	1	201504060901	栾睿	女					
5	2	201704010101	刘治钰	女					
6	3	201704010102	姬莉	女					
7	4	201704010103	王研	女					
8	5	201704010105	刘哲	女					
9	6	201704010106	李俊	女					
10	7	201704010107	罗晓颖	女					
11	8	201704010109	赵心语	女					
12	9	201704010112	王蓓蓓	女					
13	10	201704010113	王宇	女					

图 2.17　“总评”工作表

考勤:满分 20 分

作业:满分 20 分

测验:满分 60 分

小计:=考勤+作业+测验

(3)统计各项记录。

在“总评”表中,需要将前面的三个表格中“小计”数据列获取到相应位置。在 Excel 中,使用查询函数 VLOOKUP 可以很方便地完成表格之间数据的传递。

步骤一　统计“考勤”成绩。在 E4 单元格内构建如下函数公式:

=VLOOKUP(B4,考勤! B6:AX47,49,0)

按下回车键,得到结果。将公式向下复制填充到最后一行,完成“考勤”数据的统计。

步骤二　统计“作业”成绩。在 F4 单元格内构建如下函数公式:

=VLOOKUP(B4,作业! B6:AX47,49,0)

按下回车键,得到结果。将公式向下复制填充到最后一行,完成“作业”数据的统计。

步骤三　统计“测验”成绩。在 G4 单元格内构建如下函数公式:

=VLOOKUP(B4,测验! B4:H45,7,0)

按下回车键,得到结果。将公式向下复制填充到最后一行,完成“测验”数据的统计。

【函数解读】:VLOOKUP 函数

在统计“考勤”列时,VLOOKUP 函数的语法格式为:在“考勤”表中“学号”列至“小计”列的数据区域中,查询与某个学生“学号”相对应的“小计”数值。其中各项参数的意义为:

第一参数 Lookup_value:要查询的值(即:“学号”);

第二参数 Table_array:查询的源数据区域(即:“考勤”表中从“学号”列至“小计”列),该区域必须从第一参数的值(即:“学号”)开始;

第三参数 Col_index_num:在查询的源数据区域中“小计”所在列序号(注:必须从第一参数值开始计数);

第四参数 Range_lookup:精确匹配(即:0 或者 False)还是模糊匹配(缺省)。

如图 2.18 所示。

步骤四　统计“小计”。在 H4 单元格中构建如下函数公式:

=SUM(E4:G4)

按下回车键,得到结果。将公式向下复制填充到最后一行,完成“小计”数据的统计。

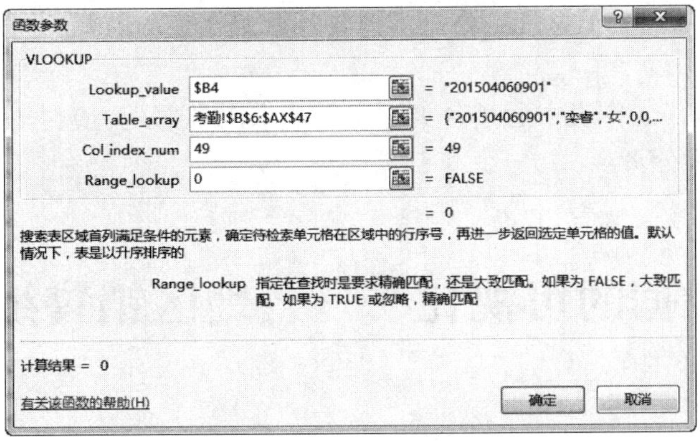

图 2.18　设置"文本"格式

(4)给定评语。

根据"小计"成绩，按照如下分数段给与学生"五级制"评语：

大于或等于 90 分，为"优秀"；大于或等于 80 分，为"良好"；大于或等于 70 分，为"中等"；大于或等于 60 分，为"及格"；60 分以下，为"不及格"。

在 I4 单元格中构建如下函数公式：

=IF(H4>=90,"优秀",IF(H4>=80,"良好",IF(H4>=70,"中等",IF(H4>=60,"及格","不及格"))))

按下回车键，得到结果。将公式向下复制填充到最后一行，完成"评语"数据的统计。

最后，保存工作簿。只需要在前面的数据表格中如实填入日常的考核成绩，就可以在"总评"表中看到实时更新的数据了。

任务实训

编制员工工资表

制作要求：

请根据"素材 2.1 员工工资表.xlsx"中的内容，完成工资表的整理和分析工作。具体要求如下(提示：若出现排序问题则采用升序方式)：

(1) 将"实训素材 2.1 员工工资表.xlsx"文件另存为"员工工资表.xlsx"。

(2)通过合并单元格，将表名"华科公司 2019 年 6 月员工工资表"放于整个工作表的上端、居中，并调整字体、字号。

(3) 在"序号"列中分别填入 1～15，将其数据格式设置为数值、保留 0 位小数、居中。

(4) 将"基础工资"(含)右侧各列设置为会计专用格式、保留 2 位小数、无货币符号。

(5) 调整表格各列宽度、对齐方式，使得显示更加美观。并设置纸张大小为 A4、横向，整个工作表需调整在 1 个打印页内。

(6) 参考"实训素材 2.1 个人所得税率.xlsx"文件内容，利用 IF 函数计算"应交个人所得税"列。

计算方法：应交个人所得税 = 应纳税所得额 × 对应税率 − 对应速算扣除数

(7) 利用公式计算"实发工资"列。

计算方法：实发工资 = 应付工资合计 − 扣除社保 − 应交个人所得税。

(8) 复制工作表“2019 年 6 月”,将副本放置到原工作表的右侧,并将新工作表命名为“分类汇总”。

(9) 在“分类汇总”工作表中通过分类汇总功能求出各部门“应付工资合计”“实发工资”的和,每组汇总数据不分页。

任务 2.2　数据的可视化——各地区销售统计分析图表

学习目标

- 认识 Excel 2016 图表;
- 掌握创建和编辑图表的方法和技巧;
- 掌握美化图表的方法和技巧。

任务引入

某公司要考察分析各个地区销售各种产品的情况,销售人员汇总出了相关统计报表,需要在汇报工作时,将其用图表的形式展示给与会者。相对于枯燥抽象的数据,使用简洁而直观的图表形式,更能够方便听众快速、方便地把握数据。利用 Excel 2016 的图表功能,就可以轻松地实现这一点。

任务分析

Excel 中的图表是指将工作表中的数据用图形表示出来,例如,将某产品在各地区的销售数量用柱形图显示出来。图表可以使数据更加有趣、吸引人、易于阅读和评价,也可以帮助我们分析和比较数据。

建立了图表后,可以通过增加图表标签,如图表标题、坐标轴标题、图例、数据标签等来强调信息,大多数图表标签可以被移动或调整大小,其内容也可以被格式化。

考虑到美观,还需要对 Excel 中的图表进行编辑、美化,具体工作如下:

- 设置图表标签选项;
- 在图表中添加系列;
- 调整图表的大小和位置;
- 使用图案填充图表背景墙;
- 使用纯色填充图表基底;
- 使用渐变色填充绘图区;
- 使用图片填充图表区。

任务效果图

本任务效果如图 2.19 所示。

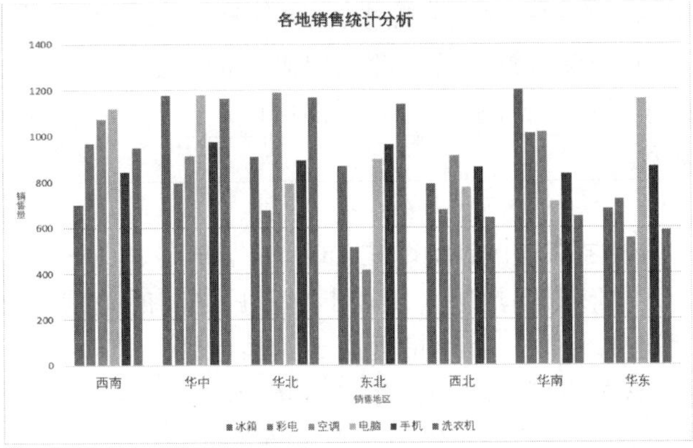

图 2.19　任务效果

任务实施

一、认识 Excel 2016 图表

我们生活的这个世界是丰富多彩的，几乎所有的知识都来自视觉。也许无法记住一连串的数字，以及它们之间的关系和趋势，但是可以很轻松地记住一幅图画或者一个曲线。因此，使用图表会使 Excel 编制的工作表更易于理解和交流。

1. Excel 2016 图表类型

Excel 2016 具有丰富的图表功能，在“插入”功能区中“图表”组中单击“查看所有的图表”命令，弹出“插入图表”对话框，包括“推荐的图表”和“所有图表”两部分，提供了 15 种图表类型。其中，除了柱形图、折线图、饼图等常见图表类型之外，在“组合”图表类型中，还为用户提供了几种便捷的组合图，大大减少了制作图表时花费的精力，如图 2.20 所示。

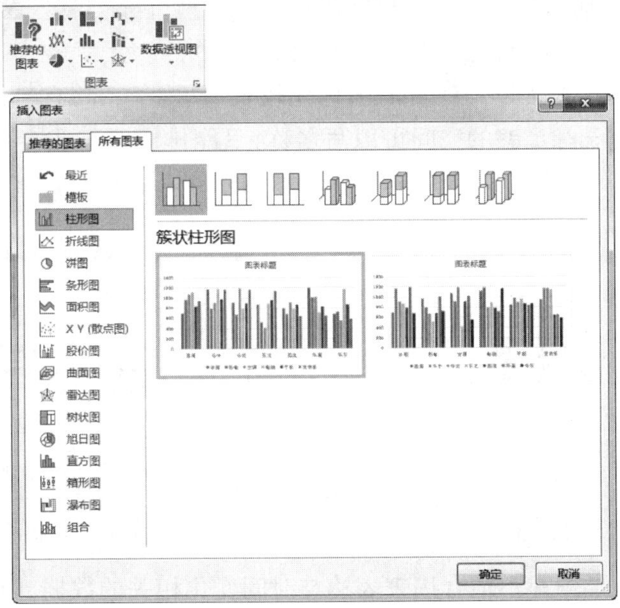

图 2.20　Excel 2016 图表类型

不过,创建图表时尽量“简化”——形式越复杂,传递信息效果就越差,使用复杂图表的结果就是:有些时候你不得不给观众解释这个图表要怎么阅读。

下面介绍其中几种常用的图表,95%的数据都可以用这些图表来表达,只有极少数才会用到那些不常用的图表类型。

(1)柱形图。

柱形图是最常见的图表之一,在柱形图中,每个数据都显示为一个垂直的柱体,而柱体的高度则对应于数据的值。柱形图经常用来比较不同项目之间的差别,例如图2.21所示图表中可以清楚地看出,北京和上海地区的货运量远高于其他地区。

除了项目的比较,柱形图还可以用于比较某个项目在不同时间的值,如图2.22所示,从1月份到12月份,某品牌电器专柜的销售额每个月都在增长。

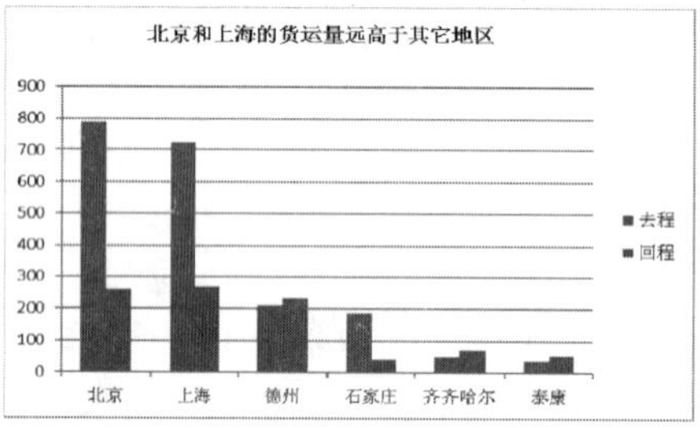

图2.21　柱形图示例1

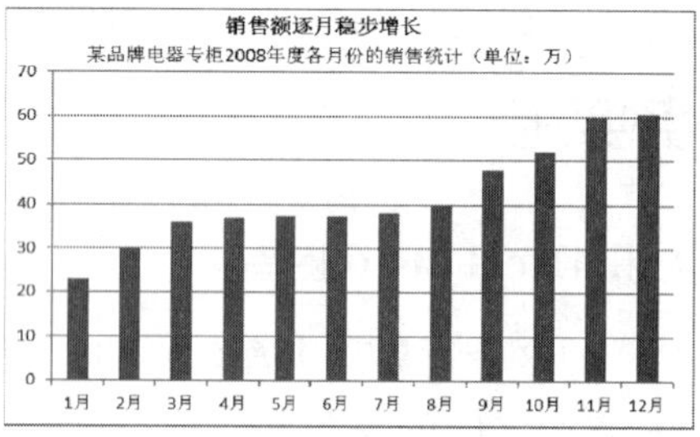

图2.22　柱形图示例2

柱形图还有另一种用法:表达事物的分布规律,如图2.23所示,某品牌手机产品的用户中,10~29岁之间的用户最多。

(2)条形图。

把柱形图顺时针旋转90°就成为一个条形图,在这种图表中,每个数据都显示为一个条形,其长度则对应数据的值。在用来比较数据之间的差异时,条形图甚至比柱形图更好用,尤其是当项目的名称比较长时,柱形图横坐标轴上没有足够的空间可以写名称,只能排成两行或者倾斜放置,而条形图却有足够空间可以利用,通过图2.24和图2.25所示图表可以清楚地看出这种差别。

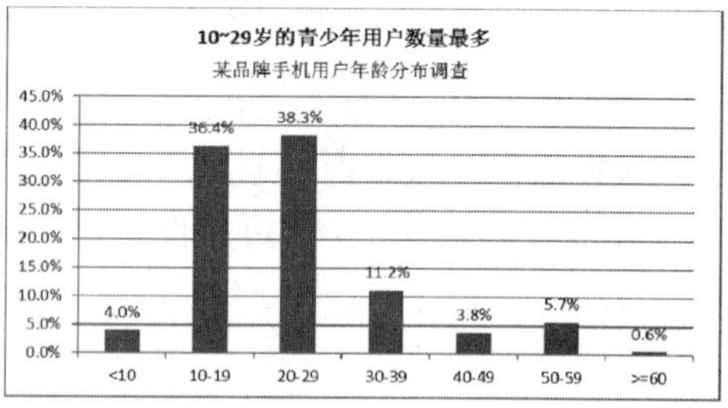

图2.23　柱形图示例3

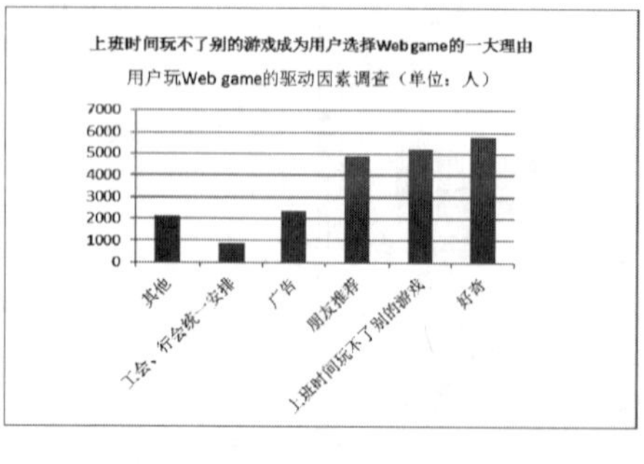

图2.24　柱形图示例4

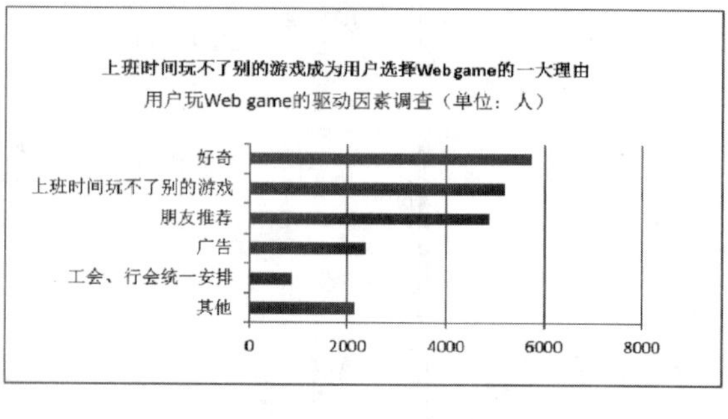

图2.25　条形图示例

需要注意的是,条形图并不适合用来表达与时间变化相关的数据,因为大多数读者都习惯于时间的图表是从左到右变化,而不是从上到下。

(3)饼图。

饼图适合表达各个成分在整体中所占的比例,如图 2.26 所示,从图表中可以清楚地看到手机销售收入超过 3/4 的收入。

为了便于阅读,饼图包含的项目不应太多,原则上不要超过 5 个扇区,否则图表将变得难以阅读。如果项目太多,可以尝试把一些不重要的项目合并成"其他",或者用条形图来代替饼图。

(4)散点图。

散点图通常用来表达两个变量之间是否存在某种相关联系,如图 2.27 所示,从图表中可以看出,气温与羽绒服的销量有着明显的关系,气温较高的时候销量明显下降。

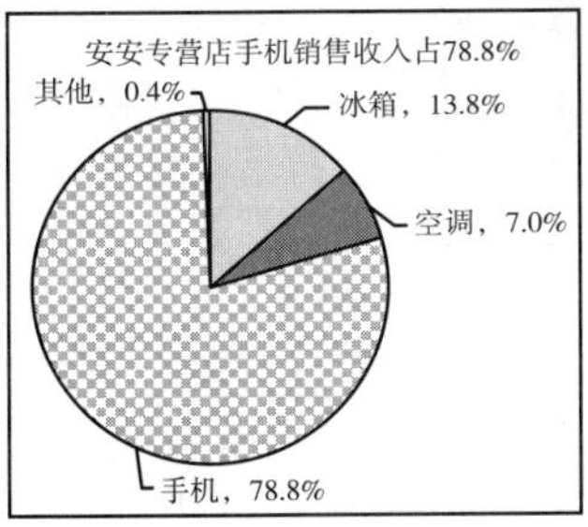

图 2.26　饼图示例

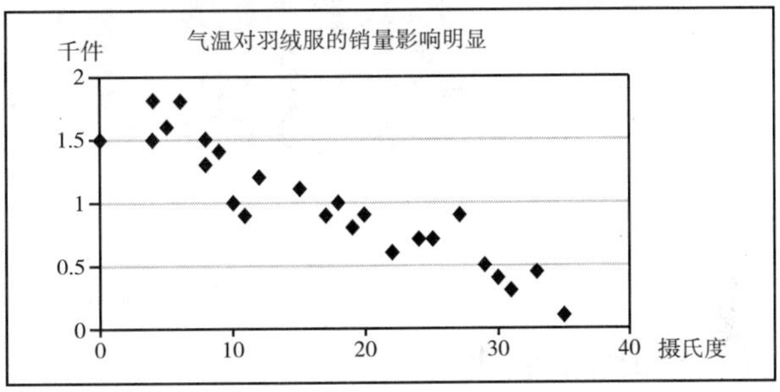

图 2.27　散点图示例

散点图不像柱形图、饼图那样易于理解,使用这种图表的时候,可能需要花一点时间告诉观众怎么阅读这种图表。散点图的横坐标是一组变量的刻度,而纵坐标则是另一组变量的刻度,数据点则分散排列在图表中,如果变量之间存在明显的相关性,数据点的排列会显得相当有序(散点的分布呈直线、曲线或者其他形状)。

(5)折线图。

折线图通常用来表达数据随时间变化的趋势,在这种图表中,横坐标是时间刻度,纵坐标则是数值的大小刻度。如图 2.28 所示,可以清楚地看到 2012 年某网站各月份平均在线用户数量的变化。

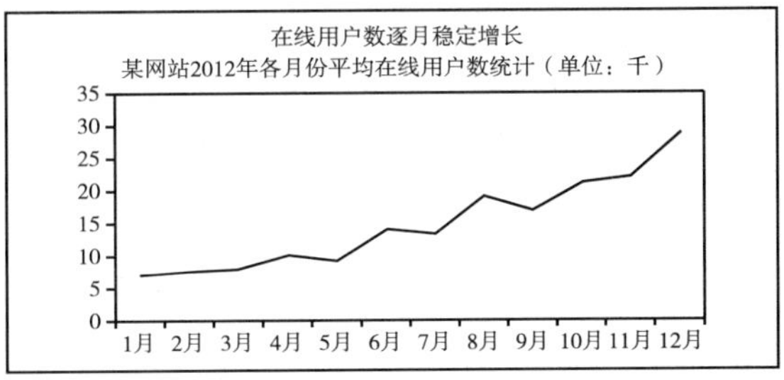

图 2.28　折线图示例

折线图和柱形图都可以表达随时间变化的数据,很多时候,两者可以互换使用,不过它们的侧重点依然有所区别:柱形图强调每个时间点的数值,而折线图则强调变化的趋势。面积图可以看作是折线图的一种变形,也可以把它看成是下面涂有颜色的折线图,两者在使用上并没有太大的差异。

掌握以上这五种图表,就足以应付绝大多数场合的需求了。如果有兴趣,还可以继续研究其他的图表,例如曲面图、气泡图等,建议尽可能使用简单的图表,这会让表达更加简洁和清晰。

2. 图表的组成元素

图表的组成元素主要包括:图表标题、图表区、绘图区、背景墙、图例、坐标轴、数据系列等,如图 2.29 所示。

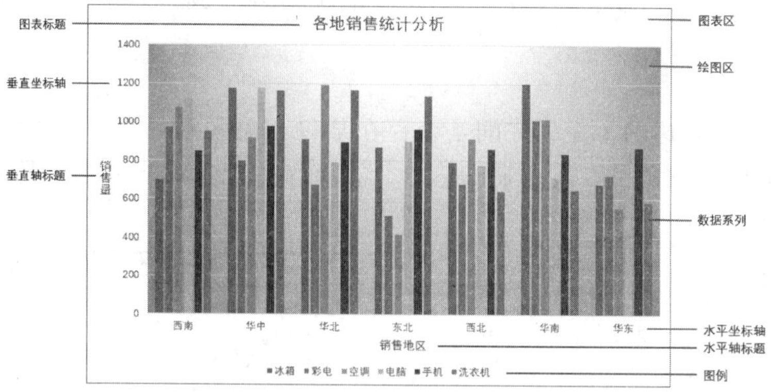

图 2.29　图表组成元素

二、创建和编辑图表

完成了 Excel 表格数据的编辑之后(见图 2.30),就可以创建图表了。创建图表的过程非常简单,只要在工作表中选择要生成图表的数据,然后通过几个简单的步骤就可以完成。

	A	B	C	D	E	F
1	地区	冰箱	彩电	空调	电脑	手机
2	西南	698	969	1073	1119	845
3	华中	1176	796	915	1179	976
4	华北	911	673	1191	788	894
5	东北	870	514	416	898	963
6	西北	790	676	914	774	862
7	华南	1200	1010	1016	713	834
8	华东	679	723	553	1161	867

图 2.30　各地销售统计分析报表

1. 利用数据区域绘图:自动绘制图表

定位在数据报表中,单击“插入”功能区“图表”组中的“插入柱形图或条形图”命令按钮,从弹出的下拉列表中选择“二维柱形图”中的第一种“簇状柱形图”类型,Excel 2016 即可自动获取图表数据区域 A1:F8,并创建一个柱形图,如图 2.31 所示。

2. 为图表添加新系列

如果已经绘制完毕图表,但后来又增加了数据(例如,在 G 列增加“洗衣机”销售数据),那么如何将新增的数据添加到图表中呢? 常用的方法有两种:

方法一,使用鼠标扩展数据区域。激活图表,可以看到源数据区域被一个蓝色的方框选中,鼠标左键按住方框右下角的蓝色小方块向右侧拖动直至将新增 G 列数据选中,即可在图表中新增一个数据系列“洗衣机”。

方法二,选择数据源。激活图表,单击“图表工具”功能区“设计”组中的“选择数据”命令,打开“选择数据源”对话框,在“图表数据区域”框内选择 A1:G8 数据区域,然后单击“确定”按钮,即可实现图表的更新,如图 2.32 所示。

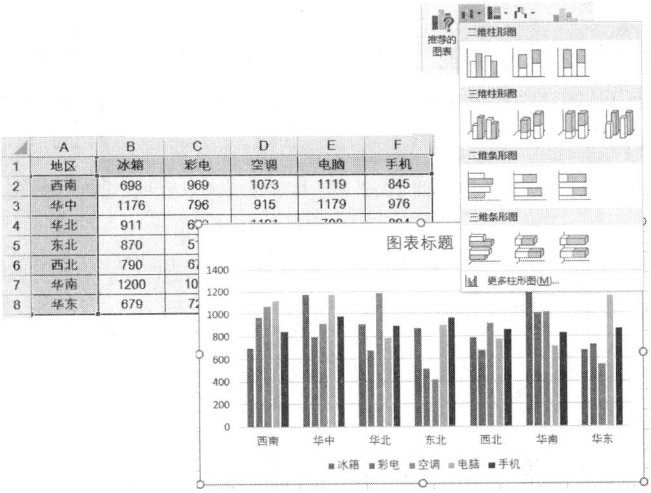

图 2.31　创建图表——选择图表类型

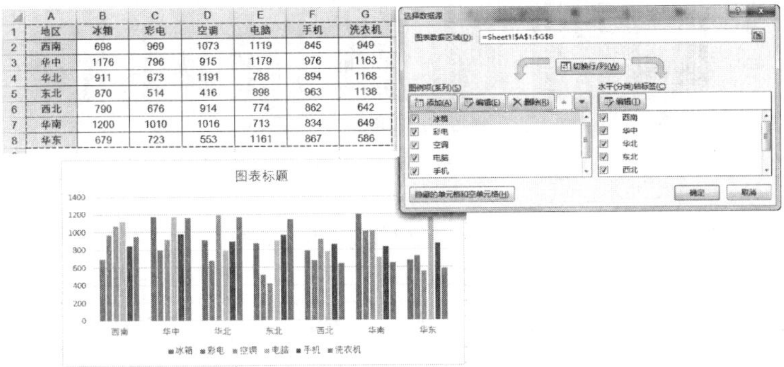

图 2.32　利用“选择数据”新增数据系列

如果要将图表中的某个数据系列删除，最简单的方法是在图表上选择要删除的数据系列，然后按下 Delete 键；也可以选择图表，打开“选择数据源”对话框，在此对话框中选择要删除的数据系列，再单击对话框中的“删除”按钮。

知识链接：切换行和列

在如图 2.33 所示“选择数据源”对话框中，如果单击“切换行和列”按钮，图表的水平轴和图例会发生互换，显示不同的数据表现效果。

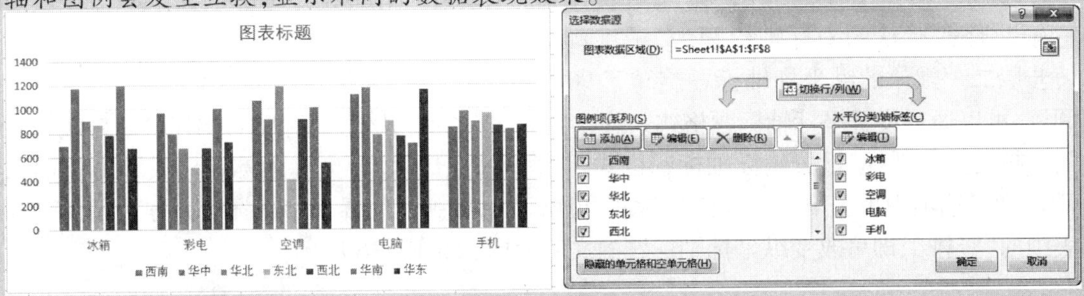

图 2.33　切换行和列

3. 添加图表元素

默认的柱形图图表包含纵坐标轴、横坐标轴、图例和图表标题等图表元素。可以通过“图表工具”功能区“设计”组中的“添加图表元素”选项命令添加、编辑和删除。

(1)编辑图表标题。

在报告中的每个图表都应该有明确的主题,Excel 2016 图表默认创建了“图表标题”,可以对其进行编辑和修改。

选中图表中的“图表标题”,然后根据图表内容输入标题文字“各地销售统计分析”,如图 2. 34 所示。

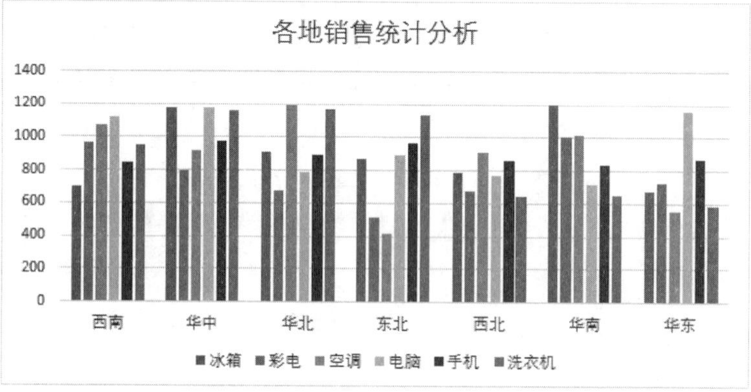

图 2. 34　修改编辑图表标题

(2)添加横坐标标题。

步骤一　选中图表,在“图表工具”功能区“设计”组中,单击“添加图表元素”选项右侧的下拉按钮,在弹出的下拉列表中选择“轴标题”二级下拉列表中的“主要横坐标轴”选项,如图 2. 35 所示。

在图表水平轴下方会出现一个文本框,默认文本为“坐标轴标题”,将其修改为“销售区域”。

步骤二　将鼠标移到坐标轴标题文本框的边框上,鼠标指针会变成十字箭头,按下鼠标拖动文本框将其移动到合适的位置。

(3)输入纵坐标标题文字。

步骤一　按照上面的方法,添加图表元素“主要纵坐标轴”,修改默认的坐标轴标题为“销售额”。

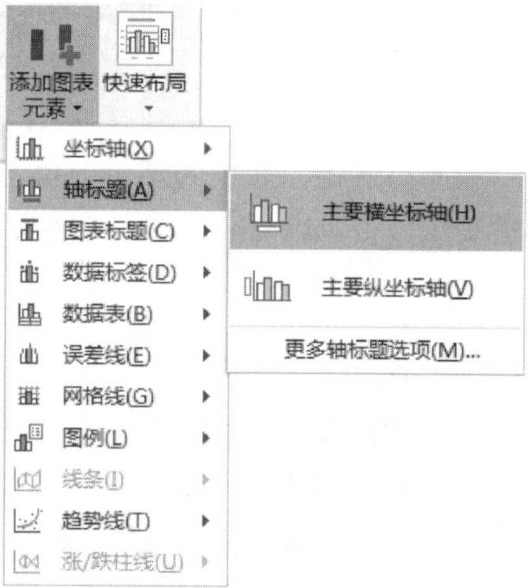

图 2. 35　添加图表元素:轴标题

步骤二　默认的纵坐标轴标题旋转了 90°方向,不方便阅读,可以通过设置坐标轴标题格式来修改方向。右单击纵坐标轴标题文本框“销售额”,在弹出的下拉列表中选择“设置坐标轴标题格式…”命令,打开“设置坐标轴标题格式”功能面板,在“标题选项”选项中单击第三个按钮(“大小和属性”),在弹出的界面中选择对齐方式“文字方向”列表中的“竖排”,即可改变纵坐标轴标题的文字方向,如图 2. 36 所示。

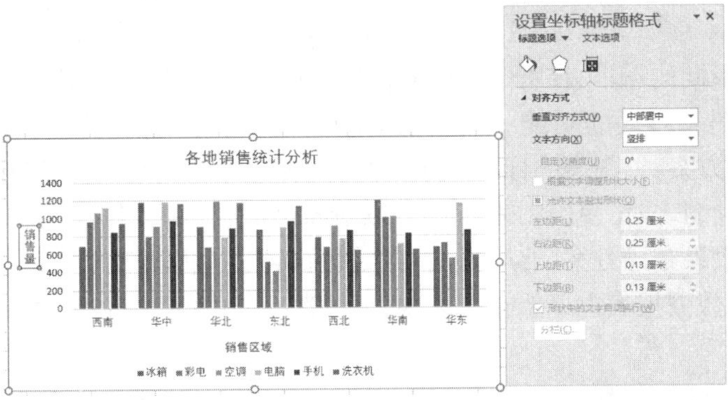

图 2.36　设置纵坐标轴标题文字方向

(4)添加数据标签。

在数据报表中,华南地区的冰箱销售量是最大的(1200),如果在柱形图中添加数据点的标注,会更吸引观众的注意。

鼠标左键连续两次单击柱形图中“华南”数据系列中的“冰箱”柱形数据点——选择该数据点,然后单击图表右侧的“图表元素”按钮(+),在弹出的下拉列表中勾选“数据标签”复选框,再单击右侧的三角按钮,从弹出的二级列表中选择“数据标注”命令,则为“冰箱”数据点添加如图 2.37 所示的数据标签。

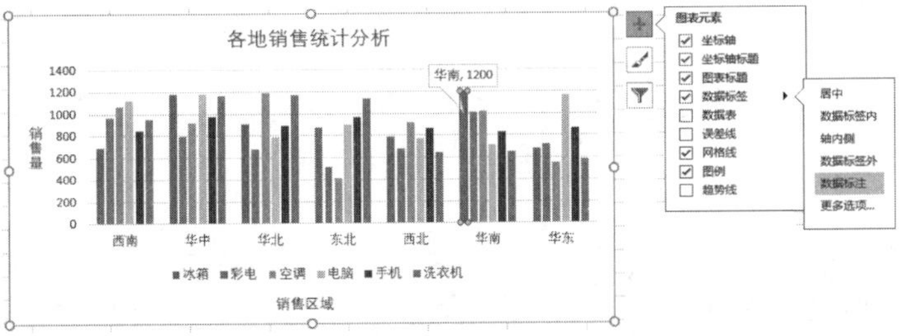

图 2.37　添加数据点标注

4. 调整图例位置

在 Excel 2016 中,柱形图的图例默认位置是靠下居中,通过设置图例格式的方法可以调整到其他位置。

右单击图例,弹出“设置图例格式”功能面板,单击“图例选项”选项下的第三个按钮“图例选项”,然后在弹出的下拉列表中选择图例位置为“靠右”,即可将图例调整显示在图表区的右侧,如图 2.38 所示。

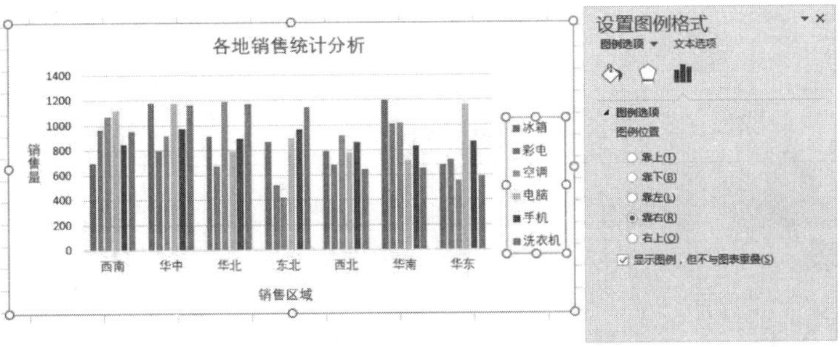

图 2.38　调整图例位置

5. 快速布局

为了满足用户不同的需求,在 Excel 2016 的“图表工具”/“设计”功能区“图表布局”组中,有一个能够快速改变图表布局的功能——“快速布局”,为每种类型的图表都提供几种预设的布局,应用不同的布局方案时,图表的标题样式、图例说明、网格线、数据标签、坐标轴样式等元素都会发生变化。在设计图表时,使用图表布局可以节省时间,提高工作的效率,用户可以选择一个最接近自己想要的效果布局方案,然后再做一些小的调整,这样比从零开始制作要有效率得多。

例如,如果想将数据报表也显示在图表中,可以选择其中的“布局 5”类型,如图 2.39 所示。

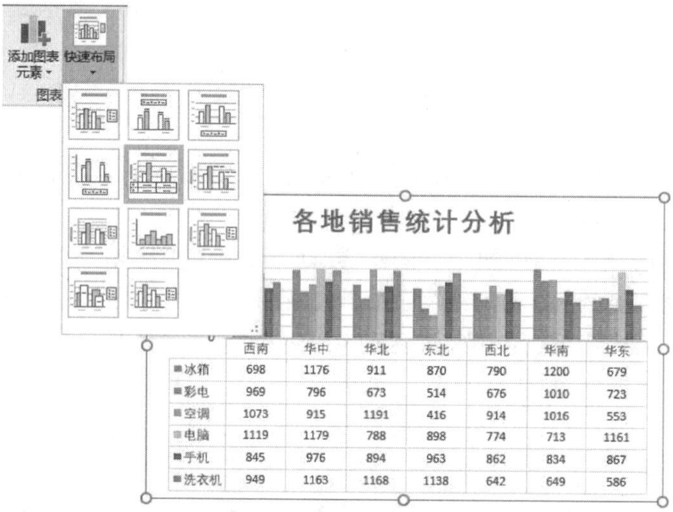

图 2.39　快速布局

知识链接:添加模拟运算表

除了利用“快速布局”功能在图表区中显示源数据,也可以单击图表右侧的“图表元素”按钮,从下拉列表中勾选“数据表”复选框(默认显示图例项标示),如图 2.40 所示。

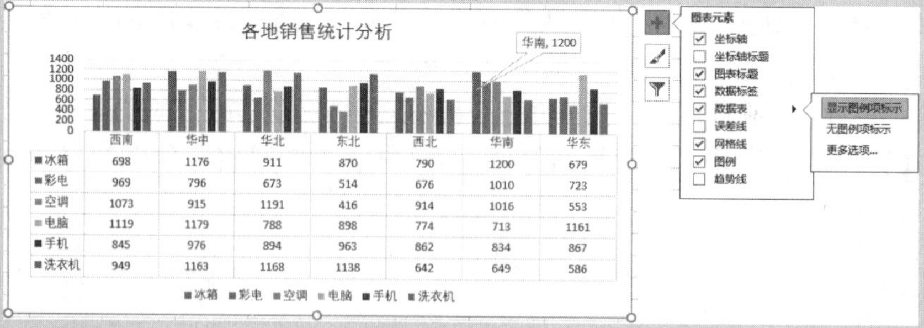

图 2.40　显示模拟运算表

三、美化图表

1. 应用预设图表样式

为了让用户能够快速制作出美观的图表,Excel 2016 内置了多套图表样式,用户可以为自己的图表自主选择套用样式。这里介绍两种套用图表样式的方法：

方法一，利用功能区选项命令。选中图表，然后单击“图表工具”/“设计”功能区“图表样式”组右侧下三角按钮，从列表中单击一种合适的样式（例如，样式3），即可为图表套用该样式，如图2.41所示。

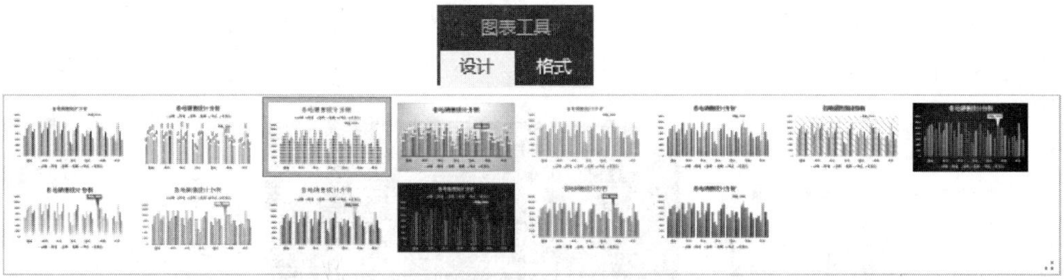

图2.41　“图表样式”功能区选项

方法二，利用“图表样式”按钮。选择图表，单击右侧的“图表样式”按钮（），在弹出的下拉列表中可以看到有多种内置样式，选择一种合适的样式（例如，样式3）即可，如图2.42所示。

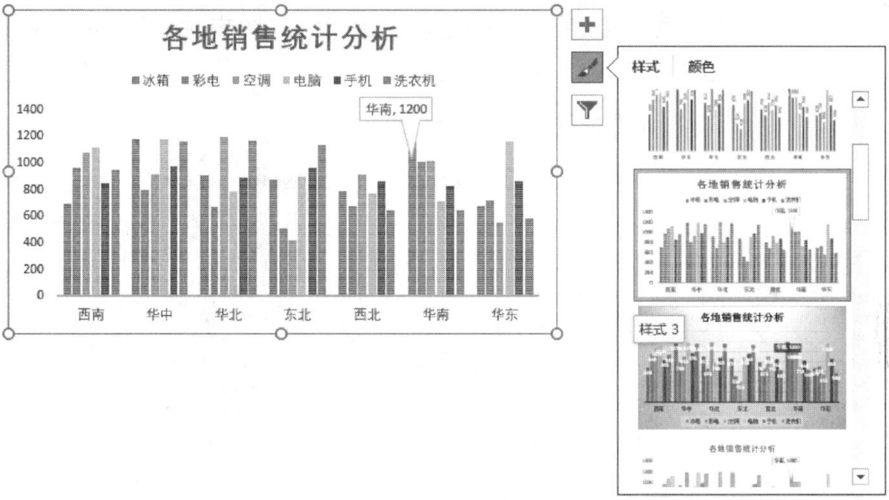

图2.42　图表样式列表

2. 设置图表区背景

默认的图表区背景为白色填充，如果想要改变图表区背景，可以使用其他纯色填充、渐变色填充、图片或图案填充等方式进一步美化图表。

（1）纯色填充图表区背景。

步骤一　设置文本填充。右单击图表区，选择“设置图表区格式…”快捷菜单命令，打开“设置图表区格式”功能面板，在“文本选项”选项组中选择“纯色填充”，颜色选择“白色”，如图2.43所示。

步骤二　设置图表填充。在“设置图表区格式”功能面板中切换至“图表选项”选项组，选择“纯色填充”，颜色选择“白色”，效果如图2.44所示。

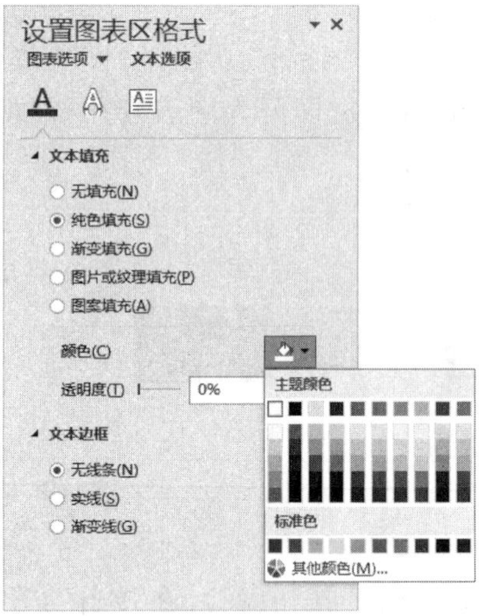

图 2.43　纯色填充:文本选项

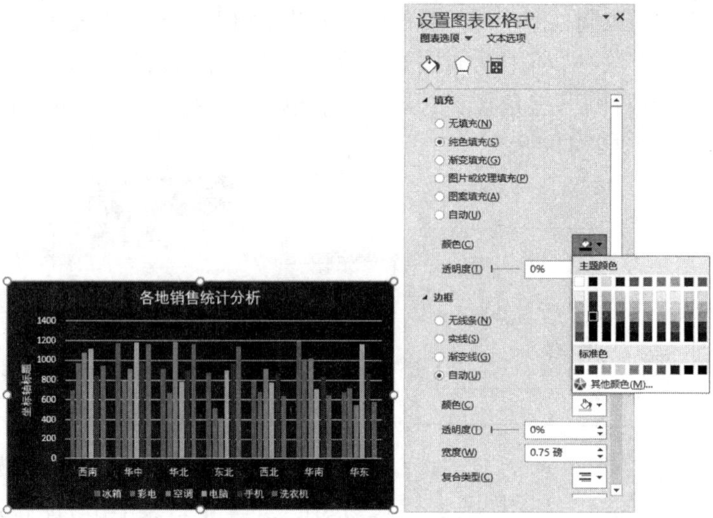

图 2.44　纯色填充:图表选项

(2)渐变色填充图表区背景。

如果想为图表区设置一种渐变色的填充效果,则可以在“图表选项”功能面板中单击“渐变填充”单选按钮,然后选择一种“预设渐变”效果,改变“渐变光圈”“颜色”“透明度”“亮度”等设置,根据图表区的预览效果确定最终参数值,如图 2.45 所示。

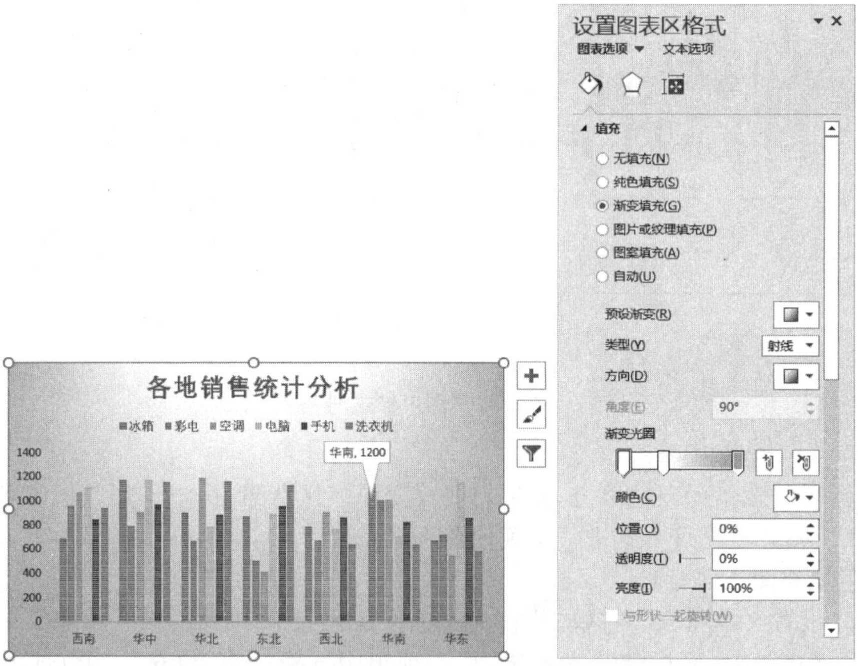

图 2.45　渐变色填充

(3)纹理填充图表区背景。

如果在“图表选项”功能面板“填充”组中单击“图片或纹理填充”单选按钮,然后选择一种纹理(例如“胡桃”),则可以为图表区填充相应的纹理背景效果,如图 2.46 所示。

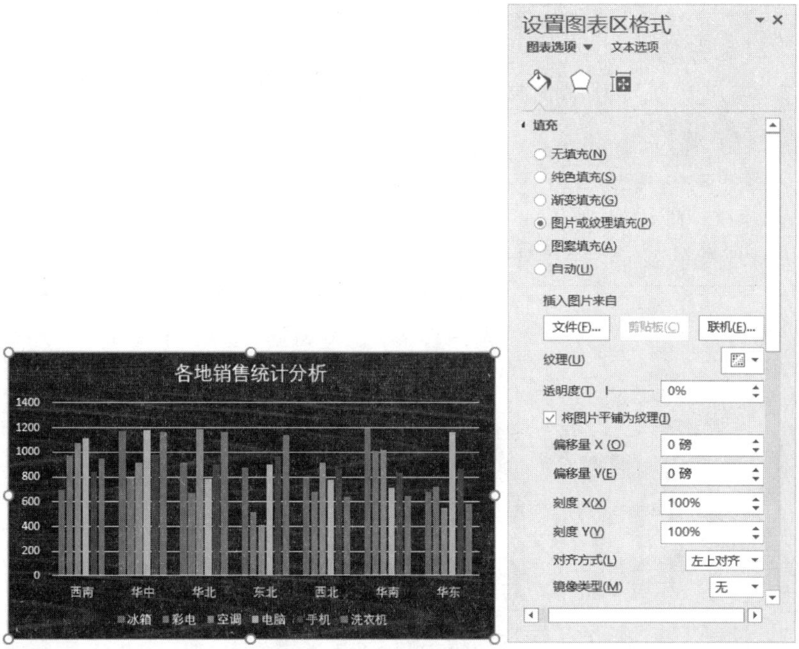

图 2.46　纹理填充

同样，在上述“图表选项”功能面板中，还可以选择图片、图案等类型为图表区设置各具特色的背景墙，Excel 2016 还提供了详细的填充设置——例如，偏移量（水平和垂直）、透明度等参数，可以对图表区进行更为专业的修饰和美化。

知识链接：

（1）图表筛选。

如果仅针对一部分地区或者一部分销售种类进行图表展示时，可以通过“图表筛选器”对图表中的数据系列进行筛选。

选择图表，单击其右侧的“图表筛选器”按钮（![]），在弹出的列表中勾选需要展示的“系列”或“类别”，然后单击“应用”按钮，即可得到与之相对应的图表，如图 2.47 所示。

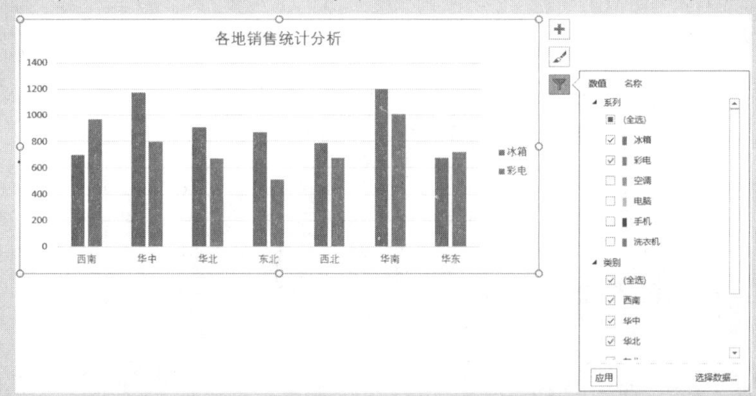

图 2.47　图表筛选

(2) 更改图表类型。

创建图表后,用户随时可以根据自己的需要更改图表的类型,例如把柱形图变成堆积柱形图的操作方法如下:

选择图表,单击“图表工具”/“设计”功能区“类型”组中的“更改图表类型”选项命令,弹出“更改图表类型”对话框,从中单击选择柱形图中的“堆积柱形图”类型,从下方的预览区域中选择一种理想的显示方式(见图 2.48),单击“确定”按钮完成图表类型的更改。

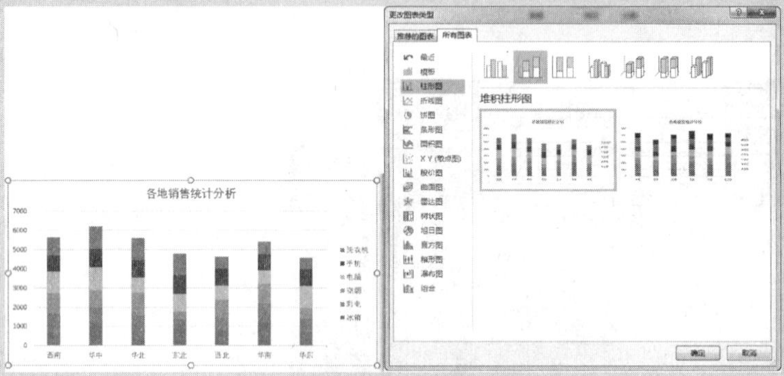

图 2.48　更改图表类型

四、移动图表

为了更好地展示图表,可以通过“移动图表”将图表放在一个独立工作表中。具体操作方法如下:

选中图表,在“图表工具”/“设计”功能区“位置”组中,单击“移动图表”按钮,弹出“移动图表”对话框,选择其中的“新工作表”,然后命名为“各地区销售统计”,如图 2.49 所示。

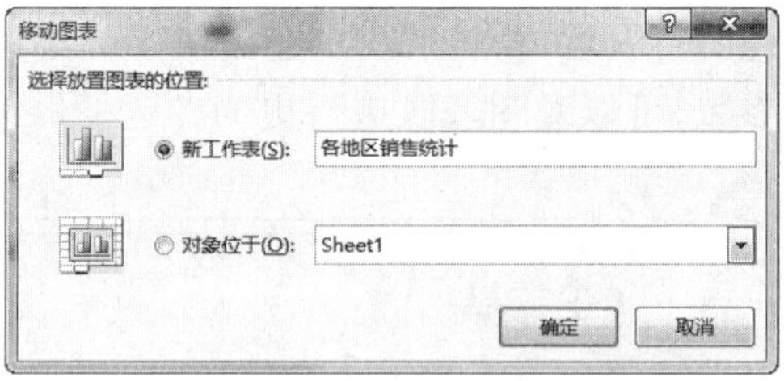

图 2.49　“移动图表”对话框

单击“确定”按钮,即可生成一个新工作表,效果如图 2.50 所示。

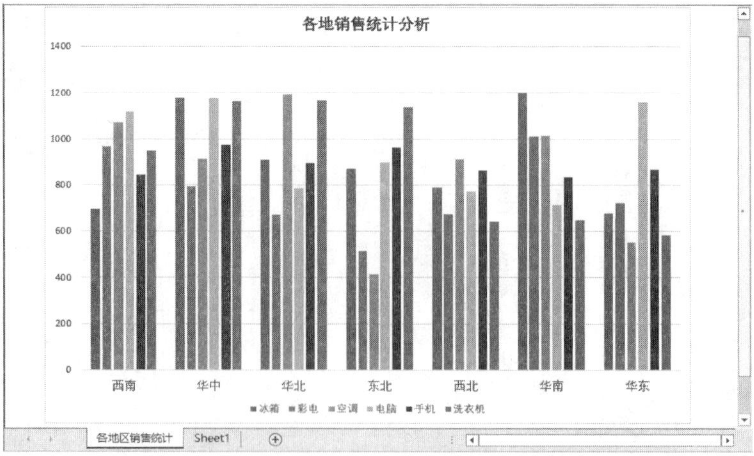

图 2.50　独立图表

知识链接：如果将图表移动到同一工作薄的其他工作表中，可以在图2.50中单击“对象位于”单选按钮，然后单击文本框右侧的三角，在弹出的下拉列表中选择目标工作表即可。

任务实训

制作各部门员工配比图表

根据已知数据表，制作公司各部门员工配比图表，得到如图2.51所示效果。

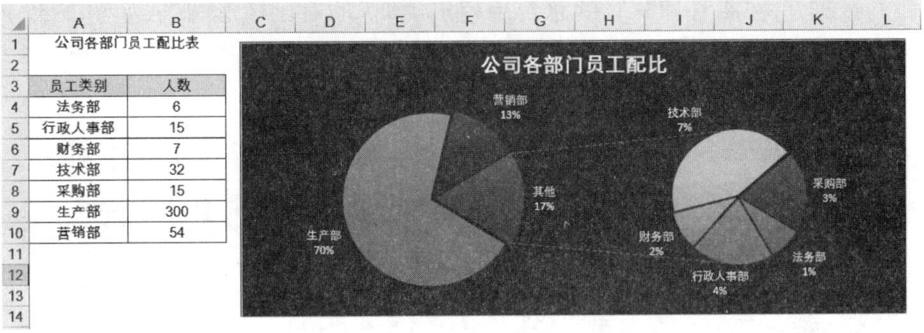

图2.51　各部门员工配比图表

制作要求：

(1)创建图表：根据数据报表“员工类别”和“人数”两列数据创建一个复合饼图。

(2)修改图表标题为“公司各部门员工配比”；并将标题设置为“黑体、14磅、加粗”；移动标题到绘图区正上方，如图2.34所示。

(3)为图表添加如图2.34所示数据标签，类型为“数据标签外”。

(4)设置图例不显示。

(5)图表区背景选择纯色“黑色，文字1，淡色25%”填充，为图表区设置“阴影”效果为预设“右下斜偏移”。

(6)设置第二绘图区的系列分隔依据为“百分比值”，值小于“10%”，饼图分离程度为“4%”，分类间距为“162%”，第二绘图区大小为“75%”。

(7)设置数据系列的阴影效果为“右上斜偏移”，阴影颜色为“橙色”。

项目实训　制作每月费用对比商务图表

年终到了，明通公司各类财务收支情况已经汇总，针对每个月的费用支出总数目需要列出明细，并以图表的形式展现每个月支出费用的对比关系，明确费用超出预期的月份。下面，我们一起动手完成每月费用统计数据表和相应图表的制作。

实训目的

- 掌握图表中数据系列的格式设置;
- 学会为绘图区设置透明色;
- 学会修改图表水平轴刻度线;
- 学会删除图表中垂直轴和网格线;
- 掌握图表中坐标轴标题的添加。

实训要求

新建一个工作表,录入每月费用统计表数据,并进行格式化操作,再依据“月份”和“约为(万元)”两列数据建立“4 月和 9 月的总费用超出预期”的对比柱形图表,如图 2.52 所示。

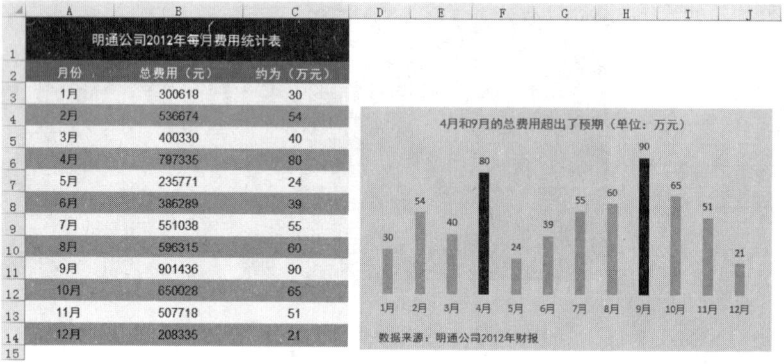

明通公司2012年每月费用统计表		
月份	总费用(元)	约为(万元)
1月	300618	30
2月	536674	54
3月	400330	40
4月	797335	80
5月	235771	24
6月	386289	39
7月	551038	55
8月	596315	60
9月	901436	90
10月	650028	65
11月	507718	51
12月	208335	21

图 2.52　数据表和图表的制作效果

操作步骤

一、数据录入和单元格格式化

1. 数据录入

新建工作簿,命名为“明通公司 2012 年费用统计图表”。在 sheet1 工作表的 A1 单元格中录入标题“明通公司 2012 年每月费用统计表”,其他数据参照效果文件输入到相应单元格(月份列数据使用自动填充序列)。

2. 设置单元格格式

步骤一　设置行高。选择第一行,在“开始”功能区“单元格”组中单击“格式”按钮右侧的下三角按钮,从下拉列表中选择“行高…”(见图 2.53),弹出“行高”对话框,在文本框中输入“40”,最后单击“确定”按钮。

选中第 2 行到第 14 行,使用上述方法将行高设置为 20。

步骤二　设置列宽。使用鼠标适当调整 A 列、B 列和 C 列的列宽,如图 2.53 所示。

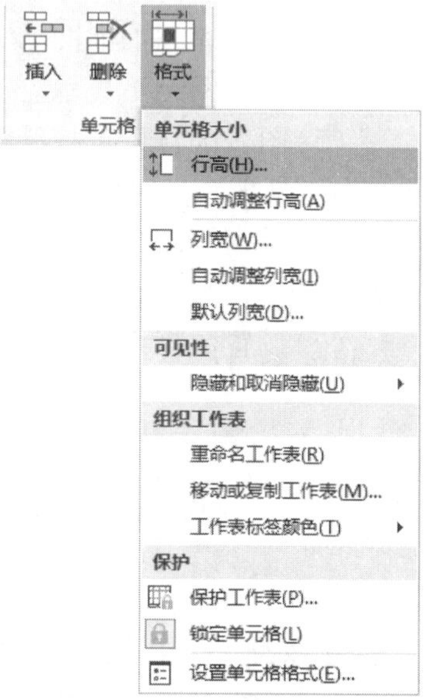

图 2.53　“格式”下拉列表

步骤三　设置单元格底纹。A1:C1 区域颜色设置为“深蓝，文字 2，深色 25%”；将第 2、4、6 等偶数行数据区域颜色设置为“深蓝，文字 2，淡色 60%”；第 3、5、7 等奇数行数据区域颜色设置为“白色，背景 1，深色 5%”。

3. 设置数据格式

步骤一　设置标题行。标题在 A1:C1 区域内居中；格式设置为“黑体、12 磅、白色、加粗”。

步骤二　设置数据区域。设置 A2:C14 区域对齐方式为水平、垂直均居中；字体格式为“11 磅，中文字体为黑体、数字字体为 Arial”；第 2 行的数据颜色改为“白色”。

4. 修改工作表名称

将当前工作表的名称改为“每月费用统计表”。

二、每月费用对比图表的制作

数据表制作完成后，就可以着手图表的制作了。

1. 建立“簇状柱形图”

以数据表中“月份”和“约为(万元)”两列数据为依据建立“簇状柱形图”；设置“图例”项为无；将图表标题改为“4 月和 9 月的总费用超出了预期(单位:万元)”，设置为“黑体、14 磅”，标题中“(单位:万元)”的字号设置为“11 磅”，如图 2.54 所示。

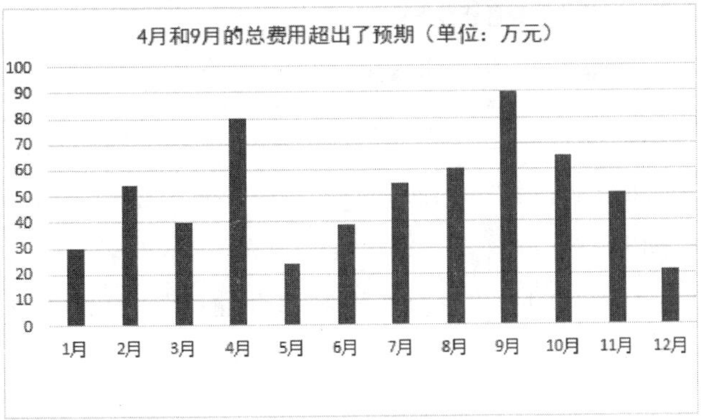

图 2.54　簇状柱形图

2. 添加数据标签

为图表中每一个柱形添加数据标签，位置在“数据标签外”(可以右击柱形数据系列，选择“添加数据标签”快捷命令；也可以单击“图表元素”下拉按钮，选择“数据标签”复选框添加)。

3. 设置数据系列颜色

步骤一　右单击数据系列，选择“设置数据系列格式…”快捷命令，在弹出的“设置数据系列格式”对话框中，设置填充颜色为“深蓝，文字 2，淡色 60%”，如图 2.55 所示。

步骤二　选择“4 月”柱形(连续两次单击)，设置填充颜色为“深蓝，文字 2，深色 25%”；用同样的参数设置将“9 月”柱形颜色。

4. 设置图表区和绘图区颜色

设置图表区填充颜色为“深蓝，文字 2，淡色 80%”，绘图区填充颜色为“无填充”，这样可以使绘图区背景透明。

5. 修改水平轴的刻度线

右单击水平轴,选择“设置坐标轴格式”快捷命令,弹出“设置坐标轴格式”功能面板,在“坐标轴选项”中将“刻度线”的“主要类型”修改为“无”,如图 2.56 所示。

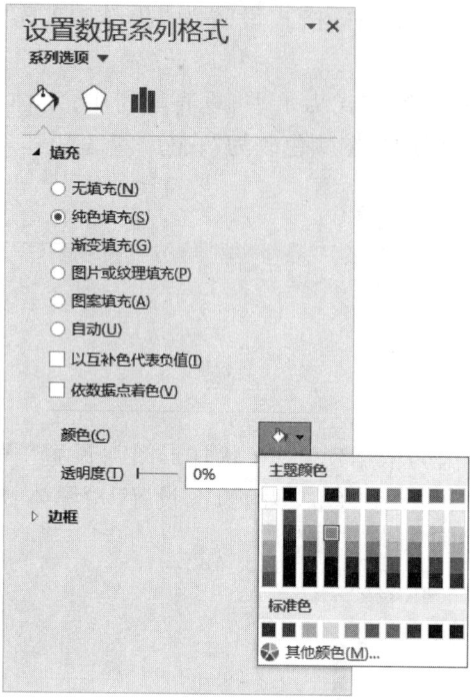

图 2.55　“设置数据系列格式”对话框

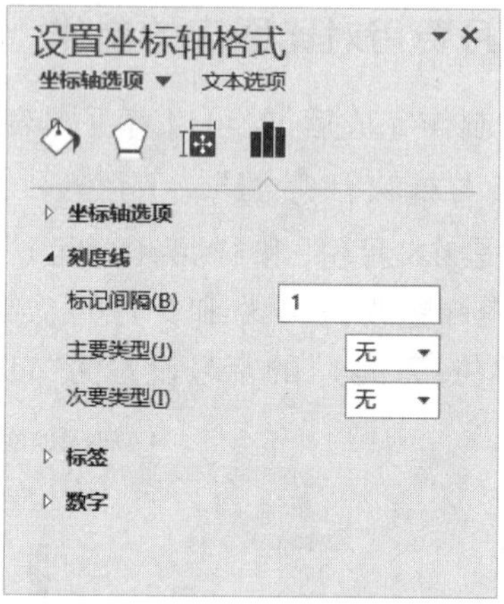

图 2.56　“设置坐标轴格式”对话框

6. 删除垂直轴和网格线

选中垂直轴,按键盘上的“Delete”键即可删除垂直轴;用同样的方法删除网格线。效果如图 2.57 所示。

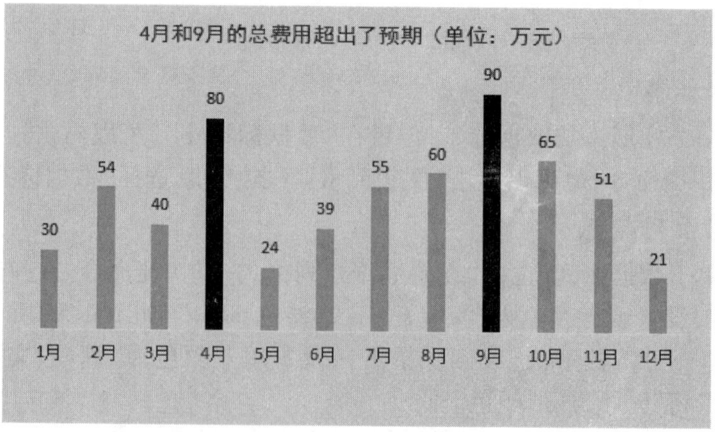

图 2.57　删除垂直轴和网格线的效果

7. 添加水平轴标题

单击图表右侧"图表元素"按钮,勾选"坐标轴标题"复选框,仅保留下拉列表中的"横坐标轴标题"复选框,修改水平轴下方的"坐标轴标题"文本为"数据来源:明通公司2012年财报",设置字体格式为"黑体,10磅",效果如图2.58所示。

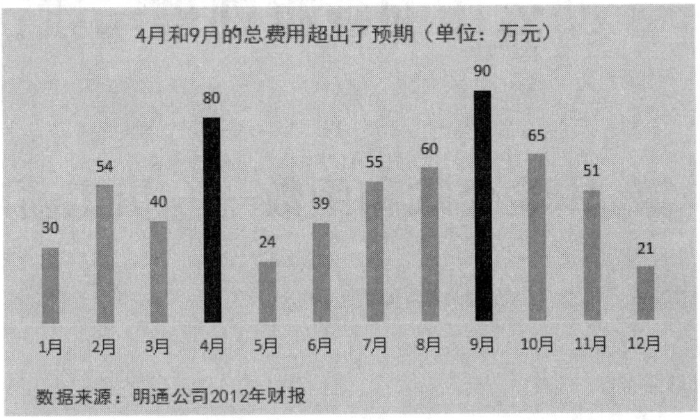

图2.58　在水平轴下方添加文本框

最后保存文件。

项目3 办公中的数据处理与统计分析

任务3.1 体验公式和函数——员工薪酬核算

学习目标

- 了解工资核算的业务处理流程；
- 工作表数据编辑与格式化；
- 数据有效性设置；
- VLOOKUP、TEXT、MID、INT、TODAY、MAX、SUM、IF 等函数的应用。

任务引入

在日常办公中，经常要制作一些表格，并对其中的数据进行统计、计算、分析，Excel 提供了丰富的内置函数以及强大的统计分析功能，足以满足用户的需要。某公司的财务人员每月都要根据员工的考勤情况进行员工薪酬核算，如何快速地实现数据录入与相关的数据处理呢？

任务分析

在公司的员工薪酬核算系统中，涉及许多数据信息——例如，职工基本信息、考勤记录、加班记录、个税税率等，将这些数据放置在多个独立的工作表中，最终生成员工工资表——多个工作表之间存在数据链接关系，方便信息传递。

由于表格设计的需求，需要进行如下的编辑、美化工作：

- 工作表的创建和基本操作；
- 在单元格中输入各种类型数据；
- 设置单元格格式；
- 设置表格的边框和底纹；
- 应用公式和函数进行计算。

任务效果图

本任务效果如图 3.1 所示。

万隆灯具有限公司2020年1月工资表

制表日期　2020/1/31

序号	姓名	最高学历	职称	部门	职务	基本工资	绩效工资	全勤费	加班费	考勤扣款	通信费	应发工资	社保	公积金	应纳税所得额	个人所得税	实发工资
001	邓华超	本科	高级	行政部	总经理	7,000	4,400	200	300	-	500	12,400	1,249.50	1,190.00	4,460.50	236.05	9,724.45
002	叶荣飞	研究生	高级	研发部	部门经理	6,000	3,400	-	-	96	300	9,604	976.92	930.40	2,396.68	71.90	7,624.78
003	王振光	本科	高级	销售部	部门经理	6,000	3,400	200	200	-	300	10,100	1,029.00	980.00	2,791.00	83.73	8,007.27
004	沈朝飞	本科	高级	财务部	部门经理	6,000	3,400	200	-	-	300	9,900	1,008.00	960.00	2,632.00	78.96	7,853.04
005	孔人泉	本科	初级	生产车间	基本生产人员	3,000	1,400	-	-	58	150	4,492	455.91	434.20	-1,548.11	-	3,601.89
006	梁坡	专科	无	销售部	销售人员	5,000	1,600	200	-	-	150	6,950	714.00	680.00	406.00	12.18	5,543.82
007	凌晨晨	本科	中级	生产车间	基本生产人员	3,000	1,400	200	-	-	150	4,750	483.00	460.00	-1,343.00	-	3,807.00
008	陈琳	专科	无	财务部	管理人员	5,000	2,600	-	-	80	150	7,670	789.60	752.00	978.40	29.35	6,099.05
009	刘滨晓	本科	中级	生产车间	基本生产人员	3,000	1,400	200	300	-	150	5,050	514.50	490.00	-1,104.50	-	4,045.50
010	黄郑	专科	无	研发部	基本生产人员	3,000	1,400	200	-	-	150	4,750	483.00	460.00	-1,343.00	-	3,807.00
011	项薇倩	研究生	高级	行政部	管理人员	5,000	2,600	-	-	16	300	7,884	796.32	758.40	1,029.28	30.88	6,298.40
012	许子臻	本科	中级	研发部	基本生产人员	3,000	1,400	200	-	-	150	4,750	483.00	460.00	-1,343.00	-	3,807.00
013	吴海涛	本科	初级	销售部	销售人员	5,000	1,600	200	-	-	150	6,950	714.00	680.00	406.00	12.18	5,543.82
014	李燕	专科	初级	财务部	管理人员	5,000	2,600	200	200	-	150	8,150	840.00	800.00	1,360.00	40.80	6,469.20
015	詹明辉	研究生	中级	研发部	基本生产人员	3,000	1,400	-	-	96	150	4,454	451.92	430.40	-1,578.32	-	3,571.68

图 3.1　任务效果

任务实施

一、函数和单元格地址引用

1. 了解函数

Excel 2016 提供了许多内置函数，包括财务、日期与时间、数学与三角函数、统计、查找与引用、数据库、文本、逻辑、信息、工程、多维数据集、兼容性等 12 类几百种函数，为用户对数据进行运算和分析带来极大的方便。

Excel 2016 函数由函数名、括号和参数组成。如“SUM(J3 + J14)”。当函数以公式的形式出现时，则应在函数名称前面输入等号“ = ”，如“ = SUM(J3 + J14)”。

2. 单元格的引用类型

在 Excel 中，每一个单元格都有唯一的行坐标和列坐标，我们将单元格的行坐标和列坐标称为“单元格的引用”。

在 Excel 中可将引用单元格分为 3 类，相对引用、绝对引用和混合引用。单元格的相对引用如 J3，绝对引用如 J3，混合引用如 J$3 或 $J3。

(1)相对引用。

相对引用是指公式所在的单元格与公式中引用的单元格之间的位置关系是相对的，如果公式所在的单元格的位置发生了变化，那么公式中引用的单元格的位置也将随之发生变化。如 J3 单元格有公式：= H3 - I3，当将公式复制到 J4 单元格时变为：= H4 - I4。

(2)绝对引用。

绝对引用是指被引用的单元格与公式所在的单元格之间的位置关系是绝对的，即不管将公式粘贴到任何单元格，公式中所引用的还是原来单元格的位置。如 J3 单元格有公式：= H3 - I3，当将公式复制到 J4 单元格时仍为：= H3 -I3，当将公式复制到 J14 单元格时仍为：= H3 -I3。

(3)混合引用。

混合引用是介于相对引用和绝对引用之间的一种引用，也就是说引用单元格的行和列之中一个是相对的，一个是绝对的。混合引用有两种：一种是行绝对、列相对，如 J3 单元格有公式：= H$3 - I$3，当将公式复制到 J4 单元格时仍为：= H$3 - I$3，另一种是行相对、列绝对，如 J3 单元格有公式：= $H3 -$I3，当将公式复制到 J4 单元格时变为：= $H4 -$I4。

Excel 工作表是承载信息数据的主体，这里，我们将需要的不同的数据分别存储在不同的工作表中,以便于数据之间的传递和链接。

二、编制“基本数据”表

在制作员工工资表时,需要用到很多基础信息,例如,员工病事假扣款标准、加班费用标准、通信费发放标准、个人税率标准等,可以事先建立一个工作表,将上述基础信息放置其中,方便取值、使用。

1. 新建工作簿

运行 Microsoft Office Excel 2016 程序,创建一个新工作簿,执行“文件”选项卡中的“保存”命令,打开“另存为”对话框,将其保存为“员工工资表”。

右单击其中的 sheet1 工作表标签,在弹出的下拉列表中选择“重命名”命令,将其命名为“基础数据”。然后分别构建不同内容的数据,如图 3.2 所示。

1. 数据输入限制要求

最高学历	职称	部门	职务
研究生	高级	研发部	总经理
本科	中级	财务部	部门经理
专科	初级	销售部	管理人员
	无	行政部	销售人员
		生产部门	基本生产人员

2. 企业工资标准

职务	基本工资	绩效工资
总经理	7,000	4,400
部门经理	6,000	3,400
管理人员	5,000	2,600
销售人员	5,000	1,600
基本生产人员	3,000	1,400

3. 奖金计算标准(元)

出勤情况	基准	扣款系数
全勤	200	
病假	日工资	10%
事假	日工资	50%
旷工	日工资	100%

4. 加班工资补贴(元/天)

日常假日加班	200
法定假期加班	300

5. 通信费标准(元/月)

职工级别	通信费
总经理	500
研究生学历且为高级职称	300
部门经理	300
其他职工	150

6. 所得税计算标准

级数	全月应纳税所得额	税率	速算扣除数
1	<=3000元	3%	0
2	超过3000元至12000元的部分	10%	210
3	超过12000元至25000元的部分	20%	1410
4	超过25000元至35000元的部分	25%	2660
5	超过35000元至55000元的部分	30%	4410
6	超过55000元至80000元的部分	35%	7160
7	超过80000元的部分	45%	15160

图 3.2　“基础数据”工作表

2. 定义名称

为了后边的其他表格取数方便,可以将“基础数据”工作表中的部分表格内容定义名称。

步骤一　选择 A3:D8 单元格区域,单击“公式”功能区“定义的名称”组中的“根据所选内容创建”命令,弹出如图 3.3 所示对话框,勾选“首行”复选框,单击“确定”按钮完成设置。

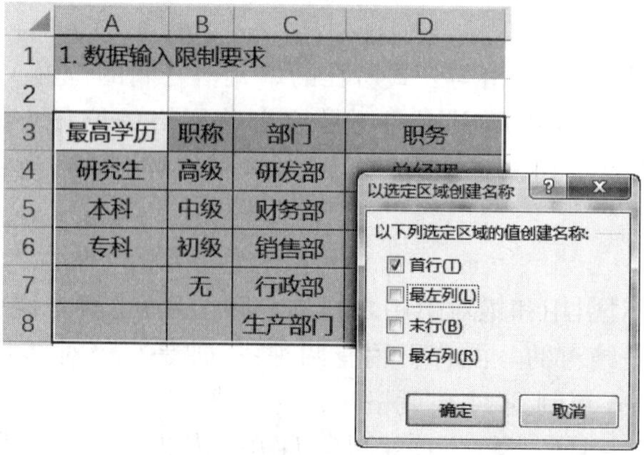

图 3.3　根据所选内容创建名称

按照上述操作方法，如表3.1所示为其他表格内容定义名称。

表3.1 根据所选内容创建名称

单元格区域	名称
A3:A8	最高学历
B3:B8	职称
C3:C8	部门
D3:D8	职务
V3:V10	税率
W3:W10	速算扣除数

步骤二 选择F3:H8单元格区域，单击“公式”功能区“定义的名称”组中的“定义名称”命令，弹出如图3.4所示“新建名称”对话框，在“名称”框中输入“工资标准”，单击“确定”按钮完成设置。

单击“公式”功能区“定义的名称”组中的“名称管理器”命令，可以打开“名称管理器”对话框（见图3.5），查看、编辑和删除定义好的各种名称。

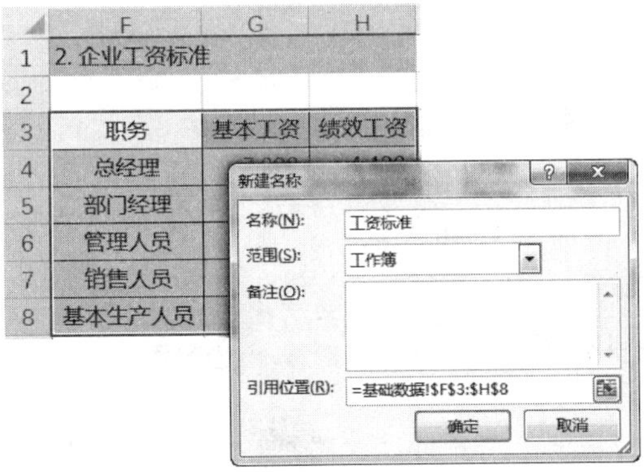

图3.4 定义名称

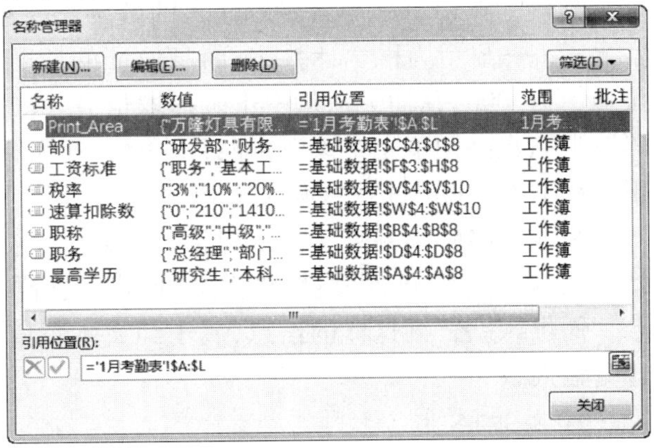

图3.5 名称管理器

3. 修改工作表标签颜色

右单击“基础数据”工作表标签，从弹出的列表中选择“工作表标签颜色…”命令，设置工作表标签颜色为“红色”。

4. 取消网格线

为了更清晰地显示表格中的文本和数字，可以通过取消“视图”功能区中“网格线”复选框的方法来实现，这样整个工作表就会呈现白纸状态。

三、编制“员工信息表”

员工信息表的结构包括“序号”“姓名”“性别”“最高学历”“职称”“部门”“职务”“联系号码”“身份证号码”“入职时间”“出生日期”和“工龄”等列字段。

在已经建好的“基本数据”工作表右侧单击“新工作表”按钮（“⊕”符号），新增一个空白工作表 sheet2,然后将其重命名为“员工信息表”。如图 3.6 所示,首先在相应位置输入表头和标题行内容。

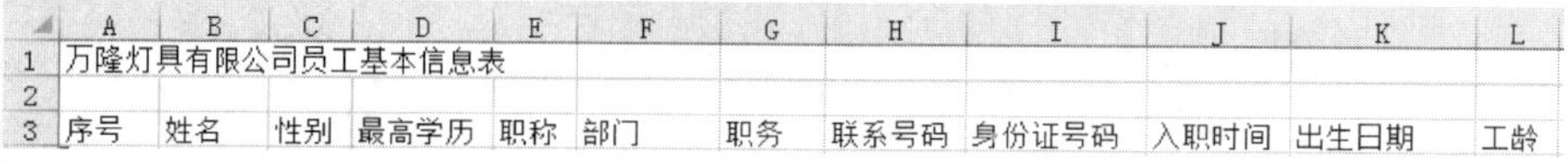

	A	B	C	D	E	F	G	H	I	J	K	L
1	万隆灯具有限公司员工基本信息表											
2												
3	序号	姓名	性别	最高学历	职称	部门	职务	联系号码	身份证号码	入职时间	出生日期	工龄

图 3.6 “员工信息表”的标题行

1. 输入文本型数据

由于 Excel 单元格内默认的格式是“常规”,在“序号”列中直接填入“001”“002”……样式编号的时候,Excel 会将其处理成为“1”“2”……数字格式,因此需要事先将该列设置为“文本”格式然后再输入编号。

(1)序号。

选择 A 列,依次单击“开始”功能区“数字”组中的“数字格式”选项右侧的下三角按钮,从弹出的如图 3.7 所示列表中选择“文本”选项。然后在 A4 单元格中输入“001”,选择 A4 单元格,拖动其填充句柄向下复制该序号直至出现“015”为止(即 A18 单元格),完成“序号”列的填充。

(2)身份证号码。

同样,当向 Excel 单元格内输入的数字长度超过 11 位时就不能正常显示——显示为科学计数法;而身份证的长度为 18 位,结果为后三位显示为“000”从而无法从中正确提取信息。因此,在填充“身份证号码”列时,也必须事先将该列(即:I 列))设置为“文本”格式,然后再手工依次输入每位员工的身份证号码。

另外,像“邮政编码”“联系电话”等数字信息通常不需要参加公式计算,也可以先将该列设置为“文本”格式,然后再行输入。

而像“姓名”列这样的信息,属于纯文本数值,没有规律,需要手动逐一输入。

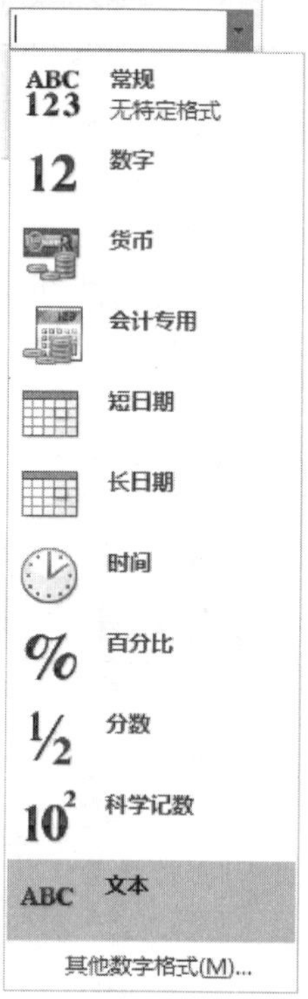

图 3.7 设置“文本”格式

2. 数据验证

在 Excel 表格的某些数据列(例如,员工的“性别”)中,是由一系列固定内容构成的(例如,“男”或“女”),且不允许出现超出指定内容范围之外的其他数值输入,因此可以借助于“数据验证”功能来完成输入工作。

(1)性别。

选择 C 列(即:“性别”列),依次单击“数据”功能区“数据工具”组中的“数据验证”命令,弹出如图 3.8 所示“数据验证”对话框。在“允许”框内选择“序列”,在“来源”框中输入“男,女”(注意:分隔符使用英文逗号或分号)。单击“确定”按钮完成设置,单击 C4 单元格就可以看到其右侧出现了一个下三角按钮,从下拉列表中列出了“男”和“女”两个选项,按照实际情况,选择“男”输入到 C4 单元格中,其他“性别”列数据按照相同的方法依次输入。

(2)最高学历。

在“基础数据”表中,事先已经构建了有关“最高学历”的全部种类名称,可以在上述对话框中的“来源”框中直接引用这些内容。

选择D列(即:“最高学历”列),打开上述“数据验证”对话框,如图3.9所示,在“来源”框中输入“=最高学历”。单击“确定”按钮完成设置。

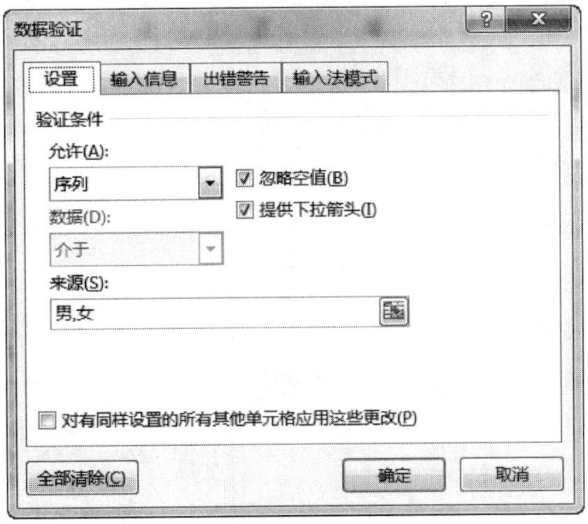

图3.8　数据验证(性别)

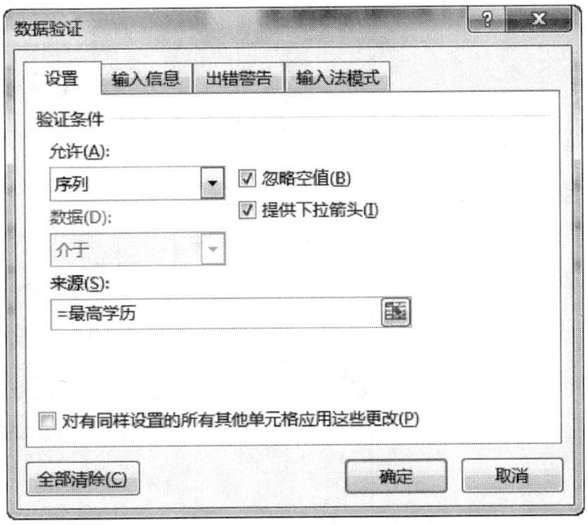

图3.9　数据验证(最高学历)

单击D4单元格右侧的下三角按钮,从其下拉列表中即可看到数据验证的全部设置内容。按照实际情况,选择“本科”输入到D4单元格中。

(3)其他数据验证。

按照上述方法,分别为“职称”“部门”“职务”“联系号码”“身份证号码”列设置相应的数据验证,并完成相应的数据填充,如表3.2所示。

表3.2　**数据验证**

列标签	列	允许值	数据	来源/数据关系
性别	C	序列	男,女	手动输入
最高学历	D	序列	研究生,本科,专科	=最高学历
职称	E	序列	高级,中级,初级,无	=职称
部门	F	序列	研发部,销售部,行政部,财务部,生产车间	=部门
职务	G	序列	总经理,部门经理,管理人员,销售人员,基本生产人员	=职务
联系号码	H	文本长度	11	等于
身份证号码	I	文本长度	18	等于

填充后的效果如图3.10所示。

3. 输入日期型数据——自定义“入职日期”格式

在Excel中,日期型数值有两种合法格式:例如“2010/4/20”和“2020－4－20”(分别使用斜杠“/”或短横“－”分隔年月日),在“员工信息表”中的“入职日期”列,我们使用自定义格式规范它的显示方式。

右单击J列,选择下拉列表中的“设置单元格格式…”命令,打开“设置单元格格式”对话框(见图3.11),切换至“数字”选项卡,选择“自定义”选项,然后在右侧的“类型”框中输入“yyyy－mm－dd”数字格式(使其整齐美观)。

	A	B	C	D	E	F	G	H	I
1	万隆灯具有限公司员工基本信息表								
2									
3	序号	姓名	性别	最高学历	职称	部门	职务	联系号码	身份证号码
4	001	邓华超	男	本科	高级	行政部	总经理	13927855632	411316198203123715
5	002	叶荣飞	男	研究生	高级	研发部	部门经理	13885563244	332514197810121515
6	003	王振光	男	本科	高级	销售部	部门经理	13327855632	352134198007015518
7	004	沈朝飞	男	本科	高级	财务部	部门经理	13156234283	330483198705241814
8	005	孔人泉	男	本科	初级	生产车间	基本生产人员	15922413578	339005199002042354
9	006	梁坡	男	专科	无	销售部	销售人员	13942685737	411328198204285092
10	007	凌晨晨	男	本科	中级	生产车间	基本生产人员	13912357684	330481198910160138
11	008	陈琳	女	专科	无	财务部	管理人员	13832465743	330523199107184129
12	009	刘滨晓	男	本科	中级	生产车间	基本生产人员	13524264748	330324198706023299
13	010	黄郑	男	专科	无	研发部	基本生产人员	13025254783	330327198504284297
14	011	项薇雪	女	研究生	高级	行政部	管理人员	13131425476	331022198207151861
15	012	许子臻	男	本科	中级	研发部	基本生产人员	13924168483	330124199006151816
16	013	吴海涛	男	本科	初级	销售部	销售人员	13527793837	341024199011218031
17	014	李燕	女	专科	初级	财务部	管理人员	13654830562	310018199004151220
18	015	章明晖	男	研究生	中级	研发部	基本生产人员	13738591630	341024199011218031

图 3.10　表格录入效果(部分)

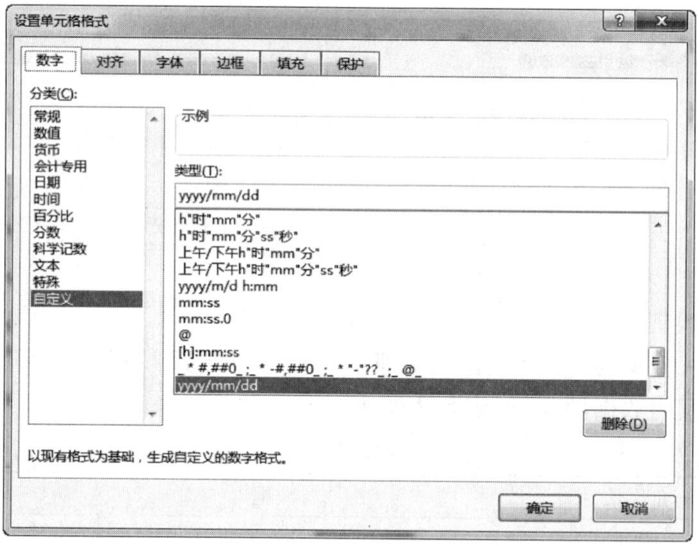

图 3.11　自定义“入职日期”格式

4. 根据身份证号码获取信息

(1)出生日期。

在 K 列中,需要通过员工身份证号码计算出每位员工的“出生日期”,在此可以利用文本类函数 MID 和 TEXT 来实现。在 K4 单元格中构建如下函数公式:

= TEXT(MID(I4,7,8) ,"0000 - 00 - 00")

按下 Enter 键,得到计算结果:“1982 - 13 - 12”。向下复制公式直至该列最后一行的单元格内。

【函数解读】:

MID(文本类)函数:在一个文本字符串的指定起始位置开始截取指定长度的字符串。

= MID(I4,7,8)的语法格式为:将 I4 单元格(身份证号码) 中的文本字符串自第 7 位开始,截取 8 位文本长度,得到文本字符串“19820312”,如图 3. 12 所示。

TEXT(文本类) 函数:将数值转换为按照指定格式表示的文本。

= TEXT(MID(I4,7,8) ,"0000 - 00 - 00") 的语法格式为:将 I4 单元格中的身份证号码利用 MID 函数截取得到出生日期数值“19820312”,然后利用 TEXT 函数,将其按照指定日期格式“0000 - 00 - 00”转换为真正的日期格式,如图 3. 13 所示。

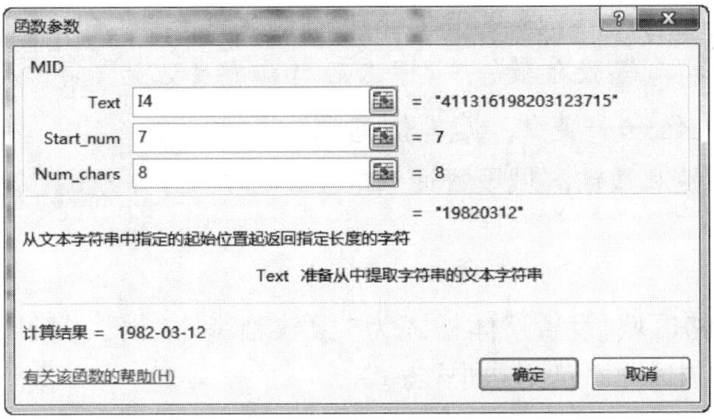

图 3.12　利用 MID 函数截取身份证号码中的出生日期

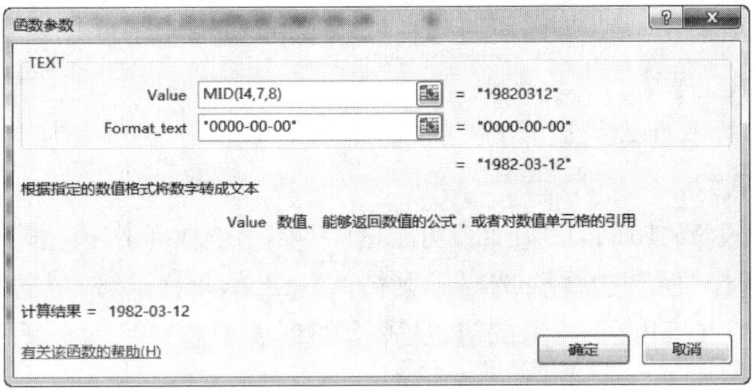

图 3.13　利用 TEXT 函数将数字转换为日期格式

(2)工龄。

员工的工龄要求按照周岁计算从“入职日期”到当前日期的年份数,在此可以利用 INT 函数和 TODAY 函数来实现。在 L4 单元格内构建如下函数公式(见图 3.14):

=INT((TODAY()-J4)/365)

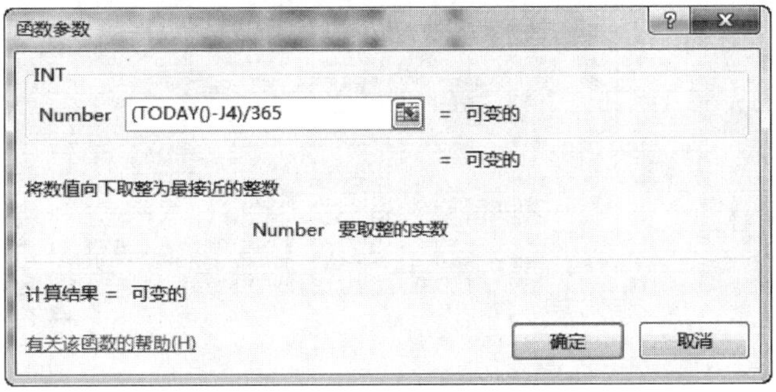

图 3.14　利用 INT 和 TODAY 函数计算“工龄”

按下 Enter 键,得到计算结果(“5”)。利用填充句柄向下复制公式直至最后一位员工,得到“工龄”列的计算结果。

【函数解读】:

Today()函数:返回当前日期;

(Today()-J4)/365 公式:当前日期与入职时间的差值(天数),除以 365,得到两者之间的年数差;

INT((TODAY()－J4)/365)公式:INT 函数的语法格式为“向下取整”,利用它将上述年数差的小数部分舍去,得到整数年数——即“工龄”(满整年记为 1 年)。

5. 工作表的格式化——美化“员工信息表”

分别为表头、列标签和数据区域设置适当的字体格式、对齐方式、边框和底纹,调整行高列宽,使其美观大方。

(1)设置表头。

选择 A1:L1 单元格区域,设置字体格式为“微软雅黑 14 磅”,打开“设置单元格格式”对话框,在“对齐”选项卡中设置“跨列居中”方式。

(2)调整行高列宽。

根据每列实际内容和表格整体美观需要,分别为各列设置合适的列宽;适当调整表头行的行高。

(3)设置对齐方式。

员工信息表中的数据列均可以采用“居中”对齐方式显示。

(4)添加边框和底纹。

选择表格数据区域 A3:L18,在“开始”功能区“字体”组中单击“边框”命令右侧的下三角按钮,从弹出的列表中选择“所有边框”;选择标题行 A3:L3 单元格区域,单击“开始”功能区“字体”组中的“填充颜色”命令右侧的下三角按钮,从弹出的列表中选择一种合适的底纹颜色。

(5)取消网格线。

在“视图”功能区“显示”组中取消“网格线”复选框勾选,使得员工信息表中的内容更醒目、突出。

效果如图 3.15 所示。

万隆灯具有限公司员工基本信息表

序号	姓名	性别	最高学历	职称	部门	职务	联系号码	身份证号码	入职时间	出生日期	工龄
001	邓华超	男	本科	高级	行政部	总经理	13927855632	411316198203123715	2013/05/01	1982-03-12	6
002	叶荣飞	男	研究生	高级	研发部	部门经理	13885563244	332514197810121515	2013/05/01	1978-10-12	6
003	王振光	男	本科	高级	销售部	部门经理	13327855632	352134198007015518	2013/05/01	1980-07-01	6
004	沈朝飞	男	本科	高级	财务部	部门经理	13156234283	330483198705241814	2013/05/20	1987-05-24	6
005	孔人泉	男	本科	初级	生产车间	基本生产人员	15922413578	339005199002042354	2013/05/25	1990-02-04	6
006	梁坡	男	专科	无	销售部	销售人员	13942685737	411328198204285092	2013/06/15	1982-04-28	6
007	凌晨晨	男	本科	中级	生产车间	基本生产人员	13912357684	330481198910160138	2013/06/27	1989-10-16	6
008	陈琳	女	专科	无	财务部	管理人员	13832465743	330523199107184129	2013/07/11	1991-07-18	6
009	刘滨晓	男	本科	中级	生产车间	基本生产人员	13524264748	330324198706023299	2013/07/11	1987-06-02	6
010	黄郑	男	专科	无	研发部	基本生产人员	13025254783	330327198504284297	2013/10/10	1985-04-28	6
011	项薇雪	女	研究生	高级	行政部	管理人员	13131425476	331022198207151861	2014/01/05	1982-07-15	6
012	许子臻	男	本科	中级	研发部	基本生产人员	13924168483	330124199006151816	2014/06/06	1990-06-15	5
013	吴海涛	男	本科	初级	销售部	销售人员	13527793837	341024199011218031	2014/06/06	1990-11-21	5
014	李燕	女	专科	初级	财务部	管理人员	13654830562	310018199004151220	2016/11/06	1990-04-15	3
015	章明晖	男	研究生	中级	研发部	基本生产人员	13738591630	341024199011218031	2016/11/06	1990-11-21	3

图 3.15 “员工信息表”效果

6. 打印设置

在办公中,常常需要将制作好的表格打印在 A4 纸张上,便于查看。在此,要求设置“员工信息表”最终打印在一张“横向”的 A4 纸张上,水平方向上居中对齐。

步骤一 单击“页面布局”功能区“页面设置”组中的“页面设置”对话框启动器按钮,弹出“页面设置”对话框。在“页面”选项卡中选择“横向”选项按钮,纸张大小选择“A4”。

步骤二 切换至“页边距”选项卡中,勾选“水平居中”复选框。

步骤三 切换至“工作表”选项卡中,在“打印区域”框中用鼠标选中“员工信息表”中的 A:L 列,如图 3.16 所示。

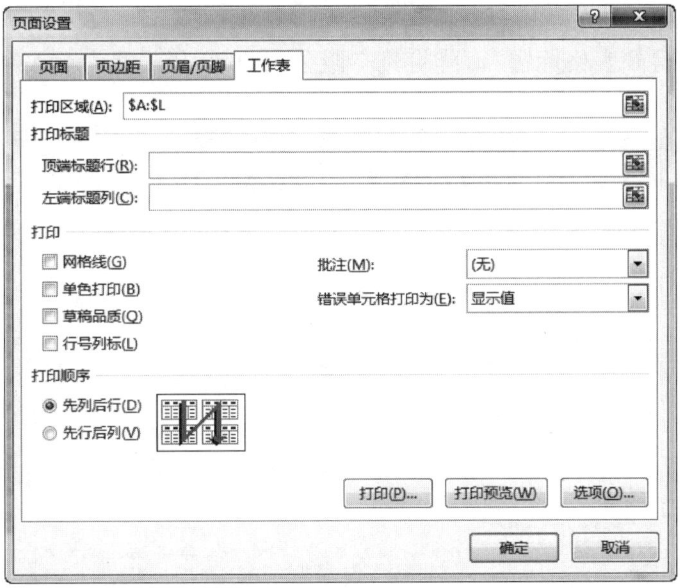

图 3.16　设置打印区域

最后，单击“打印预览”按钮，查看打印设置效果，如图 3.17 所示。

万隆灯具有限公司员工基本信息表

序号	姓名	性别	最高学历	职称	部门	职务	联系号码	身份证号码	入职时间	出生日期	工龄
001	邓华超	男	本科	高级	行政部	总经理	13927855632	411316198203123715	2013/05/01	1982-03-12	6
002	叶荣飞	男	研究生	高级	研发部	部门经理	13885563244	332514197810121515	2013/05/01	1978-10-12	6
003	王振光	男	本科	高级	销售部	部门经理	13327855632	352134198007015518	2013/05/01	1980-07-01	6
004	沈朝飞	男	本科	高级	财务部	部门经理	13156234283	330483198705241814	2013/05/20	1987-05-24	6
005	孔人泉	男	本科	初级	生产车间	基本生产人员	15922413578	339005199002042354	2013/05/25	1990-02-04	6
006	梁坡	男	专科	无	销售部	销售人员	13942685737	411328198204285092	2013/06/15	1982-04-28	6
007	凌晨晨	男	本科	中级	生产车间	基本生产人员	13912357684	330481198910160138	2013/06/27	1989-10-16	6
008	陈琳	女	专科	无	财务部	管理人员	13832465743	330523199107184129	2013/07/11	1991-07-18	6
009	刘滨晓	男	本科	中级	生产车间	基本生产人员	13524264748	330324198706023299	2013/07/11	1987-06-02	6
010	黄郑	男	专科	无	研发部	基本生产人员	13025254783	330327198504284297	2013/10/10	1985-04-28	6
011	项薇雪	女	研究生	高级	行政部	管理人员	13131425476	331022198207151861	2014/01/05	1982-07-15	6
012	许子臻	男	本科	中级	研发部	基本生产人员	13924168483	330124199006151816	2014/06/06	1990-06-15	5
013	吴海涛	男	本科	初级	销售部	销售人员	13527793837	341024199011218031	2014/06/06	1990-11-21	5
014	李燕	女	专科	初级	财务部	管理人员	13654830562	310018199004151220	2016/11/06	1990-04-15	3
015	章明晖	男	研究生	中级	研发部	基本生产人员	13738591630	341024199011218031	2016/11/06	1990-11-21	3

图 3.17　打印设置效果

四、编制“1 月考勤表”

新建一个工作表，命名为“1 月考勤表”，用来记录员工 2020 年 1 月份的出勤情况。

1. 利用文本函数 CONCATENATE 制作表头

在“考勤表”中，如图 3.18 所示输入考勤日期(2020/1/31)和列标签(序号、姓名、部门、病假天数、事假天数、旷工天数、法定假日加班天数、平常假日加班天数)。

	A	B	C	D	E	F	G	H	I	J	K	L
1	万隆灯具有限公司2020年1月考勤表											
2												
3											考勤日期：	2020/1/31
4												
5	序号	姓名	职务	基本工资	病假天数	事假天数	旷工天数	法定假日加班天数	平常假日加班天数	全勤奖	加班费	考勤扣款

图 3.18　构建标题行

在 A1 单元格中通过构建如下函数公式得到表头内容：

= CONCATENATE("万隆灯具有限公司",YEAR(L3),"年",MONTH(L3),"月考勤表")

按下 Enter 键,得到表格标题“万隆灯具有限公司 2020 年 1 月考勤表”。

知识链接:文本函数 CONCATENATE、日期函数 YEAR 和 MONTH

CONCATENATE 是文本函数,其作用是将两个或多个文本字符串联接为一个字符串。如图 3.19 所示。

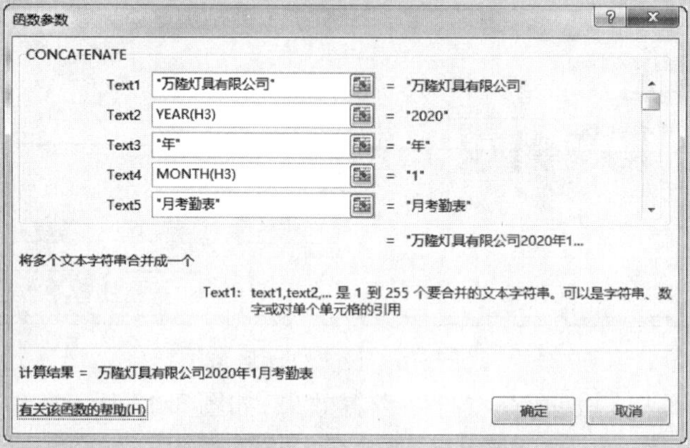

图 3.19　利用文本函数 CONCATENATE 制作表头

YEAR 和 MONTH 都是日期函数。其中 YEAR 函数是返回一个日期的年份值(见图 3.20);MONTH 函数是返回一个日期的月份值(见图 3.21)。

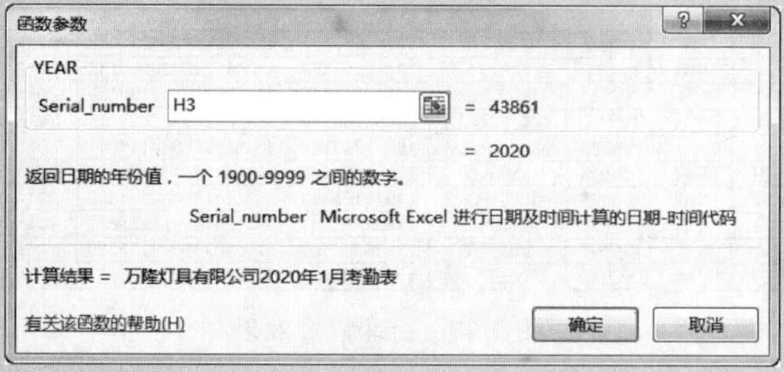

图 3.20　利用 YEAR 函数获取日期中的年份值

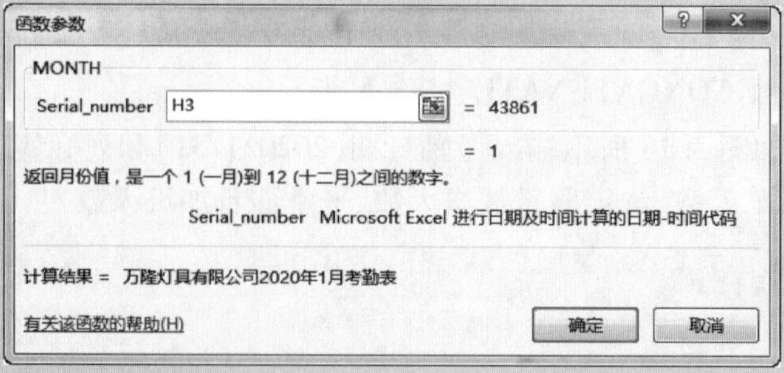

图 3.21　利用 MONTH 函数获取日期中的月份值

2. 利用 VLOOKUP 函数填充“姓名”“职务”“基本工资”

(1)建立“序号”列。

先将 A 列设置为“文本”格式,然后自 A6 单元格开始向下建立一个“001、002、003、…、015”的“序号”列。

(2)查询“姓名”。

利用查询函数 VLOOKUP,根据员工序号从“员工信息表”中查询到相对应的姓名并填充到“姓名”列中。在 B6 单元格中构建如下函数公式:

=VLOOKUP(A6,员工信息表!A:B,2,0)

按下 Enter 键,得到第一位员工的姓名“邓华超”(见图 3.22),利用填充句柄复制公式向下直至最后一位员工。

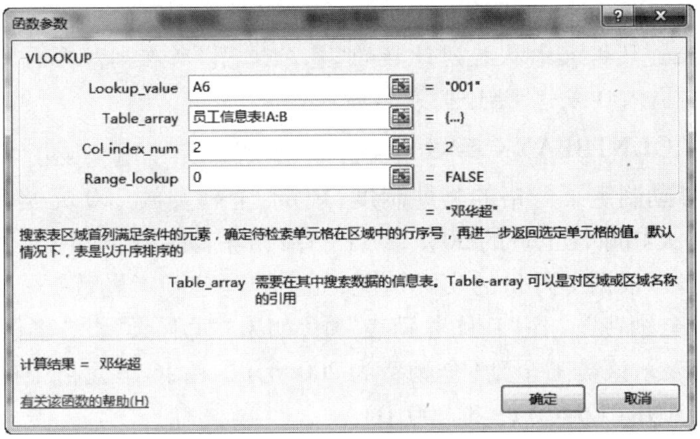

图 3.22　利用查询函数 VLOOKUP 计算“姓名”

(3)查询“职务”。

利用查询函数 VLOOKUP 和定义的名称,根据员工序号从“员工信息表”中查询相应职务信息并填充到“职务”列中。在 C6 单元格中构建如下函数公式:

=VLOOKUP(A6,员工信息表!A:G,7,0)

按下 Enter 键,得到第一位员工的职务名称“总经理”,利用填充句柄复制公式向下直至最后一位员工。

(4)查询“基本工资”。

在“基础数据”工作表中,企业工资的发放标准是由“职务”为依据的,相关数据区域已经定义了名称(“工资标准”),在此可以利用 VLOOKUP 函数引用定义的名称来查询“基本工资”。

在 G6 和 H6 单元格中构建如下函数公式:

=VLOOKUP(C6,工资标准,2,0)

如图 3.23 所示。按下 Enter 键,得到第一位员工的基本工资(7000 元),利用填充句柄向下复制填充公式直至最后一行,得到所有员工的“基本工资”。

【函数解读】:垂直查询函数 VLOOKUP

在利用 VLOOKUP 函数根据“职务”查询“基本工资”时,VLOOKUP 的几个参数表示的意义为:

- Lookup_value:查询“基本工资”所需要的索引值,即:“职务”;
- Table_Array:一个数据表,其首列为“职务”,且包含“基础工资”列;

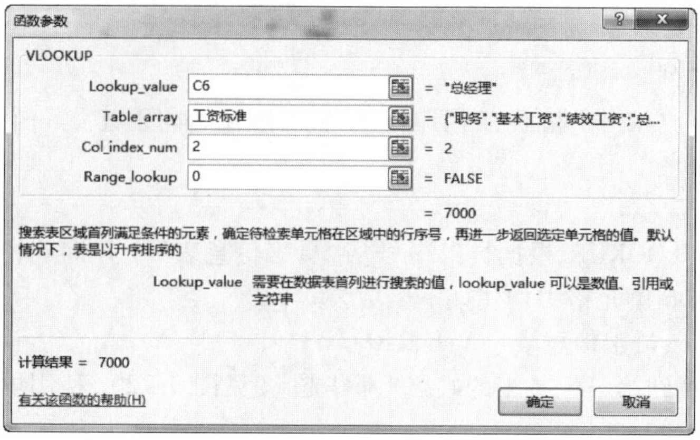

图 3.23 利用 VLOOKUP 函数查询“基本工资”

- Col_index_num:数据表中从首列计数的“基础工资”所在列序号;
- Range_looup:输入 0 或者 FALSE 表示精确匹配。

3. 利用 IF 和 COUNTBLANK 函数计算“全勤费”

公司关于员工考勤制定了严格的奖惩制度,规定:全勤发放 200 元奖金;病假一天扣除日工资的 10%;事假一天扣除日工资的 50%;旷工一天扣除日工资全部。

步骤一 在表格中根据 1 月份的实际情况,如实填写各项考勤数据。

步骤二 计算“全勤费”。在“1 月考勤表”中,如果“病假天数”“事假天数”“旷工天数”均为空白单元格,则表示该员工全勤(全勤费为 200 元)。在 J6 单元格中构建如下函数公式:

=IF(COUNTBLANK(E6:G6)=3,200,0)

如图 3.24 所示。按下 Enter 键,得到第一位员工的全勤费(200 元),利用填充句柄向下复制填充公式直至最后一行,得到所有员工的“全勤费”。

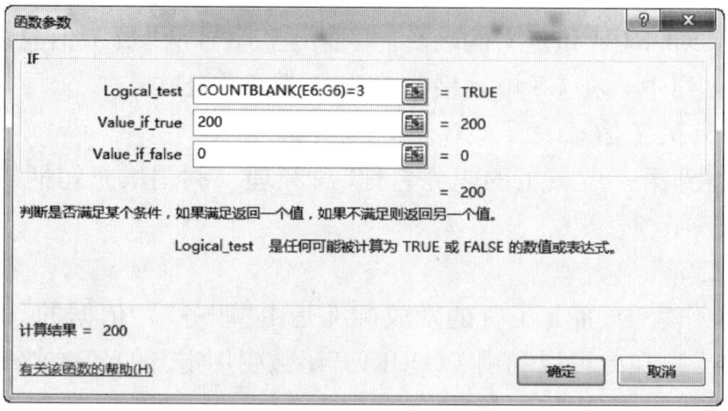

图 3.24 利用查询函数 VLOOKUP 计算“职务”

【函数解读】:计数函数 COUNTBLANK

在上述计算“全勤费”的函数公式中,函数 COUNTBLANK 的语法格式为:计算某个区域中空单元格的数目。如果它的计算结果为 3,则表示该员工本月无任何病事假及旷工记录(即:全勤)。在这种情况下,利用 IF 函数给出返回值为“200”,否则给出另一种返回值“0”。

4. 计算“加班费”

公司规定,员工加班费的发放方法是:法定假日加班每天 300 元,平常假日加班每天 200

元。在K6单元格中构建如下公式：

=H6＊300+I6＊200

按下Enter键，得到计算结果。利用填充句柄，向下复制上述公式直至最后一位员工。

5. 计算“考勤扣款”

考勤扣款的计算公式为：病假天数×日工资×10%+事假天数×日工资×50%+旷工天数×日工资。在L6单元格中，构建如下函数公式：

=INT((E6＊0.1+F6＊0.5+G6)＊D6/DAY(EOMONTH(L3,0)))

按下Enter键，得到计算结果。利用填充句柄，向下复制上述公式直至最后一位员工。

【函数解读】：“考勤扣款”函数公式

考勤扣款需要先计算出“日工资”——即：D6/DAY(EOMONTH(L3,0))。其中：D6为“基本工资”；EOMONTH(L3,0)返回值为“考勤日期”(即：L3单元格)所在月份的最后一天(表示日期的数字)；DAY(EOMONTH(L3,0))返回值为该月最后一天的数值(介于1~31之间)。

6. 设置单元格格式

根据表格的内容和打印的需求，为“1月考勤表”进行格式化——设置字体、调整行高列宽、设置对齐方式、添加边框和底纹等操作。

在列标签中的最后两列——“法定假日加班天数”和“平常假日加班天数”的字段名称文字内容太长，显得“头重脚轻”，可以将其调整为两行显示，这就用到了“自动换行”功能。

选择第5行，单击“开始”功能区“对齐方式”组中的“自动换行”命令，然后适当调整列宽行高，实现如图3.25所示效果。

	A	B	C	D	E	F	G	H	I	J	K	L
1	万隆灯具有限公司2020年1月考勤表											
3											考勤日期：	2020/1/31
5	序号	姓名	职务	基本工资	病假天数	事假天数	旷工天数	法定假日加班天数	平常假日加班天数	全勤奖	加班费	考勤扣款
6	001	邓华超	总经理	7,000				1		200	300	-
7	002	叶荣飞	部门经理	6,000		1				-	-	96
8	003	王振光	部门经理	6,000					1	200	200	-
9	004	沈朝飞	部门经理	6,000						200	-	-
10	005	孔人泉	基本生产人员	3,000	1	1				-	-	58
11	006	梁坡	销售人员	5,000						200	-	-
12	007	凌晨晨	基本生产人员	3,000						200	-	-
13	008	陈琳	管理人员	5,000		1				-	-	80
14	009	刘滨晓	基本生产人员	3,000				1		200	300	-
15	010	黄郑	基本生产人员	3,000						200	-	-
16	011	项薇雪	管理人员	5,000	1					-	-	16
17	012	许子臻	基本生产人员	3,000						200	-	-
18	013	吴海涛	销售人员	5,000						200	-	-
19	014	李燕	管理人员	5,000					1	200	200	-
20	015	章明晖	基本生产人员	3,000		2				-	-	96

图3.25　“1月考勤表”最终效果

知识链接：快速生成其他月份的考勤表

在完成了“1月考勤表”工作表的制作之后，利用工作表的“移动或复制…”功能(建立副本)，就可以快速地得到其他月份的考勤表了：仅需要更改每月的考勤日期(例如，2020/3/31)，就可以生成新的表头(例如，万隆灯具有限公司2020年3月考勤表)。

五、制作“1 月工资表”

1. 制作表头部分

(1)制表日期。

新建一个工作表,命名为“1 月工资表”,然后在 R3 单元格中构建如下函数公式:

=考勤奖惩! H3

按下 Enter 键,得到计算结果:2020/1/31(目的:使得每月的考勤表和工资表的制表日期相同,减少手工输入,提高工作效率)。

(2)表头。

在 A1 单元格中构建如下函数公式:

=CONCATENATE("万隆灯具有限公司",YEAR(R3),"年",MONTH(R3),"月工资表")

按下 Enter 键,得到计算结果——“万隆灯具有限公司 2020 年 1 月工资表”。

(3)标题行。

自 A5 单元格开始向右,依次输入列标签“序号”“姓名”“最高学历”“职称”“部门”“职务”“基本工资”“绩效工资”“全勤费”“加班费”“考勤扣款”“通信费”“应发工资”“社保”“公积金”“应纳税所得额”“个人所得税”“实发工资”,如图 3. 26 所示。

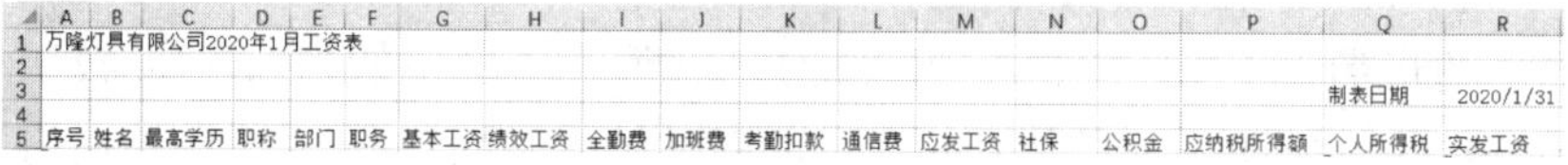

图 3. 26　1 月工资表表头

2. 获取员工基本信息

“1 月工资表”中的 A:F 列数据,可取自于“员工基本信息”工作表。

(1)序号。

设置 A 列为“文本”格式,自 A6 单元格开始填充“001、002、003、…”序号,直至“015”。

(2)姓名。

在 B6 单元格中构建如下函数公式:

=VLOOKUP($A6,员工信息表! $A $3:$G $18,2,0)

如图 3. 27 所示。

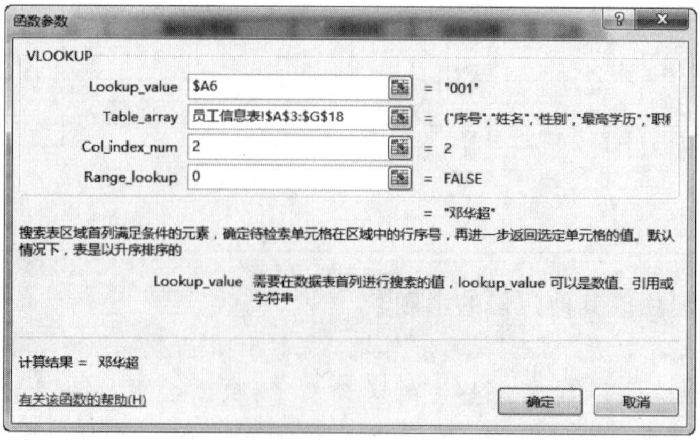

图 3. 27　利用 VLOOKUP 函数查询“姓名”

按下 Enter 键，得到计算结果。利用填充句柄向下填充复制直至最后一行。

（3）其他员工信息。

参考上述操作方法，分别在 C6：F6 中构建如表 3.3 所示函数公式，得到“最高学历”“职称”“部门”“职务”信息。

表 3.3　　利用 VLOOKUP 函数查询员工信息

单元格	列标签	函数公式
B6	姓名	=VLOOKUP（$A6，员工信息表！$A$3：$G$18，2，0）
C6	最高学历	=VLOOKUP（$A6，员工信息表！$A$3：$G$18，4，0）
D6	职称	=VLOOKUP（$A6，员工信息表！$A$3：$G$18，5，0）
E6	部门	=VLOOKUP（$A6，员工信息表！$A$3：$G$18，6，0）
F6	职务	=VLOOKUP（$A6，员工信息表！$A$3：$G$18，7，0）

查询结果如图 3.28 所示。

	A	B	C	D	E	F
4						
5	序号	姓名	最高学历	职称	部门	职务
6	001	邓华超	本科	高级	行政部	总经理
7	002	叶荣飞	研究生	高级	研发部	部门经理
8	003	王振光	本科	高级	销售部	部门经理
9	004	沈朝飞	本科	高级	财务部	部门经理
10	005	孔人泉	本科	初级	生产车间	基本生产人员
11	006	梁坡	专科	无	销售部	销售人员
12	007	凌晨晨	本科	中级	生产车间	基本生产人员
13	008	陈琳	专科	无	财务部	管理人员
14	009	刘滨晓	本科	中级	生产车间	基本生产人员
15	010	黄郑	专科	无	研发部	基本生产人员
16	011	项薇雪	研究生	高级	行政部	管理人员
17	012	许子臻	本科	中级	研发部	基本生产人员
18	013	吴海涛	本科	初级	销售部	销售人员
19	014	李燕	专科	初级	财务部	管理人员
20	015	章明晖	研究生	中级	研发部	基本生产人员

图 3.28　利用 VLOOKUP 函数查询员工信息

3. 获取“基本工资”和“绩效工资”

利用“基础数据”工作表中定义的名称“工资标准”，可以利用 VLOOKUP 函数获取“基本工资”和“绩效工资”。分别在 G6 和 H6 单元格中构建如下函数公式：

=VLOOKUP（$F6，工资标准，2，0）

=VLOOKUP（$F6，工资标准，3，0）

按下 Enter 键，得到计算结果。利用填充句柄向下填充复制直至最后一行。

4. 获取考勤奖惩

考勤奖惩的三个信息“全勤费”“加班费”“考勤扣款”均可从“1 月考勤表”中，利用 VLOOKUP 函数获取。分别在 I6、J6、K6 单元格中构建如下函数公式：

=VLOOKUP（$A6，'1 月考勤表'！$A：$L，10，0）

=VLOOKUP（$A6，'1 月考勤表'！$A：$L，11，0）

=VLOOKUP（$A6，'1 月考勤表'！$A：$L，12，0）

按下 Enter 键，得到计算结果。分别利用填充句柄向下填充复制直至最后一行。

5. 计算“通信费”

公司制定了通信费补贴标准:总经理补贴 500 元;研究生及学历以上且职称为高级或者是部门经理补贴 300 元;其他职工补贴 150 元。“通信费”的计算可以使用逻辑函数 AND(与)、OR(或)和 IF(条件)嵌套来实现。在 L6 单元格中构建如下函数公式:

=IF(F6="总经理",500,IF(OR(F6="部门经理",AND(C6="研究生",D6="高级")),300,150))

按下 Enter 键,得到计算结果。分别利用填充句柄向下填充复制直至最后一行。

6. 计算“应发工资”“社保”“公积金”“应纳税所得额”“实发工资”

根据公司计算工资的相关制度规定,分别在相应列中计算“应发工资”“社保”“公积金”“应纳税所得额”“实发工资”,如表 3.4 所示。

表 3.4　　计算其他工资项目

单元格	项目	计算方法	函数公式
M6	应发工资	=基本工资+绩效工资+全勤费+加班费-考勤扣款+通信费	=G6+H6+I6+J6-K6+L6
N6	社保	=(应发工资-通信费)×10.5%	=ROUND((M6-L6)*10.5%,2)
O6	公积金	=(应发工资-通信费)×10%	=ROUND((M6-L6)*10%,2)
P6	应纳税所得额	=应发工资-通信费-社保-公积金-起征点	=M6-L6-N6-O6-5000
R6	实发工资	=应发工资-社保-公积金-个人所得税	=ROUND(M6-N6-O6-Q6,2)

分别将上述计算结果,利用填充句柄向下填充复制直至最后一行。

7. 利用数组公式计算“个人所得税”

计算“个人所得税”的方法有多种,利用 IF 函数多层嵌套公式冗长且不易更新修改。因为“个人所得税”为七级超额累进,所以采用数组的方法可以进行更为简便的计算。在 Q6 单元格内构建如下函数公式:

=MAX(0,P6*税率-速算扣除数)

按下 Ctrl+Shift+Enter 组合键,得到数组公式的计算结果。利用填充句柄向下填充复制直至最后一行。

【函数解读】:MAX 函数和数组公式计算“个人所得税”。

使用“税率”和“扣除数”(事先在“基础数据”工作表中定义名称)对应的两列数组,分别计算根据“应纳税所得额”需要交纳的个人所得税,与零值“0”(零值表示“应纳税所得额”为负值的不需要缴纳“个人所得税”)进行最大值(MAX 函数)求算,计算出来的最大值就是应缴的个人所得税。

数组是指按照规则排列的一组数据的集合,上述“税率”和“速算扣除数”分别代表两列数组(各自包含 7 个常量),与 P6(一个常量)进行四则运算——是普通常量四则运算计算量的 7 倍。

数组计算需要按下 Ctrl+Shift+Enter 组合键结束公式的输入,最终的公式为“{=MAX(M6*税率-扣除数,0)}”。如果按照常规公式计算,结果是错误的“0”。

8. 美化工资表

选择 A1:R1 单元格区域,设置对齐方式为“跨列居中”,字体格式为“微软雅黑,16 磅”。

选择表格数据区域,为其添加边框线;设置字体格式为“微软雅黑,12 磅”;设置对齐方式为“水平垂直均居中对齐”;根据内容自动调整列宽,适当增大行高;为列标签行添加一种浅色底纹填充。

最终效果如图 3. 29 所示。

万隆灯具有限公司2020年1月工资表

制表日期　2020/1/31

序号	姓名	最高学历	职称	部门	职务	基本工资	绩效工资	全勤费	加班费	考勤扣款	通信费	应发工资	社保	公积金	应纳税所得额	个人所得税	实发工资
001	邓华超	本科	高级	行政部	总经理	7,000	4,400	200	300	-	500	12,400	1,249.50	1,190.00	4,460.50	236.05	9,724.45
002	叶荣飞	研究生	高级	研发部	部门经理	6,000	3,400	-	-	96	300	9,604	976.92	930.40	2,396.68	71.90	7,624.78
003	王振光	本科	高级	销售部	部门经理	6,000	3,400	200	200	-	300	10,100	1,029.00	980.00	2,791.00	83.73	8,007.27
004	沈朝飞	本科	高级	财务部	部门经理	6,000	3,400	200	-	-	300	9,900	1,008.00	960.00	2,632.00	78.96	7,853.04
005	孔人泉	本科	初级	生产车间	基本生产人员	3,000	1,400	-	-	58	150	4,492	455.91	434.20	-1,548.11	-	3,601.89
006	梁坡	专科	无	销售部	销售人员	5,000	1,600	200	-	-	150	6,950	714.00	680.00	406.00	12.18	5,543.82
007	凌晨晨	本科	中级	生产车间	基本生产人员	3,000	1,400	200	-	-	150	4,750	483.00	460.00	-1,343.00	-	3,807.00
008	陈琳	专科	无	财务部	管理人员	5,000	2,600	-	-	80	150	7,670	789.60	752.00	978.40	29.35	6,099.05
009	刘滨晓	本科	中级	生产车间	基本生产人员	3,000	1,400	200	300	-	150	5,050	514.50	490.00	-1,104.50	-	4,045.50
010	黄郑	专科	无	研发部	基本生产人员	3,000	1,400	200	-	-	150	4,750	483.00	460.00	-1,343.00	-	3,807.00
011	项薇雪	研究生	高级	行政部	管理人员	5,000	2,600	-	-	16	300	7,884	796.32	758.40	1,029.28	30.88	6,298.40
012	许子臻	本科	中级	研发部	基本生产人员	3,000	1,400	200	-	-	150	4,750	483.00	460.00	-1,343.00	-	3,807.00
013	吴海涛	本科	初级	销售部	销售人员	5,000	1,600	200	-	-	150	6,950	714.00	680.00	406.00	12.18	5,543.82
014	李燕	专科	初级	财务部	管理人员	5,000	2,600	200	200	-	150	8,150	840.00	800.00	1,360.00	40.80	6,469.20
015	章明晖	研究生	中级	研发部	基本生产人员	3,000	1,400	-	-	96	150	4,454	451.92	430.40	-1,578.32	-	3,571.68

图 3. 29　1 月工资表效果

任务实训

统计销售业绩

制作要求:

销售部助理小王需要针对公司上半年产品销售情况进行统计分析,并根据全年销售计划执行进行评估。按照如下要求完成该项工作:

(1) 将提供的素材文件“实训素材 2. 1 统计销售业绩 . xlsx”另存为“统计销售业绩 . xlsx”(. xslx 为扩展名)。

(2) 在“销售业绩表”工作表的“个人销售总计”列中,通过公式计算每名销售人员 1 ~ 6 月的销售总和。

(3) 为“销售业绩表”设置单元格格式,要求:①在表头文字和数据区域之间插入一个空行;②表头文字跨表格数据区域“合并后居中”,字体格式为“微软雅黑,16 磅,蓝色”,适当调整行高;③为数据区域套用一种表格样式“表样式中等深浅 9”,字体格式为“微软雅黑,11 磅”;④为表格数据区域设置“居中”对齐,1 ~ 6 月份的销售记录以及“个人销售总计”列数字格式设置为“会计专用,小数位数 2,人民币货币符号”;⑤适当调整列宽以美观大方为宜。

(4) 依据“个人销售总计”列的统计数据,在“销售业绩表”工作表的“销售排名”列中利用 RANK 函数计算销售排行榜,个人销售总计排名第一的,显示“第 1 名”;个人销售总计排名第二的,显示“第 2 名”;以此类推。

(5) 为“销售业绩表”进行打印设置,要求:纸张方向为横向,水平居中,缩减打印输出使得所有列只占一个页面宽,水平居中打印在 A4 纸上。最终效果如图 3. 30 所示。

(6) 在“按月统计”工作表中,利用 COUNT 和 COUNTIF 函数计算 1 ~ 6 月的销售达标率,即销售额大于 60000 元的人数所占比例,并填写在“销售达标率”行中。要求以百分比格式显示计算数据,并保留 2 位小数。

奋钧科技公司上半年销售统计表

员工编号	姓名	销售团队	一月份	二月份	三月份	四月份	五月分	六月份	个人销售总计	销售排名
SC11	杨伟健	销售2部	¥ 76,700.00	¥ 70,200.00	¥ 64,200.00	¥ 75,200.00	¥ 87,200.00	¥ 78,200.00	¥ 451,700.00	第28名
SC12	张红	销售2部	¥ 95,200.00	¥ 95,200.00	¥ 70,200.00	¥ 89,700.00	¥ 61,350.00	¥ 61,700.00	¥ 473,350.00	第20名
SC14	杜月红	销售2部	¥ 88,200.00	¥ 82,700.00	¥ 83,200.00	¥ 75,700.00	¥ 62,200.00	¥ 85,200.00	¥ 477,200.00	第18名
SC18	杨红敏	销售2部	¥ 80,700.00	¥ 96,200.00	¥ 72,200.00	¥ 66,200.00	¥ 61,200.00	¥ 85,200.00	¥ 461,700.00	第25名
SC25	许泽平	销售3部	¥ 94,200.00	¥ 68,250.00	¥ 78,200.00	¥ 60,700.00	¥ 76,200.00	¥ 67,200.00	¥ 444,750.00	第31名
SC32	李丽丽	销售3部	¥ 71,700.00	¥ 61,700.00	¥ 82,200.00	¥ 57,700.00	¥ 57,200.00	¥ 85,200.00	¥ 415,700.00	第43名
SC33	郝艳芬	销售2部	¥ 84,700.00	¥ 78,700.00	¥ 87,700.00	¥ 64,700.00	¥ 72,200.00	¥ 76,700.00	¥ 464,700.00	第24名
SC36	李娜	销售3部	¥ 85,700.00	¥ 64,700.00	¥ 74,200.00	¥ 78,700.00	¥ 64,200.00	¥ 76,200.00	¥ 443,700.00	第32名
SC39	李成	销售1部	¥ 92,200.00	¥ 64,200.00	¥ 97,200.00	¥ 93,200.00	¥ 75,200.00	¥ 93,200.00	¥ 515,200.00	第2名
SC4	杜乐	销售3部	¥ 62,700.00	¥ 76,200.00	¥ 57,200.00	¥ 67,700.00	¥ 88,200.00	¥ 84,700.00	¥ 436,700.00	第36名
SH16	唐艳霞	销售3部	¥ 63,700.00	¥ 73,200.00	¥ 65,200.00	¥ 95,200.00	¥ 75,700.00	¥ 61,200.00	¥ 434,200.00	第37名
XS1	刘丽	销售1部	¥ 79,700.00	¥ 98,700.00	¥ 68,200.00	¥ 100,200.00	¥ 96,200.00	¥ 66,200.00	¥ 509,200.00	第5名

图 3.30　“销售业绩表”最终效果(部分)

(7) 在“按月统计”工作表中,利用 LARGE 函数分别计算各月排名第 1、第 2 和第 3 的销售业绩,并填写在“销售第一名业绩”“销售第二名业绩”“销售第三名业绩”所对应的单元格中。要求使用人民币会计专用数据格式,并保留 2 位小数。

(8) 对“按月统计”工作表进行格式化设置,要求:①表格中所有内容均使用“微软雅黑”字体,其中表头文本字号为“14 磅”,其他数据区域字号为“11 磅”;②为数据区域添加边框线,为第 A 列和第 2 行的表格数据区域添加一种浅色的底纹(以不遮挡文字为宜);③适当调整行高和列宽,以美观大方为宜。“按月统计”工作表的最终效果如图 3.31 所示。

奋钧科技公司上半年销售统计表(按月统计)

	一月份	二月份	三月份	四月份	五月份	六月份
销售达标率	95.45%	93.18%	97.73%	90.91%	93.18%	90.91%
销售第一名业绩	¥ 97,700.00	¥ 99,700.00	¥ 100,200.00	¥ 100,200.00	¥ 99,700.00	¥ 99,200.00
销售第二名业绩	¥ 97,200.00	¥ 98,700.00	¥ 99,700.00	¥ 100,200.00	¥ 98,200.00	¥ 96,700.00
销售第三名业绩	¥ 96,700.00	¥ 97,700.00	¥ 97,200.00	¥ 98,700.00	¥ 96,700.00	¥ 94,200.00

图 3.31　“按月统计”表最终效果

任务 3.2　数据的处理与分析——图书销售统计

学习目标

- 掌握 Excel 2016 的数据排序方法;
- 掌握 Excel 2016 的数据筛选方法;
- 掌握 Excel 2016 的高级筛选方法;
- 掌握 Excel 2016 的数据透视表使用技巧;
- 掌握 Excel 2016 的条件格式规则使用方法。

任务引入

公司在销售管理中,往往会根据每个月的销售情况,对销售数据进行统计分析,以便于查看并总结销售经验,同时对企业销售状况进行合理地预测。例如,在下面的案例中,图书公司销售部门需要根据2018年和2019年的图书销售情况进行统计分析,以便制定新一年的销售计划和工作任务。在处理分析过程中,我们将使用Excel 2016的数据处理功能解决相关问题。

任务分析

Excel 2016具有强大的数据管理功能,能够对工作表中的数据进行排序、分类和筛选等操作。数据透视表具有强大的数据分析和数据重组能力,为工作表数据重组、报表制作以及信息分析等提供了极大的便利。

任务实施

一、排序

排序就是根据需要把工作表中的数据按一定顺序重新排列。排序并不改变工作表中数据的内容,只是改变数据在工作表中的位置。通过对Excel表格数据的排序,有助于快速直观地显示、组织和查找所需数据,有助于决策报表的快速制作和更好地理解数据,是数据分析不可缺少的常见操作。

如图3.32所示,为2017~2018年的图书“销售订单”工作表。我们需要按照一定的规则,对“销售订单”工作表进行相应的排序操作。

J679

	A	B	C	D	E	F
1	订单编号	日期	书店名称	图书名称	图书编号	销量(本)
2	BY-08001	2017年1月2日	东科书店	《Office办公专家从入门到精通》	BKC-001	12
3	BY-08002	2017年1月4日	博学书店	《Excel与数据处理》	BKC-003	5
4	BY-08003	2017年1月4日	博学书店	《Word办公排版之道》	BKC-002	41
5	BY-08004	2017年1月5日	博学书店	《PowerPoint办公应用实战-从入门到精通》	BKC-004	21
6	BY-08005	2017年1月6日	东科书店	《OneNote万用电子笔记本》	BKC-006	32
7	BY-08006	2017年1月9日	东科书店	《Outlook电子邮件应用技巧》	BKC-005	3
8	BY-08007	2017年1月9日	博学书店	《Office办公专家从入门到精通》	BKC-001	1
9	BY-08008	2017年1月10日	东科书店	《SharePoint Server安装、部署与开发》	BKS-001	3
674	BY-08673	2018年12月12日	东科书店	《Outlook电子邮件应用技巧》	BKC-005	40
675	BY-08674	2018年12月13日	先锋书店	《Excel与数据处理》	BKC-003	24
676	BY-08675	2018年12月14日	东科书店	《Excel与数据处理》	BKC-003	48
677	BY-08676	2018年12月14日	先锋书店	《SharePoint Server安装、部署与开发》	BKS-001	32
678						

销售订单

图3.32 销售订单

1. 简单排序

首先,要按照“订单编号”列的数值升序方式,对销售订单进行重新排序。具体操作方法如下:

定位在“订单编号”列中,然后单击“开始”功能区“编辑”组中“排序和筛选”选项中的“升序”命令(见图3.33),即可完成相关的排序操作。完成后,整个数据区域将按照“订单编号”的数值从小到大的顺序,重新调整排列位置。

2. 自定义排序

在A列的“订单编号”中,还有一些订单编号是重复的,需要将所有重复的订单编号数值标记为紫色(标准色)字体,然后将其排列在销售订单列表区域的顶端。

(1)利用“条件格式”突出显示重复值。

首先,需要先将“订单编号”列中的所有重复值标记为“紫色”字体。利用Excel 2016的

“条件格式”功能,可以很方便地实现这一要求。具体操作方法如下。

图 3. 33　简单排序

步骤一　选择 A2:A677 单元格区域,单击“开始”功能区“样式”组中的“条件格式”命令右侧的下拉三角按钮,从下拉列表中依次选择“突出显示单元格规则”/“重复值…”命令,如图 3. 34 所示。

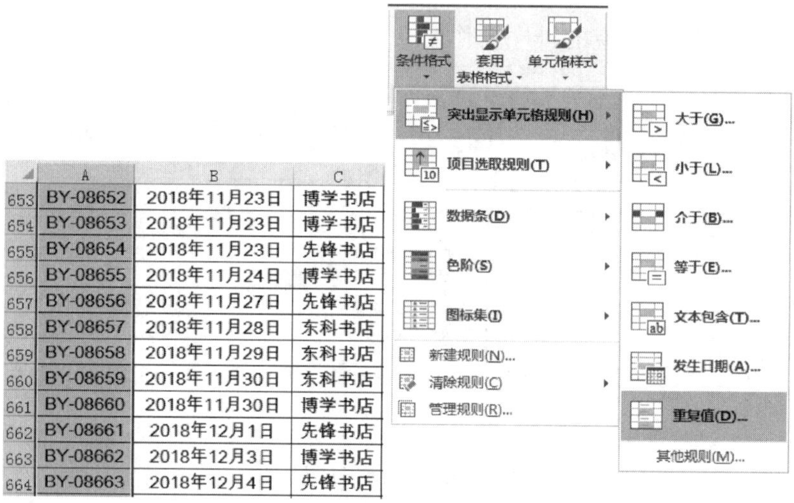

图 3. 34　选择“条件格式”规则

步骤二　在弹出的“重复值”对话框中,在“设置为”下拉列表框中选择“自定义格式…”命令,然后在弹出的“设置单元格格式”对话框中设置字体颜色为“标准紫色”(见图 3. 35),单击两次“确定”按钮,完成条件格式设置。

(2)自定义排序。

单击数据区域中的任意单元格,单击“开始”功能区“编辑”组中“排序和筛选”选项中的“自定义排序…”命令,打开 “排序”对话框,选择主要关键字为“订单编号”,排序依据为“字体颜色”,次序为“标准紫色(RGB(112,48,160))”,位置为“在顶端”,单击“确定”按钮,完成自定义排序。所有“销售订单”工作表中的数据按照“订单编号”重复值排列在数据区域顶端的要求重新进行了排序,如图 3. 36 所示。

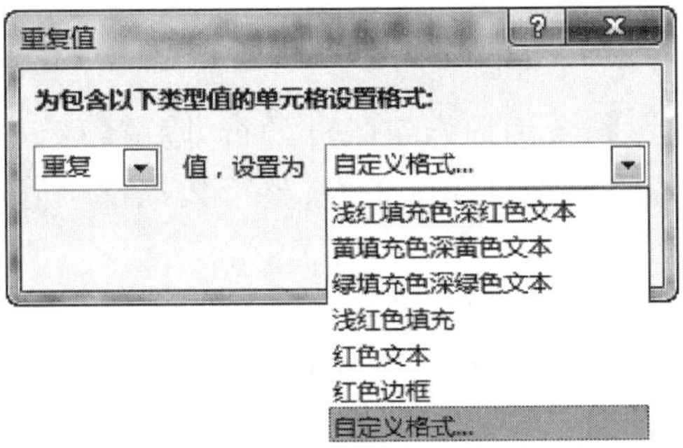

图 3.35　设置"条件格式"

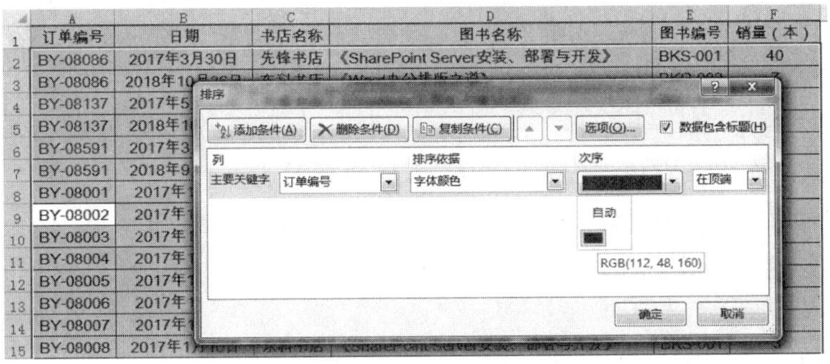

图 3.36　自定义排序

知识链接:多条件排序

单条件排序只能根据某列内容对工作表内容排序。实际应用可能需要使用更复杂的排序规则，例如，首先按照书店名称排序，再按照销量排序，即可快速得到某书店最大销量。要实现这种复杂排序，需要使用多条件排序。具体操作步骤如下:

定位在数据区域中，打开上述"排序"对话框。单击"添加条件"按钮，添加一个"次要关键字"的条件。在"主要关键字"下拉列表框中选择"书店名称"选项，在"次要关键字"下拉列表框中选择"销量(本)"选项，"排序依据"均选择"数值"默认选项，主要关键字的"次序"选择"升序"，次要关键字的"次序"选择"降序"，单击"确定"按钮，如图 3.37 所示。

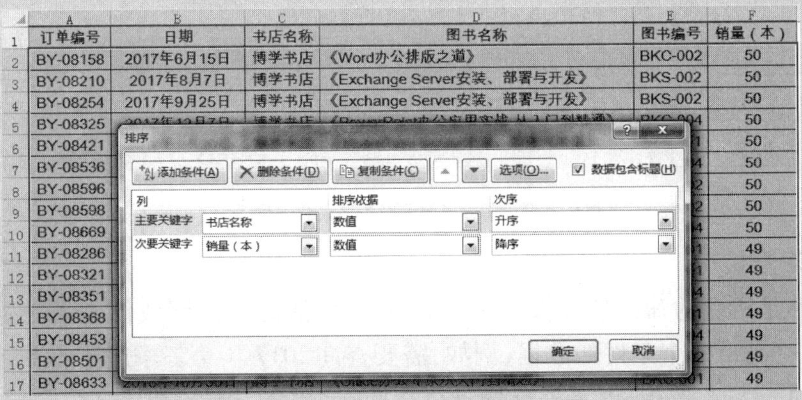

图 3.37　多条件排序效果

二、筛选

数据筛选的作用是仅显示符合用户指定条件的行,隐藏不符合条件的其他行。在筛选数据时,一个或多个列中的数值不能满足筛选条件,整行数据都会隐藏起来。可以按照数值、文本、单元格颜色等参数值进行筛选。

Excel 提供了两种不同的筛选方式:自动筛选和高级筛选。自动筛选可以很轻松地显示数据表中满足条件的记录行,高级筛选则能完成比较复杂的多条件筛选。

1. 自动筛选

Excel 提供了简单易用的自动筛选功能,只需要启用该功能并选取筛选条件,即可快速过滤不必要的数据,例如,在“销售订单”表中,需要快速找出“先锋书店”的销售情况,就可以使用自动筛选的方法来实现,具体操作方法如下:

步骤一　复制工作表。右单击“销售订单”工作表标签,选择快捷菜单中的“移动或复制…”命令,在“销售订单”表的右侧建立副本,生成一个内容一样的工作表,将其重命名为“自动筛选”。

步骤二　自动筛选。定位在数据区域中,单击“数据”功能区“排序和筛选”组中的“筛选”按钮,则在字段名右侧出现“自动筛选”箭头,单击“书店名称”字段名右侧的筛选箭头,在弹出的下拉列表中仅保留“先锋书店”复选框,如图 3.38 所示。

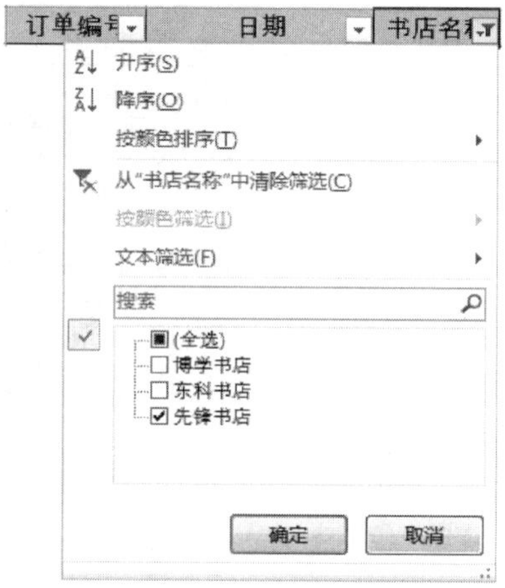

图 3.38　自动筛选

步骤三　单击“确定”按钮,即可得到筛选结果,如图 3.39 所示。

	A	B	C	D	E	F
1	订单编号	日期	书店名称	图书名称	图书编号	销量(本
2	BY-08086	2017年3月30日	先锋书店	《SharePoint Server安装、部署与开发》	BKS-001	40
4	BY-08137	2017年5月25日	先锋书店	《OneNote万用电子笔记本》	BKC-006	49
7	BY-08591	2018年9月14日	先锋书店	《Excel与数据处理》	BKC-003	42
17	BY-08010	2017年1月11日	先锋书店	《SharePoint Server安装、部署与开发》	BKS-001	22
19	BY-08012	2017年1月12日	先锋书店	《Excel与数据处理》	BKC-003	19
652	BY-08651	2018年11月21日	先锋书店	《Excel与数据处理》	BKC-003	41
655	BY-08654	2018年11月23日	先锋书店	《Excel与数据处理》	BKC-003	7
657	BY-08656	2018年11月27日	先锋书店	《PowerPoint办公应用实战-从入门到精通》	BKC-004	29
662	BY-08661	2018年12月1日	先锋书店	《OneNote万用电子笔记本》	BKC-006	6
664	BY-08663	2018年12月4日	先锋书店	《SharePoint Server安装、部署与开发》	BKS-001	12
669	BY-08668	2018年12月6日	先锋书店	《PowerPoint办公应用实战-从入门到精通》	BKC-004	44
671	BY-08670	2018年12月10日	先锋书店	《SharePoint Server安装、部署与开发》	BKS-001	33
673	BY-08672	2018年12月11日	先锋书店	《Outlook电子邮件应用技巧》	BKC-005	5
675	BY-08674	2018年12月13日	先锋书店	《Excel与数据处理》	BKC-003	24
677	BY-08676	2018年12月14日	先锋书店	《SharePoint Server安装、部署与开发》	BKS-001	32

图 3.39　自动筛选效果(局部)

2. 自定义筛选

当然,并不是所有的筛选条件都这样简单,有时可能需要按照数值的大小进行筛选,有时需要筛选出同时满足两个条件的数据,例如,需要查询 2017 年第三季度所有关于 Word 图书销量(本)超过 25 的订单数据,就需要分别进行日期筛选、文本筛选和数字筛选等自定义筛选条件来实现。

(1)日期筛选。

首先,需要通过“日期筛选”的方法对销售订单进行筛选,具体操作方法如下:

步骤一 复制工作表。通过“移动或复制…”命令,将“销售订单”复制一份,放置在所有工作表的最右端,重命名为“自定义筛选”。

步骤二 日期筛选。启动筛选功能,单击字段名“日期”右侧的三角筛选按钮,在弹出的下拉列表中选择“日期筛选”,再从其二级下拉列表中选择“介于…”选项,如图3.40所示。

步骤三 弹出“自定义自动筛选方式”对话框,分别输入起始日期“2017/7/1”和结束时间“2017/9/30”,如图3.41所示。

图3.40 日期筛选

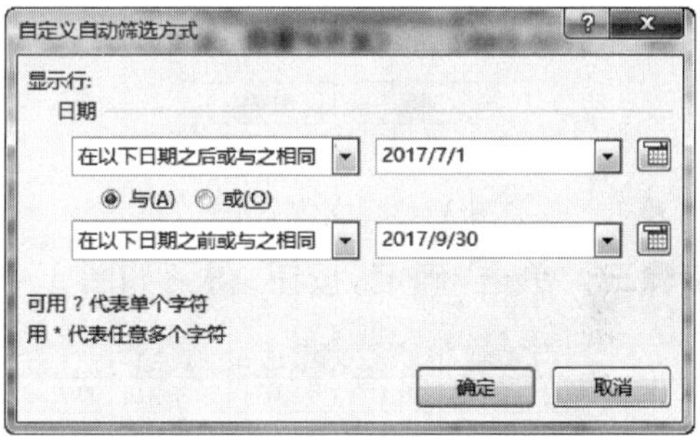

图3.41 自定义“日期筛选”条件

步骤四 单击“确定”按钮,得到如图3.42所示筛选结果(局部)。

	A	B	C	D	E	F
1	订单编号	日期	书店名称	图书名称	图书编号	销量(本
180	BY-08176	2017年7月3日	东科书店	《Excel与数据处理》	BKC-003	23
181	BY-08177	2017年7月3日	东科书店	《OneNote万用电子笔记本》	BKC-006	5
182	BY-08178	2017年7月4日	东科书店	《Office办公专家从入门到精通》	BKC-001	44
183	BY-08179	2017年7月5日	先锋书店	《Excel与数据处理》	BKC-003	26
184	BY-08180	2017年7月5日	东科书店	《PowerPoint办公应用实战-从入门到精通》	BKC-004	7
258	BY-08254	2017年9月25日	博学书店	《Exchange Server安装、部署与开发》	BKS-002	50
259	BY-08255	2017年9月25日	先锋书店	《Outlook电子邮件应用技巧》	BKC-005	43
260	BY-08256	2017年9月26日	博学书店	《Word办公排版之道》	BKC-002	10
261	BY-08257	2017年9月27日	博学书店	《OneNote万用电子笔记本》	BKC-006	4
262	BY-08258	2017年9月27日	先锋书店	《Office办公专家从入门到精通》	BKC-001	42
263	BY-08259	2017年9月28日	博学书店	《PowerPoint办公应用实战-从入门到精通》	BKC-004	25
264	BY-08260	2017年9月29日	东科书店	《Word办公排版之道》	BKC-002	35

图3.42 日期筛选效果(局部)

(2)文本筛选。

查询有关 Word 方面的图书信息,需要通过“文本筛选”的方法来实现,具体操作方法如下:

步骤一　文本筛选。启动筛选功能,单击字段名“图书名称”右侧的三角筛选按钮,在弹出的下拉列表中选择“文本筛选”,再从其二级下拉列表中选择“包含…”选项,如图 3.43 所示。

步骤二　弹出“自定义自动筛选方式”对话框,在第一行筛选条件框内输入“Word”,如图 3.44 所示。

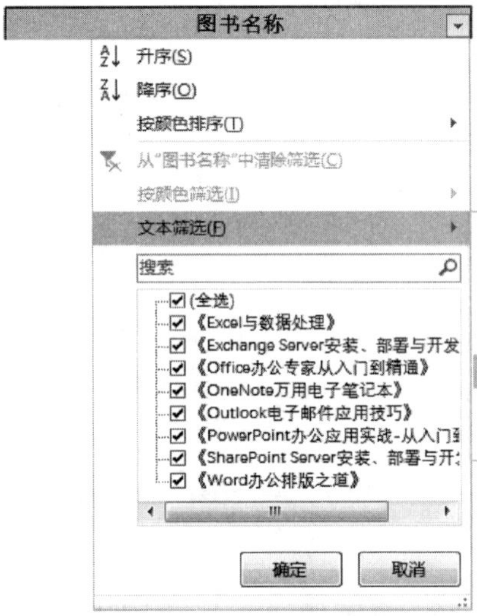

图 3.43　文本筛选

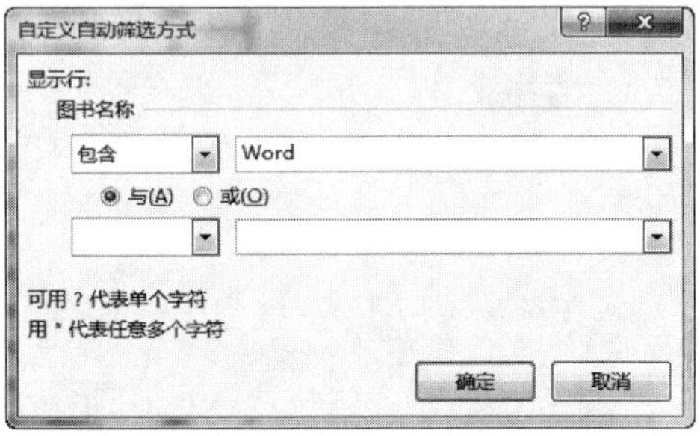

图 3.44　自定义“文本筛选”条件

步骤三　单击“确定”按钮,得到如图 3.45 所示筛选结果(局部)。

	A	B	C	D	E	F
1	订单编	日期	书店名	图书名称	图书编	销量（本
199	BY-08195	2017年7月23日	先锋书店	《Word办公排版之道》	BKC-002	7
201	BY-08197	2017年7月25日	东科书店	《Word办公排版之道》	BKC-002	30
213	BY-08209	2017年8月7日	博学书店	《Word办公排版之道》	BKC-002	7
216	BY-08212	2017年8月9日	东科书店	《Word办公排版之道》	BKC-002	29
219	BY-08215	2017年8月14日	先锋书店	《Word办公排版之道》	BKC-002	35
253	BY-08249	2017年9月19日	博学书店	《Word办公排版之道》	BKC-002	37
255	BY-08251	2017年9月20日	博学书店	《Word办公排版之道》	BKC-002	17
256	BY-08252	2017年9月21日	博学书店	《Word办公排版之道》	BKC-002	2
260	BY-08256	2017年9月26日	博学书店	《Word办公排版之道》	BKC-002	10
264	BY-08260	2017年9月29日	东科书店	《Word办公排版之道》	BKC-002	35

图 3.45　文本筛选结果(局部)

(3)数字筛选。

步骤一　数字筛选。启动筛选功能,单击字段名“销量(本)”右侧的三角筛选按钮,在弹出的下拉列表中选择“数字筛选”,再从其二级下拉列表中选择“大于…”选项,如图 3.46 所示。

步骤二　弹出“自定义自动筛选方式”对话框,在第一行筛选条件框内输入“Word”,如图 3.47 所示。

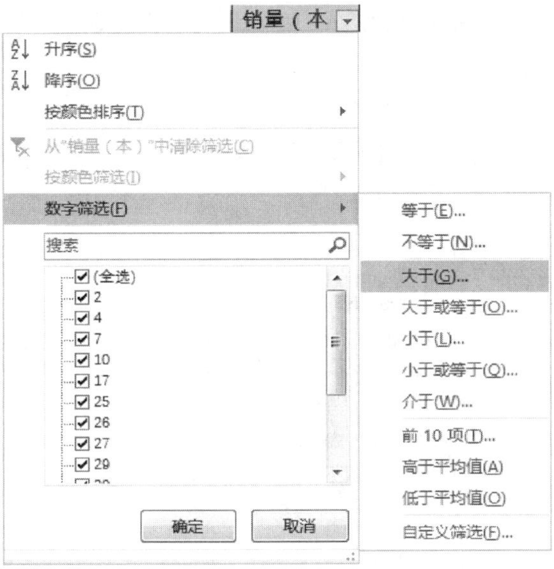

图 3.46　数字筛选

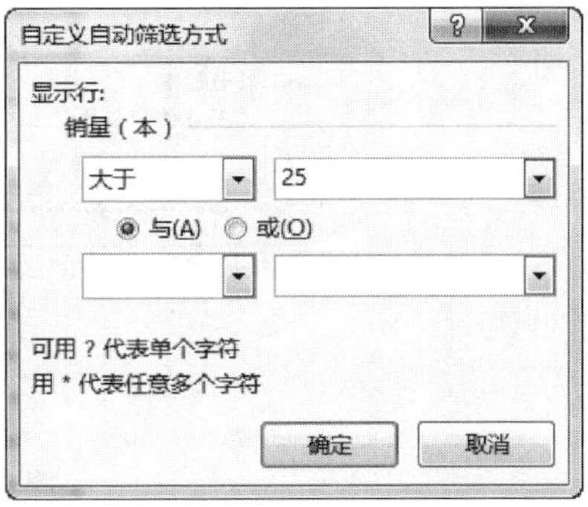

图 3.47　自定义"数字筛选"条件

步骤三　单击"确定"按钮，得到如图 3.48 所示筛选结果。

	A	B	C	D	E	F
1	订单编号	日期	书店名称	图书名称	图书编号	销量（本
201	BY-08197	2017年7月25日	东科书店	《Word办公排版之道》	BKC-002	30
216	BY-08212	2017年8月9日	东科书店	《Word办公排版之道》	BKC-002	29
219	BY-08215	2017年8月14日	先锋书店	《Word办公排版之道》	BKC-002	35
231	BY-08227	2017年8月28日	先锋书店	《Word办公排版之道》	BKC-002	27
233	BY-08229	2017年8月30日	博学书店	《Word办公排版之道》	BKC-002	26
244	BY-08240	2017年9月11日	东科书店	《Word办公排版之道》	BKC-002	49
245	BY-08241	2017年9月11日	先锋书店	《Word办公排版之道》	BKC-002	41
246	BY-08242	2017年9月12日	先锋书店	《Word办公排版之道》	BKC-002	26
251	BY-08247	2017年9月17日	博学书店	《Word办公排版之道》	BKC-002	40
253	BY-08249	2017年9月19日	博学书店	《Word办公排版之道》	BKC-002	37
264	BY-08260	2017年9月29日	东科书店	《Word办公排版之道》	BKC-002	35

图 3.48　数字筛选结果

三、高级筛选

自动筛选和高级筛选都是用来查找和处理表格中数据的快捷方式，与自动筛选不同的是，高级筛选可以完成条件更为复杂的数据筛选。例如，要在一个新的工作表中，筛选出《Word 办公排版之道》这本书实际销售（本）大于等于 40 的所有数据，可以有两种查询方式：

1. 利用高级筛选查询所有订单记录

查询"销售订单"中的所有符合上述条件的记录行的具体操作方法如下：

步骤一　构建条件区域。新建工作表，命名为"高级筛选"，然后在 A：B2 单元格区域，输入如图 3.49 所示筛选条件——注意：第一行的列标题必须与"销售订单"工作表的对应列标题完全一致（例如，"销量（本）"），第二行的图书名称也是如此，可以通过复制粘贴的方法获取。

步骤二　高级筛选。在"数据"功能区"排序和筛选"组中单击"高级"按钮，弹出"高级筛选"对话框，在该对话框中，单击选中"将筛选结果复制到其他位置"按钮，再分别完成"列表区域"(销售订单! \$A\$1: \$F\$677)、"条件区域"(高级筛选! \$A\$1: \$B\$2)和"复制到"(高级筛选! \$A\$5)的填充,如图 3.49 所示。

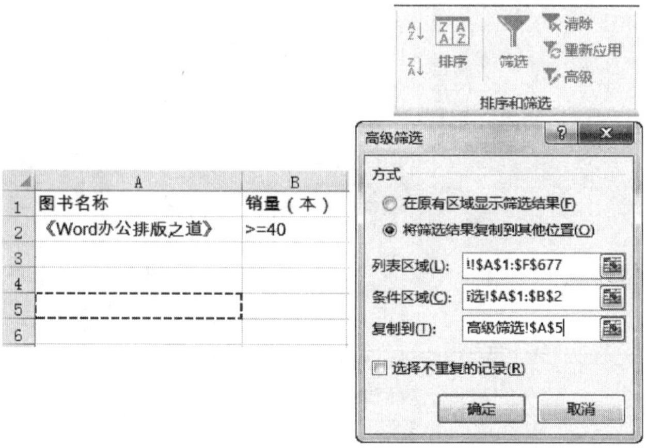

图 3.49 设置"高级筛选"

步骤三 单击"确定"按钮,得到如图 3.50 所示局部效果。

	A	B	C	D	E	F
1	图书名称	销量(本)				
2	《Word办公排版之道》	>=40				
3						
4						
5	订单编号	日期	书店名称	图书名称	图书编号	销量(本)
6	BY-08591	2017年3月16日	东科书店	《Word办公排版之道》	BKC-002	40
7	BY-08003	2017年1月4日	博学书店	《Word办公排版之道》	BKC-002	41
8	BY-08018	2017年1月17日	东科书店	《Word办公排版之道》	BKC-002	44
9	BY-08028	2017年1月29日	东科书店	《Word办公排版之道》	BKC-002	45
31	BY-08598	2018年9月20日	博学书店	《Word办公排版之道》	BKC-002	50
32	BY-08599	2018年9月21日	博学书店	《Word办公排版之道》	BKC-002	40

图 3.50 高级筛选效果

2. 筛选符合条件的部分指定项目

如果仅需要符合高级筛选条件的部分指定项目,可以在存放筛选结果的区域中预先输入需要保留的字段标题,具体操作方法如下:

步骤一 指定保留项目。如图 3.51 所示,在 A35:C35 单元格区域中输入需要保留的指定项目——"订单编号""图书名称""销量(本)"。

	A	B	C
1	图书名称	销量(本)	
2	《Word办公排版之道》	>=40	
34			
35	订单编号	图书名称	销量(本)
36			
37			

图 3.51 输入指定项目列标题

步骤二 高级筛选。打开"高级筛选"对话框,参照前面操作的方法完成相关填充,其中"复制到"选框中的单元格区域为指定保留项目列标题(高级筛选! \$A\$35: \$C\$35),如图 3.52 所示。

步骤三 单击"确定"按钮,得到如图 3.53 所示局部效果。

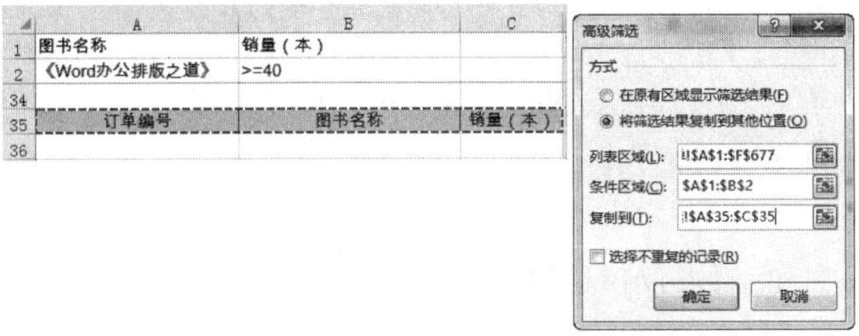

图 3.52　筛选符合条件的部分指定项目

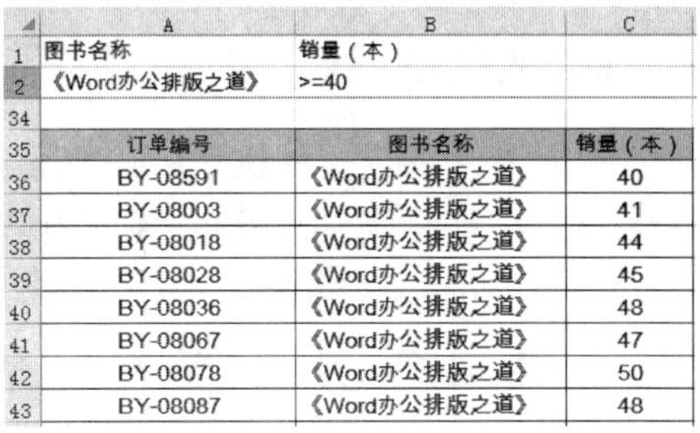

	A	B	C
1	图书名称	销量（本）	
2	《Word办公排版之道》	>=40	
34			
35	订单编号	图书名称	销量（本）
36	BY-08591	《Word办公排版之道》	40
37	BY-08003	《Word办公排版之道》	41
38	BY-08018	《Word办公排版之道》	44
39	BY-08028	《Word办公排版之道》	45
40	BY-08036	《Word办公排版之道》	48
41	BY-08067	《Word办公排版之道》	47
42	BY-08078	《Word办公排版之道》	50
43	BY-08087	《Word办公排版之道》	48

图 3.53　筛选效果(局部)

知识链接:高级筛选中的“与”和“或”

在上述的高级筛选条件区域的构建中,位于同一行的各个条件之间是“与”的关系。如果各个筛选条件放在不同行,则表示各个条件之间为“或”的关系。例如,如果需要查询销售订单中图书名称为“《Word 办公排版之道》”,或者书店名称为“博学书店”的订单记录,则可以这样构建条件区域,如图 3.54 所示。

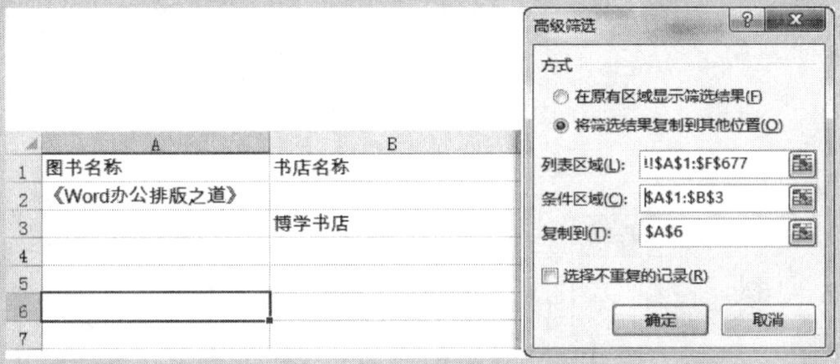

图 3.54　条件区域为“或”关系

如图 3.55 所示为筛选后的局部效果。

	A	B	C	D	E	F
1	图书名称	书店名称				
2	《Word办公排版之道》					
3		博学书店				
4						
5						
6	订单编号	日期	书店名称	图书名称	图书编号	销量（本）
7	BY-08086	2018年10月26日	东科书店	《Word办公排版之道》	BKC-002	7
8	BY-08591	2017年3月16日	东科书店	《Word办公排版之道》	BKC-002	40
9	BY-08002	2017年1月4日	博学书店	《Excel与数据处理》	BKC-003	5
10	BY-08003	2017年1月4日	博学书店	《Word办公排版之道》	BKC-002	41
11	BY-08004	2017年1月5日	博学书店	《PowerPoint办公应用实战	BKC-004	21
267	BY-08643	2018年11月13日	博学书店	《PowerPoint办公应用实战	BKC-004	2
268	BY-08644	2018年11月14日	东科书店	《Word办公排版之道》	BKC-002	35
269	BY-08645	2018年11月14日	博学书店	《Word办公排版之道》	BKC-002	21
270	BY-08652	2018年11月23日	博学书店	《Excel与数据处理》	BKC-003	20
271	BY-08653	2018年11月23日	博学书店	《Excel与数据处理》	BKC-003	48
272	BY-08655	2018年11月24日	博学书店	《Word办公排版之道》	BKC-002	18
273	BY-08660	2018年11月30日	博学书店	《OneNote万用电子笔记本	BKC-006	37
274	BY-08662	2018年12月3日	博学书店	《SharePoint Server安装、	BKS-001	27
275	BY-08664	2018年12月4日	博学书店	《Office办公专家从入门到	BKC-001	32
276	BY-08665	2018年12月5日	博学书店	《Office办公专家从入门到	BKC-001	49
277	BY-08667	2018年12月6日	博学书店	《Exchange Server安装、	BKS-002	41
278	BY-08669	2018年12月7日	博学书店	《PowerPoint办公应用实战	BKC-004	50

图 3.55　“或”关系筛选结果(局部)

四、数据透视表

数据透视表是一种快速汇总大量数据的交互式方法,使用数据透视表可以深入分析数值数据,对数据进行汇总、分析、浏览和提供摘要数据。

1. *布局数据透视表*

使用数据透视表,不必输入复杂的公式和函数,仅仅通过构建字段列表就可以创建一个交互式表格。

例如,如果需要统计 2018 年各类图书每月销售量,并且还要汇总出每月图书销售小计,就可以使用数据透视表实现。具体操作方法如下:

步骤一　定位在“销售订单”工作表的数据区域中,单击“插入”功能区“数据透视表”组中的“数据透视表”选项命令,弹出“创建数据透视表”对话框,选择放置数据透视表的位置为“新工作表”,如图 3. 56 所示。

步骤二　单击“确定”按钮,将新建工作表命名为“数据透视表”,移动到所有表格的最右端。默认自 A3 单元格开始创建一个空白数据透视表,同时显示“数据透视表字段”窗格,如图 3. 57 所示。

图 3. 56　创建数据透视表

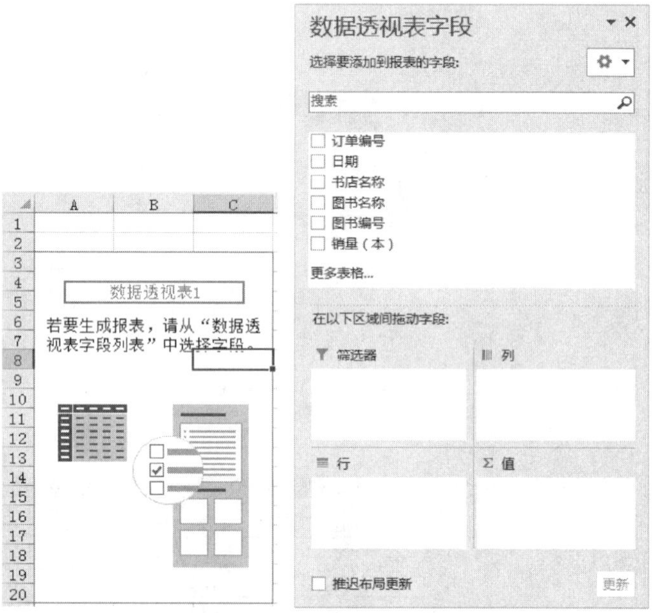

图 3. 57　创建空白数据透视表

步骤三　在“数据透视表字段”窗格中,分别将“日期”“图书名称”“销量(本)”三个字段名拖拽到列标签、行标签和数值区域中,即可得到相应的数据透视表,如图 3. 58 所示。

2. *对日期进行分组透视——创建组*

在日常工作中,常常需要制作月报表、季度报表或者年度报表之类与日期密切相关的报表,这类报表往往需要对源数据表中的日期和时间进行分组计算,才能制作出来。

按照要求,这里需要将列标签中的日期转换为月份,具体操作方法如下:

步骤一　右单击列标签中任意日期所在的单元格,选择快捷菜单命令中的“创建组…”,

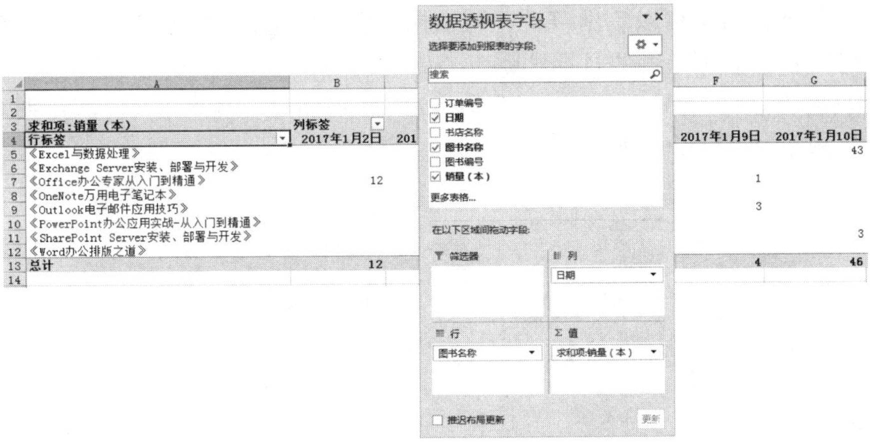

图 3.58　数据透视表

如图 3.59 所示。

步骤二　弹出“组合”对话框，系统会自动给出起始日期和结束日期，确认无误之后，选择“步长”值为“月”，如图 3.60 所示。

图 3.59　创建组命令

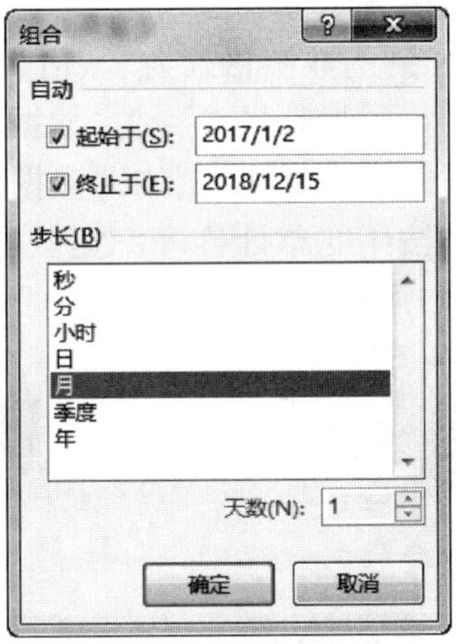

图 3.60　确定“步长”值

步骤三　单击“确定”按钮，数据透视表即可按照新步长值显示为月度报表，如图 3.61 所示。

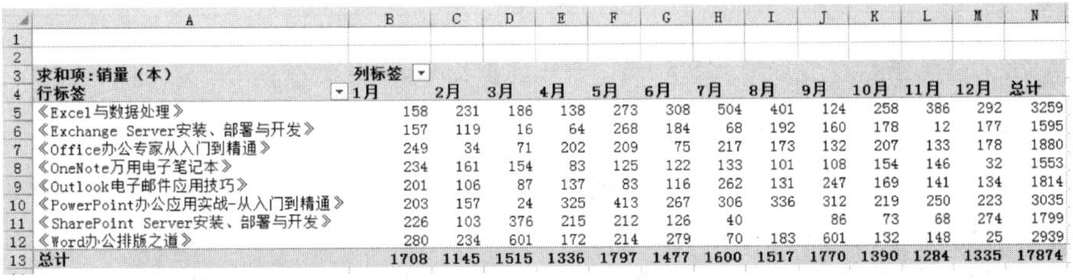

求和项:销量（本）	列标签												
行标签	1月	2月	3月	4月	5月	6月	7月	8月	9月	10月	11月	12月	总计
《Excel与数据处理》	158	231	186	138	273	308	504	401	124	258	386	292	3259
《Exchange Server安装、部署与开发》	157	119	16	64	268	184	68	192	160	178	12	177	1595
《Office办公专家从入门到精通》	249	34	71	202	209	75	217	173	132	207	133	178	1880
《OneNote万用电子笔记本》	234	161	154	83	125	122	133	101	108	154	146	32	1553
《Outlook电子邮件应用技巧》	201	106	87	137	83	116	262	131	247	169	141	134	1814
《PowerPoint办公应用实战-从入门到精通》	203	157	24	325	413	267	306	336	312	219	250	223	3035
《SharePoint Server安装、部署与开发》	226	103	376	215	212	126	40		86	73	68	274	1799
《Word办公排版之道》	280	234	601	172	214	279	70	183	601	132	148	25	2939
总计	1708	1145	1515	1336	1797	1477	1600	1517	1770	1390	1284	1335	17874

图 3.61　月度报表

3. 查看透视表中数据的具体来源

数据透视表中的数据是“活”的，可以轻松地查看其中每个汇总数据的具体来源。例如，从图 3. 61 的 B5 单元格中可以看出《Excel 与数据处理》图书在 1 月销量(本)为“158”,这个数据是否真实可靠? 它们都是哪些日期和哪些书店销售的?

这两个问题非常简单,只需要双击 B5 单元格,即可新建一个数据表,该数据表中显示这个数据的具体来源,如图 3. 62 所示。

	A	B	C	D	E	F
1	订单编号	日期	书店名称	图书名称	图书编号	销量（本）
2	BY-08376	2018/1/30	东科书店	《Excel与数据处理》	BKC-003	16
3	BY-08359	2018/1/12	先锋书店	《Excel与数据处理》	BKC-003	5
4	BY-08356	2018/1/10	博学书店	《Excel与数据处理》	BKC-003	40
5	BY-08349	2018/1/4	博学书店	《Excel与数据处理》	BKC-003	26
6	BY-08029	2017/1/30	东科书店	《Excel与数据处理》	BKC-003	4
7	BY-08012	2017/1/12	先锋书店	《Excel与数据处理》	BKC-003	19
8	BY-08009	2017/1/10	博学书店	《Excel与数据处理》	BKC-003	43
9	BY-08002	2017/1/4	博学书店	《Excel与数据处理》	BKC-003	5

图 3. 62　查看透视表中数据的具体来源

4. 格式化数据透视表

默认生成的数据透视表还需要格式化,使其更加美观,适于打印。

步骤一　修改行标签和列标签。分别将“行标签”“列标签”“求和项:销量(本)”数值标签修改为“图书名称”“日期”“销量(本)”。

步骤二　设置字体和数字格式。选择数据透视表区域,设置字体格式为“微软雅黑,10 磅”;设置 B:N 列的数字格式为“数值,小数位数 0,使用千位分隔符”。

步骤三　设置报表样式。在“数据透视表工具”/“设计”功能区“数据透视表样式”组中选择一种合适的报表样式(例如,“数据透视表样式中等深浅 10”)。

步骤四　按年度总计排序。定位在 N 列“总计”中的任意单元格,在“开始”功能区“编辑”组中的“排序和筛选”选项中选择“升序”命令,数据透视表将按照“总计”从小到大重新排序,效果如图 3. 63 所示。

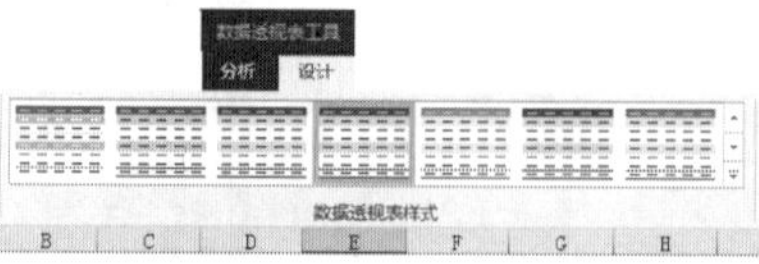

	A	B	C	D	E	F	G	H	I	J	K	L	M	N
1														
2														
3	销量（本）	日期												
4	图书名称	1月	2月	3月	4月	5月	6月	7月	8月	9月	10月	11月	12月	总计
5	《OneNote万用电子笔记本》	234	161	154	83	125	122	133	101	108	154	146	32	1,553
6	《Exchange Server安装、部署与开发》	157	119	16	64	268	184	68	192	160	178	12	177	1,595
7	《SharePoint Server安装、部署与开发》	226	103	376	215	212	126	40		86	73	68	274	1,799
8	《Outlook电子邮件应用技巧》	201	106	87	137	83	116	262	131	247	169	141	134	1,814
9	《Office办公专家从入门到精通》	249	34	71	202	209	75	217	173	132	207	133	178	1,880
10	《Word办公排版之道》	280	234	601	172	214	279	70	183	601	132	148	25	2,939
11	《PowerPoint办公应用实战-从入门到精通》	203	157	24	325	413	267	306	336	312	219	250	223	3,035
12	《Excel与数据处理》	158	231	186	138	273	308	504	401	124	258	386	292	3,259
13	总计	1,708	1,145	1,515	1,336	1,797	1,477	1,600	1,517	1,770	1,390	1,284	1,335	17,874

图 3. 63　格式化数据透视表

5. 建立多字段的数据透视表

在前面的数据透视表中,行标签和列标签分别都只有一个数据字段,所以建立的数据透视表比较简单。有时需要建立更为复杂的数据透视表。例如,还需要在数据透视表中看到各个书店的销售情况,就需要建立多字段的数据透视表。具体操作方法如下:

(1)添加行标签。

在“数据透视表字段”窗格中,将“书店名称”拖拽到“行”标签中,使其位于“图书名称”上方,数据透视表的布局将会发生变化,如图 3. 64 所示。

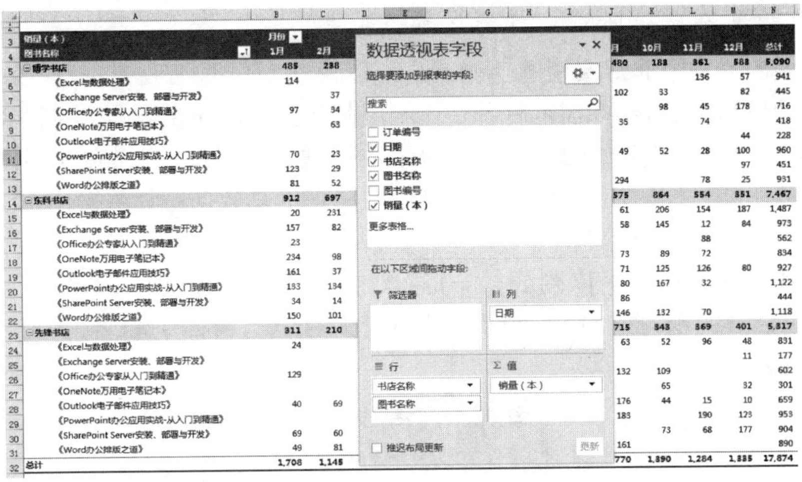

图 3.64　建立多字段的数据透视表

在默认情况下，Excel 2016 数据透视表都是以压缩形式显示报表的，也就是所有的行字段都在数据透视表的第1列，这种报表的每一个外字段项目的第一行（即组的顶部）是该项目的分类汇总数据，下面各行是该项目的明细数据。这种报表特别适合于使用“折叠”和“展开”图标，便于查看每个项目下的明细数据。

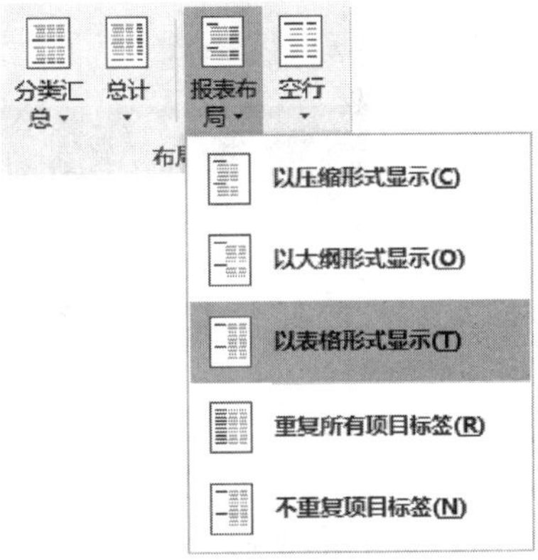

图 3.65　“以表格形式显示”布局样式

（2）设置报表布局格式。

Excel 2016 数据透视表有三种报表布局格式，可以将默认的压缩形式报表设置为“以表格形式显示”，具体操作方法如下：

步骤一　在“数据透视表工具”/“设计”功能区“布局”组中，单击“报表布局”选项下三角按钮，从下拉列表中选择“以表格形式显示”命令，如图 3.65 所示。

步骤二　得到如图 3.66 所示报表效果。

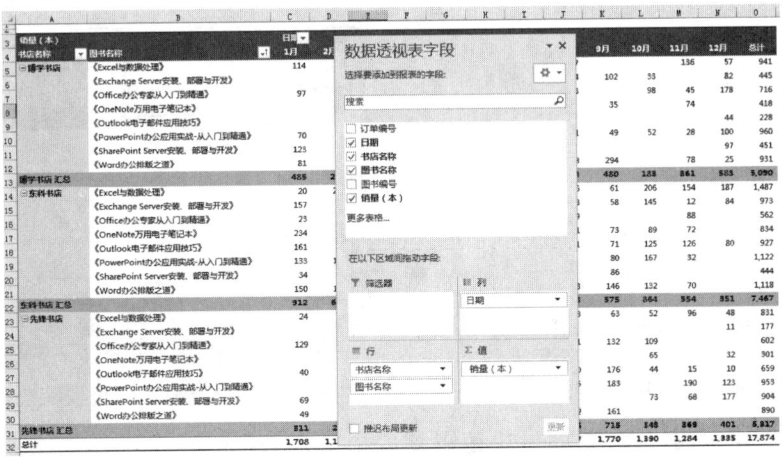

图 3.66　以表格形式显示

6. 快速创建某个字段所有项目的数据透视表

数据透视表的另一个非常实用的功能就是可以快速制作明细数据表,以及快速创建某个字段所有项目的数据透视表,特别是后者要比利用其他方法制作明细表效率高得多。

例如,如果要对每一类名称的图书建立一个数据透视表,并分别保存在不同的工作表中,该报表中显示该图书名称的各个月份、不同书店的销售汇总数据。具体操作方法如下:

(1)修改数据透视表字段。

将数据透视表重新设置字段列表——将“图书名称”拖拽到“筛选器”区域,将“书店名称”拖拽到“行”标签区域,将“日期”拖拽到“列”标签区域,将“销量(本)”拖拽到“数值”区域,如图 3.67 所示。

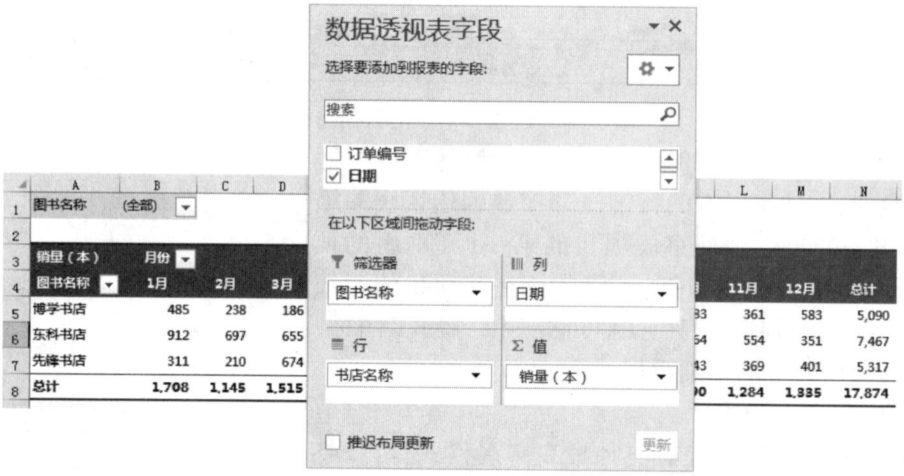

图 3.67　修改数据透视表字段

(2)显示报表筛选页。

步骤一　单击“数据透视表工具”/“分析”功能区“数据透视表”组中的“选项”下拉列表中的“显示报表筛选页…”命令,如图 3.68 所示。

步骤二　弹出“显示报表筛选页”对话框,当前只有一种要显示的报表筛选页字段“图书名称”,如图 3.69 所示。

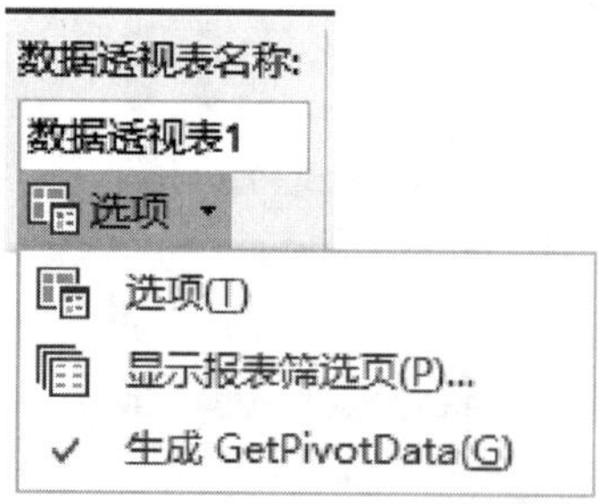

图 3.68　显示报表筛选页

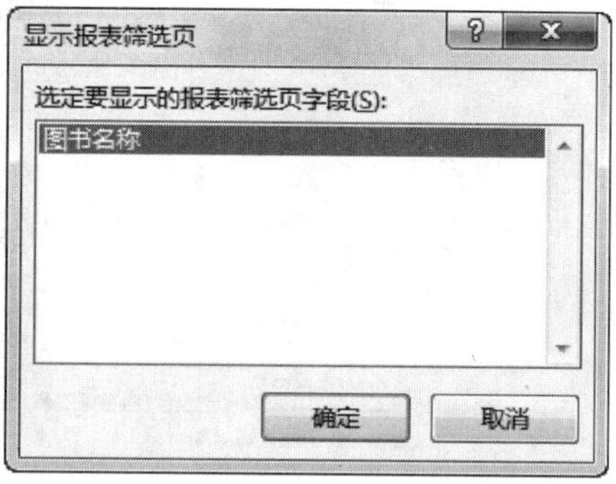

图 3.69　选择要显示的报表筛选页字段

步骤三　单击“确定”按钮,即可快速得到数个工作表——每个工作表的名称就是各类图书的名称,其中保存各类图书的数据透视表,如图 3.70 所示。

图书名称	《Excel与数据处理》												
销量（本）	月份												
图书名称	1月	2月	3月	4月	5月	6月	7月	8月	9月	10月	11月	12月	总计
博学书店	114		18		48	271	50	247			136	57	941
东科书店	20	231	168		126		258	76	61	206	154	187	1,487
先锋书店	24			138	99	37	196	78	63	52	96	48	831
总计	158	231	186	138	273	308	504	401	124	258	386	292	3,259

《Excel与数据处理》　《Exchange Server安装、部署与开发》　《Office办公专家从入门到精通》

图 3.70　快速创建某个字段所有项目的数据透视表

五、使用条件格式分析数据

1. 认识条件格式的类型

为了清晰地显示数据的不同层次以及数据的变化，用户可以为工作表中的数据设置条件格式，即当单元格中的数据满足设定的条件时，便可应用该条件所对应的格式显示单元格中的数据。Excel 2016 为用户提供了多种条件格式，主要包括突出显示单元格规则、项目选取规则、数据条、色阶和图标集等，用户可以根据实际需要选择使用不同的条件格式。

- 突出显示单元格规则：可以让符合指定的条件单元格，以特别的背景、字体、边框突出显示。
- 项目选取规则：允许用户识别项目中最大或最小的百分数或数字所指定的项，或者指定大于或小于平均值的单元格。
- 数据条：是按照颜色条的长度来表示单元格区域中数据的大小。颜色条越长则表示数值越大。
- 色阶：是使用双色刻度或三色刻度显示单元格中的数值，颜色的深浅程度代表单元格中数值的大小。
- 图标集：是将选择的数据用不同的图标来表示，以显示数据之间的关系。

2. 使用条件格式分析数据

例如，需要根据“销售订单”生成一份报表，在该报表中统计分析所有书店各种图书的销售情况，使用“数据条”对比显示各书店的销量情况，使用图标集对比显示每一种图书销量“总计”超过 3000 本的销量情况。利用条件格式可以非常方便地实现上述要求。

（1）生成报表。

首先，利用数据透视表功能，根据“销售订单”工作表，快速生成一个如图 3.71 所示的报表（说明：将“图书名称”放置在“行”标签、将“书店名称”放置在“列”标签、将“销量（本）”放置在“值”区域），将其重命名为“条件格式”。

求和项:销量（本）	列标签			
行标签	博学书店	东科书店	先锋书店	总计
《Excel与数据处理》	941	1487	831	3259
《Exchange Server安装、部署与开发》	445	973	177	1595
《Office办公专家从入门到精通》	716	562	602	1880
《OneNote万用电子笔记本》	418	834	301	1553
《Outlook电子邮件应用技巧》	228	927	659	1814
《PowerPoint办公应用实战-从入门到精通》	960	1122	953	3035
《SharePoint Server安装、部署与开发》	451	444	904	1799
《Word办公排版之道》	931	1118	890	2939
总计	5090	7467	5317	17874

图 3.71　生成报表

(2)使用“数据条”对比显示数据。

在生成的报表中,选择 B3:D10 单元格区域,在“开始”功能区“样式”组中单击“条件格式”选项下方的三角按钮,从弹出的列表中选择“数据条”/“实心填充”样式集中的一种(例如,橙色数据条),得到如图 3.72 所示效果。

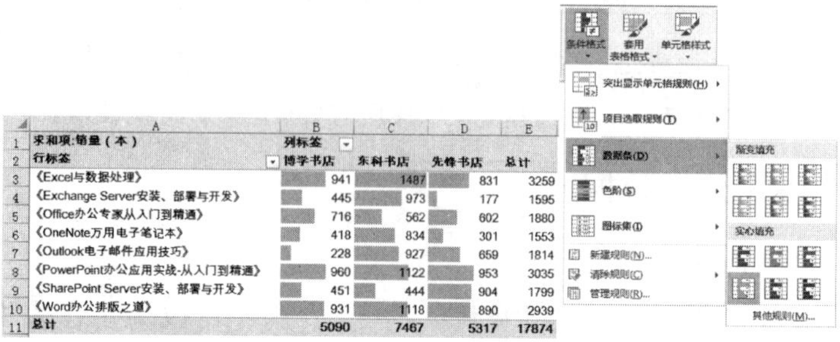

图 3.72　使用“数据条”对比显示数据

(3)使用“图标集”对比显示数据。

步骤一　在上述报表中,选择 E3:E10 单元格区域(“总计”列),在“开始”功能区“样式”组中单击“条件格式”选项下方的三角按钮,从弹出的列表中选择“图标集”/“其他规则…”命令,如图 3.73 所示。

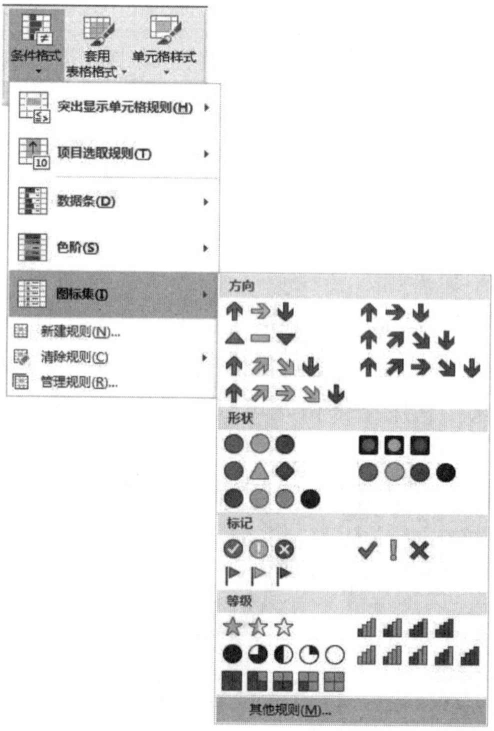

图 3.73　“图标集”/“其他规则…”

步骤二　在弹出的“新建格式规则”对话框中,设置“当值是”为“ > = 3000”(类型为“数字”)的图标按钮颜色为绿色;设置“当 <3000 且”为“ > = 0”(类型为“数字”)的图标按钮颜色为红色,如图 3.74 所示。

步骤三　单击“确定”按钮,得到如图 3.75 所示效果。

图3.74　设置图标参数

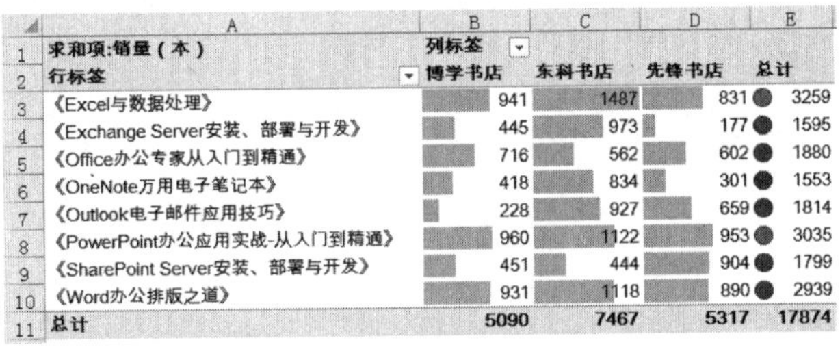

	A	B	C	D	E
1	求和项:销量（本）	列标签			
2	行标签	博学书店	东科书店	先锋书店	总计
3	《Excel与数据处理》	941	1487	831	3259
4	《Exchange Server安装、部署与开发》	445	973	177	1595
5	《Office办公专家从入门到精通》	716	562	602	1880
6	《OneNote万用电子笔记本》	418	834	301	1553
7	《Outlook电子邮件应用技巧》	228	927	659	1814
8	《PowerPoint办公应用实战-从入门到精通》	960	1122	953	3035
9	《SharePoint Server安装、部署与开发》	451	444	904	1799
10	《Word办公排版之道》	931	1118	890	2939
11	总计	5090	7467	5317	17874

图3.75　使用"图标集"对比显示数据

知识链接:管理条件格式

设定条件格式后,可以对其进行管理和清除。单击"条件格式"选项下的"管理规则…"命令(如图3.73所示),打开"条件格式规则管理器"对话框,如果有两个或更多个条件格式规则应用于一个单元格区域时,既可以选中不需要的条件格式规则将其删除,也可以改变它们的优先级顺序,如图3.76所示。

图3.76　管理条件格式

列表中较高处规则的优先级高于较低处的规则。默认情况下，新规则总是添加到列表的顶部，因此具有较高的优先级，可以使用对话框中的“上移”和“下移”箭头更改优先级顺序。

任务实训

家电销售区域分析

某家电公司汇总了 2018～2019 年各种家电产品在全国各大城市销售的数据表格，如图 3.77 所示，根据要求对表格数据进行进一步的编辑、美化和统计分析，制作出相关的数据报表。

	A	B	C	D	E	F
1	日期	销售人员	城市	商品	销售量	销售额
2	2018/1/12	曹自高	武汉	彩电	20	29900
3	2018/1/12	曹自高	武汉	彩电	34	78200
4	2018/1/12	刘敬堃	沈阳	冰箱	27	70200
5	2018/1/12	杜子腾	杭州	冰箱	24	62400
6	2018/1/12	周步云	太原	电脑	40	344000
7	2018/1/12	周步云	贵阳	相机	42	154980
8	2018/1/12	周步云	天津	彩电	32	73600
9	2018/1/13	房似锦	上海	空调	45	126000
10	2018/1/13	杜子腾	南京	空调	34	95200
11	2018/1/13	王登科	郑州	电脑	13	111800
1222	2019/12/24	周步云	沈阳	冰箱	27	70200
1223	2019/12/25	刘敬堃	太原	空调	27	75600
1224	2019/12/26	房似锦	太原	冰箱	49	127400
1225	2019/12/26	周步云	沈阳	冰箱	15	39000
1226	2019/12/30	郝大成	上海	冰箱	37	96200
1227						

图 3.77　“源数据”工作表

实训要求

（1）在“源数据”工作表中，对表格数据区域设置单元格格式，要求如下：

①所有表格内容字体格式设置为“微软雅黑、12 磅”，对齐方式设置为“居中”。

②根据列数据内容大小自动调整列宽，根据行数据内容大小自动调整行高。

③为所有的数据区域添加一种合适的边框线，为标题行添加一种适宜的填充颜色（以不遮挡文字为宜），适当增加标题行的行高，使其更加醒目突出。

④为 A 列（日期）设置自定义格式：“yyyy－mm－dd”。为 F 列（销售额）设置数字格式：“会计专用，小数位数为 0，无货币符号”。

（2）新增工作表，命名为“高级筛选”，分别根据“源数据”中的表格数据，作如下筛选：

①姓名为“曹自高”销售人员在“武汉”地区销售“彩电”商品的所有记录。

②销售地区为“太原”且商品为“冰箱”，以及销售地区为“郑州”且商品为“冰箱”的所有记录。

③销售地区为“上海”且销售量大于等于 50 的所有记录。

④销售人员“周步云”在“太原”或者“天津”销售“电脑”的所有记录。

（3）将“源数据”工作表复制一份置于“高级筛选”工作表的右侧，重命名为“排序”。按照如下要求，分别对表格进行排序（提示：进行新的排序操作之前，需要清除上一次的筛选）：

①按照“销售额”从大到小的顺序对数据区域进行重新排序，如果“销售额”相同，则按照“销售量”从大到小的顺序进行排序。

②按照“城市”名称依次为：冰箱、彩电、电脑、空调、相机的指定顺序，对数据区域进行重新排序；如果城市名称相同，则按照“销售额”从大到小顺序进行排序。

（4）新建一个工作表，命名为“数据透视分析”，放置在“排序”工作表的右侧。根据“源数据”工作表中的数据区域内容，进行如下操作：

①在其中创建如图3.78所示数据透视表，要求严格按照图示要求设置字段列表，并选择合适的样式美化数据透视表；

	A	B	C	D	E	F	G
1	城市	北京					
2							
3	销售额	商品					
4	销售人员	冰箱	彩电	电脑	空调	相机	总计
5	曹自高		29,900		47,600		77,500
6	杜子腾	288,188	288,754		100,800	177,120	854,862
7	房似锦	161,200	425,500	1,212,081	672,855	462,312	2,933,948
8	郝大成	541,591	439,243		177,982		1,158,816
9	刘敬堃		108,162		1,053,366		1,161,528
10	王登科	702,473	82,800		474,744	140,220	1,400,237
11	周步云	617,399	316,684	369,800	246,400		1,550,283

图3.78　数据透视表

②根据数据透视表创建如图3.79所示数据透视图，图表样式、图表元素等结构要严格按照图示进行设置。

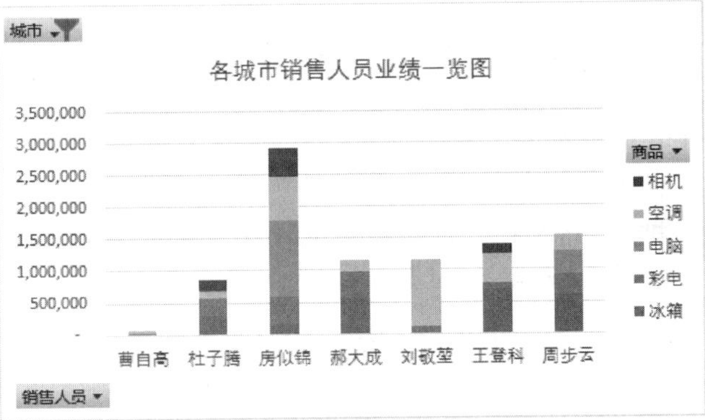

图3.79　数据透视图

（5）新建一个工作表，命名为“条件格式”，放在“数据透视分析”工作表的右侧。根据“源数据”工作表中的数据区域内容，进行如下操作：

①在其中创建如图3.80所示数据透视表，要求按照图示要求设置字段列表，并选择合适的样式美化数据透视表；

	A	B	C	D	E	F
3	求和项:销售量	商品				
4	销售人员	冰箱	彩电	电脑	空调	相机
5	曹自高	1162	444	264	533	61
6	杜子腾	559	366	49	1151	48
7	房似锦	1528	1904	779	2347	789
8	郝大成	2202	2110	93	1570	642
9	刘敬堃	1501	960	145	1842	396
10	王登科	1652	2526	646	1677	1391
11	周步云	2682	2290	711	3220	1212

图3.80　设置条件格式

②为每一种商品的销售量添加条件格式,使用不同颜色的数据条突出显示不同销售人员之间的销售量大小关系。

项目实训　员工技术考核成绩统计分析

人力资源部门对本企业部分员工进行了一次岗位技术考核,需要对考核成绩数据进行编辑计算和汇总分析。如图 3.81 所示为考核成绩表的初始状态。

	A	B	C	D	E	F	G	H	I	J	K	L
1	序号	准考证号	考生姓名	部门	Word	Excel	PowerPoint	Outlook	Visio	总成绩	平均成绩	等级
2		104111050729	王朝坤	生产部	96	87	93	99	77			
3		104111051014	刘嘉	生产部	62	58	65	90	78			
4		104111051617	贺文玥	生产部	88	77	78	58	79			
5		104111051724	李咚	生产部	56	66	61	81	89			
6		104111060117	牛鹤文	市场部	71	98	81	58	70			
7		104111060805	丁鸪	市场部	53	92	89	83	98			
8		104111060814	卢薇	市场部	54	80	73	91	55			
9		104111060930	张汐男	市场部	77	74	97	82	71			
10		104111061112	谭彩灿	市场部	81	53	92	61	60			
11		104111140402	郭舒	行政部	96	99	82	87	84			
12		104111140504	尹琰慧	行政部	59	97	96	59	96			

图 3.81　考核成绩表

实训目标

- 掌握 Excel 工作表编辑和格式化方法;
- 掌握 Excel 公式和函数的应用;
- 掌握 Excel 数据排序、筛选和数据透视表的操作方法;
- 掌握 Excel 数据验证方法。

实训要求

(1) 将“项目实训 3. 员工技术考核成绩统计分析”工作簿另存为“员工技术考核成绩统计分析”。

(2)在“成绩单”工作表中,设置工作表标签颜色为标准红色;对数据区域套用“表样式浅色 16”表格格式,取消镶边行后将其转换为区域。

(3)在“序号”列中输入格式为“00001、00002、00003……”的顺序号。

(4) 将所有成绩数据区域中的空单元格中输入数值“0”。

(5) 正确的准考证号为 12 位文本,验证“准考证号”列数据的有效性,当输入错误时给出提示信息“超出范围请重新输入!”;并且以标准红色文本标出存在的错误数据。

(6)计算每个员工 5 个考核科目(Word、Excel、PowerPoint、Outlook 和 Visio)的“平均成绩”。

(7) 在“等级”列中计算并填写每位员工的考核成绩等级,等级的计算规则如表 3.5 所示。

表 3.5　　考核成绩等级计算规则

等级分类	计算规则
不合格	5 个考核科目中任一科目成绩低于 50 分
及格	50 分≤平均成绩＜70 分
良	70 分≤平均成绩＜80 分
优	平均成绩≥80 分

（8）适当调整“成绩单”工作表数据区域的行高和列宽，并设置水平、垂直方向均居中对齐。

（9）依据自定义序列“研发部→物流部→采购部→行政部→生产部→市场部”的顺序进行排序；如果部门名称相同，则按照平均成绩由高到低的顺序排序。

（10）新建“分数段统计”工作表，设置其工作表标签颜色为蓝色；参照如图 3.82 所示“成绩分布及比例”示例，以该工作表 B2 单元格为起始位置创建数据透视表，计算“成绩单”工作表中平均成绩在各分数段的人数以及所占比例（数据透视表中的数据格式设置以参考示例为准，其中平均成绩各分数段下限包含临界值）。

（11）根据“成绩单”工作表中数据，创建名为“各部门成绩”的数据透视表工作表，如图 3.83 所示修改行字段和列字段名，按照“优、良、及格、不合格”的顺序对数据透视表重新排序。设置工作表标签颜色为绿色，并将其放置在全部工作表的最右侧。

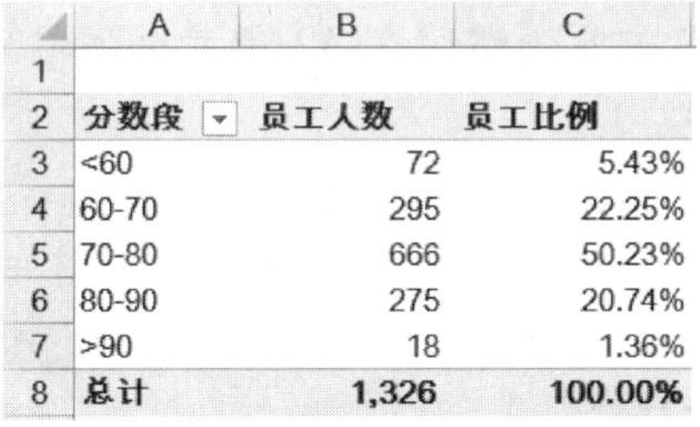

	A	B	C
1			
2	分数段	员工人数	员工比例
3	<60	72	5.43%
4	60-70	295	22.25%
5	70-80	666	50.23%
6	80-90	275	20.74%
7	>90	18	1.36%
8	总计	1,326	100.00%

图 3.82　成绩分布及比例

	A	B
1	部门	(全部)
2		
3	等级	人数
4	优	244
5	良	276
6	及格	33
7	不合格	773
8	总计	1326

图 3.83　各部门成绩

（12）在“各部门成绩”基础上，为每一个部门建立一个数据透视表，并分别保存在不同的工作表中，报表中显示该部门的各个等级的人数，并且以相应部门的名称分别命名工作表，如图 3.84 所示。

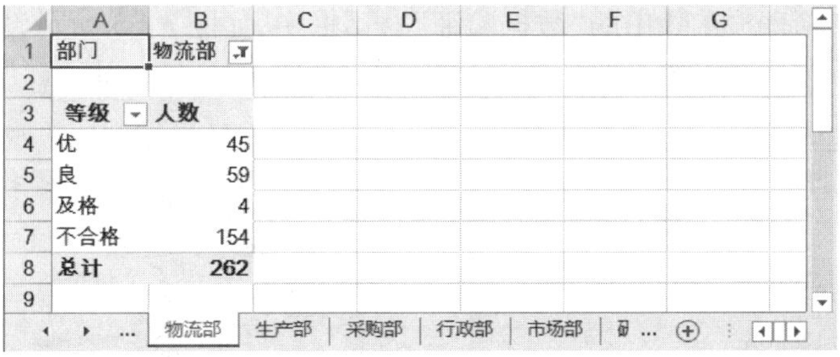

	A	B
1	部门	物流部
2		
3	等级	人数
4	优	45
5	良	59
6	及格	4
7	不合格	154
8	总计	262
9		

图 3.84　不同部门等级人数统计

（13）将“成绩单”工作表中的数据区域设置为打印区域，纸张方向为“纵向”，并设置标题行在打印时可以重复出现在每页顶端。为其添加页眉和页脚，页眉中间位置显示“员工技术考核成绩报告”文本，页脚样式为“第 1 页，共？页”。

操作步骤

一、编辑“成绩表”

1. 保存工作簿

打开“项目实训 3. 员工技术考核成绩统计分析”工作簿,将其命名为“员工技术考核成绩统计分析”。

2. 编辑工作表

(1)修改工作表标签颜色。

右单击“成绩表”工作表标签,选择下拉列表中的“工作表标签颜色”命令,从颜色列表中选择标准色“红色”。

(2)套用表格格式。

步骤一　定位在“成绩表”中的数据区域内,单击“开始”功能区“样式”组中的“套用表格格式”选项,从其下拉列表中选择“表样式浅色 16”表格样式,然后在“表格工具”功能区“设计”组中取消“镶边行”复选框。

步骤二　再单击“转换为区域”选项命令,在弹出的提示框中单击“是”按钮。

(3)输入“序号”。

选择 A 列(“序号”),设置该列数据格式为“文本”,然后在 A2 单元格内输入“00001”,将其自动填充至该列所有单元格内。

(4)快速完成空白单元格的数值填充。

步骤一　选择 E 列至 I 列的所有成绩单元格区域,在“开始”功能区“编辑”组中,单击“查找和替换”下拉列表中的“定位条件…”命令,弹出“定位条件”对话框,选择“空值”,单击“确定”按钮,将上述区域中的所有空白单元格选中;

步骤二　在当前活动单元格中输入“0”,然后按下 Ctrl + Enter 组合键。

3. 数据验证和设置条件格式规则

(1)数据验证。

步骤一　选择 B 列中的所有“准考证号”所在单元格区域,单击“数据”功能区“数据工具”组中的“数据验证”选项命令,在弹出的“数据验证”对话框中,如图 3. 85 所示设置验证条件。

步骤二　切换至“出错警告”选项卡中,如图 3. 86 所示输入错误信息。

图 3. 85　设置验证条件

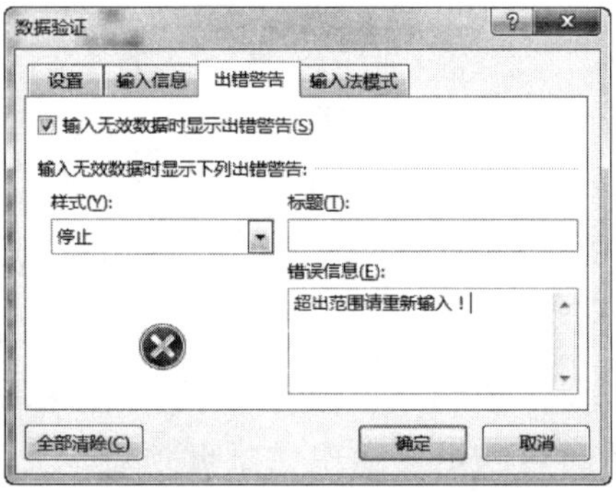

图 3. 86　输入错误信息

（2）设置条件格式规则。

选择 B 列中的所有“准考证号”所在单元格区域，单击“开始”功能区“样式”组中的“条件格式”命令，从其下拉列表中选择“新建规则…”命令，在弹出的“新建格式规则”对话框中，如图 3.87 所示选择规则类型为“使用公式确定要设置格式的单元格”，设置格式为标准“红色”字体。

图 3.87　设置条件格式规则

4. 相关计算

（1）计算“平均成绩”。

在 J2 单元格内构建如下函数公式：

=AVERAGE(E2:I2)

按下回车键，得到计算结果，将公式向下复制填充直至最后一行。

（2）计算“等级”。

在 K2 单元格内构建如下函数公式：

=IF(OR(E2<60,F2<60,G2<60,I2<60,I2<60),"不合格",IF(J2<70,"及格",IF(J2<80,"良","优")))

按下回车键，得到计算结果，将公式向下复制填充直至最后一行。

适当调整数据区域的行高和列宽，并设置水平、垂直方向均居中对齐。

5. 自定义排序

步骤一　定位在数据区域中，在“开始”功能区“编辑”组中单击“排序和筛选”选项下拉列表中的“自定义排序…”命令，弹出如图 3.88 所示“排序”对话框。

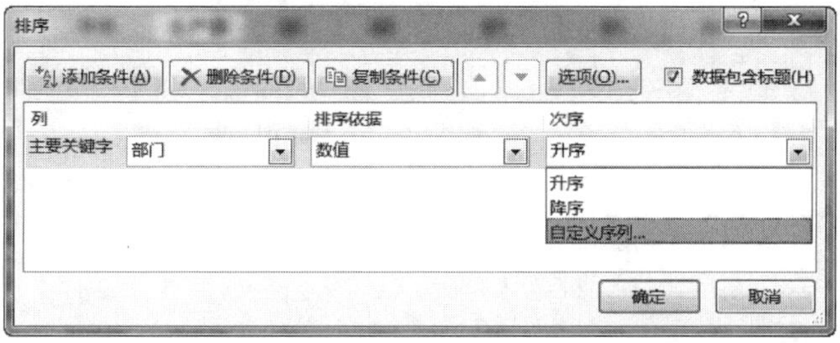

图 3.88　“排序”对话框

步骤二　选择“主关键字”为“部门”，选择“次序”为“自定义序列…”，弹出如图 3.89 所示“自定义序列”对话框。在“输入序列”框内依次输入“研发部、物流部……”（提示：每输入一个部门，按下 Enter 键转入下一行继续输入），单击“添加”按钮，将其添加到“自定义序列”列表中。单击“确定”按钮，返回“排序”对话框。

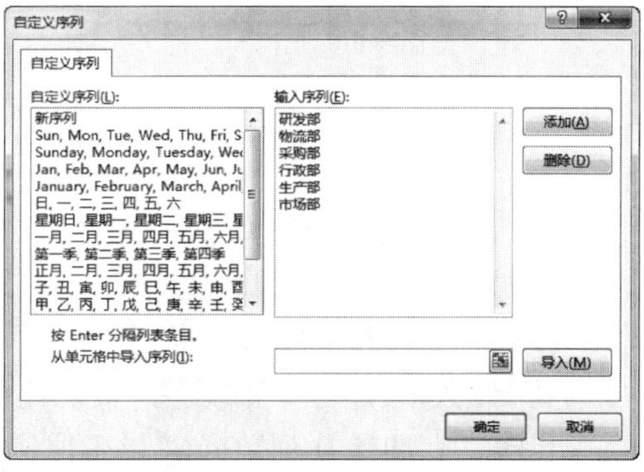

图 3.89　“自定义序列”对话框

步骤三　单击“添加条件”按钮，添加次关键字“平均成绩”，“次序”为“降序”，最后单击“确定”按钮。

二、创建“分数段统计”数据透视表

(1)创建数据透视表。

步骤一　生成新报表。定位在“成绩单”工作表数据区域中,在“插入”功能区“数据透视表”组中单击“数据透视表”命令,在弹出的“创建数据透视表”对话框,选择放置数据透视表的位置为“新工作表”。

步骤二　单击“确定”按钮新建工作表,重命名为“分数段统计”。删除第一行,在工作表的 B2 单元格创建空白数据透视表。

步骤三　构建数据透视表字段。将“平均成绩”放置在“行”标签,在“数值”区域中依次放置两次“序号”字段(均为“计数项”)。

(2)创建组。

右单击 B 列中的任意分数值,选择“创建组…”快捷菜单命令,在弹出的“组合”对话框,设置“起始于”“终止于”“步长”值,如图 3.90 所示。

(3)设置“值显示方式”。

右单击“计数项:序号”列(D 列)中的任意数值,在快捷菜单中选择“值显示方式”/“列汇总的百分比”,如图 3.91 所示。

图 3.90　创建组

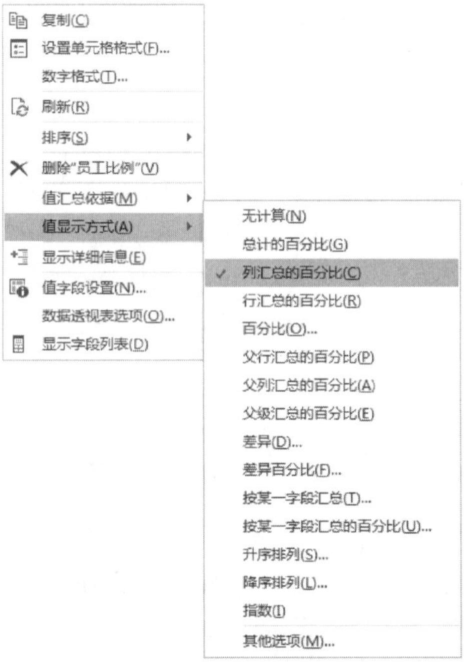

图 3.91　值显示方式

(4)格式化数据透视表。

步骤一　修改字段名。将“行标签”修改为“分数段”,将“计数项:序号”修改为“员工人数”,将“计数项:序号 2”修改为“员工比例”。

步骤二　选择 D 列数据(“员工比例”),设置数字格式为“百分比 小数位数 2”。

步骤三　修改工作表标签颜色为“绿色”,将工作表标签位置移至最右侧。

三、创建“各部门成绩”数据透视表

1. 创建数据透视表

根据“成绩单”中的数据清单，在新工作表中创建一个空白数据透视表，分别设置“行”标签为“等级”，“值”区域为“平均成绩”，“筛选器”为“部门”。将新工作表命名为“各部门成绩”，设置工作表标签颜色为标准“绿色”。效果如图3.92所示。

	A	B
1	部门	(全部)
2		
3	**行标签**	**计数项:平均成绩**
4	不合格	773
5	及格	33
6	良	276
7	优	244
8	**总计**	**1326**

图3.92　“各部门成绩”数据透视表

2. 自定义排序

(1)编辑自定义列表。

步骤一　依次单击“文件”选项中的“选项”命令，弹出如图3.93所示“Excel选项”功能面板，在“高级”功能区中单击“编辑自定义列表…”按钮，弹出“自定义序列”对话框。

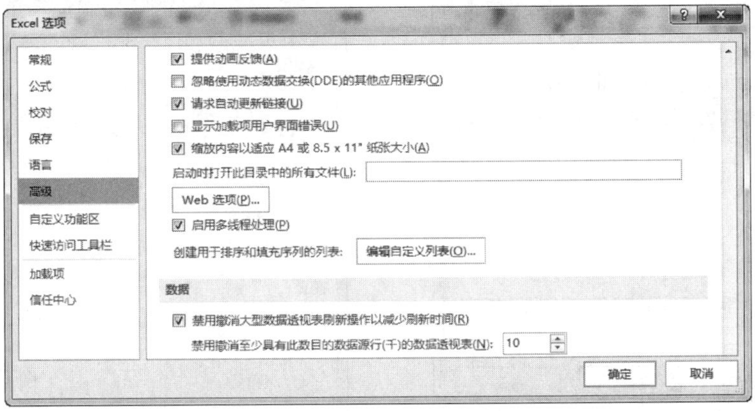

图3.93　Excel选项

步骤二　在“输入序列”框中依次输入以下等级——“优，良，及格，不合格”（说明：每输入一种等级按下Enter键转入下一行继续输入），单击“添加”按钮将其导入“自定义序列”框中，单击“确定”按钮，如图3.94所示。

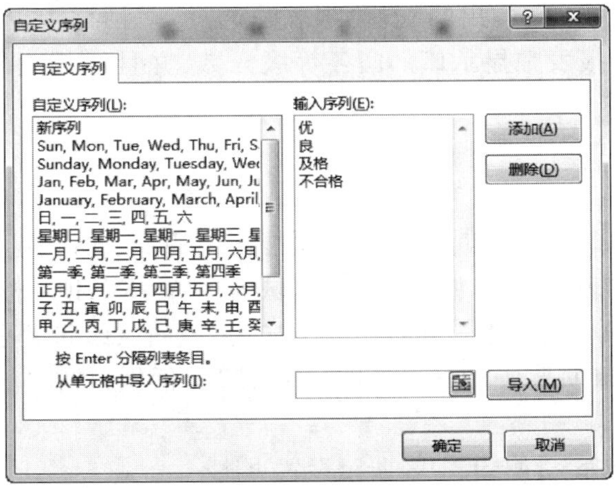

图3.94　自定义序列

(2)自定义排序。

步骤一　修改字段名。分别将“行标签”修改为“等级”,“计数项:平均成绩”修改为“人数”。

步骤二　设置排序选项。单击“等级”行标签右侧的下三角按钮,从弹出的列表中选择“其他排序选项…”命令,弹出“排序(等级)”对话框,如图3.95所示。

步骤三　单击“其他选项…”按钮,弹出如图3.96所示“其他排序选项(等级)”对话框,取消“每次更新报表时自动排序”复选框,然后在“主关键字排序次序”框内选择自定义列表“优,良,及格,不合格”,然后连续单击“确定”按钮,完成排序。

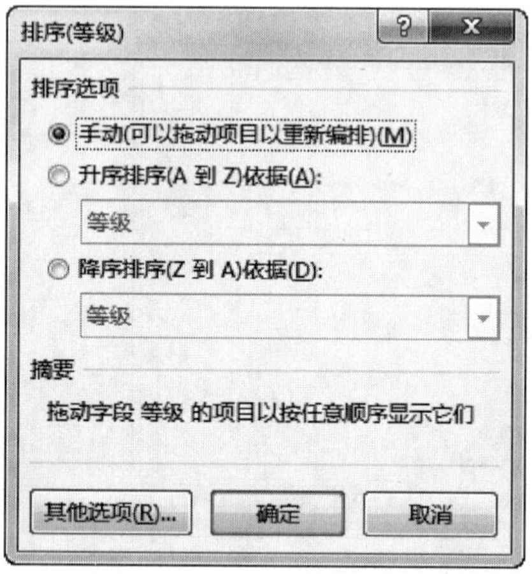

图3.95　设置“排序选项”

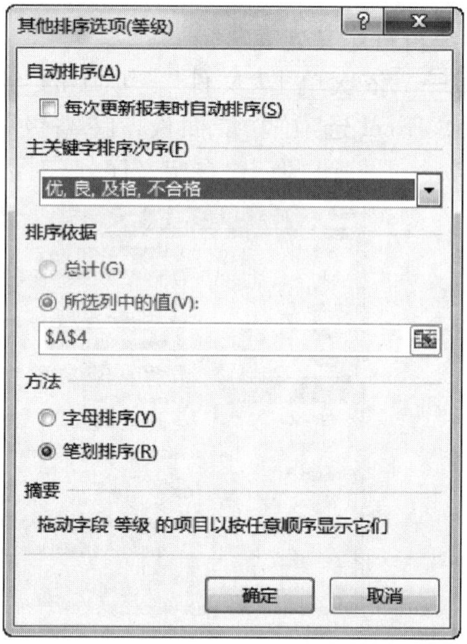

图3.96　选择“主关键字排序次序”

3. 显示报表筛选页

在“数据透视表工具”/“分析”功能区“数据透视表”组中,单击“选项”下拉列表中的“显示报表筛选页…”命令,在弹出的“显示报表筛选页”对话框中单击“确定”按钮,即可快速得到数个工作表——报表中显示该部门各等级人数,并且以相应部门的名称分别命名工作表。

四、打印设置

步骤一　在“成绩表”中,单击“页面布局”功能区中的“页面设置”对话框启动器,打开“页面设置”对话框,在“工作表”选项卡中设置打印区域为“$A:$K”,顶端标题行为“$1:$1”。

步骤二　切换至“页面”选项卡,选择打印方向为“纵向”,纸张大小为“A4”。

步骤三　添加页眉和页脚。切换至“页眉/页脚”对话框,单击“自定义页眉”命令,如图3.97所示设置页眉。

单击“自定义页脚”命令,如图3.98所示设置页脚。

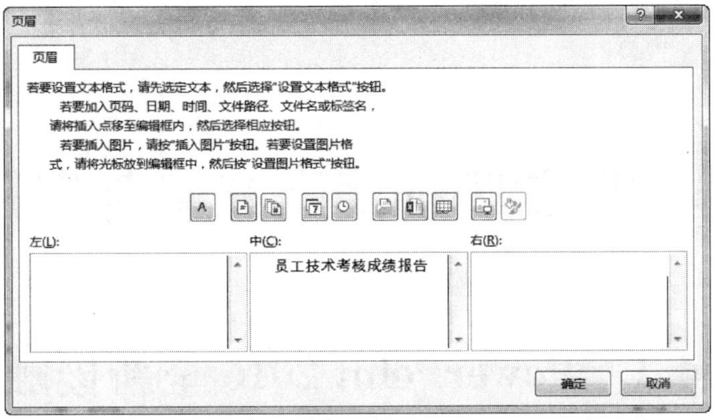

图 3.97　自定义页眉

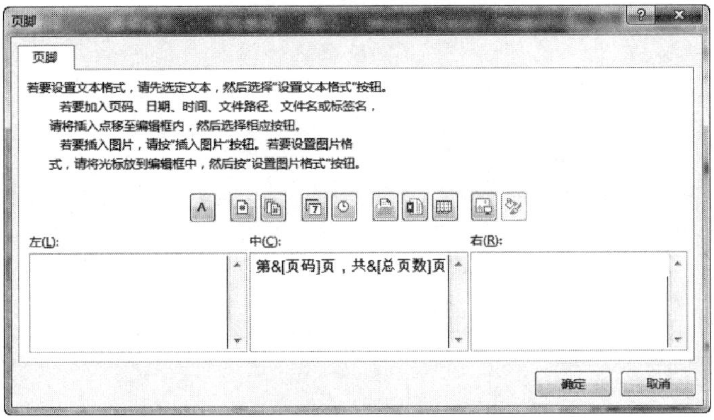

图 3.98　自定义页脚

项目4　办公中的演示文稿制作及应用

任务4.1　PowerPoint 2016全新接触——制作课件PPT

学习目标

- 掌握版式和占位符等基本概念，理解它们的用途和使用方法；
- 掌握在幻灯片中插入各种对象（如文本、图片、SmartArt图形、图片、艺术字和图表）的技能；
- 学会幻灯片的放映方法和共享演示文稿的方法。

任务引入

小高是一位体育老师，他接受了教研组布置一项任务——给一年级新生做一场关于跑步的健身讲座。在演讲之前，他需要制作一个幻灯片，准备在会场上播放。他准备使用功能强大、入手操作方便的Microsoft PowerPoint来完成幻灯片的制作。

任务分析

1. 制作演示文稿的基本流程

- 素材的准备：主要是准备演示文稿中所需要的一些图片、声音、动画等文件。
- 选好创建演示文稿的方法，按要求插入新幻灯片，选择合适的版式。
- 基本元素的输入：输入文本及插入对象（图片、图表等），并进行编辑。
- 美化演示文稿：选择“设计模板”（注意不同幻灯片可应用不同的模板），使用配色方案以及背景设置等。
- 保存演示文稿并放映：保存演示文稿后，设置放映的一些参数，然后播放查看效果，满意后正式输出播放。

2. 创建演示文稿的方法

创建演示文稿有三种常用方法：创建空演示文稿、根据office.com模板创建和导入现有文本制作演示文稿。

本案例我们就“从零开始”（空演示文稿）制作演示文稿。

任务效果图

本任务效果如图4.1所示。

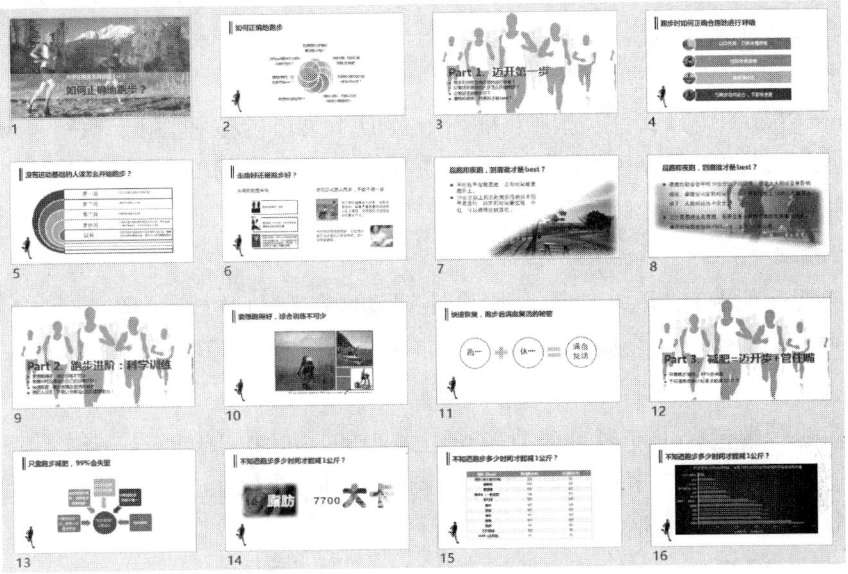

图4.1　任务效果

任务实施

一、了解 PowerPoint 2016 工作界面

PowerPoint 2016的工作界面是由标题栏、功能选项卡、快速访问工具栏、功能区、“幻灯片/大纲”窗格、幻灯片编辑区、备注窗格和状态栏等部分组成，如图4.2所示。

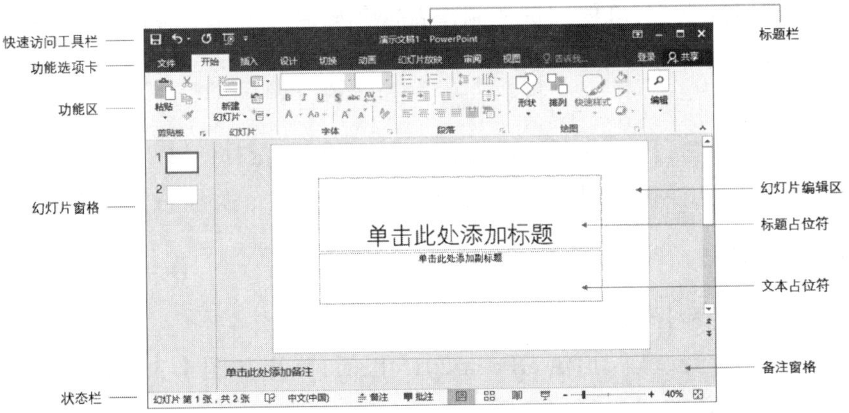

图4.2　PowerPoint的工作界面

1. 标题栏

位于PowerPoint工作界面的最上方它用于显示演示文稿名称，最右侧的3个按钮分别用于对窗口执行最小化、最大化和关闭等操作。

2. 快速访问工具栏

该工具栏上提供了最常用的“保存”按钮 、“撤消”按钮 和“恢复”按钮 ,单击对应的按钮可执行相应的操作。如需在快速访问工具栏中添加其他按钮,可单击其后的按钮 ,在弹出的菜单中选择所需的命令即可。

3. “文件”选项卡

PowerPoint 2016 中的“文件”选项卡是一个类似于菜单的按钮,用于执行 PowerPoint 演示文稿的信息、新建、打开、保存、导出和选项等基本操作。其中的“打开”窗格右侧列出了用户经常使用的演示文档名称。

4. 功能选项卡

常见的功能选项卡有“开始”“插入”“设计”“动画”“幻灯片放映”等,它集中了 PowerPoint 2016 的所有命令,每一个功能选项卡中又包含了数量不等的相应功能区。

5. 功能区

每一个功能区中包含了许多自动适应窗口大小的功能组,例如,在“开始”功能选项卡中包含了“剪贴板”“幻灯片”“字体”“段落”“绘图”“编辑”功能组。不同的功能组中又放置了与此相关的命令按钮或列表框。

6. “幻灯片”窗格

“幻灯片/大纲”窗格位于演示文稿窗口右侧,显示整个演示文稿中幻灯片的编号及缩略图,通过它可更加方便地掌握整个演示文稿的结构。

7. 幻灯片编辑区

该区域是整个工作界面的核心区域,用于显示和编辑幻灯片,在其中可输入文字内容、插入图片和设置动画效果等,是使用 PowerPoint 制作演示文稿的操作平台。

8. 备注窗格

位于幻灯片编辑区下方,可供幻灯片制作者或幻灯片演讲者查阅该幻灯片信息或在播放演示文稿时对需要的幻灯片添加说明和注释。

9. 状态栏

位于工作界面最下方,用于显示演示文稿中所选的当前幻灯片以及幻灯片总张数、幻灯片采用的模板类型、视图切换按钮以及页面显示比例等。

二、创建幻灯片

1. 幻灯片的新建和保存

步骤一　新建幻灯片。启动 PowerPoint 2016 以后,弹出如图 4.3 所示界面,单击“空白演示文稿”即可创建一个新的空白演示文稿。

另外,PowerPoint 2016 提供了种类丰富的脱机 Office 模板,在如图 4.3 所示右侧窗格中可以选择一种适合的模板创建自己的演示文稿。

步骤二　保存幻灯片。单击快速访问工具栏上的“保存”按钮,也可以按下 F12 功能键或者 Ctrl + S 组合键,都可以弹出“另存为”对话框,将演示文稿保存为“跑步”文档(扩展名为:pptx)。

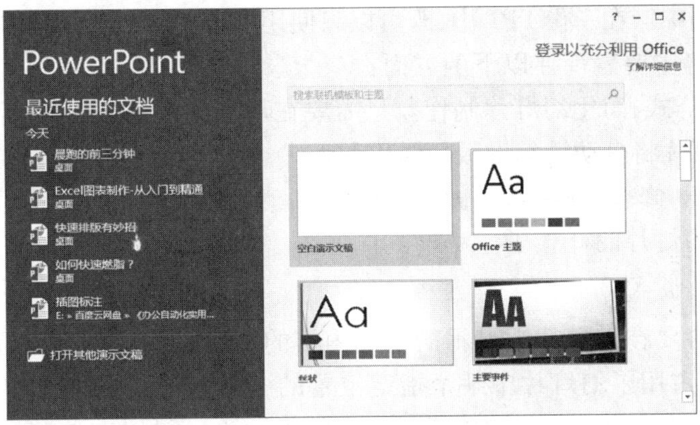

图 4.3 启动 PowerPoint 2016

2. 添加新的幻灯片

新建的演示文稿中默认只有一张幻灯片，可以通过以下几种方法在当前幻灯片的后面添加新的幻灯片。

方法一：在“幻灯片”窗格中，选中某张幻灯片后按下 Enter 键或组合键 Ctrl + M；

方法二：右单击“幻灯片”窗格空白处，在弹出的快捷菜单中选择“新建幻灯片”命令；

方法三：在“幻灯片”功能区，右单击当前幻灯片，选择快捷菜单命令中的“新建幻灯片”按钮（见图 4.4）。

通过上述方法，在当前演示文稿中连续添加幻灯片，以适应演讲内容的需要。

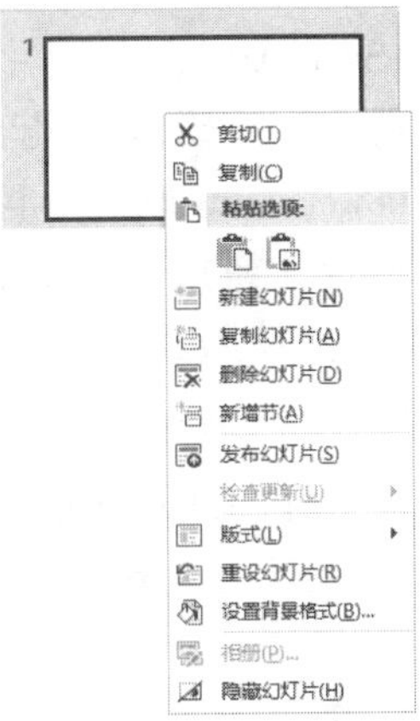

图 4.4 新建幻灯片

知识链接：移动和复制幻灯片

如果在制作课件的过程中，根据内容需要，在演示文稿中调整各幻灯片的顺序，可以通过移动幻灯片的方法来实现：在右侧的“幻灯片”窗格中，用鼠标左键按住需要移动的幻灯片，拖动到目标位置后释放鼠标即可完成移动操作；

如果在制作课件的过程中，新制作的幻灯片与已有幻灯片非常相似，可以通过复制已有幻灯片，然后在此基础上编辑修改——既节省时间又提高效率：在右侧的“幻灯片”窗格中，按下 Ctrl 键不放，然后用鼠标左键拖动需要复制的幻灯片到目标位置，释放鼠标和 Ctrl 键即可完成复制操作。

三、设计幻灯片母版

1. 了解幻灯片母版

幻灯片母版可以看作是一组幻灯片设置，它通常由统一的颜色、字体、图片背景、页面设置、页眉页脚设置、幻灯片方向以及图文版式组成。

需要注意的是，母版并不是 PowerPoint 模板，它仅是一组设定，既可保存于模板文档内，也可以保存在非模板文档中。在一份 PPT 中,既可以只使用一个母版,也可以同时使用多个母版。

使用母版的优势主要表现在以下两方面:

第一,方便统一样式,简化幻灯片制作。只需要在母版中设置好版式、字体、标题等样式,所有使用此母版的幻灯片将自动继承母版的样式和版式,可以快速制作出大量风格统一的幻灯片。

第二,方便修改。修改母版后,所做的修改将自动套用在应用了该母版的所有幻灯片上,就不需要手动修改幻灯片的样式了。

2. 了解幻灯片版式

幻灯片版式包含要在幻灯片上显示的全部内容的格式设置、位置、占位符和主题。

其中,占位符是占用了幻灯片中某个指定位置的一些符号(如图 4.2 所示,表现为虚线边框的矩形,内部往往有"单击此处添加标题"之类的提示语),可以在这些符号中输入不同类型的内容——是版式中的"容器",可容纳如文本(包含正文文本、项目符号列表和标题)、表格、图表、SmartArt 图形、影片、声音、图片及剪贴画等内容。当我们要创建自己的模板时,占位符就显得非常重要,它能起到规划幻灯片结构的作用。

PowerPoint 2016 中包含 31 种内置幻灯片版式——即包含 31 种幻灯片主题(颜色、字体、效果和背景等),根据特定需求也可以自定义版式。新建的空白演示文稿将显示名为"标题幻灯片"的默认版式。

3. 设计母版

在打开的演示文稿中,程序默认处于幻灯片编辑状态,此时所做的任何编辑均应用于幻灯片本身,而不会对母版作任何修改。只有切换至母版视图时,所做修改才会作用于母版。制作"跑步"演示文稿的第一步,我们需要为其设计幻灯片母版,实现统一幻灯片外观、提高操作效率的目的。

(1)进入母版视图。

在"视图"功能区的"母版视图"组中单击"幻灯片母版"按钮,进入幻灯片母版编辑状态(见图 4.5),在左侧的窗格中选择母版的主版式页面——即母版的第一个版式。

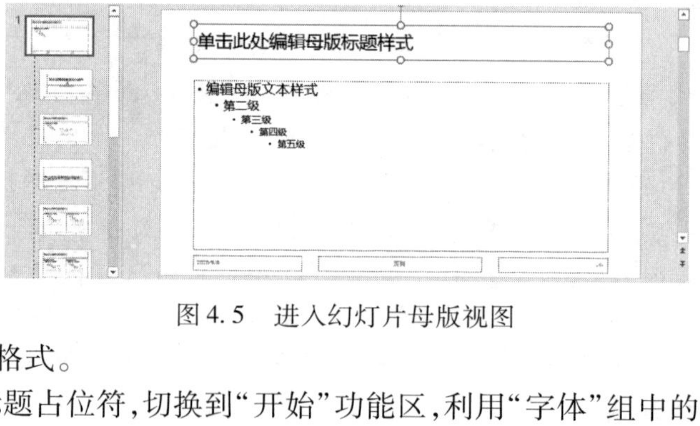

图 4.5　进入幻灯片母版视图

(2)设置占位符格式。

步骤一　选中标题占位符,切换到"开始"功能区,利用"字体"组中的相关命令按钮,设置字体格式为"微软雅黑、32 磅、加粗、深红、文字阴影"。

步骤二　选中文本占位符,设置字体样式为"宋体、28 磅、黑色",设置段落格式为"左对齐"方式。

(3)绘制装饰线——插入形状。

步骤一　切换至"插入"功能区"插图"组,单击"形状"列表中的"直线"形状按钮,然后用鼠标在标题占位符的左侧绘制一条竖线，如图 4. 6 所示。

步骤二　在“设置形状格式”窗格中，设置直线的高度（和标题占位符高度一致）、宽度（8 磅）和颜色（深红色）；将其复制一份置于右侧，调整宽度（3 磅）和位置，如图 4. 7 所示。

图 4. 6　选择形状

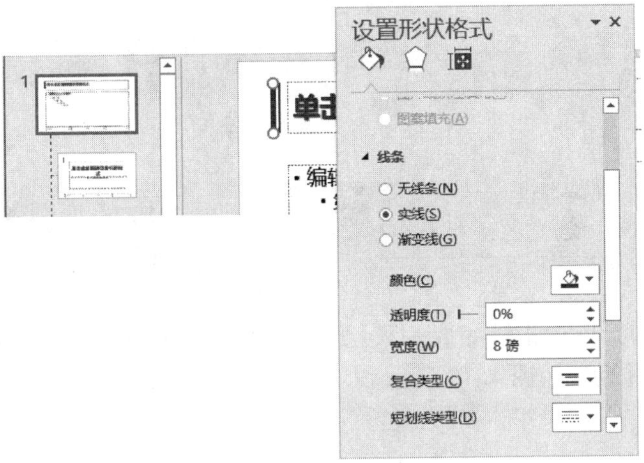

图 4. 7　绘制标题占位符装饰线

（4）插入 LOGO 图片。

利用幻灯片母版，可以为所有应用该母版的幻灯片统一添加运动 LOGO 图片，具体操作方法如下：

步骤一　插入图片。通过“插入”功能区“插图”组中的“图片”选项命令，打开文件夹中的运动 LOGO 图片，将其插入当前的幻灯片母版中，如图 4. 8 所示。

图 4. 8　插入 LOGO 图片

步骤二　设置透明色。由于图片带有底色，直接使用会显得很突兀，可以利用“设置透明色”功能将其底色清除。选择插入的图片，激活“图片工具”/“格式”选项卡，在“调整”组中单击“颜色”右侧的三角按钮,从其下拉列表中选择“设置透明色”按钮,如图 4.9 所示。

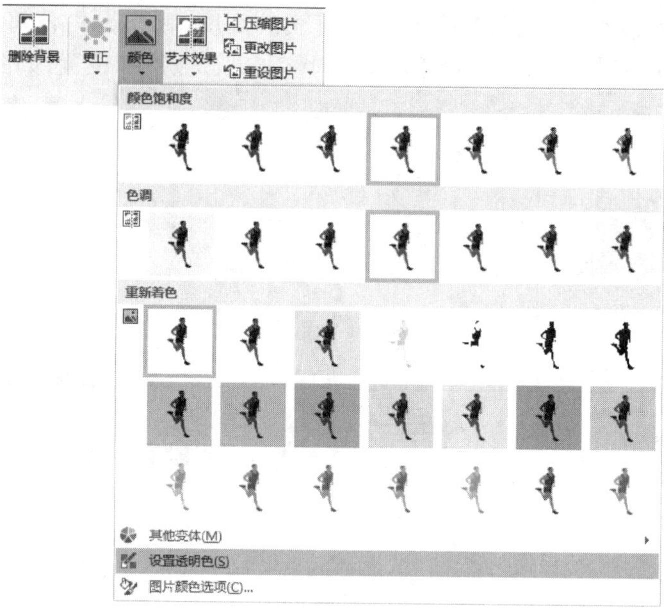

图 4.9　“颜色”/“设置透明色”

此时,鼠标指针变成一只色笔的形状,对准 LOGO 图片的背景部分单击一下,图片即可变得“透明”了,如图 4.10 所示。

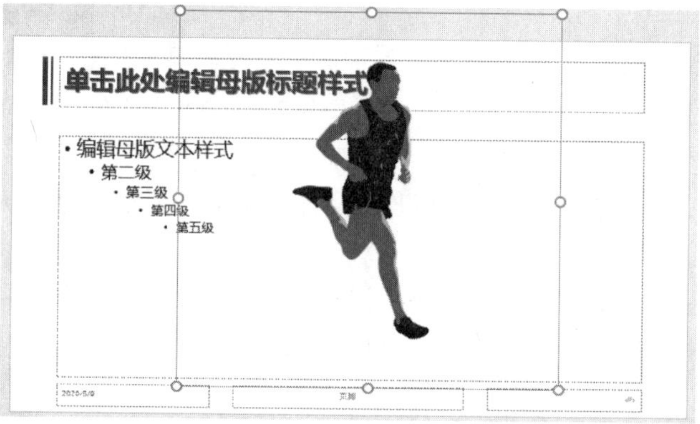

图 4.10　设置透明色效果

步骤三　改变图片大小和位置。用鼠标按住图片四周的小圆圈,调整至合适的大小;用鼠标按住图片,将其拖放至幻灯片的左下角合适位置,效果如图 4.11 所示。

(5)修改母版的标题幻灯片版式。

幻灯片母版设置完成之后,所有的幻灯片将使用此幻灯片母版版式。由于标题幻灯片常常需要与幻灯片母版不一样的版式,因此,需要对母版的标题幻灯片版式加以更改,具体操作方法如下:

步骤一　在幻灯片母版中选择第二个版式——“标题幻灯片”版式,在“幻灯片母版”功能区“背景”组中勾选“隐藏背景图形”复选框,如图 4.12 所示。

步骤二　在“幻灯片母版”功能区“背景”组中单击“背景样式”命令,从弹出的列表中选

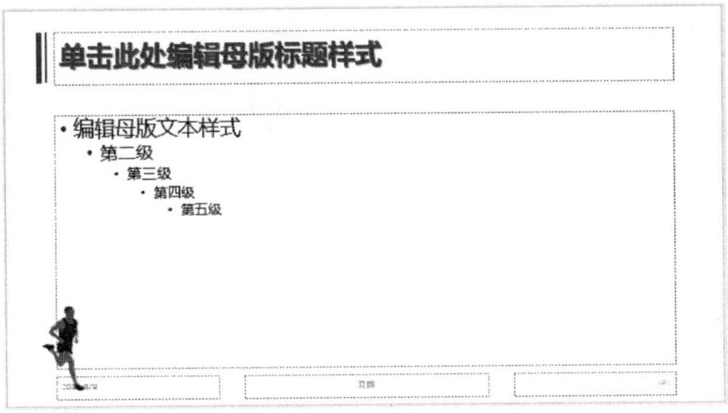

图 4.11　幻灯片母版效果

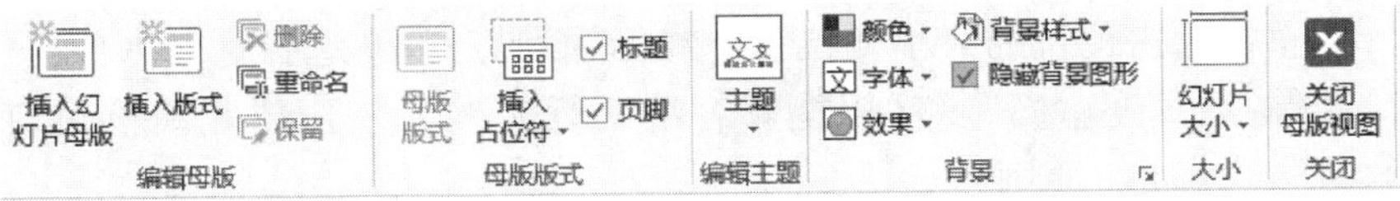

图 4.12　隐藏背景图形

择“设置背景格式…”命令，弹出如图 4.13 所示“设置背景格式”窗格，单击“图片或纹理填充”按钮，选择插入图片来自“文件…”，找到并插入合适的背景图片，设置图片的透明度为“30%”。

使用同样的方法，为节标题幻灯片母版的设置背景效果，如图 4.14 所示。

图 4.13　设置标题幻灯片背景

图 4.14　设置节标题幻灯片背景

单击“幻灯片母版”功能区中的“关闭母版视图”按钮，退出母版编辑状态。在幻灯片普通视图模式下，如果分别选择了不同的幻灯片版式（例如，标题幻灯片、节标题、标题和内容版式），母版的设计效果将自动应到相应的幻灯片中，如图 4.15 所示。

图 4.15　幻灯片母版的使用效果

四、设计图表幻灯片

在幻灯片中插入图片、表格、形状和图表,可以使幻灯片更加生动、美观,同时也丰富了幻灯片的内容。下面,我们通过具体的幻灯片制作过程,了解设计表格和图文幻灯片的操作步骤。

1. 制作“大图＋文本”型幻灯片

(1)封面页。

幻灯片的第一页通常使用“标题幻灯片”版式来突出主题,一般可以使用“大图＋蒙版文本框”的设计——即利用一张精美的图片作为幻灯片背景,然后在画面 1/3 的位置添加一个文本框,设置一定的透明度效果,最后输入演示文稿的题目。由于在设计幻灯片母版的时候已经完成了背景图片的设置,接下来我们介绍文本框的设置,具体操作方法如下:

步骤一　调整标题占位符的大小和位置。在标题幻灯片中,选择标题占位符,将它的宽度调整为与幻灯片等宽,高度适当压缩(以能够容纳两行文本为宜),位置调整到幻灯片的三分之一处(符合“黄金分割线”原则)。

步骤二　设置形状。右单击标题占位符,弹出“设置形状格式”窗格,在“形状选项”组中选择“纯色填充”,颜色为“白色”;设置形状的透明度为“60%”,如图 4.16 所示。

图 4.16　设置形状格式——形状选项

步骤三　设置文本框。切换至“文本选项”组中,设置文本框的垂直对齐方式为“中部对齐”,其他选项默认。

步骤四　设置文本格式。在占位符中输入标题文本(按下 Enter 键分为两行),设置第一行文本(“大学生健身系列讲座(一)”)字体格式为“24 磅、标准黄色”,第二行文本(“如何正确地跑步?”)字体格式为“54 磅、标准深红色”;使用 Tab 键调整两行文本为左对齐,效果如图 4.17 所示。

图 4.17　设置形状格式——文本选项

(2)节标题。

在设计幻灯片母版时,已经为“节标题”版式采用了具有一定透明效果的图片作为幻灯片背景,在此可以采用文字布局的方法,设计演示文稿中每一小节的幻灯片。

步骤一　新建“节标题”幻灯片。在封面页的后面新添加一张幻灯片,将其幻灯片版式修改为“节标题”,分别在标题占位符和文本占位符中输入相关文本。

步骤二　添加项目符号。选择文本占位符,在“开始”功能区“段落”组中单击“项目符号”下拉列表按钮,从列表中选择“带填充效果的大圆形项目符号”,如图 4.18 所示。

步骤三　复制幻灯片。在左侧的“幻灯片”窗格中右单击上述节标题幻灯片,从弹出的列表中利用“复制幻灯片”命令,得到两张同样的幻灯片,根据需要编辑修改相应的小节标题内容,如图 4.19、图 4.20 所示。

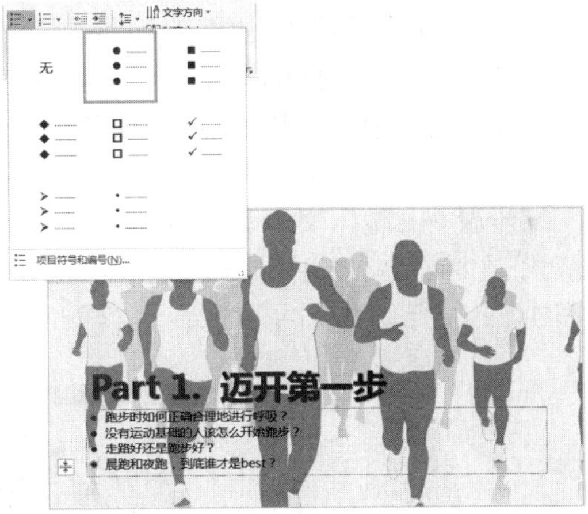

图 4.18　添加项目符号

图 4.19　第 2 张节标题幻灯片

图 4.20　第 3 张节标题幻灯片

制作完成的节标题幻灯片,当最终完成全部幻灯片制作后,移动到相应位置即可。

知识链接:设置项目符号和编号

在如图 4.18 所示的项目符号列表中,单击“项目符号和编号…”选项命令,可以打开如图 4.21 所示“项目符号和编号”对话框,在此可以对正在使用的项目符号进行修改设置——例如,调整大小和颜色、使用其他图片代替现有项目符号等。

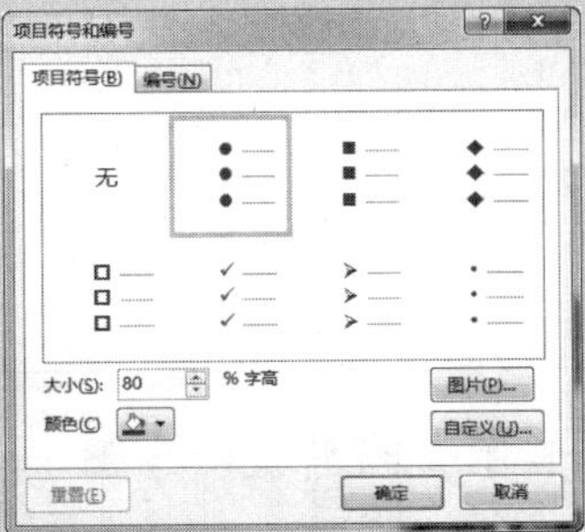

图 4.21　设置项目符号和编号

2. 利用 SmartArt 图形制作幻灯片

SmartArt 图形是信息和观点的视觉表示形式,由一组形状、线条和文本占位符组成,常用于阐述少量文本之间的关系,可以通过从多种不同布局中进行选择来创建 SmartArt 图形,从而快速、轻松、有效地传达信息,可以使文字信息更具视觉效果。

(1)制作目录页。

步骤一　输入文本。在封面页和节标题之间新建一张幻灯片,选择“标题和内容”幻灯片版式,在标题占位符中输入题目内容(“如何正确地跑步”),在文本占位符中输入目录文本,如图 4.22 所示。

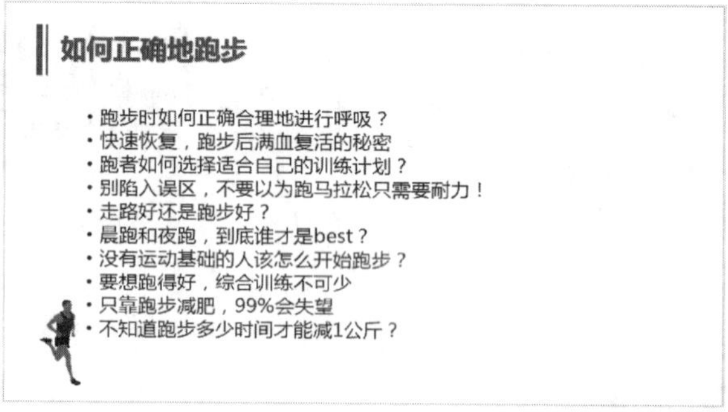

图 4.22　“选择 SmartArt 图形”对话框

步骤二　转换为 SmartArt 图形。选择文本占位符,在“开始”功能区“段落”组中单击“转换为 SmartArt”右侧的下三角按钮,从弹出的列表中选择“基本维恩图”(见图 4.23),即可将选中的文本转换为 SmartArt 图形。

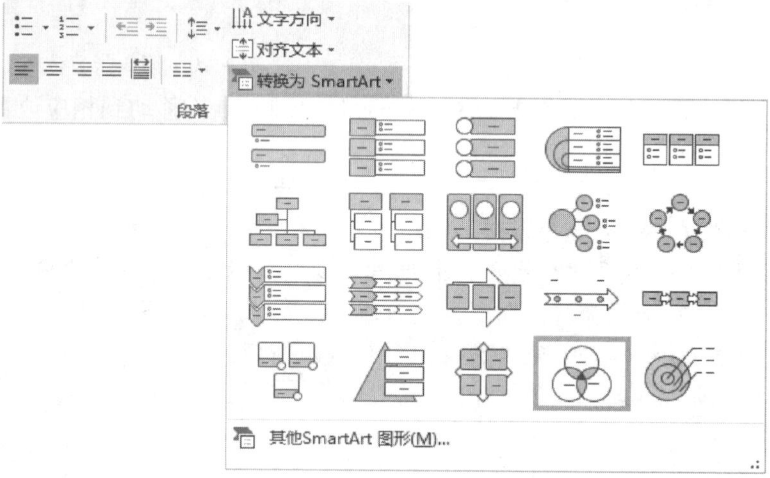

图 4.23　选择 SmartArt 图形

知识链接:创建 SmartArt 图形时,系统将提示选择一种 SmartArt 图形类型,如流程图、循环图、列表等,每种类型又包含不同的布局。实际上创建 SmartArt 图形的过程,就是选择需要的某种布局样式。

步骤三　设置图形样式。选择上述 SmartArt 图形，在“SmartArt 工具”/“设计”功能区“SmartArt 样式”组内选择一种合适的样式，在“更改颜色”下拉列表中选择“彩色—个性色”，调整图形中文本的排列方式（每部分两行显示），效果如图 4. 24 所示。

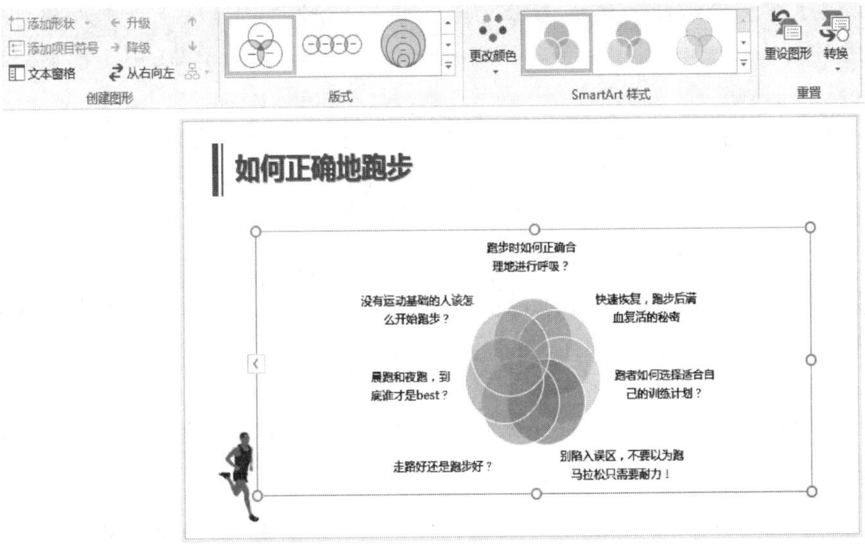

图 4. 24　添加 SmartArt 图形的形状

（2）制作内容页——“标题和内容”版式。

演讲稿中的大部分内容，都可以借助创建 SmartArt 图形的方式来设计完成。为了使得幻灯片显示效果生动多彩，可以通过使用不同的幻灯片版式，或者改变幻灯片的背景赋予幻灯片更丰富的表现力。

幻灯片版式是指文本框、图片、表格、图表等在幻灯片上的布局（排列位置）。一般情况下，演示文稿的第 1 张幻灯片用来显示标题，默认为“标题幻灯片”版式，在标题幻灯片后面新建的第一张幻灯片，默认幻灯片版式为“标题和内容”——课件中的部分内容，就可以使用该版式来设计。具体操作方法如下：

步骤一　编辑第一页内容。继续添加新幻灯片，在标题占位符和文本占位符中分别输入相关文本信息。

步骤二　转换为“图片”类 SmartArt 图形。选择文本占位符，使用上述同样的方法，将其转换为“图片”类型中的“垂直图片重点列表”SmartArt 图形，效果如图 4. 25 所示。

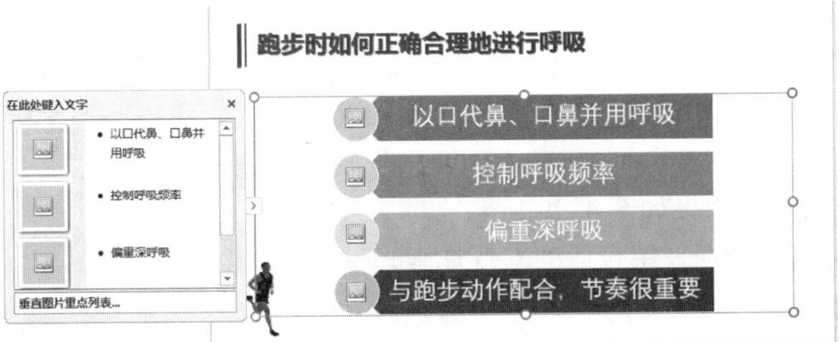

图 4. 25　“垂直图片重点列表”SmartArt 图形

知识链接:选择 SmartArt 图形,左侧会自动出现“文本”窗格,可以在其中继续添加或者编辑内容,这些增删编辑的文本内容就会在右侧的图形中相应地添加或删除——每个 SmartArt 图形定义了它自己在“文本”窗格中的项目符号与 SmartArt 图形中的一组形状之间的映射。

有些 SmartArt 图形包含的形状个数是固定的,因此在 SmartArt 图形中只能显示“文本”窗格的部分内容。未显示的部分在“文本”窗格中用一个红色“X”标识。

步骤三　添加图片。单击 SmartArt 图形中左侧的图片按钮,即可弹出如图 4.26 所示窗格,根据需要选择从本机上插入图片或者从指定搜索引擎中下载网络资源中的图片——此处选择从“文件”中添加图片;重复操作,为“垂直图片重点列表”SmartArt 图形中的四个形状分别添加合适的图片。

步骤四　调整 SmartArt 图形格式。选择 SmartArt 图形,在“开始”功能区“字体”组中设置字体格式为“微软雅黑,28 磅,文字阴影”,效果如图 4.27 所示。

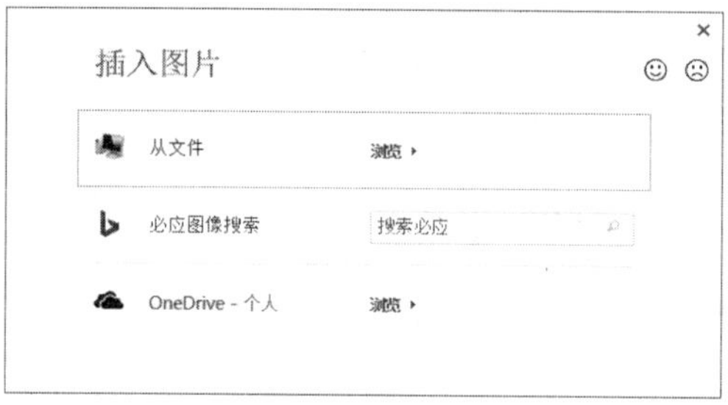

图 4.26　插入本机图片

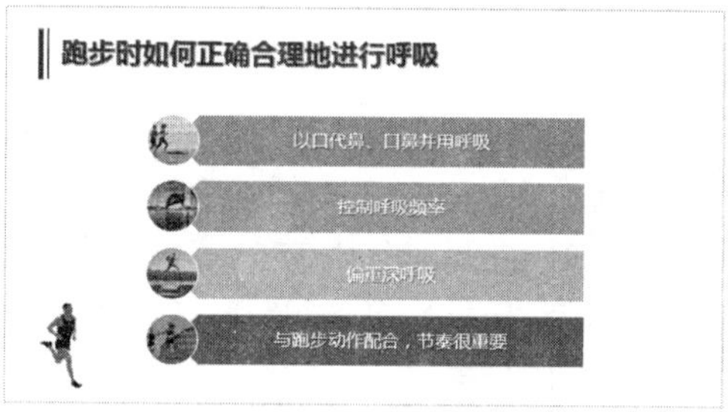

图 4.27　设置 SmartArt 图形格式后的效果

参照上述方法,根据演示文稿内容需要,完成其他相关内容页的制作。

(3)制作内容页——更改幻灯片版式。

PowerPoint 的版式应用很灵活,用户既可以在新建幻灯片时指定版式,也可以在设计过程中随时更改版式。例如,在“走路好还是跑步好?”这一张幻灯片中,可以使用“比较”版式展示内容。具体操作方法如下:

步骤一　修改幻灯片版式。选择该幻灯片,在“开始”功能区“幻灯片”组中单击“版式”下拉列表按钮,从弹出的列表中选择“比较”版式,然后在相应的占位符中输入文本内容,如图 4.28 所示。

步骤二　转换 SmartArt 图形。选中左侧的文本占位符,将其转换为“图片条纹”布局的 SmartArt 图形,添加装饰图片;选中右侧的文本占位符,将其转换为“交替图片块”布局的 SmartArt 图形,添加装饰图片,并且将其中的两个形状轮廓修改为“蓝色,个性色 1”,形状填充修改为“无填充颜色”。效果如图 4.29 所示。

利用同样的方法,分别采用合适的幻灯片版式,制作其他的幻灯片。

3. 用形状构图

演示文稿是“用图表说话”的,在幻灯片内添加形状和图片,是增强美观和提高阅读性的重要手段。例如,在“晨跑和夜跑,到底谁才是 best?”幻灯片中,我们可以采用插入形状来为幻

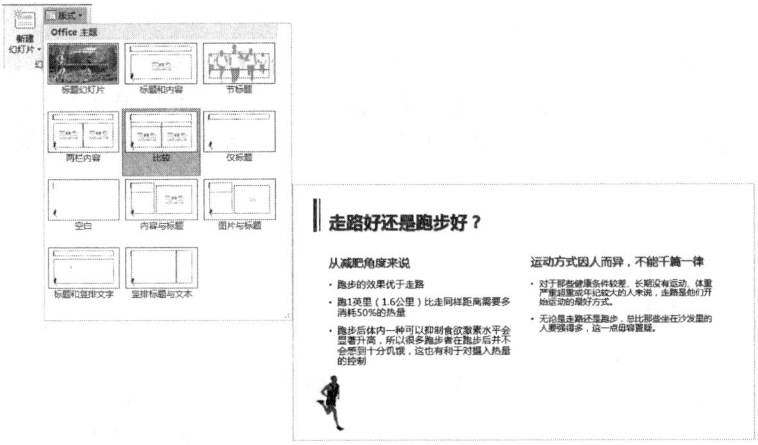

图 4.28　“比较”版式

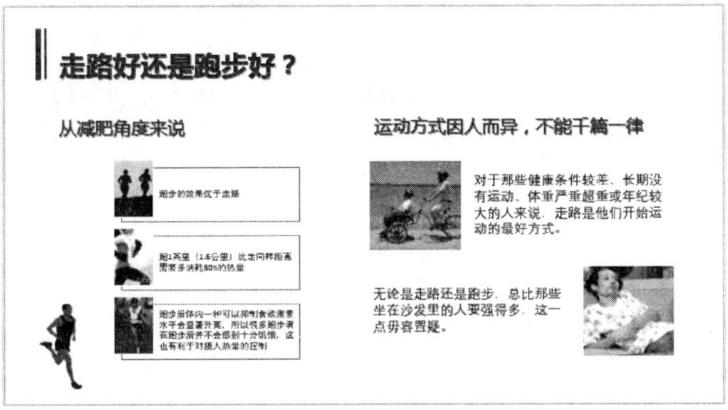

图 4.29　转换为 SmartArt 图形

灯片构图，然后为形状设置背景图片的手段改善幻灯片的外观。

(1)隐藏背景图形。

首先，需要改变幻灯片的版式，并且将原有的幻灯片母版背景删除。具体操作方法如下：

步骤一　改变幻灯片版式。选择上述幻灯片，设置幻灯片版式为“仅标题”。

步骤二　隐藏背景图形。切换至“设计”功能区，在“自定义”组中单击“设置背景格式”命令，弹出“设置背景格式”窗格，在“填充”组中取消“隐藏背景图形”复选框的勾选，如图 4.30 所示。

图 4.30　隐藏背景图形

(2)插入形状。

切换至“插入”功能区,在“插图”组中单击“形状”命令,从其下拉列表中选择“等腰三角形”,然后用鼠标在幻灯片中绘制一个三角形,按住三角形的黄色圆圈将其调整为直角三角形,将其旋转至合适角度,移动至幻灯片的边缘,并调整其高度和宽度,如图 4. 31 所示。

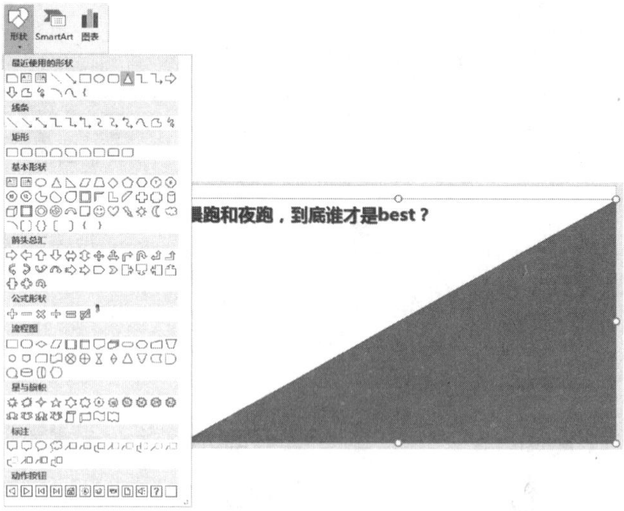

图 4. 31　插入三角形

(3)用图片填充形状。

步骤一　选择形状,在“绘图工具”功能区“形状样式”组中,单击“形状填充”下拉列表中的“图片…”命令(见图 4. 32),弹出如图 4. 33 所示“插入图片”窗格。

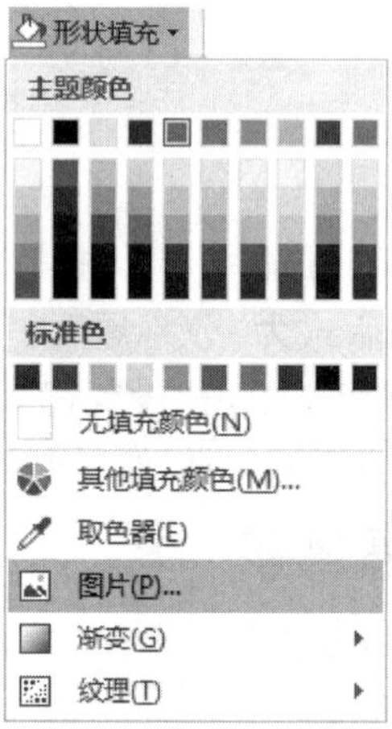

图 4. 32　用图片填充形状

图 4. 33　“插入图片”窗格

步骤二　选择背景图片。在“插入图片”窗格的“必应图像搜索”框内输入关键字“晨跑”,然后单击右侧的放大镜按钮,打开如图 4. 34 所示“bing”面板,从中选定合适的图片,单击右下角的“插入”按钮,即可将该图片填充为三角形图形的背景。

步骤三　右单击背景图片,选择“设置图片格式”菜单命令,弹出如图 4. 35 所示“设置图片格式”窗格,在“形状选项”选项卡下的“填充与线条”组中,取消“与形状一起旋转”复选框勾选(可以使得图片以正常角度显示)。

图 4. 34　bing 面板

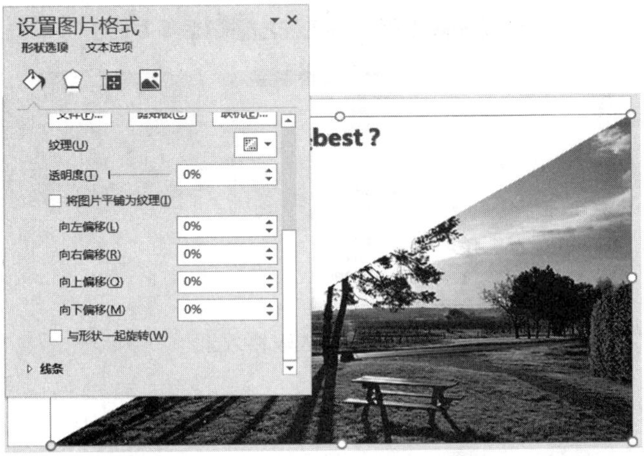

图 4. 35　取消“与形状一起旋转”复选框

步骤四　在“形状选项”选项卡下的“效果”组中，设置柔化边缘的“预设”效果为“50 磅”。

步骤五　调整三角形图形的位置，使得柔化边缘效果更自然，如图 4. 36 所示。

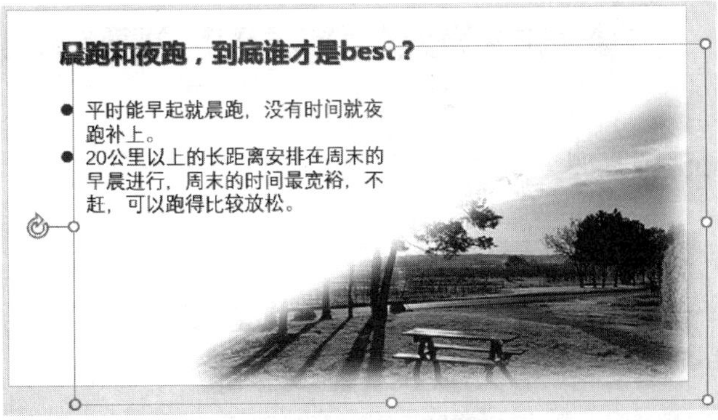

图 4. 36　柔化边缘效果

利用上述方法，可以选择合适的形状类型和图片背景，制作其他幻灯片。

4. 用图表表现数据

在幻灯片中插入表格和图表，可以改善阅读文字和数字的枯燥感，使幻灯片更加生动、直观。例如,在“不知道跑步多少时间才能减 1 公斤?”幻灯片的设计中,就可以采用这两种方法表现数据。

(1)插入表格。

步骤一　在幻灯片的内容占位符中单击“插入表格”按钮,弹出“插入表格”对话框,输入需要的行数和列数,单击“确定”按钮,即可插入相应的表格。

步骤二　在表格中编辑输入相关数据,调整表格的位置和大小,使其适应幻灯片版面。然后在“表格工具”功能区“表格样式”组中,单击右下角的下拉列表按钮,从弹出的表格样式列表中选择合适的类型,效果如图 4.37 所示。

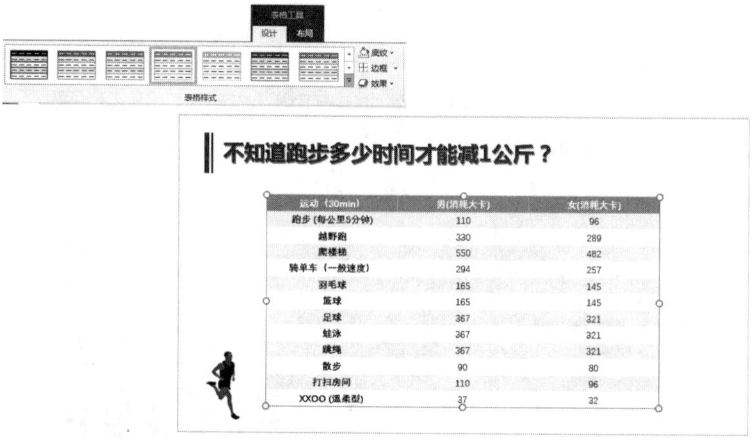

图 4.37　插入表格效果

(2)绘制图表。

如果使用表格展示数据还觉得不够直观的话,接下来我们使用“条形图”来设计同一张幻灯片内容。

步骤一　创建条形图。在幻灯片的内容占位符中单击“插入图表”按钮,弹出“插入图表”对话框,选择“簇状条形图”。单击“确定”按钮,即可创建默认的条形图,同时显示包含源数据的 Excel 表格,如图 4.38 所示。

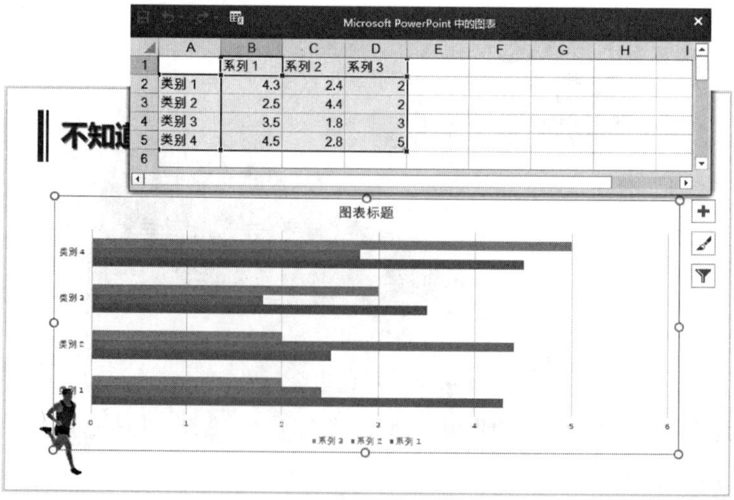

图 4.38　插入默认图表

步骤二　编辑图表数据。将课件素材中的表格数据复制粘贴到 Excel 表格中，替换默认数据，拖动鼠标，清除 D 列的“系列 3”数据，效果如图 4.39 所示。

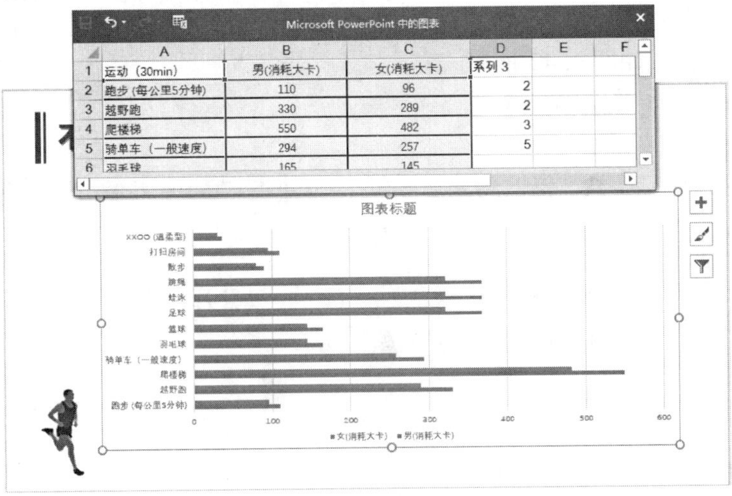

图 4.39　编辑源数据

步骤三　在 Excel 表格中，右单击 B 列数据，选择“排序”命令中的“降序”操作；单击图表框右侧的“图标样式”按钮，从列表中选择一种合适的样式（例如，样式 7）；更改图表标题内容，最后调整图表大小和位置，效果如图 4.40 所示。

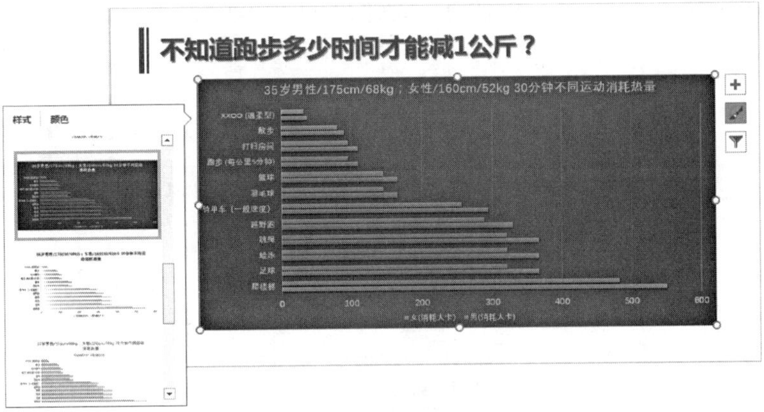

图 4.40　图表效果

5. 艺术字的插入和格式设置

在幻灯片中单纯使用默认字体样式，会显得枯燥不生动。利用 PowerPoint 2016 提供的文本装饰工具——艺术字，可以使得字体变得美观漂亮。例如，需要为“不知道跑步多少时间才能减 1 公斤？”主题再制作一张幻灯片，用艺术字的形式突出显示文本“1 公斤等于 7700 大卡”，具体操作方法如下：

(1) 插入艺术字。

步骤一　复制幻灯片。将前面做好的“不知道跑步多少时间才能减 1 公斤？”幻灯片再复制一张，调整到合适的位置；删除原有的图表，将幻灯片版式更改为“仅标题”。

步骤二　插入艺术字。在“插入”功能区“文本”组中，单击“艺术字”命令，展开“艺术字”

面板,选择一种艺术字样式,即可在幻灯片中插入一个默认的艺术字文本框“请在此放置您的文字”,如图 4. 41 所示。

步骤三　复制艺术字。在文本框中输入文本“1 公斤脂肪”,然后复制两份,分别修改文本为“ = ”和“7700 大卡”,如图 4. 42 所示。

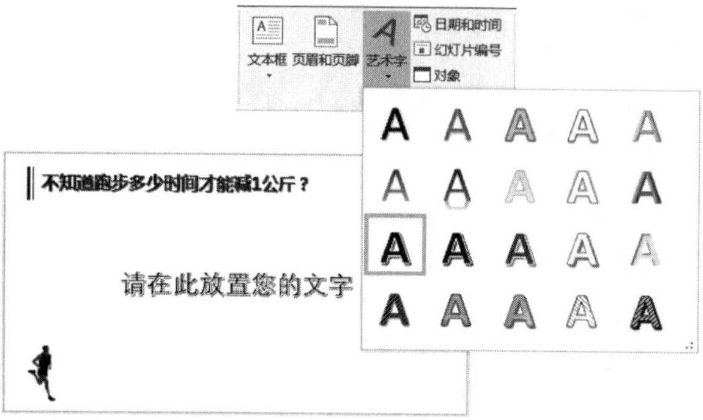

图 4. 41　选择艺术字类型

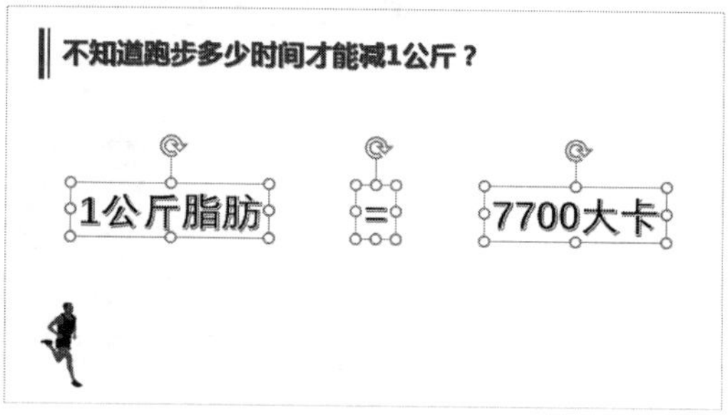

图 4. 42　复制艺术字

插入的艺术字,既可以修改字体格式,也可以利用其他色彩或者图案、图片等进行修饰性的形状填充和文本填充,增加艺术效果。具体操作方法如下。

(2)用图片填充形状。

步骤一　选择“1 公斤脂肪”艺术字文本框,在“绘图工具”/“格式”功能区“形状样式”组内单击“形状填充”命令右侧的三角按钮,从弹出的列表中选择“图片…”命令,如图 4. 43 所示。

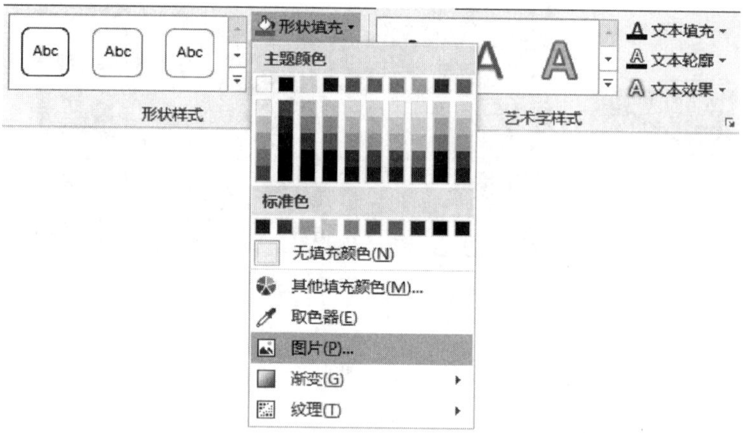

图 4. 43　用图片填充形状

步骤二　插入图片。从弹出的“插入图片”面板中,利用“必应图像搜索”查找合适的图片,将其插入艺术字形状中,如图 4. 44 所示。

步骤三　调整形状大小。右单击插入的图片,弹出“设置图片格式”对话框,切换至“形状选项”选项卡的“大小和属性”组中,将文本框的垂直对齐方式设置为“中部对齐”,单击“不自动调整”选项,然后增大艺术字形状的高度,如图 4. 45 所示。

步骤四　设置艺术字字体格式。切换至“形状选项”选项卡的“效果”组中,设置柔化边缘为预设“25%”;然后修改艺术字的字体、大小和颜色,效果如图 4. 46 所示。

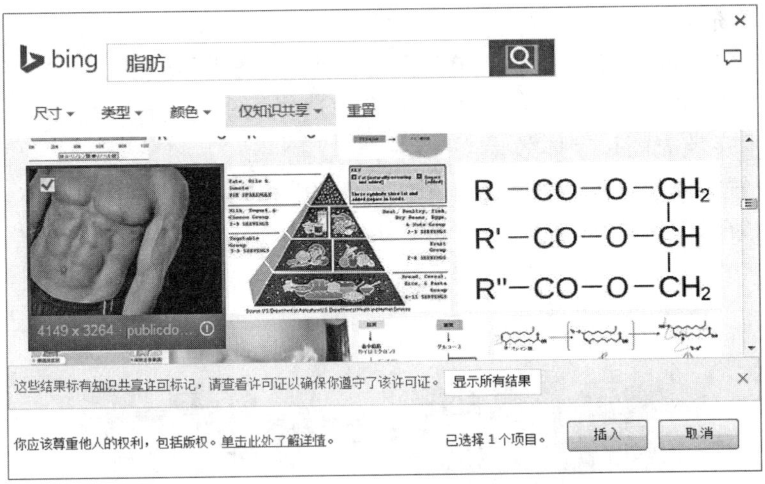

图 4.44　插入图片

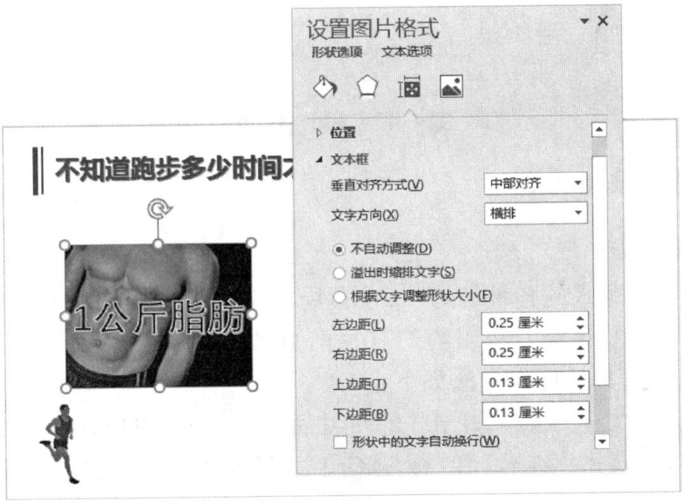

图 4.45　设置艺术字形状填充(图片)

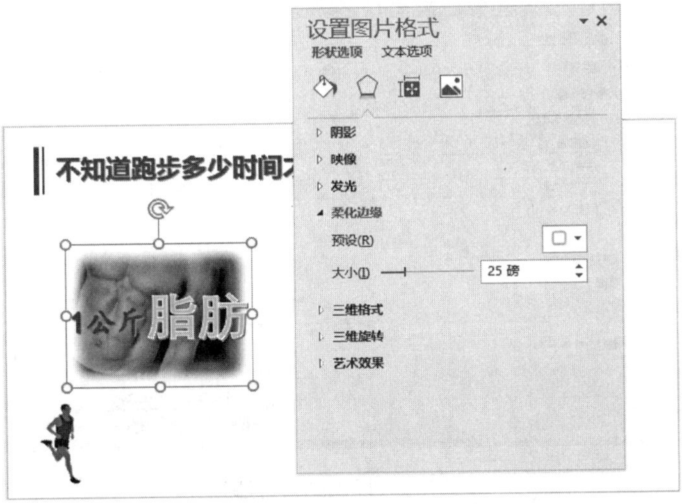

图 4.46　设置艺术字效果

(3)用图片填充文本。

步骤一　选择“7700 大卡”艺术字,在“绘图工具”/“格式”功能区“艺术字样式”组内单击“文本填充”命令右侧的三角按钮,从弹出的列表中选择“图片…”命令,然后仿照前面步骤中的方法,为该艺术字填充图片字体效果。

步骤二　设置字体格式。分别调整其中的“7700”和“大卡”文本的字体、字号和颜色,最后调整三个艺术字形状的位置,最终效果如图 4.47 所示。

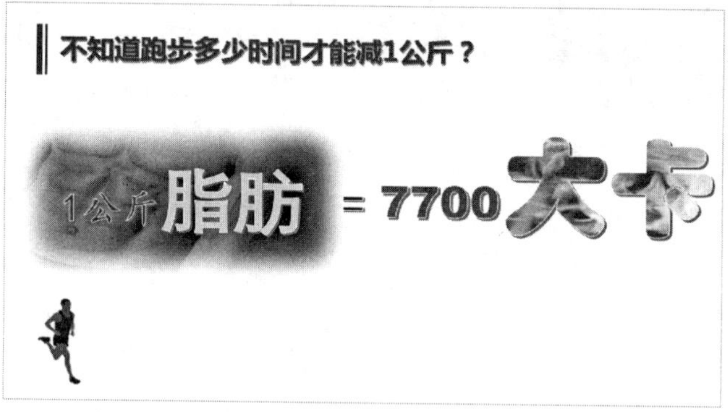

图 4.47　艺术字效果

五、演示文稿的输出设置

1. 设置页眉和页脚

演示文稿中的不同版式的各种幻灯片,在布局上都预设了页眉和页脚位置,例如,在演讲的时候为了方便操作者和观众了解当前幻灯片的页数,可以为每一张幻灯片(标题幻灯片除外)添加“幻灯片编号”,具体操作方法如下:

在“插入”功能区“文本”组中,单击“幻灯片编号”命令,弹出如图 4.48 所示“页眉和页脚”对话框,分别勾选“换托片编号”和“标题幻灯片中不显示”复选框,单击“全部应用”按钮,即可在除标题幻灯片之外的其他幻灯片预设位置,显示当前幻灯片的编号(从封面页开始计数)。

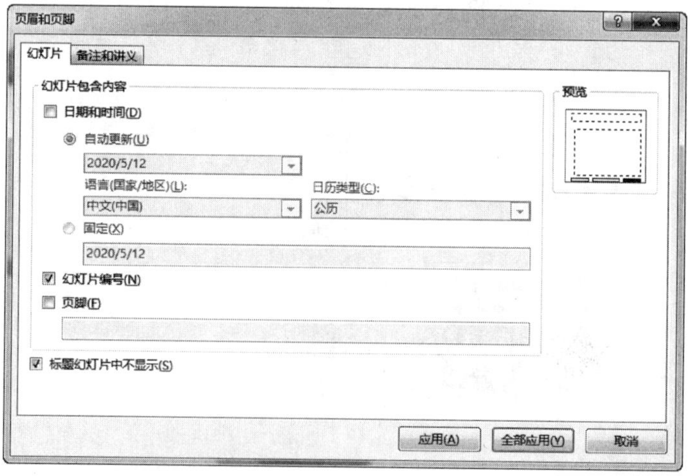

图 4.48　插入幻灯片编号

如果有需要，还可以选择在页眉和页脚位置添加日期和时间、页脚等内容。

2. 打印演示文稿

演讲之前，为了方便使用。需要把演示文稿的内容打印一份。在 PowerPoint 2016 的“打印”设置中，可以提供非常方便灵活的打印设置操作，确定打印范围和内容。具体操作方法如下：

(1)打印范围。

单击“文件”选项卡，选择“打印”命令，弹出“打印”面板。在“设置”组中，单击“打印全部幻灯片”选项右侧的三角按钮，从弹出的列表中可以确定打印的范围——“打印全部幻灯片”“打印所选幻灯片”“打印当前幻灯片”“自定义范围”。

(2)打印方式。

单击“整页幻灯片”选项右侧的三角按钮，从弹出的列表中可以确定打印的方式——如图 4.49 所示为“6 张水平放置的幻灯片”的打印预览效果。

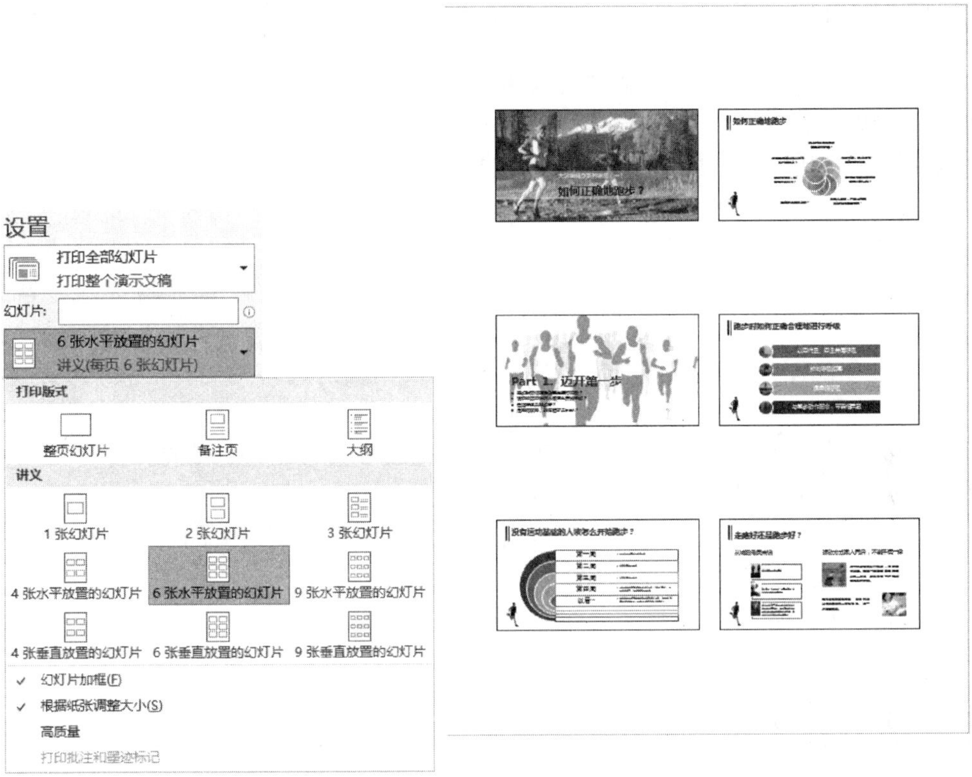

图 4.49　打印方式

(3)打印颜色。

单击“颜色”选项右侧的三角按钮，从弹出的列表中可以确定打印的颜色——彩色还是灰黑色，如图 4.50 所示。

3. 导出演示文稿

演示文稿创建完成后，可以将其创建为 PDF 格式、Word 格式或者视频格式以及打包成 CD 等形式进行导出。其中，“创建 PDF/XPS 文档”可以将演示文稿保存为 PDF 格式文档进行分享，这种格式可以保证不改变演示文稿的设计布局、格式、字体和图像等。如图 4.51 所示。

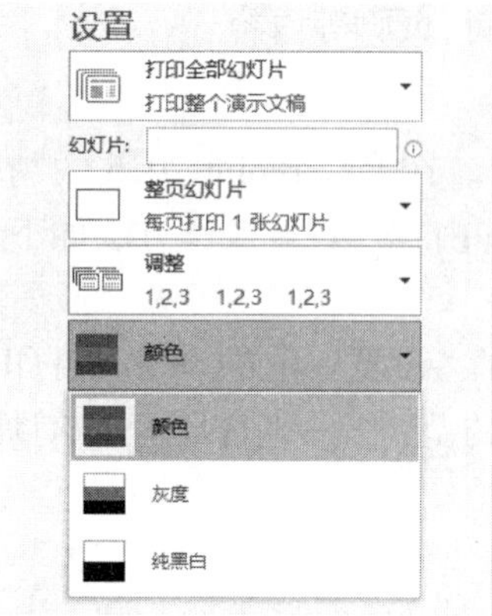

图 4.50　打印颜色设置

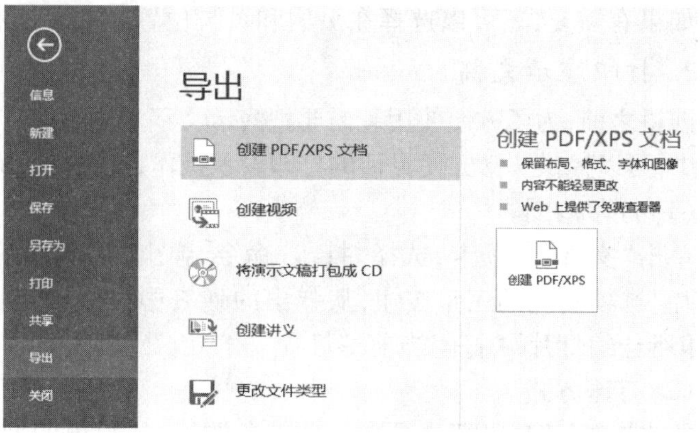

图 4.51　导出演示文稿

任务实训

制作某款手机的演示文稿

根据所学知识,搜集资料,为某款手机制作一个演示文稿。

(1)素材搜集:利用“百度”等搜索引擎,搜集该款手机产品的文字资料和图片素材。

(2)启动演示文稿,添加幻灯片并保存演示文稿。

(3)根据需要修改某些幻灯片的版式。

(4)根据搜集的文字资料和图片资料,运用占位符、插入艺术字、绘制自选图形等手段,逐张设计幻灯片。

(5)根据搜集的图片资料,运用插入图片手段,在相应的幻灯片中插入图片,并调整图片的位置和大小。

(6)在目录幻灯片中利用 SmartArt 图形对图形列表和流程图进行修饰。

(7)在相应的幻灯片中插入数据表格和相关图表。

(8)利用内置背景和自定义幻灯片背景有选择地修改相应幻灯片的背景。

(9)为幻灯片设置自动播放方式。

(10)将演示文稿创建为 PDF 讲义并打印。

任务 4.2　让幻灯片“动”起来——制作饮食营养讲座 PPT

学习目标

- 掌握幻灯片设计主题的使用;
- 掌握幻灯片切换效果的设置;
- 掌握动画方案的应用;
- 掌握如何创建超链接和动作设置;
- 掌握多媒体对象的插入操作。

任务引入

现代人的饮食健康越来越受到大家的重视，某高校组织了一次“大学生进社区”宣讲活动，旨在为社区居民介绍健康生活方式。其中营养专业的同学准备专门针对中老年人饮食营养卫生问题做一次宣讲活动，需要制作一个“中老年饮食营养”主题课件，在会场上自动播放给参会的社区居民观看。在制作课件的过程中需要利用幻灯片的切换、动画、插入视频、音乐等一系列技术问题，下面分别来认识在 PowerPoint 2016 中是如何解决这些问题的。

任务分析

在制作“中老年饮食营养”课件时，需要注意的几点问题：

第一，使用大图设计版面，既生动美观又便于老年观众观看。

第二，使用幻灯片动画和切换手段，设计动感 PPT 演示吸引观众，获得更形象、生动的演示效果。

第三，插入多媒体音视频文件，加深观众对演讲内容的理解和感知。PowerPoint 多媒体、切换动画、视频等功能。

任务实施

启动 PowerPoint 2016，创建新的演示文稿，保存为“中老年饮食营养 . pptx”。

首先，我们要使用占位符、图片、形状、表格和图表等手段，制作各种不同版式的幻灯片，添加幻灯片内容。

一、用图片布局

1.“图片 + 形状”设计封面页

PPT 封面设计，曾经一度被人认为是 PPT 制作中最为让人抓狂、最为困难的一页。PPT 封面是给听众第一印象的页面，好的 PPT 封面带给听众赏心悦目之余，还能建立好的印象。这里我们使用“图片 + 形状”的组合方式快速制作 PPT 封面。

（1）设置背景格式。

定位在封面页幻灯片中，在“设计”功能区“自定义”组中，单击“设置背景格式”命令，弹出“设置背景格式”对话框，在“填充”选项中，选择“图片或纹理填充”单选按钮，通过“文件”或“联机”方式插入适当的背景图片，如图 4. 52 所示。

（2）插入形状。

在“插入”功能区“形状”组中，展开形状下拉列表，单击选择“流程图：文档”形状，然后在页面中绘制如图 4. 53 所示的形状图形。

（3）编辑形状。

步骤一　将该形状顺时针旋转 180°，移动到背景右下角对齐，然后拖动左下方的控制点，放大并拉宽。

步骤二　在“绘图工具”功能区“形状样式”组中，将形状填充颜色设置为“标准橙色”；将形状轮廓颜色设置为“白色”，线条粗细设置为“4. 5 磅”。如图 4. 54 所示。

图 4.52　设置背景图片

图 4.53　插入“流程图:文档”形状

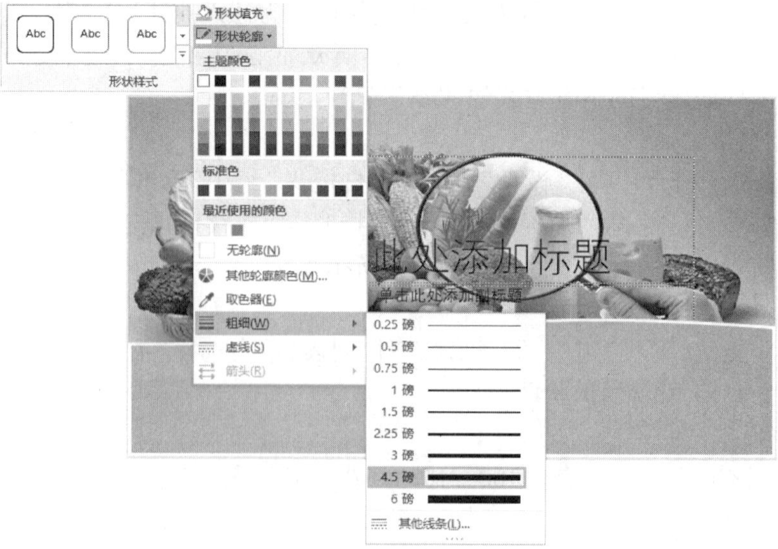

图 4.54　设置形状样式

(4)编辑形状。

为了增加效果,可以设计再叠加一层形状图形,对形状的顶点进行编辑。

步骤一　将设置好的形状图形复制一份,调整位置覆盖在原来形状上方。

步骤二　选择新复制的图形,在“绘图工具”功能区“插入形状”组中单击“编辑形状”命令下拉三角按钮,从弹出的列表中选择“编辑顶点”命令,形状四周出现红色线框和黑色方块控制点,按住左上角的控制点向下移动至合适位置(见图4.55),单击空白处完成编辑。

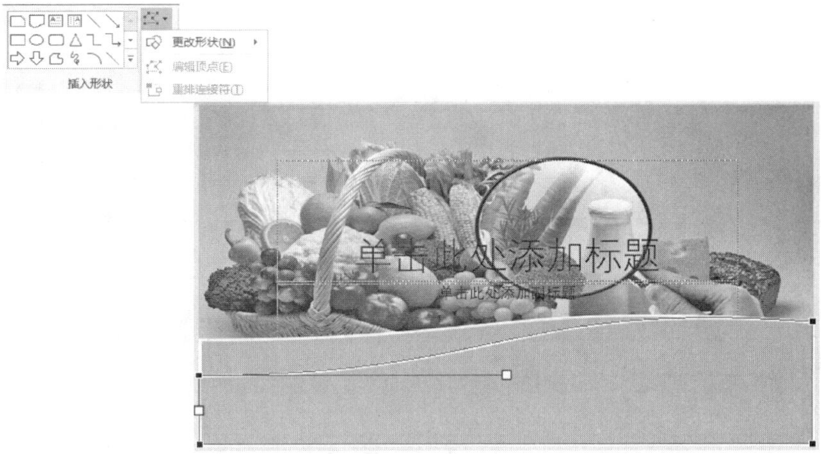

图4.55　编辑顶点

步骤三　将标题占位符和副标题占位符移动到形状上方合适位置,输入标题内容,调整字体字号,效果如图4.56所示。

图4.56　封面页效果

2. 利用“取色器”填充形状

参照上面的操作方法,接下来继续制作前言页。

步骤一　为幻灯片设置图片背景,然后绘制一个圆形,将其形状轮廓设置为“无轮廓”;复制两份,分别设置不同的大小;用鼠标拖动位置使其以圆心为基准点对齐。

步骤二　形状填充颜色采用“取色器”的方法:单击“取色器”命令,鼠标指针变成笔形,对准背景图片中需要的颜色单击一下,即可为图形填充该颜色。

步骤三　右单击相应图形,打开“设置形状格式”窗格,分别为三个圆形填充色设置不同的透明度,最终得到如图4.57所示效果。

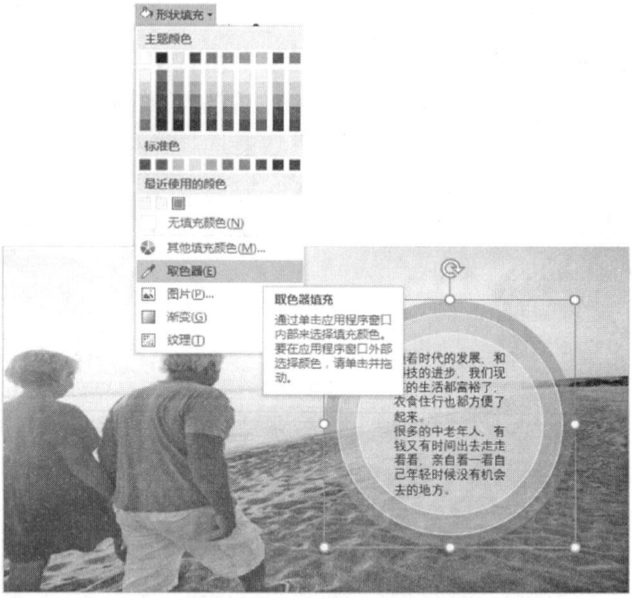

图 4.57　利用“取色器”为同心圆设置不同的填充色

知识链接:①形状图形的对齐。在早期的版本中,多个图形的对齐需要按住 Ctrl 键,依次选择对象,然后利用“绘图工具”功能区“排列”组中的“对齐”命令进行布局。在 PowerPoint 2016 中,当用鼠标拖动图形移动时,当即将对准其他对象时,会出现水平、垂直方向的参考线预览,可以很方便地据此将两个图形进行各种对齐操作。如图 4.58 所示。

②图层移动。在 PowerPoint 2016 中,一般来说绘制的图形或者插入的图片是按照“后来者居上”叠放顺序排列的,如果将某一个对象由下层移到上层位置,可以选择对象后,在“绘图工具”(或者“图片工具”)功能区“排列”组中,通过“上移一层”或“下移一层”命令来调整图层的位置。

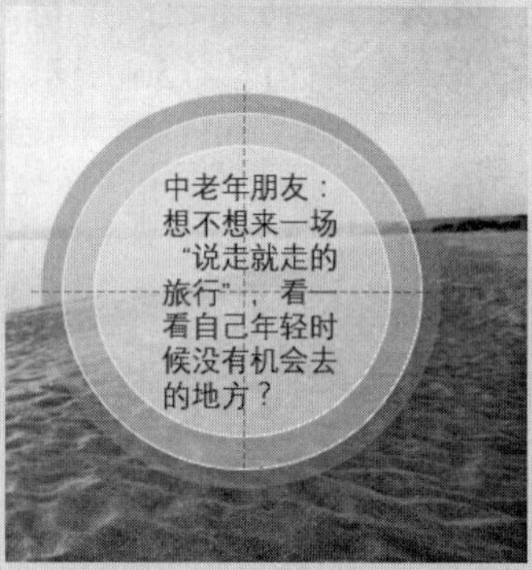

图 4.58　图形对齐参考线

3. 文本分栏

在设计如图 4.59 所示的幻灯片页面时,在占位符中直接添加文本,显示效果往往不尽如人意。实际上,最简单的增效方法就是设置文本分栏和设置段落格式。具体操作方法如下:

(1)文本分栏。

步骤一　设置形状格式。右单击占位符,在快捷菜单命令中选择“设置形状格式…”命令,弹出“设置形状格式”窗格,在“文本框”选项组中设置垂直对齐方式为“中部对齐”;然后分别增大文本框的四个边距(目的:增大文本与边框的间距)。

步骤二　文本分栏。单击“分栏…”按钮,弹出如图 4.60 所示“分栏”对话框,设置分栏数量为“2”,栏间距为“0.5 厘米”。

图4.59　占位符文本显示效果

图4.60　设置分栏

(2)段落格式。

步骤一　设置段落格式。选择占位符中的文本段落，在“开始”功能区“段落”组中打开“段落”对话框，适当增大段前间距和行距。

步骤二　使用项目符号。选择占位符中的文本段落，为其添加一种适宜的项目符号，如图4.61所示。

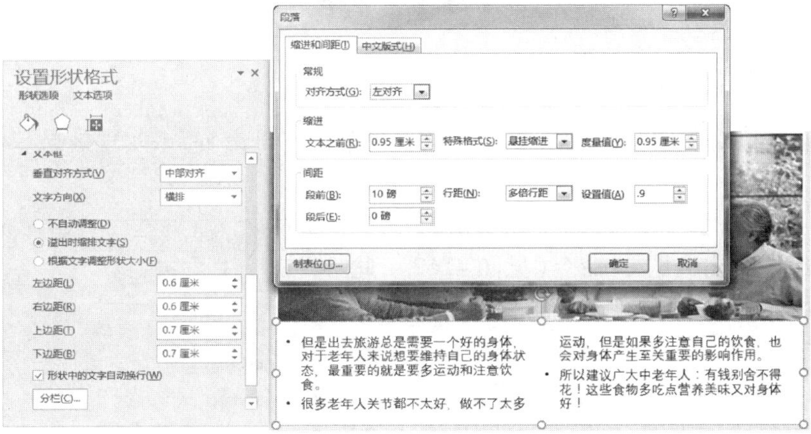

图4.61　分栏效果

二、给PPT对象设置动画效果

动画是演示文稿的精华，可以增加食品营养报告的动感效果，使自己的食品营养报告更加绚丽夺目。在演示文稿中可以把文本、图片、形状、表格和其他对象制作成动画，赋予它们进入、退出、大小或颜色变化甚至移动等视觉效果。PowerPoint的动画分为三大类：进入动画、退出动画和强调动画。

进入动画：进入动画效果，将在对象第一次呈现于幻灯片内时呈现。例如，某Flash动画用了进入动画中的“飞入”效果，那么动画启动时该对象将从幻灯片外逐渐滑入幻灯片内。

退出动画：使用退出动画时，对象做完所设的动画效果将隐藏起来。例如，某图像选用退出动画中的“飞出”效果，当动画启动时，它将滑出幻灯片，直至消失不见。

强调动画：强调动画，将作用于已呈现的对象，在动画效果结束后，对象变成原状。例如，某段文字选用强调动画的“螺旋桨”效果，当动画启动时，它将旋转一周，然后变成原状态。

可以单独使用任何一种动画,也可以将多种效果组合在一起。利用以上的动画效果,可以构思一些相当有趣的演示效果。

1. 文本动画设计

(1)打字机效果。

平时我们在放映幻灯片时,常看到幻灯片中的文字都是整批、整段显现的,看起来很生硬。在如如图 4.62 所示幻灯片中,如何设置标题占位符中的文字(“新疆若羌灰枣”)像打字一样,逐个显现出来呢?

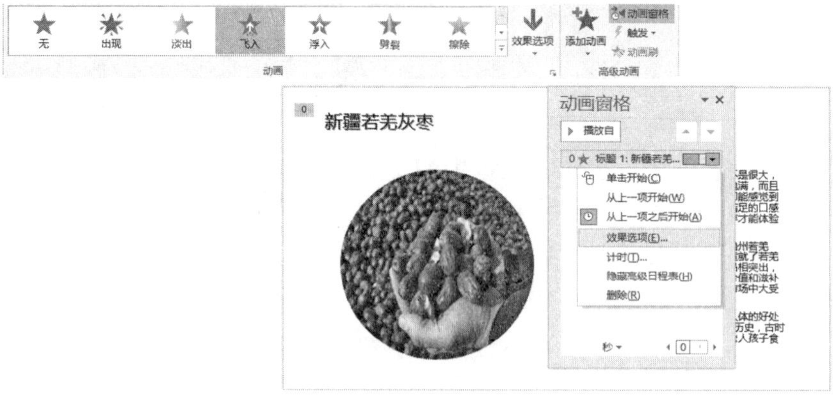

图 4.62　动画窗格

其实,我们可以对文字动画进行按字/词组、或单个字母设置,来实现效果。具体操作方法如下:

步骤一　选中标题占位符,切换到“动画”功能区,在“动画”组中单击“飞入”命令(见图 4.62),此时,我们看到文字是整批出现的,而不是单个字出现的。

步骤二　单击“动画窗格”命令按钮,打开动画窗格,单击该动画选项右侧的下拉按钮,在弹出的菜单中选择“效果选项”命令,打开“飞入”对话框。在“增强”栏下设置“动画文本”为“按字母”,根据需要调节字母之间延迟的百分比值(例如,15),如图 4.63 所示。

单击“确定”按钮,完成动画设置,即可让文字像打印机一样逐个出现。

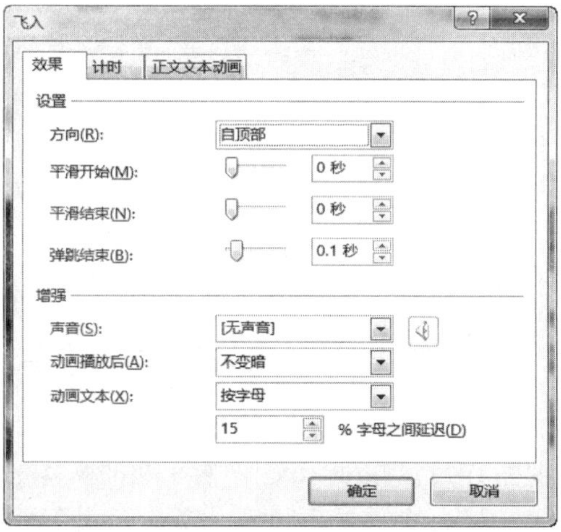

图 4.63　设置动画文本效果

(2)按段落出现。

在这张幻灯片的文本占位符中,文本框中的文字由多个段落组成,可以设置它的动画效果为逐段方式出现。具体操作方法如下:

选中文本占位符,为其添加任意一个“进入”动画效果,然后单击右侧的“效果选项”按钮,在弹出的菜单中选择“按段落”命令,文本就可以一次只显示一段(或一行)了。如图 4.64 所示。

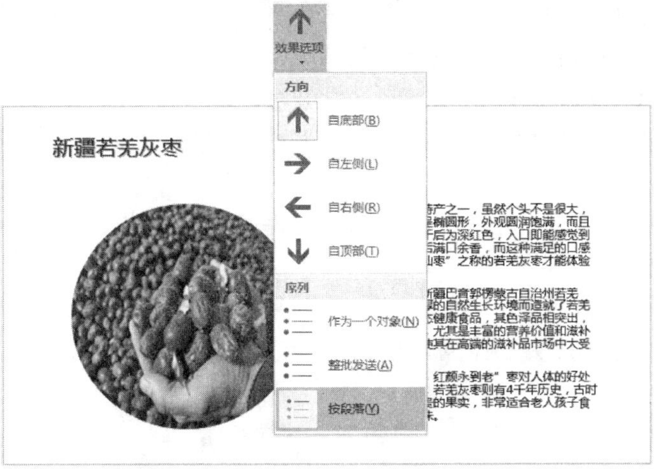

图 4. 64　设置有动画效果的幻灯片

知识链接:每一个动画都默认在单击时响应,如果想做出一整段流畅播放的效果,建议在"动画"功能区"计时"组中,将"开始"方式设置为"上一动画之后"。

按照上面的方法设置之后,我们再看一看文字显示效果,是不是比之前更生动一些了。这个动画设置技巧看上去虽然很简单,但非常实用。

2. 多图轮播动画

在一张幻灯片中,如果想展示多幅图片,到底应该怎样布局设计呢？把图片都缩小？分多页来展示？或者只留几张？

其实,设计一个简单的轮播图动画,就可以解决多图布局的问题。具体操作方法如下:

(1)设置幻灯片背景图。

将幻灯片设置"空白"版式,切换至"设计"功能区"自定义"组,单击"设置背景格式"命令,在弹出的"设置背景格式"窗格中,单击"图片或纹理填充"单选按钮,插入一幅合适的背景图片,如图 4. 65 所示。

图 4. 65　设置背景图片

(2)插入多幅图片。

步骤一　利用"插入"/"图片"命令,将需要展示的多幅图片插入幻灯片中(提示:选择图片时按住 Ctrl 键依次单击图片),设置合适的图片高度(提示:可以根据背景图片中电视屏幕的高度设置,此处高度值设置为“10.4 厘米”)。

步骤二　按住 Ctrl 键选择所有图片,单击“图片工具”/“格式”功能区“图片样式”组中的“图片轮廓”命令右侧的下三角按钮,从下拉列表中设置图片边框颜色为“白色”,粗细为“3 磅”。

步骤三　将图片依次拖动到幻灯片编辑区外左侧空白区域,将它们排列成线,调整底端对齐。

步骤四　按住 Ctrl 键选择所有图片,单击“图片工具”/“格式”功能区“排列”组中的“组合”命令右侧的下三角按钮,从下拉列表中选择“组合”命令,将所选图片组合为一个图形,如图 4.66 所示。

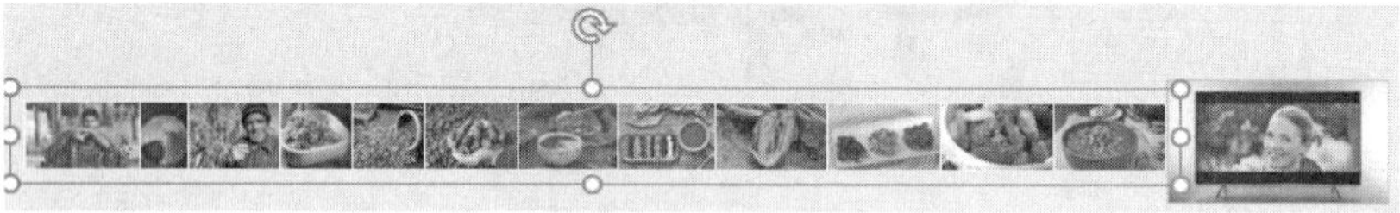

图 4.66　组合所有图片

知识链接:图片的排列对齐

多张图片的对齐,可以利用鼠标拖动的方法进行操作——当两张图片贴近时,会显示出不同位置之间的参考线帮助用户对齐图片;也可以利用“图片工具”/“格式”功能区“排列”组中的“对齐”命令右侧的下三角按钮,从下拉列表中选择合适的对齐方式,如图 4.67 所示。

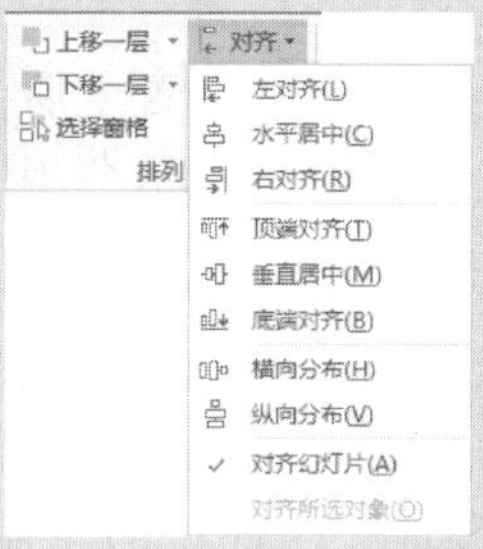

图 4.67　图片的对齐方式

(3)添加动画效果。

选择组合图形,为其设置“飞入”动画,设置效果选项为“自右侧”飞入,另外,PowerPoint 默认的动画时长为 0.5 秒,动画速度太快,许多观众可能还没看清楚,动画就结束了。此处根据演示效果将动画延长至 30 秒——在“计时”组中更改持续时间,如图 4.68 所示。

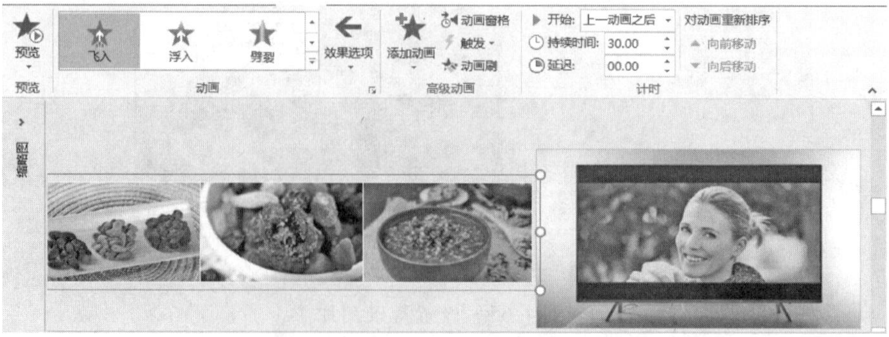

图 4.68　更改持续时间

单击“动画”功能区最右侧的“预览”按钮，即可播放设置的动画，发现“飞入”的图形遮挡住了背景图片——并没有实现在仅电视机屏幕上播放的效果。如图4.69所示。

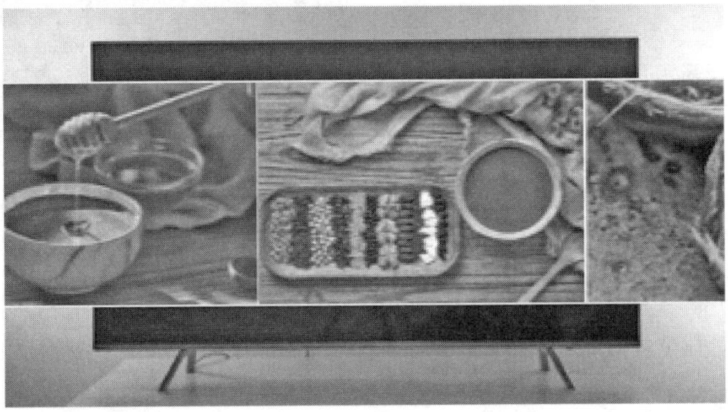

图4.69　“穿帮”的动画效果

(4)设置图形“遮挡”效果。

在电视机屏幕的两侧，各自设置一个具有“遮挡”效果的“隐形”矩形，就可以解决上面的“穿帮”问题。具体操作方法如下：

步骤一　在电视机屏幕绘制一个矩形形状，调整大小和位置(使其正好遮挡住电视机屏幕左侧的背景部分)。在“设置形状格式”窗格中的“形状选项”组中，选择填充效果为“幻灯片背景填充”。如图4.70所示。复制上述图形一份，放置在电视机屏幕右侧，令其遮挡住右侧的背景图片。

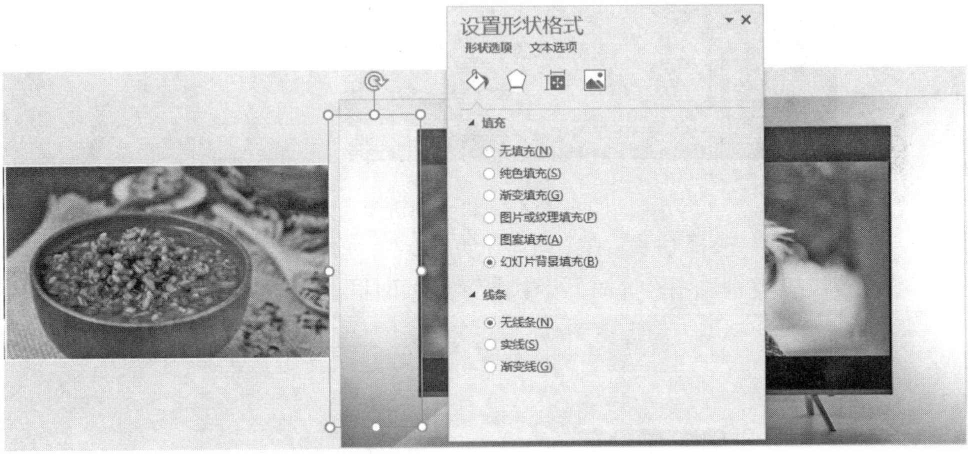

图4.70　设置图形填充方式(幻灯片背景填充)

步骤二　打开“动画窗格”，单击动画右侧的三角按钮，打开“飞入”对话框，设置动画重复效果为“直到幻灯片末尾”，如图4.71所示。

步骤三　再次预览播放动画，即可实现多幅图片在电视机屏幕中轮播的效果了。如图4.72所示。

3. 图表动画设计

静态的图表展示，往往缺乏吸引力，让这些图表“动”起来，实现动态显示，则可以表现出更好的效果。

图 4.71　设置动画重复效果

图 4.72　多图轮播效果

(1)制作动态饼图。

步骤一　创建三维饼图。新建一张幻灯片,版式选择“空白”,然后插入一个“三维饼图”,根据演讲内容编辑数据,更改图表标题内容,添加数据标签,设置图表格式和数据系列格式(如图 4.73 所示,在“设置数据系列格式”窗格中的“系列选项”中,调整“第一扇区起始角度”目的是调整三维饼图的旋转角度,调整“饼图分离程度”目的是加大饼图数据系列之间的间隔距离)。

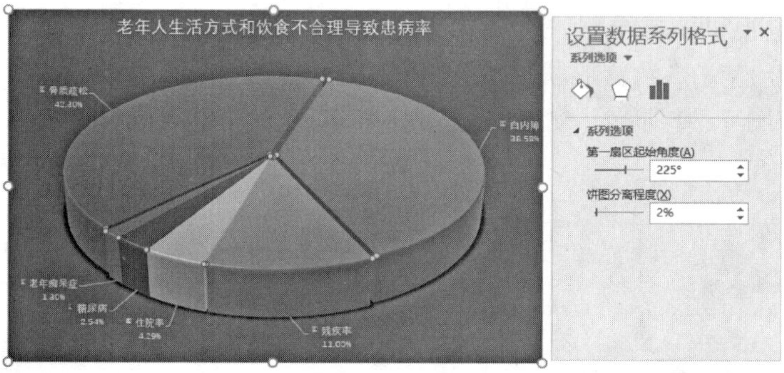

图 4.73　创建三维饼图

步骤二　添加动画。选择饼图,在“动画”功能区“动画”组中选择“轮子”动画效果,将“效果选项”设置为“按类别”,在“计时”组中设置持续时间为“5 秒”,如图 4.74 所示。

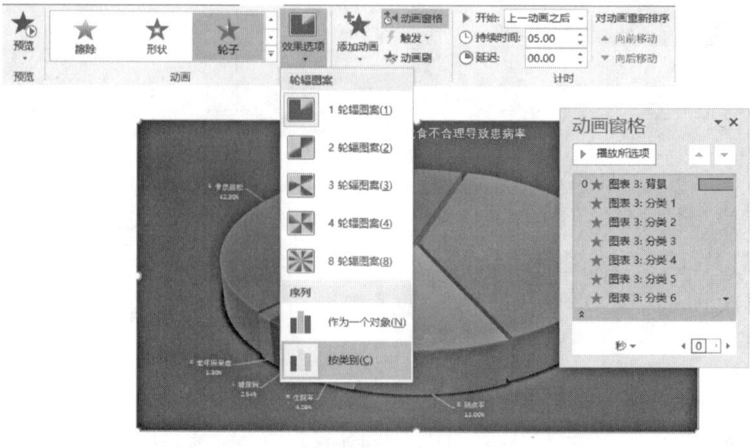

图 4.74　设置“轮子”动画效果

步骤三　调整动画效果。默认的“轮子”动画效果是包括图表背景的，如果删除背景的动画效果，可以在“动画窗格”中展开所有动画选项，选中第一项“图表3：背景”，按下 Delete 键将其删除。最后在“计时”组中将动画的“开始”方式设置为“上一动画之后”，这样就可以实现动态饼图动画了。

知识链接：组合动画

如果想为图表添加更丰富的动画效果，可以再选中图表，在“高级动画”组中单击“添加动画”命令，然后从弹出的列表中选择一种动画效果（例如，“飞出”），这样在“动画窗格”中就可以看到原有的动画效果下方又添加了一组新的动画效果。如图 4.75 所示。

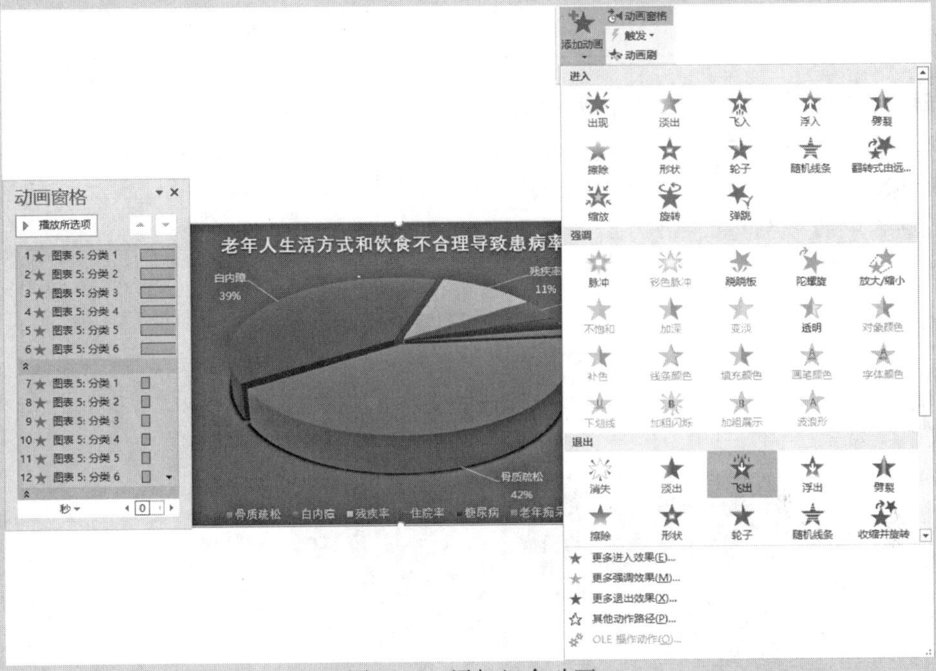

图 4.75　添加组合动画

同样，也可以将默认的第一项“背景”动画效果删除，然后通过“上移”和“下移”按钮，调整所有的动画效果的位置，更改“开始”的方式，将它们巧妙地结合在一起，得到更佳的动态效果。

(2) 制作动态折线图。

在制作折线图动画时，比较适合选择“擦除”动画效果。具体操作方法如下：

步骤一　新建幻灯片，将其设置为“空白”版式，然后插入一个折线图，根据演讲内容编辑数据，设置折线图样式，调整图表的大小，设置各图表元素的字体字号。

步骤二　选择折线图，为其添加“擦除”动画效果，设置“效果选项”的方向为“自左侧”，序列为“按系列”。

步骤三　在“计时”组中根据需要设置持续时间（例如，3 秒）。在“动画窗格”中删除背景动画选项，设置“开始”方式为“上一动画之后”。如图 4.76 所示。

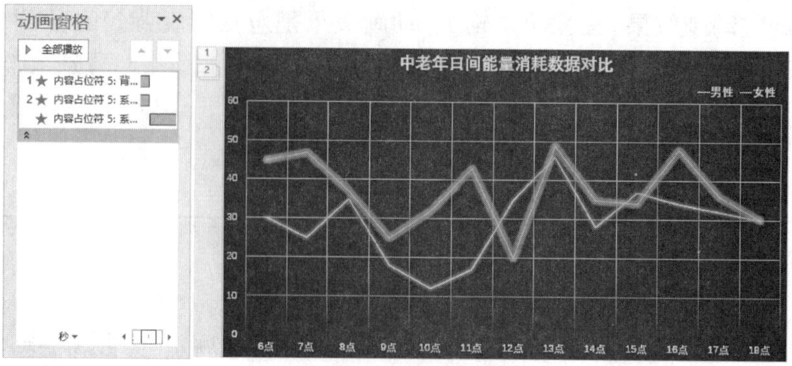

图 4.76　添加折线图动态效果

知识链接:如何将折线图中的折线变成弧线/平滑线

默认的折线图中,折线并不是圆滑的弧线(或者平滑线),通过设置数据系列格式,可以让折线图"平滑"起来。具体操作方法如下:

选中其中的一个折线系列,鼠标右击选择"设置数据系列格式"命令,弹出"设置数据系列格式"窗格,在"填充与线条"组中找到并勾选最下方的"平滑线"复选框,图表中的折线即可变成平滑线。

然后,依次将其他数据系列折线设置为平滑线,如图 4.77 所示效果。

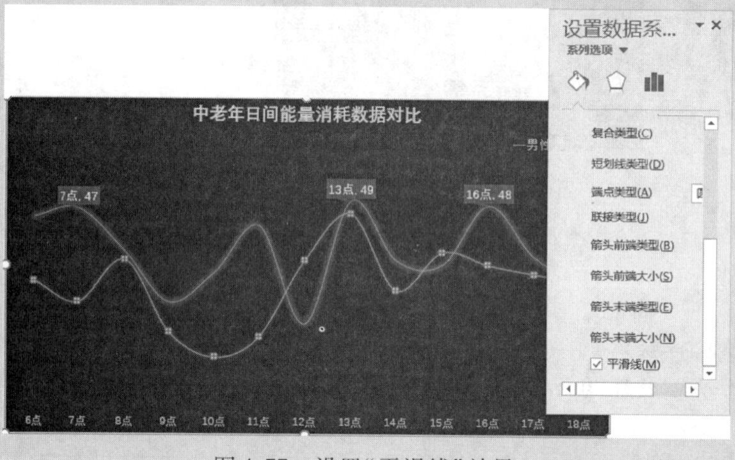

图 4.77　设置"平滑线"效果

4. 添加动画触发器

幻灯片的某些动画是为了需要操作者演示的时候才播放的,如果在自动播放的方式下,这部分动画控制的内容,可以选择不在演示中呈现。

例如,在如图 4.78 所示幻灯片中,就可以把下方的图形各自组合设置为一个按钮,单击按钮则显示相应各类食品含有的营养成分;如果单击其他位置则直接跳至下一张幻灯片。具体操作方法如下:

步骤一　绘制一个文本框，输入关于"若羌灰枣"食品营养成分的文字介绍，然后为该文本框添加"进入"动画类别中的"出现"动画效果。

步骤二　单击"高级动画"组的"触发"按钮，选择"单击"下的"组合1"选项，完成设置，如图4.79所示。

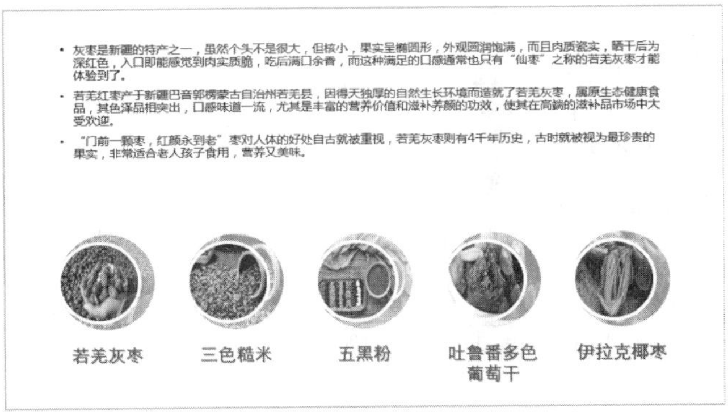

图4.78　添加动画触发器(1)

图4.79　添加动画触发器(2)

三、设置多姿多彩的切换方式

默认状态下，幻灯片切换的效果是上一张幻灯片直接消失，马上显示下一张幻灯片。换上一些别致的切换效果，可让幻灯片更具感染力。

PowerPoint预设了窗口效果、缩放效果、平移效果、旋转效果等多种切换特效，每一种效果还有多个效果选项可供设置，从而可以让设计者轻松获得数以百计的切换特效。这些特效既可以套用至特定的一张或多张幻灯片，也可以快速套用至整个演示文稿。如图4.80所示。

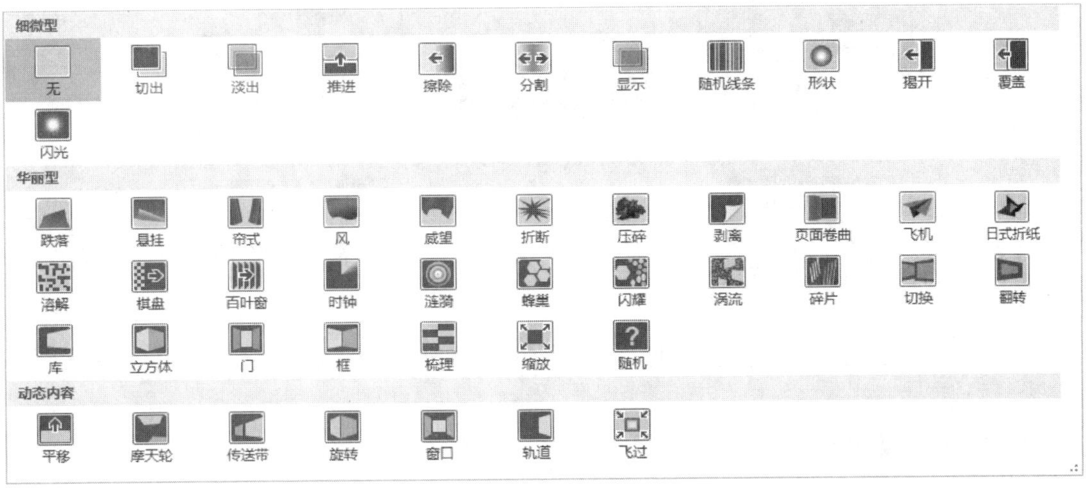

图4.80　"切换"功能区

1. 设置切换方式

选择第 1 张幻灯片,切换到“切换”功能区,单击“切换到此幻灯片”组中的“覆盖”选项,然后在“效果选项”列表中选择“自右侧”,如图 4. 81 所示。

单击“预览”组中“预览”按钮,即可在幻灯片窗格预览到切换效果。

2. 选择切换音效、方向、速度和持续时间

为了引起观众的关注,可以为一些呈现重要内容的幻灯片添加切换音效。例如,在讲解到食品安全时,可响起“锤打”的一声,听讲者听到这种切换效果,就知道该集中注意力了。将“锤打”音效插入幻灯片中的操作步骤如下:

图 4. 81　幻灯片切换效果选项

定位在需要添加切换音效的幻灯片中,在“切换”功能区“计时”组中的“声音”后的下拉列表中选择“锤打”选项,单击“预览”组中“预览”按钮,即可听到切换效果。

知识链接:设置自动换片时间

在选择了“覆盖”切换效果之后,在“切换”功能区的“计时”组中勾选“设置自动换片时间”复选框,设置换片时间(例如,3 秒),单击“全部应用”命令,可以为所有幻灯片统一添加一种切换效果,实现自动播放幻灯片的效果。在“幻灯片浏览”模式下,可以看到设置好的效果——每张幻灯片右下角的“ * ”表示设置了某种切换效果;“00:30”表示设置了自动换片时间。如图 4. 82 所示。

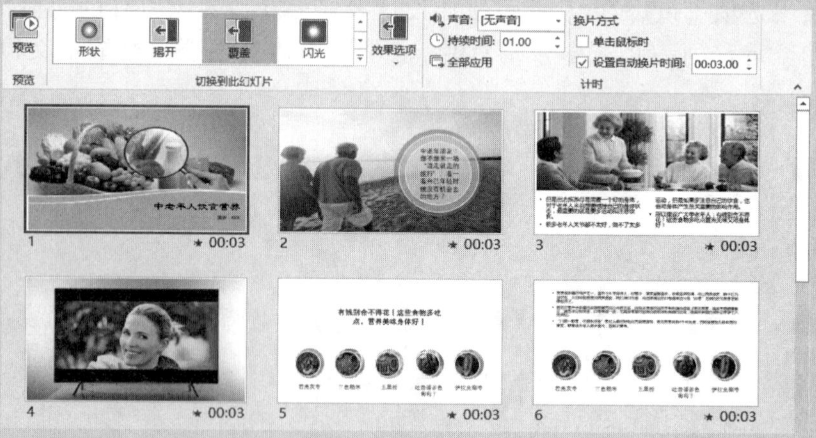

图 4. 82　设置自动换片时间

四、添加多媒体元素

1. 录制声音

对于一些自动演示文档,用户可以预先将旁白录入演讲稿,并将其设为自动播放。这样在

播放时,演示者就不需要站在旁边解说了。当不需要自动演示时,演示者也可以禁播预先录制的旁白语音,现场配音演示。例如,为第 3 张幻灯片录制旁白语音的具体操作方法如下:

步骤一　选中第 3 张幻灯片,在“插入”功能区中的“媒体”组中,单击“音频”下方的小三角按钮,选择“录制音频…”命令,打开“录制声音”对话框,如图 4.83 所示。

步骤二　单击●按钮,程序将通过麦克风拾取外界声音,旁白内容朗读完毕后,单击▶按钮停止录制工作。单击“确定”按钮,即可将录制的旁白插入幻灯片,同时在幻灯片中显示小喇叭图标。

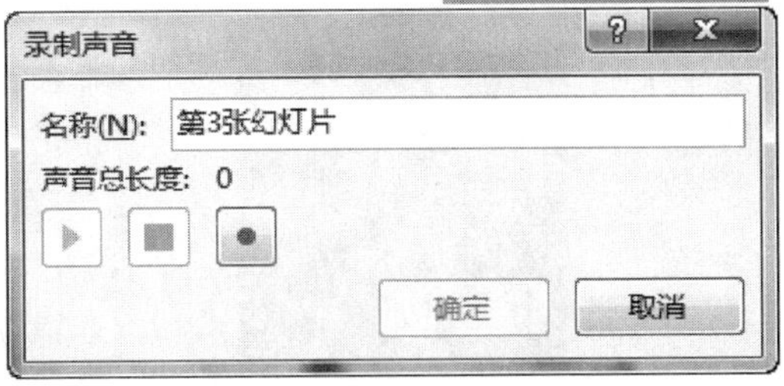

图 4.83　“录制声音”对话框

2. 视频的插入与全屏播放

所谓百闻不如一见,部分演示内容采用视频方式展现,不但能让观众更形象、更生动地认知文字、图片等难以描述的过程,还能让他们产生浓厚的兴趣。PowerPoint 2016 支持 Windows media、Windows video 等类型的视频文件,如图 4.84 所示。不过,部分 MPEG 视频,可能需要另行安装解码器才能顺利播放。

例如,在第 7 张幻灯片中,需要插入一段有关介绍“若羌灰枣”的视频,具体操作方法如下:

步骤一　插入视频。在第 7 张幻灯片中,单击“插入”功能区中“媒体”组中的“视频”按钮,选择“PC 上的视频…”命令插入视频文件,如图 4.85 所示。

步骤二　视频设置。用鼠标拖动视频四周的控制点可以调整视频大小;切换至“视频工具”/“播放”功能区“视频选项”组中,设置视频开始方式为“自动”,勾选“全屏播放”和“循环播放,直到停止”复选框,视频即可实现自动播放的效果,如图 4.85 所示。

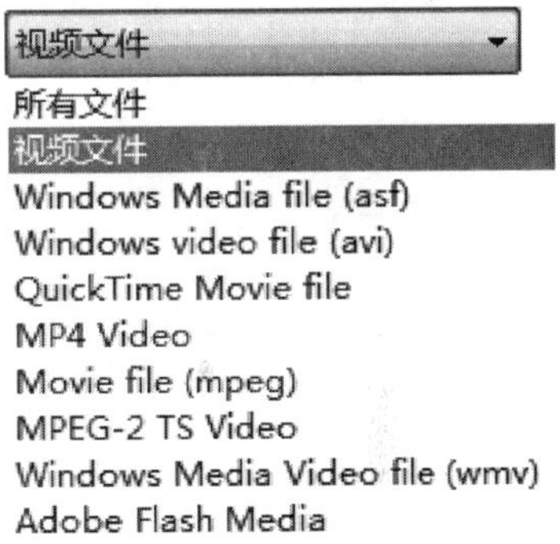

图 4.84　PowerPoint 2016 支持的视频格式

3. 设置背景音乐

在 PowerPoint 中,设计者可以在一张幻灯片中插入一个或多个音频文件(这些文件插入后,将显示为一个音频图标)。在演示时,单击这些图标,将播放相应的音频文件。PowerPoint 2016 支持 MP3、WAV、WMA 等常见的音频格式,如图 4.86 所示。

默认状态下,只有当演示者单击声音图标时声音才开始播放。如果想作为背景音乐在幻灯片载入时自动播放声音,就必须修改声音开始播放的方式。例如,在会场上自动播放 PPT 时,同时播放背景音乐直到 PPT 结束为止,具体操作方法如下:

在“插入”功能区“媒体”组中,单击“音频”下方的小三角按钮,选择“PC 上的音频…”命令,选择并插入音频文件。切换至“音频工具”/“播放”功能区“音频选项”组中,单击“开始”右侧的小三角按钮,选择“自动”选项。

图 4.85　插入视频

图 4.86　音频格式

知识链接:音视频的裁剪

某些时候,插入的音视频文件仅需要播放其中的一小部分,可使用 PowerPoint 内置的音频剪辑功能进行编辑处理。例如,将插入的一段视频文件进行剪辑,将不需要的部分去掉,具体操作步骤如下:

在“视频工具”/“播放”功能区“视频选项”组中,单击“剪裁视频”按钮,打开“剪裁视频”对话框,如图 4.87 所示。

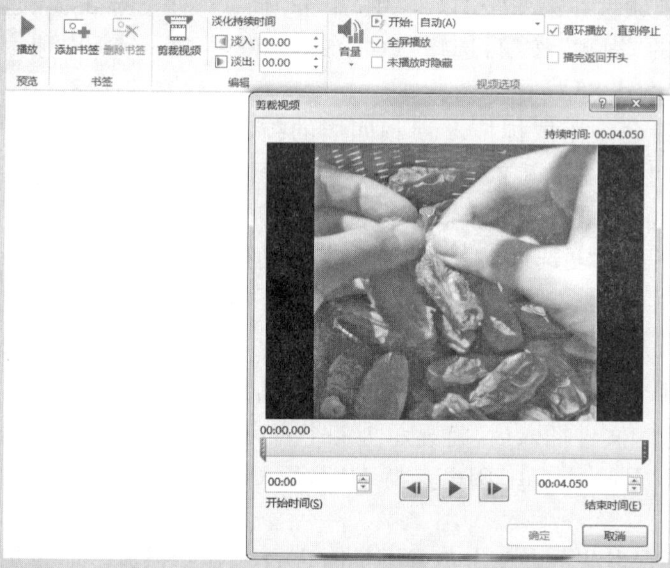

图 4.87　“剪裁视频”对话框

拖曳起始时间方块和结束时间方块,调整至合适的位置,单击“确定”按钮,完成视频剪裁操作。在剪裁过程中,原音视频文件不会受到任何影响,如果剪裁效果不佳,也可以重新操作。

五、播放幻灯片

1. 设置幻灯片放映

幻灯片制作完成之后，还需要根据实际演讲的需要设置幻灯片放映的方式。在 PowerPoint 2016 中，演示文稿的放映类型包括演讲者放映、观众自行浏览和在展台浏览三种。如图 4.88 所示。

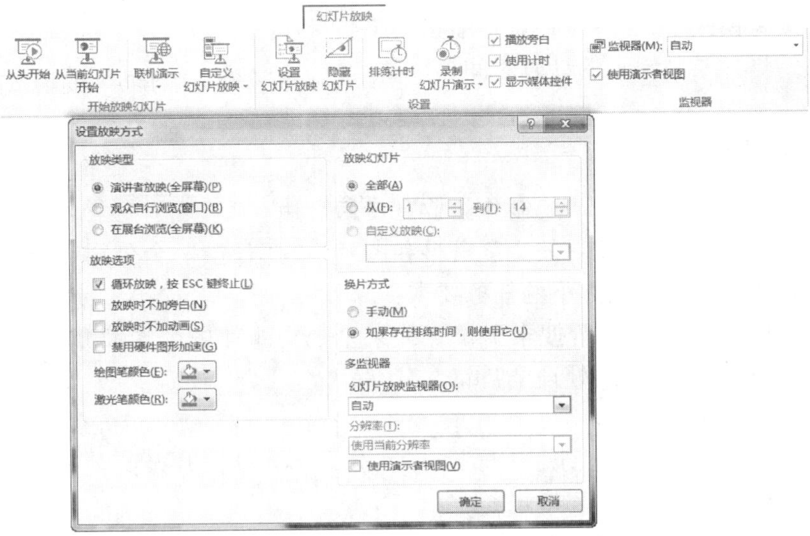

图 4.88　演示方式

演讲者放映：是指由演讲者一边讲解一边放映幻灯片，这种演示方式用于比较正式的场合，例如专题讲座、学术报告等。

观众自行浏览：是由观众自己动手使用计算机观看幻灯片。

在展台浏览：可以让多媒体报告自动放映，而不需要演讲者操作。例如放在展览会的产品展示等。

默认情况下，幻灯片的放映方式为普通手动放映。用户可以根据实际需要设置幻灯片的放映方法，例如自动放映、自定义放映和排列计时放映等。

2. 让 PPT 自动演示(排练计时)

在公众场合进行 PPT 的演示之前，需要掌握好 PPT 演示的时间，以便符合整个展示和演讲的需要，为此需要测定幻灯片放映时的停留时间。

例如，对第一张幻灯片进行排练计时的具体操作方法如下：

在“幻灯片放映”功能区“设置”组中单击“排练计时”命令，系统开始播放该张幻灯片并对其进行计时。按下 ESC 键停止计时，弹出如图 4.89 所示对话框。

图 4.89　排练计时

单击“是”按钮，记录保留该张幻灯片的排练计时，在幻灯片浏览模式下可以看到缩略图的右下角记录了排练计时，如图 4.90 所示。

3. 录制幻灯片演示

录制幻灯片演示功能可以记录 PPT 幻灯片的放映时间,同时允许用户使用鼠标和激光笔为幻灯片添加注释,也就是制作者对幻灯片的一切相关注释,都可以使用录制幻灯片演示功能记录下来,从而使得幻灯片的互动性能大大提高。

在幻灯片浏览模式下,在每张幻灯片缩略图下方可以显示出该幻灯片录制演示的计时时间。

图 4.90　在幻灯片浏览模式下显示排练计时

任务实训

制作企业宣传幻灯片

根据所学知识,利用网上搜寻的文字资料和图片素材,杜撰一个公司或企业,为其制作宣传幻灯片。在制作过程中达到如下的任务要求:

(1)资料搜集:利用“百度”等搜索引擎查找某个公司企业的公司简介文字资料以及该企业的相关图片资料,进行相关的处理、剪辑。

(2)创建演示文稿。

(3)修改幻灯片母版和标题幻灯片母版:插入公司 LOGO 图片及其他标志性图片,绘制自选图形组合,调整占位符的位置和格式。

(4)在标题幻灯片中使用艺术字,点缀效果。

(5)在幻灯片中设置幻灯片切换效果。

(6)在幻灯片中插入 Word 表格和 Excel 图表,并对生成的 Excel 图表进行适当的格式修饰。

(7)设置简单的自定义动画效果。

(8)为目录页和正文页之间设置简单的超链接和动作设置。

(9)在幻灯片中的适当位置插入一段音乐,使之成为背景音乐,并设置恰当的播放方式。

(10)设置幻灯片为自动播放方式。

(11)将做好的演示文稿进行打包处理。

项目实训　服装行业分析报告

某投资公司为转投服装行业,对服装行业进行了大量调查工作,现在需要对调查结果进行分析汇总,并利用演示文稿方式在公司干部会议上展示。本项目任务将实现该演示文稿的制作,在制作过程中学习如何根据母版和版式创建演示文稿、为幻灯片添加幻灯片内容、添加和删除幻灯片、设置切换方式、设置动画效果、幻灯片的预览放映及保存等操作。

实训目标

- 掌握在幻灯片中插入各种对象(如文本、图片、形状、艺术字和表格)的技能;
- 掌握幻灯片母版和版式的使用;
- 掌握幻灯片切换效果的设置;
- 掌握动画方案的应用;
- 掌握如何创建超链接和动作设置;
- 掌握多媒体对象的插入操作;
- 掌握演示文稿的打包设置。

实训要求

本项目实训要介绍的是制作一个供公司决策层观看的服装行业分析报告演示文稿,最终效果如图4.91所示效果(部分幻灯片)。

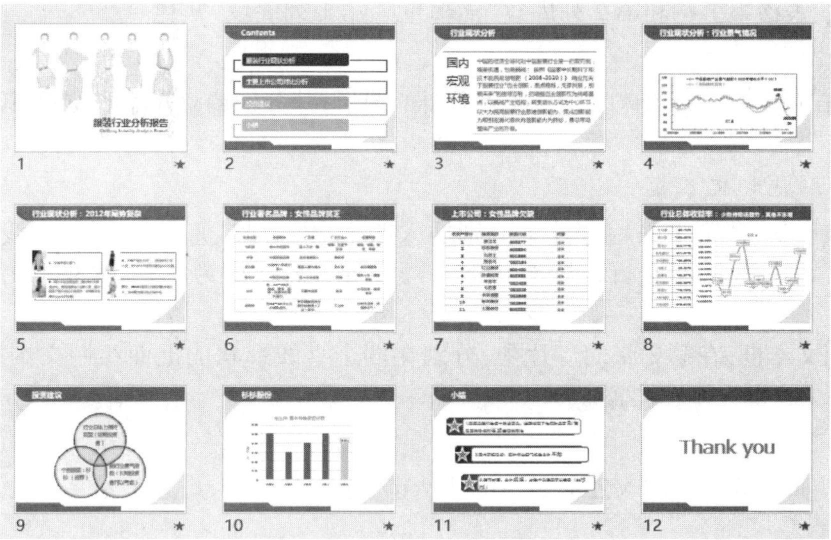

图4.91　部分项目实训效果

操作步骤

一、设计母版和版式

(1)启动PowerPoint 2016程序,添加幻灯片,保存为“公司庆典方案”。

(2)设置母版的主版式。选中标题占位符,设置字体格式为“微软雅黑、32磅、加粗、文字阴影”,设置段落格式为“左对齐”,设置“形状填充”为“无填充颜色”;选中文本占位符,设置字体样式为“宋体、24磅、绿色”,设置段落格式为“左对齐、单倍行距”;插入“背景.jpg”作为母版背景。

(3)修改幻灯片版式。分别选中第2、3、5~15张幻灯片,单击右键,选择“版式”下的“空白”版式。

二、编辑幻灯片

1. 使用占位符输入文本

(1)在标题幻灯片中,选中标题占位符,输入文本“服装行业分析报告”;选中副标题占位符输入文本“作者:XXX”(为美观原因,可以自行设置字体格式,并调整占位符位置)。

(2)使用默认的占位符,分别在其他幻灯片中输入相关文本。

2. 插入 Word 表格

(1)插入表格:在第 6 张幻灯片中,插入一个 7 行 5 列的表格;在第 7 张幻灯片中插入一个 12 行 4 列的表格,并调整大小和位置。

(2)设置表格格式:选中第 6 张幻灯片中的表格,在“表格工具设计”功能区中,设置表格边框线“实线、黑色、1.0 磅”,设置对齐方式“垂直居中”;分别选中表格第 1 行和第 1 列,在“表格工具设计”功能区的“表格样式”组中,设置底纹为“橄榄色”。

同样方法,设置第 7 张幻灯片中的表格边框线为“实线、黑色、1.0 磅”、单元格“垂直居中”对齐方式、表格第 1 行和第 2 列底纹“橄榄色”、第 1 列底纹“灰色 -25%”。

3. 插入图片

分别在第 4、5、11 ~ 15 幻灯片中,插入需要的图形,并分别调整大小和位置,设置叠放次序为“置于底层”。

4. 绘制形状和文本框

(1)绘制形状:在第 2 张幻灯片中分别插入四个“同心圆”形状、四个“直线”形状、四个“菱台”相状(为了美观,可自行设置形状格式),设置叠放次序为“置于底层”,并分别调整大小和位置。

(2)绘制文本框:在第 2 张幻灯片中,分别在四个直线形状的上面绘制文本框,输入相关文本,并调整文本框大小和位置。

5. 插入艺术字

在最后一张幻灯片中插入艺术字“Thank you”,选中艺术字,设置艺术字样式为第 4 行第 2 列的艺术字样式。

6. 插入图表

使用“图表”按钮,在第 8 张幻灯片中,插入“簇状柱形图”,在第 9、10 张幻灯片中插入“带数据标记的折线图”,并设置图表的格式。

三、创建超链接

选中第 2 张幻灯片中的“服装行业现状分析”,在“动作设置”对话框的“单击鼠标”选项卡下的“超链接到”下拉列表框中选择“幻灯片”选项,在“超链接到幻灯片”对话框中的“幻灯片标题”下选择“3. 行业现状分析”,依次单击“确定”按钮。

同样方法,将第 2 张幻灯片中的“主要上市公司对比”“投资建议”“小结”分别与第 7、11、15 张幻灯片进行超链接。

四、设置切换方式

选中第 1 张幻灯片,切换到“切换”功能区,选择“形状”切换效果,其他按默认设置。

五、设置动画效果

选择第12张幻灯片中的图片，切换到“动画”功能，在“动画”组中选择“强调”下的“放大/缩小”效果，在“计时”组中，“持续时间”设为“02.00”。

同样方法，设置第13、14张幻灯片中的动画效果为“放大/缩小”效果。

六、录制声音

选择第12张幻灯片，单击“插入”功能区的“媒体”组中“音频”按钮下的“录制音频”选项，为其录制一段介绍该张幻灯片内容的旁白；选中录制音频的小喇叭，在“音频工具播放”功能区的“音频选项”组中，选择“放映时隐藏”复选框。

七、打包演示文稿

为了PowerPoint演示文稿在任何一台Windows操作系统的机器中都可以正常放映，需要将PowerPoint播放器和演示文稿一起打包。要求如下：

单击“文件”按钮，然后单击“导出”命令按钮，在弹出的“导出”面板中，单击“将演示文稿打包成CD”命令，在“打包成CD”对话框中，将CD命名为“服装行业分析报告”。

项目5　Office 2016 的协同应用

学习目标

- 掌握在 Word 中创建 Excel 工作表方法；
- 掌握在 Word 中调用 Excel 图表方法；
- 掌握在 Excel 中编辑 Word 文档方法；
- 掌握同步更新 Word 和 Excel 数据方法；
- 掌握 Word 文档与 PowerPoint 演示文稿相互转化的方法；
- 掌握 PowerPoint 讲义导出到 Word 中的方法；
- 掌握在 PowerPoint 中调用 Excel 工作表和图表的方法。

任务引入

学会 Word 2016、Excel 2016 和 PowerPoint 2016 三者间的协同作业，可以大大提高工作效率，让我们在办公中体会到酣畅淋漓的感受。本项目将为大家演示如何将 Office 家族的成员发动起来，满足不同的办公要求。

任务分析

当编辑文件中的数据需要与调用的文件数据保持同步更新时，可以将调用文件设置为链接对象；当调用的对象数据量比较少或者与原文件相互独立时，可以将其设置为嵌入对象。

当 Word 与 PowerPoint 之间相互转换时，完成的初步效果不会很理想，需要再进行如下格式化操作：

- 替换；
- 分栏；
- 页面设置；
- 标题样式设置；
- 幻灯片格式设置；
- 文本格式设置。

任务实施

一、Word 与 Excel 之间的协作

当 Word 与 Excel 之间传递信息时，既可以将信息设置为链接对象，也可以设置为嵌入对

象。所谓链接对象是指在一个文件中创建,并插入另一个文件中的信息,同时还保持了两个文件之间的链接。嵌入对象是指直接插入文件中的信息。

对于链接对象,如果链接到的文件在计算机中的位置发生了变化,链接就会失败。而嵌入对象则是把插入的对象作为自己的一部分,因此与原来的文件相互独立。

1. 在 Word 中创建 Excel 工作表

这种情况属于将 Excel 工作表作为嵌入对象插入 Word 中。

步骤一　在 Word 文件中需要创建工作表的位置单击定位,然后切换到“插入”选项卡,单击“文本”组中的“对象”按钮,弹出“对象”对话框,如图 5.1 所示。

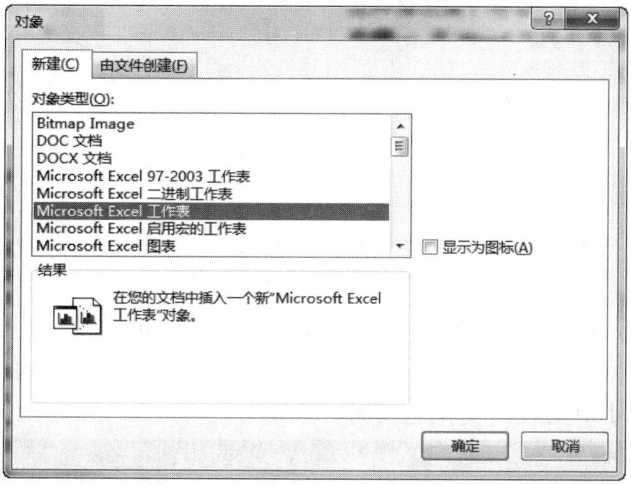

图 5.1　“对象”对话框

步骤二　在“新建”标签中选择“Microsoft Excel 工作表”,然后单击“确定”按钮,即可在插入点创建一个空白的 Excel 工作表(见图 5.2),同时出现 Excel 的功能面板,可以直接对工作表进行数据编辑和格式美化。

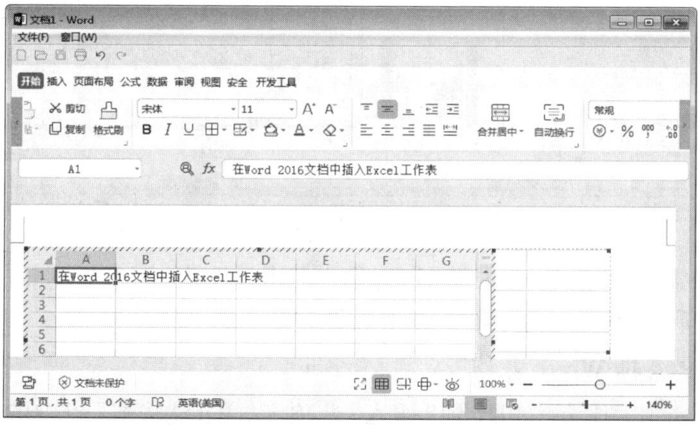

图 5.2　在 Word 中创建 Excel 工作表

2. 在 Word 中调用 Excel 图表

我们以在 Word 文档中插入一个 Excel 柱形图为例,介绍在 Word 中调用 Excel 图表的操作方法。

步骤一　切换到“插入”选项卡,在“插图”组中单击“图表”按钮,弹出“插入图表”对话框,如图 5.3 所示。

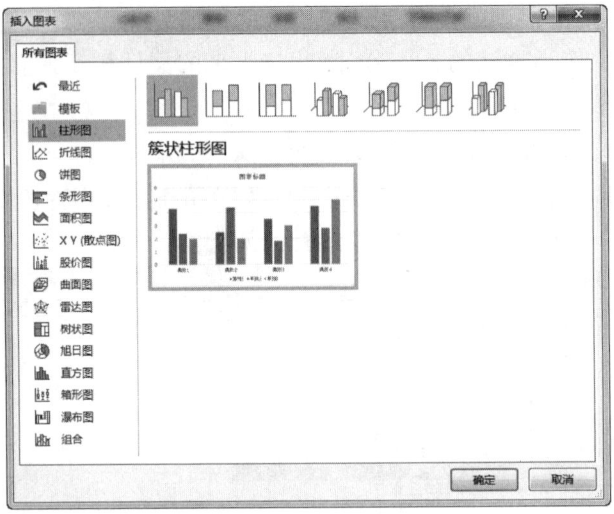

图 5.3　“插入图表”对话框

步骤二　选择“簇状柱形图”,然后单击“确定”按钮,即可在 Word 中插入图表,同时自动打开 Excel 工作表(见图 5.4),在 Excel 工作表中显示与该图表相对应的原始数据(当修改原始数据的数据时,Word 中图表的变化是实时更新的)。

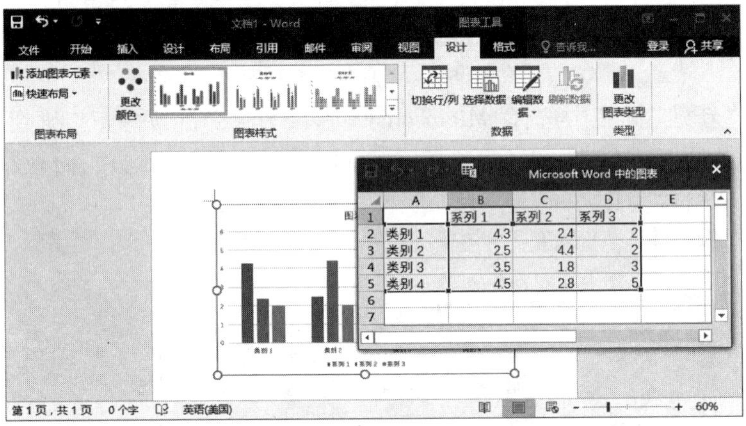

图 5.4　在 Word 中调用 Excel 图表

步骤三　如果需要修饰 Word 中的图表,只要双击该图表,即可显示相应的“图表工具”功能面板,如图 5.4 所示,图表中每个细节都可以调整。

3. 在 Excel 中编辑 Word 文档

步骤一　在 Excel 工作表中切换到“插入”选项卡,单击“文本”组中的“对象”按钮,弹出“对象”对话框,如图 5.5 所示。

步骤二　在“对象类型”下拉列表中单击“Microsoft Word 文档”,单击“确定”按钮,即可在 Excel 中插入 Word 文档框(见图 5.6),同时显示 Word 功能面板,可以对 Word 文档进行编辑和格式化——例如,拖动 Word 文档框到合适的位置,并在其中输入内容。

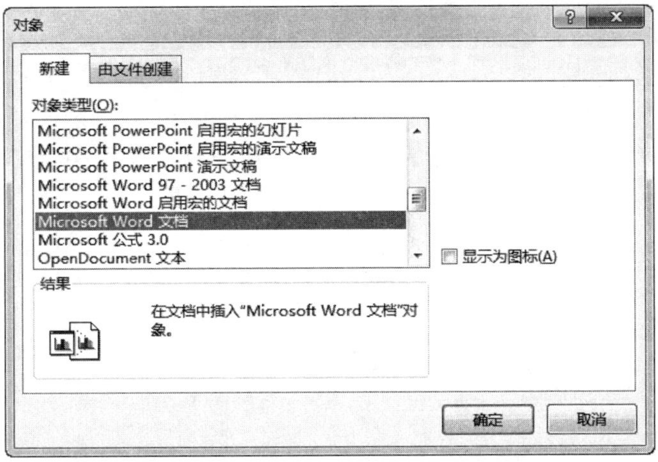

图 5.5　“对象”对话框

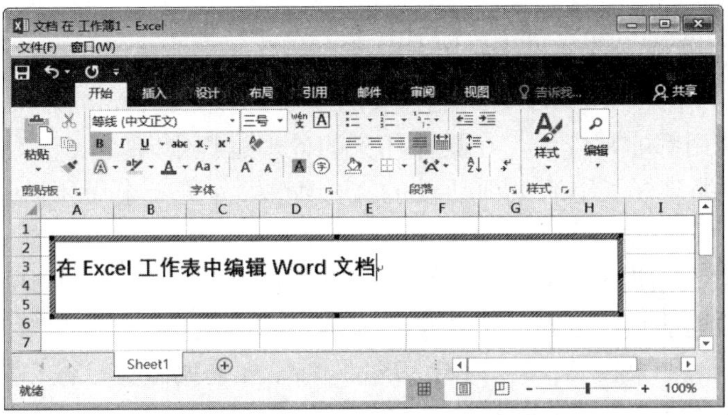

图 5.6　在 Excel 中编辑 Word 文档

4. 同步更新 Word 和 Excel 数据

对于一些特殊需求，比如一些数据量较大的内容，或者要求 Word 文档中的报表与经常处在变化中的 Excel 文档保持一致，就需要将 Excel 文件作为链接对象插入 Word 中。

步骤一　将 Excel 工作表插入 Word 中。在 Word 中定位在需要插入工作表的位置，然后切换到“插入”功能面板，在“文本”组中单击“对象”按钮，弹出“对象”对话框，切换到“由文件创建”标签，单击“浏览”按钮选择要链接的 Excel 文件，并选中“链接到文件”复选框，如图 5.7 所示。

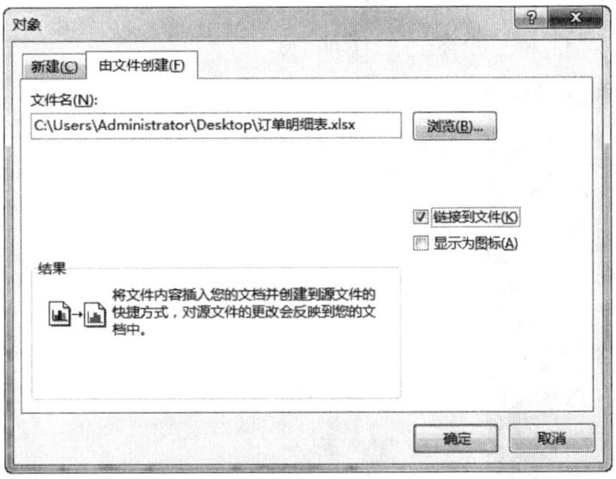

图 5.7　“对象”对话框

步骤二　单击“确定”按钮，即可将 Excel 数据插入 Word 中，如图 5.8 所示。

步骤三　实现数据同步更新。在 Word 中，双击表格数据，激活并打开链接的 Excel 文件(或者直接打开 Excel 文件)，修改数据后关闭工作表，返回 Word 工作窗口，右单击表格，选择“更新链接”快捷菜单命令，如图 5.8 所示，即可实现 Word 和 Excel 数据同步更新。

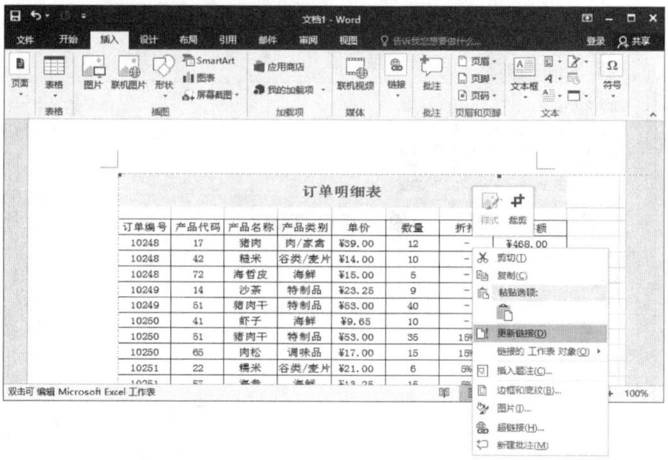

图 5.8　在 Word 中链接 Excel 文件并同步更新数据

二、Word 与 PowerPoint 之间的协作

在我们的实际工作中，Word 作为功能强大的文字处理工具，PowerPoint 作为功能强大的演示文稿制作工具，使用都非常广泛。在具体任务的处理过程中，常常产生以下情形：

(1)在 Word 中编排好了组织某项活动的文档纲要，为了向组织团队讲解该活动过程，还需要在 PowerPoint 中制作关于该活动的演示文稿。

(2)先制作了某次培训的演示文稿，但是还需要将该内容在 Word 中处理，以便分发给学员，利于培训内容的提前预习或在学习中更好地理解和消化。

不论是哪种情形，如果在 Word 和 PowerPoint 中各自单独做自己的事情，势必产生重复劳动。其实作为 Office 家族的两个成员，它们之间当然是可以“亲密”合作的，下面让我们来看看实现合作的方法。

1. 将 PowerPoint 演示文稿转化为 Word 文档

步骤一　打开 PowerPoint 演示文稿，单击“文件”菜单中的“导出”命令，如图 5.9 所示，选择导出方式为“创建讲义”，再单击右侧的“创建讲义”按钮，即可打开“发送到 Microsoft Word”对话框，如图 5.10 所示。

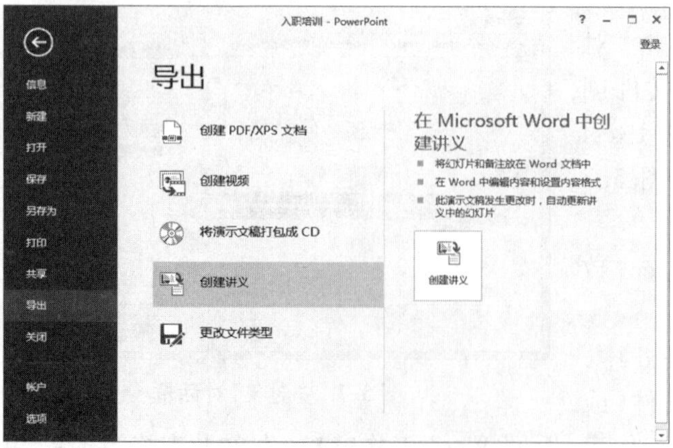

图 5.9　“保存并发送”列表

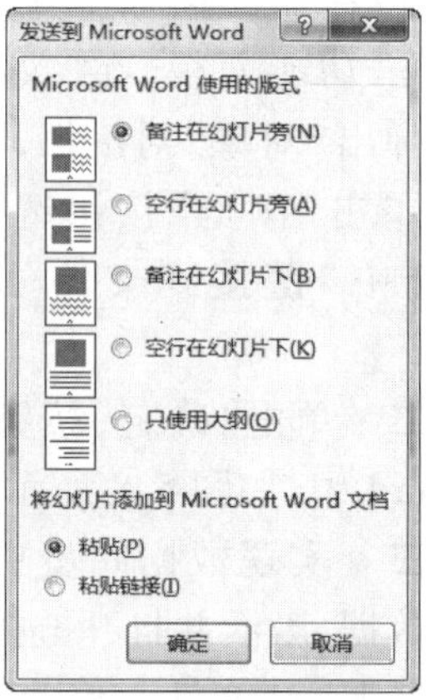

图 5.10　“发送到 Microsoft Word”对话框

步骤二　选择“只使用大纲”的版式，单击“确定”按钮，系统会自动把演示文稿发送给 Word。

在转换后的 Word 文档中，可能会有大量的空行，解决方法是：单击“开始”功能区“编辑”组中的“替换”按钮，打开“替换”对话框，在“查找内容”文本框中输入“^P^P”，在“替换为”文本框中输入“^P”，然后单击“全部替换”即可。

2. 将 PowerPoint 讲义导出到 Word 中

步骤一　导入 Word 文档。如图 5.10 所示，在“发送到 Microsoft Word”对话框中单击“备注在幻灯片旁”的版式，然后单击“确定”按钮。此时系统会直接打开一个 word 文档（见图 5.11），接下来，我们需要对其进行修改以便于更好地阅读。

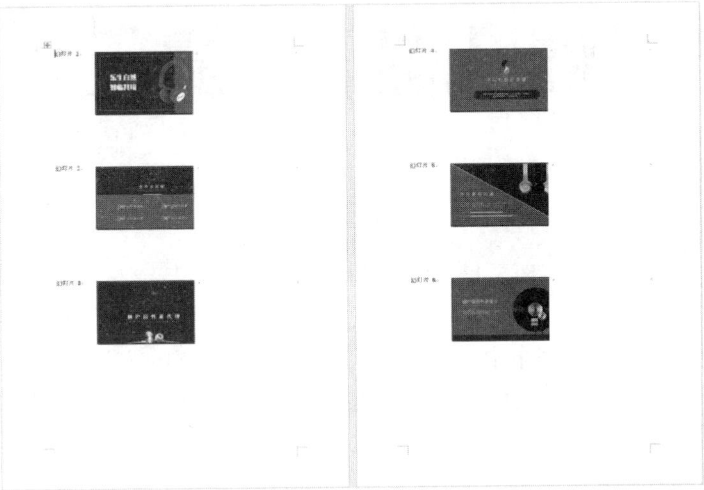

图 5.11　PowerPoint 讲义导出到 Word 中初始效果

步骤二　分栏。切换到“布局”选项卡，在“页面设置”组中单击“分栏”按钮，选择“两栏”，此时每页的右侧幻灯片超出页面范围，如图 5.12 所示，需要删除每张幻灯片左侧的“幻灯片”三个字，以使页面正常显示。

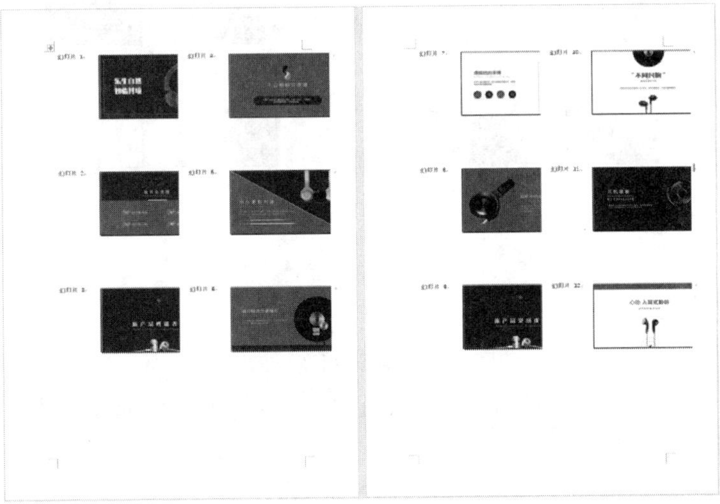

图 5.12　Word 文档分栏后效果

步骤三　删除每张幻灯片左侧的文字“幻灯片”。单击“开始”功能区“编辑”组中的“替换”按钮,打开“查找和替换”对话框,在“查找内容”文本框中输入“幻灯片”,“替换为”文本框中为空白,然后单击“全部替换”按钮,效果如图 5. 13 所示。

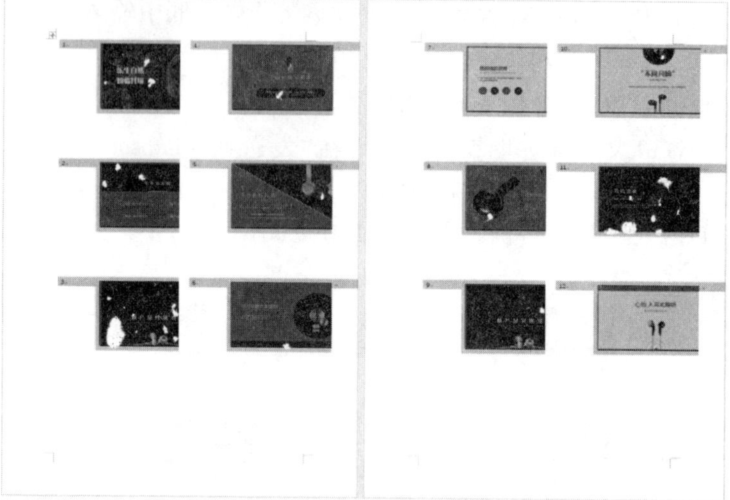

图 5. 13　删除“幻灯片”文字后效果

步骤四　调整列宽。分栏操作实际上是在 Word 文档中利用“无框线”的两列表格实现布局的,如果此时页面还是不能完全显示,还可以通过调整列宽的方法解决。全选表格,切换至“表格工具/布局”功能区的“单元格大小”组,逐渐减小列宽值直至幻灯片在页边距内显示完整为止。如图 5. 14 所示。

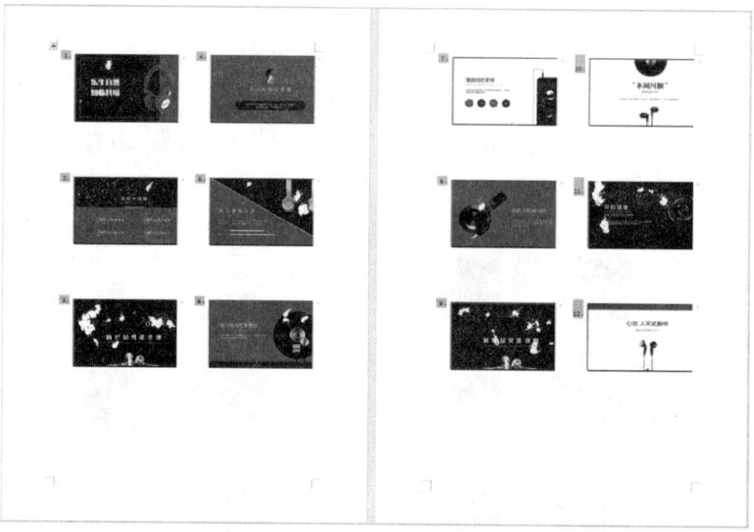

图 5. 14　调整列宽后效果

如果效果仍不能令人满意,还可以减小“页边距”以加大页面显示范围。最终实现将 PowerPoint 讲义导出到 word 中。

3. 将 Word 文档转换为 PowerPoint 演示文稿

首先,需要将 Word 文档中的各级标题设置成相应标题样式。例如,将文档中一级标题设置成“标题 1”样式，二级标题设置成“标题 2”样式，依次类推。

步骤一　然后，将“发送至 Microsoft PowerPoint”按钮添加到快速访问工具栏。在 Word 文档中打开“文件”菜单，单击“选项”命令，打开“Word 选项”对话框，如图 5.15 所示。

图 5.15　在“Word 选项”对话框中添加快速访问工具栏按钮

步骤二　切换到“快速访问工具栏”选项卡，在“从下列位置选择命令”的下拉列表中单击“不在功能区中的命令”，然后在列表框中找到并单击“发送至 Microsoft PowerPoint”命令，再单击“添加”按钮，将该命令添加到右侧的“自定义快速访问工具栏”列表框中，单击“确定”按钮即可在“快速访问工具栏”中添加相应按钮。

步骤三　最后，单击快速访问工具栏中的“发送至 Microsoft PowerPoint”按钮，系统会自动将 Word 文档转换到 PowerPoint 演示文稿中，之后就可以在 PowerPoint 中进行幻灯片格式、文本格式等编辑操作。

三、Excel 与 PowerPoint 之间的协作

PowerPoint 是专门用来做演示幻灯片的软件，Excel 主要是用来处理数据，所以 PowerPoint 与 Excel 的相互协作，也往往就是在 PowerPoint 中调用 Excel 中的表格或图表，而很少会将 PowerPoint 中的内容复制到 Excel 中。下面介绍两者之间是如何进行相互协作的。

1. 在 PowerPoint 中调用 Excel 工作表

步骤一　打开 PowerPoint，然后切换到“插入”功能面板，在“文本”组中单击“对象”按钮，弹出“对象”对话框，如图 5.16 所示。

步骤二　单击“由文件创建”单选按钮，然后单击“浏览”按钮，选择要链接的 Excel 文件，并勾选“链接”复选框，单击“确定”按钮，即可将 Excel 数据插入 PowerPoint 中，如图 5.17 所示。

步骤三　在 PowerPoint 中，双击表格数据，激活并打开链接的 Excel 文件（或者直接打开 Excel 文件），在工作表中修改数据确认后，PowerPoint 中数据立即同步更新。

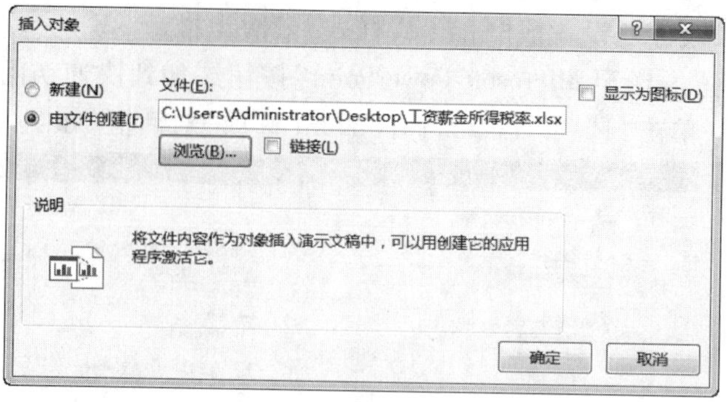

图 5.16　“插入对象”对话框

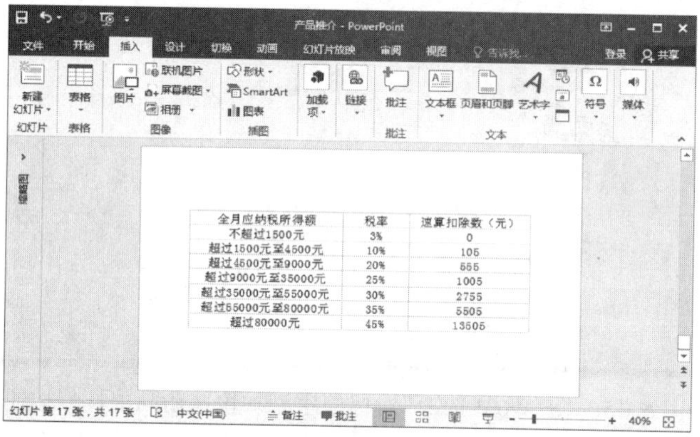

图 5.17　在 Word 中链接 Excel 文件数据

2. 在 PowerPoint 中调用 Excel 图表

步骤一　打开 PowerPoint 演示文稿，切换到“插入”选项卡，在“插图”组中单击“图表”按钮，弹出“插入图表”对话框。如图 5.3 所示。

步骤二　如果要在 PowerPoint 中插入“簇状柱形图”，则在“插入图表”对话框中选中“簇状柱形图”，然后单击“确定”按钮，即可在 PowerPoint 中插入图表，同时自动打开 Excel 文件（在 Excel 中显示该图表对应的原始数据），接下来需要在原始数据上修改数值、项目的数量。

注意：PowerPoint 中图表的变化随着原始数据的修改而实时更新。

项目实训　宣传材料的制作

国华人寿保险股份有限公司计划在公司内部推广最新版的办公软件，希望借助 office 2016 增强快速响应能力，以便更好地为客户服务。针对这项活动，需要制作一些宣传材料，包括 Word 文档、Excel 数据和图表、PowerPoint 演示文稿。下面我们共同完成这些宣传材料的制作。

实训目的

- 熟练掌握 Word 2016、Excel 2016、PowerPoint2016 三者间的协作；
- 熟练各软件的相关格式化操作。

实训要求

目前已基本编辑好 Word 文档宣传材料，但还需要向文档中插入 Excel 工作表和图表，并制作一份 PowerPoint 演示文稿向读者展示。如图 5.18 和图 5.19 所示。

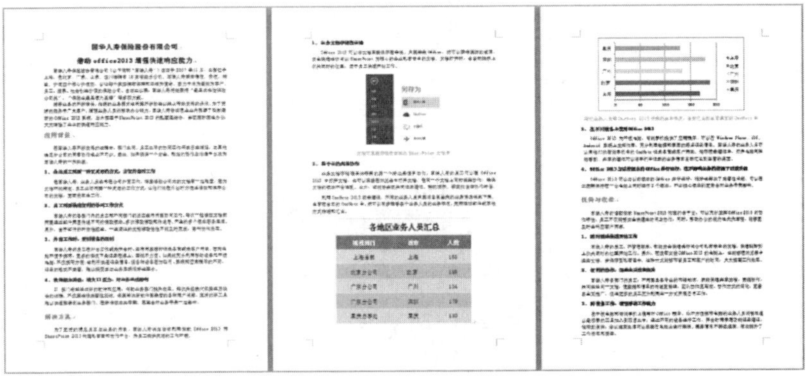

图 5.18　Word 文档材料效果（部分）

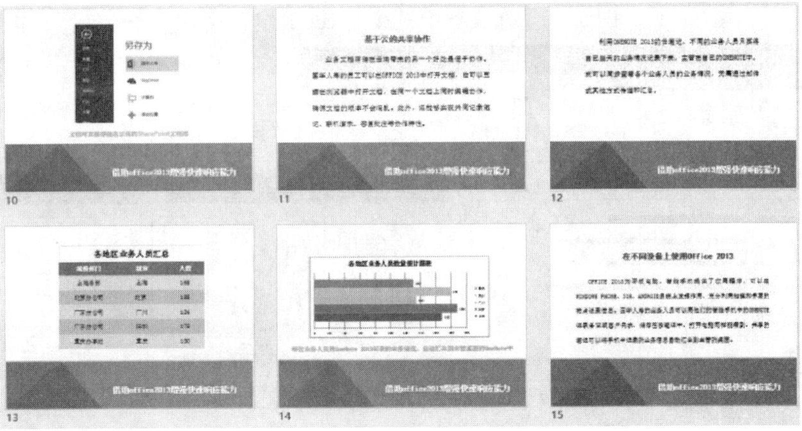

图 5.19　PowerPoint 演示文稿效果（部分）

操作步骤

一、在 Word 文档中链接 Excel 工作表

在 Word 文档中指定位置链接插入 Excel 文件“业务人员统计 . xlsx”中的“各地区业务人员统计表”，然后通过表格控制点适当改变大小（见图 5.20），以适合页面，并水平居中显示。

二、在 Word 文档中调用 Excel 图表

1. 插入“簇状条形图”图表并修改依据数据

在 Word 文档中指定位置插入图表，建立“簇状条形图”，依据的数据请参照 Excel 文件“业务人员统计 . xlsx”中的“各地区业务人员统计表”工作表数据进行修改，如图 5.21 所示。

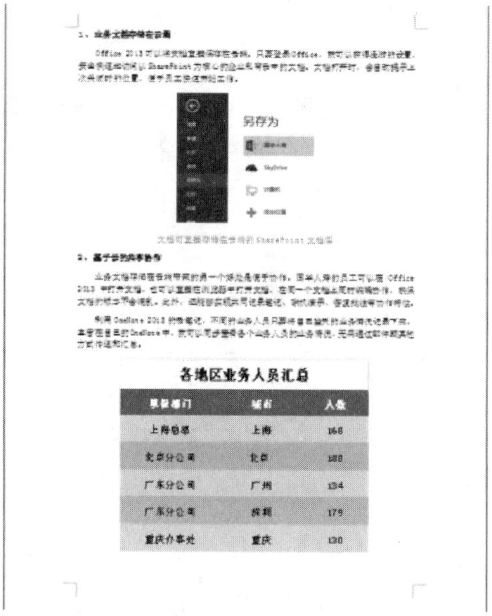

图 5.20　在文档中链接 Excel 工作表效果

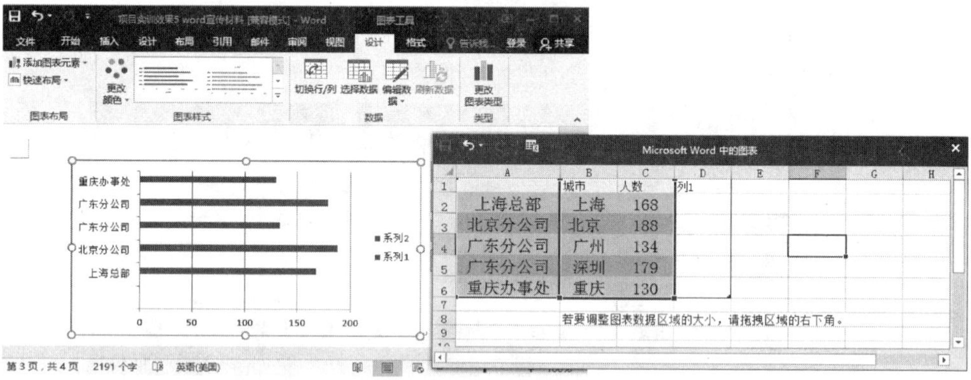

图 5.21　修改图表数据依据

2. 重新选择图表的依据数据

Excel 中的数据修改好后，要为图表重新选择依据数据。在 Word 文档中选中图表，在“设计”面板中单击“选择数据”按钮，弹出“选择数据源”对话框，然后到 Excel 中重新选择图表依据数据“城市”和“人数”两列，即 B1:C6，最后单击“选择数据源”对话框中的“确定”按钮。此时图表的变化如图 5.22 所示。

3. 修改图表格式

先将图表标题“人数”删除；然后修改每个条形的颜色，均使用“纯色填充”。重庆条形为“深蓝，文字 2，淡色 60%”；深圳条形为“橙色”；广州条形为“白色，背景 1，深色 15%”；北京条形为“橙色，强调文字颜色 6，深色 25%”；上海条形颜色不用修改，为默认。修改颜色后的图表如图 5.23 所示。

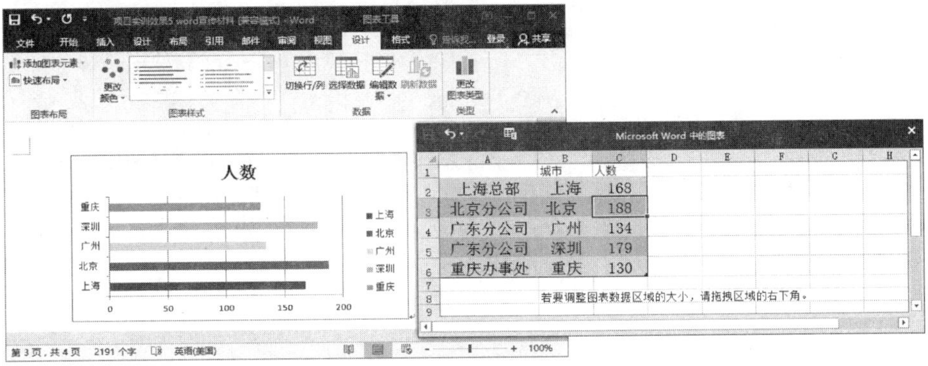

图 5.22　重新选择数据后图表的变化

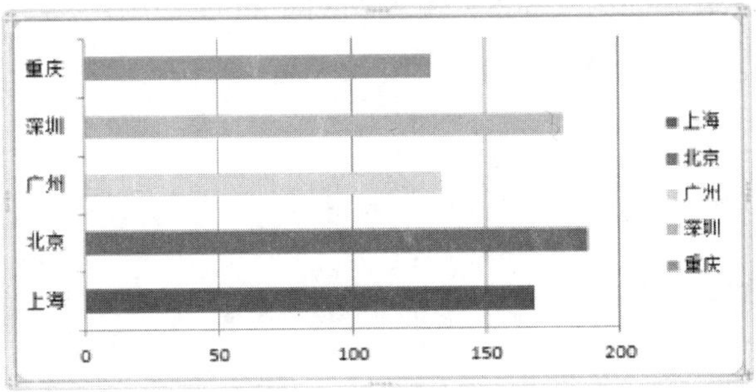

图 5.23　修改条形颜色后效果

最后，保存对 Word 文档的修改。

三、将 Word 文档转换为 PowerPoint 演示文稿

Word 文档的标题是两行，为了使转换后在 PowerPoint 中易于编辑修改，需要将两个标题段合为一段。

1. 设置各级标题样式

将文档标题设置为“标题 1”样式；文档中橙色文字设置为“标题 2”样式；其余小标题均设置为“标题 3”样式，设置效果如图 5.24 所示。

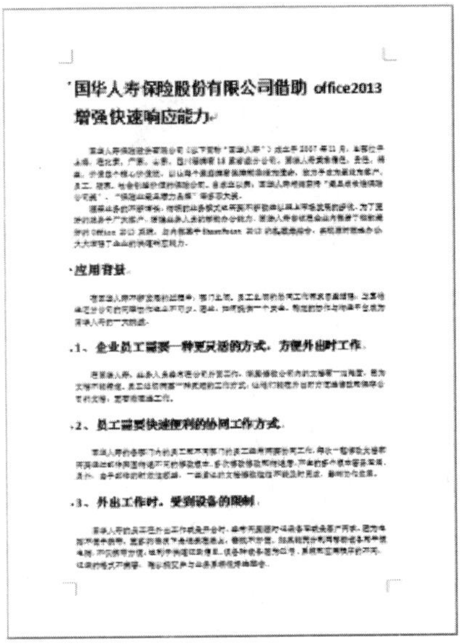
国华人寿保险股份有限公司借助 office2013 增强快速响应能力

应用背景

1、企业员工需要一种更灵活的方式，方便外出时工作

2、员工需要快速便利的协同工作方式

3、外出工作时，受到设备的限制

图 5.24　标题样式设置效果

2. 将 Word 文档转换为 PowerPoint 演示文稿

先将“发送到 PowerPoint”按钮添加到“快速启动工具栏”，然后单击“发送到 PowerPoint”按钮，就可以生成 PowerPoint 演示文稿了，如图 5.25 所示。

注意：原文档中的图片、Excel 工作表和图表并不能随之转换过来，而是会在演示文稿中形成空白幻灯片，需要另外单独进行复制和调用操作。

接下来，我们就要对 PowerPoint 演示文稿进行编辑修改，形成图 5.19 所示效果。

3. 设置幻灯片格式

先将所有幻灯片的版式设置为“空白”；应用“角度”主题；背景样式选择“样式 5”；利用幻

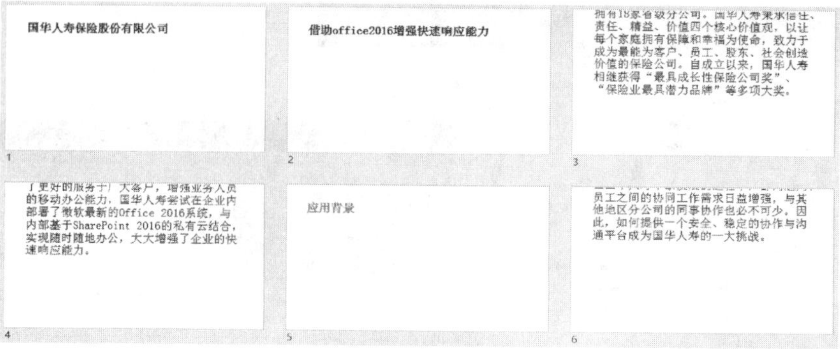

图 5.25　新生成的 PowerPoint 演示文稿效果(部分)

灯片母版,在所有幻灯片下方插入文本框,输入“借助 office 2016 增强快速响应能力”,格式为“宋体、24 磅、加粗、白色”。效果如图 5.26 所示。

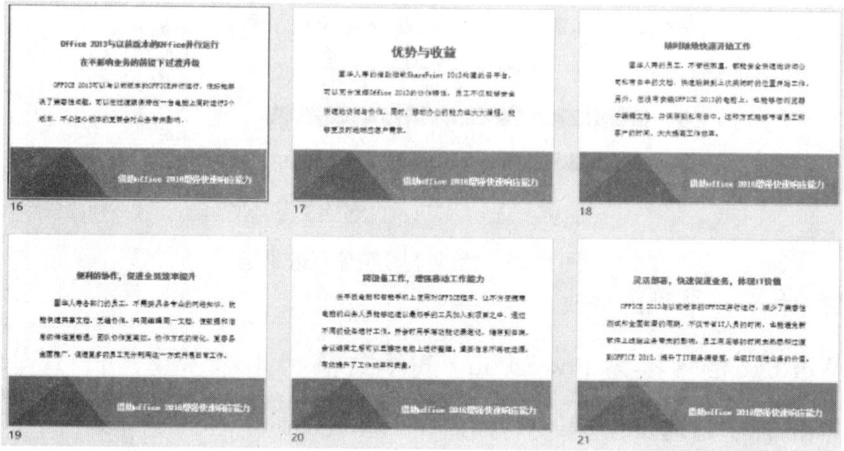

图 5.26　幻灯片格式设置效果(部分)

然后,根据 Word 文档内容及前后段落之间的联系,将演示文稿中各段文本调整到幻灯片的合适位置上,也可以参照“PPT 宣传材料效果文件”进行调整。

4. 修改文本格式

第一张幻灯片:公司名称的格式设置为“黑体、28 磅、加粗、居中、颜色默认”;“借助 office2016 增强快速响应能力”的格式设置为“黑体、35 磅、加粗、居中、青绿　强调文字颜色 3,深色 25%”。排版效果如图 5.27 所示。

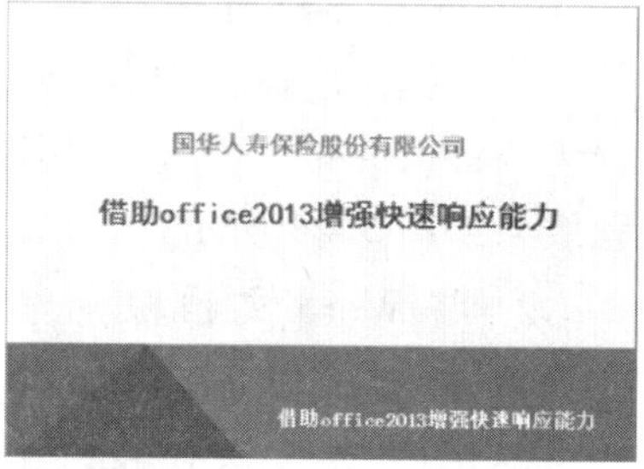

图 5.27　第一张幻灯片排版效果

其他幻灯片:二级标题的格式设置为“黑体、40 磅、加粗、居中、青绿　强调文字颜色 3,深色 25%”,效果如图 5.28 所示;三级标题的格式设置为“黑体、24 磅、加粗、居中、青绿　强调文字颜色 3,深色 25%”;正文的格式设置为“宋体、18 磅”,适当调整文本框的宽度,排版的效果如图 5.29 所示。

5. 复制图片

将 Word 文档中的图片复制在对应的幻灯片上,适当调整大小,效果如图 5.30 所示。

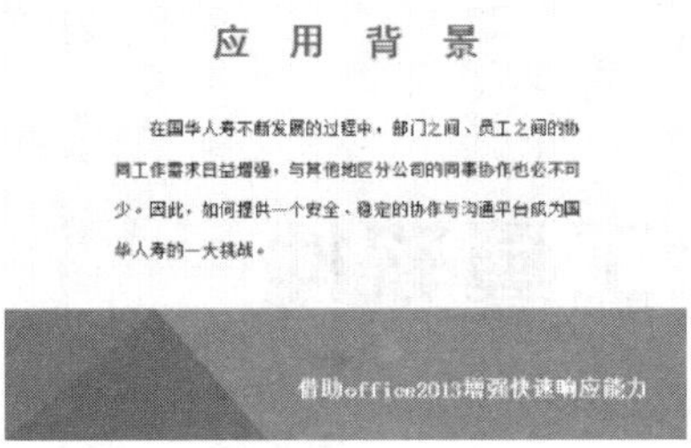

图 5.28　二级标题和正文格式设置效果示例

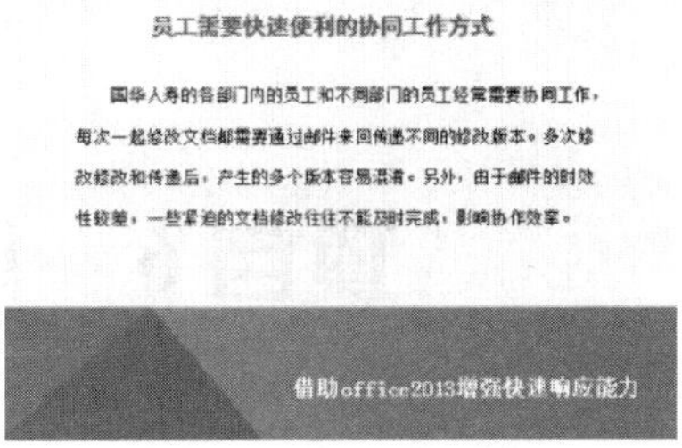

图 5.29　三级标题和正文格式设置效果示例

6. 调用 Excel 工作表

调用工作表时，需链接的 Excel 文件仍然是"业务人员统计 . xlsx"，插入工作表后适当调整表格大小，排版效果如图 5.31 所示。

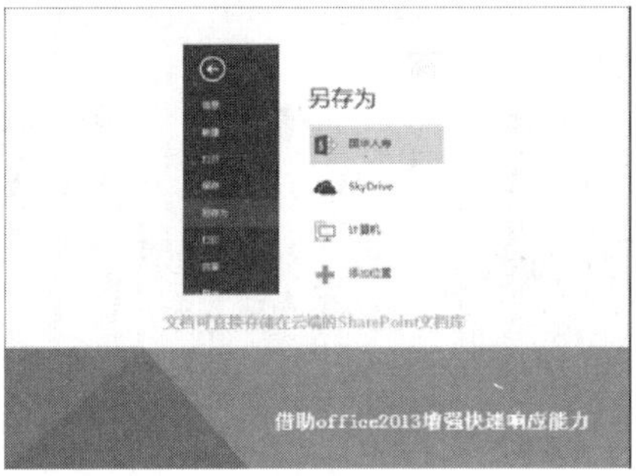

图 5.30　复制图片效果

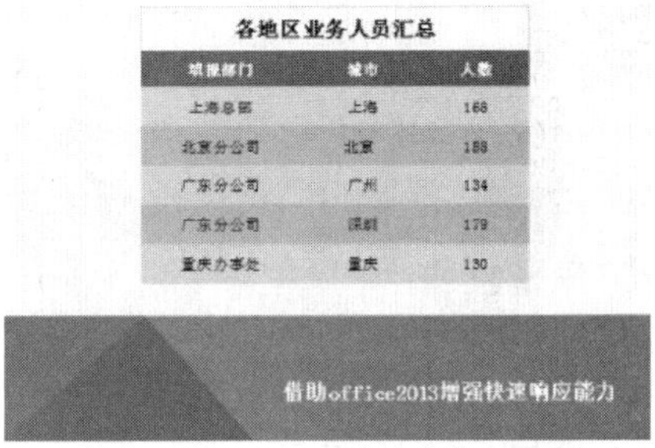

图 5.31　PowerPoint 演示文稿中调用 Excel 工作表效果

7. 调用 Excel 图表

调用图表时，依据数据仍请参照 Excel 文件"业务人员统计 . xlsx"中的"各地区业务人员统计表"工作表数据进行修改，对图表的格式修改与 Word 中调用图表修改方法一样，在前面的操作步骤二中已经详细说明，这里不再赘述。排版效果如图 5.32 所示。

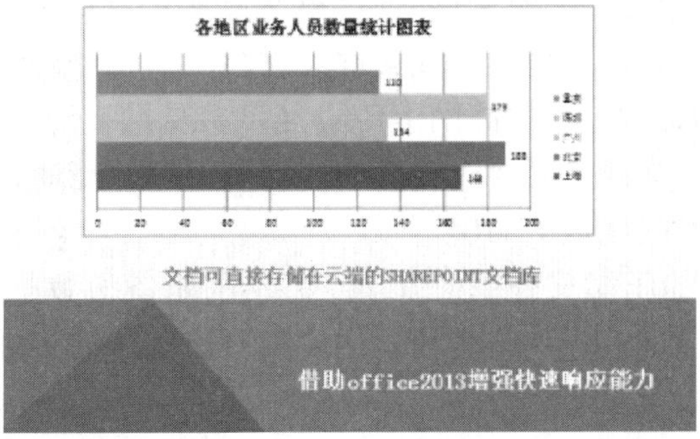

图 5.32　PowerPoint 演示文稿中调用 Excel 图表效果

8. 保存 PowerPoint 演示文稿

最后，将设置好的 PowerPoint 演示文稿保存到 D：盘下，文件名为"PPT 宣传材料 . pptx"。

项目6 常用办公工具软件

任务 6.1 WinRAR 压缩软件的应用

学习目标

- 掌握 WinRAR 的下载与安装方法；
- 熟练应用 WinRAR 快速解压文件；
- 熟练应用 WinRAR 压缩文件；
- 掌握分卷压缩和制作自解压文件的方法。

任务引入

利用邮箱传送文件是日常办公中常用的一种手段。我们在上传文件的过程中，有时会因为附件是文件夹或者因为附件文件太大而上传失败；而在下载文件时往往下载的是压缩文件的格式，不能直接使用。对此我们就束手无策了吗？

任务分析

用户常常会在计算机中存储大量文件，这些越来越多的文件占据了大部分磁盘空间。为了便于存储或传输，需要对其中某些文件或文件夹进行压缩，压缩文件中的相同冗码以达到瘦身目的，减少对磁盘空间的占有量，提高网上传输速度。从网上下载的压缩格式的文件，必须先经过解压缩，才能使用。文件夹需要先转换成压缩文件后才能通过邮箱发送，并且所发送附件的大小也有限制，例如不能超过 15MB。

WinRAR 是一个强大的压缩文件管理工具，它能压缩备份数据，减少 E - mail 附件的大小，解压缩从 Internet 上下载的 RAR、ZIP 和其他多种格式的压缩文件，并能创建压缩文件。

任务实施

一、WinRAR 的下载与安装

1. WinRAR 的下载

登录 WinRAR 的官方网站 http://www.winrar.com.cn，下载该软件的试用版。

2. WinRAR 的安装

双击下载后的安装文件 WRAR590scp. exe,在出现的安装界面中单击“浏览”按钮,选择安装路径,单击“安装”按钮后,WinRAR 安装程序自动解压缩安装文件,然后会出现如图 6.1 所示画面,根据自己的需要,勾选相应的复选框。

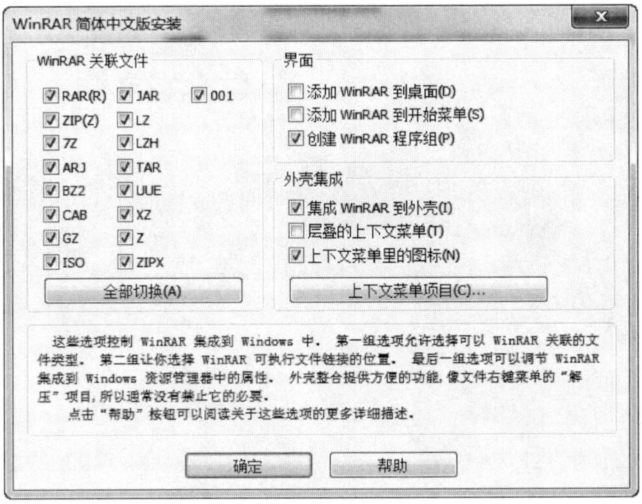

图 6.1　WinRAR 安装选项

第一个选项组“WinRAR 关联文件”,是用来选择由 WinRAR 处理的压缩文件类型,选项中的文件扩展名就是 WinRAR 支持的多种压缩格式。第二个选项组“界面”是用来选择放置 WinRAR 可执行文件链接的地方。第三个选项组“外壳集成”,是在右键菜单等处创建快捷方式。一般情况下使用安装的默认设置就可以了。

设置完成后单击“确定”,在最后出现的界面中单击“完成”,WinRAR 的安装就完成了。

图 6.2　压缩格式的文件

二、使用 WinRAR 快速解压文件

一般来说,WinRAR 安装后,只要双击压缩格式的文件,如图 6.2 所示,即可利用其关联程序打开,打开后的 WinRAR 界面如图 6.3 所示。

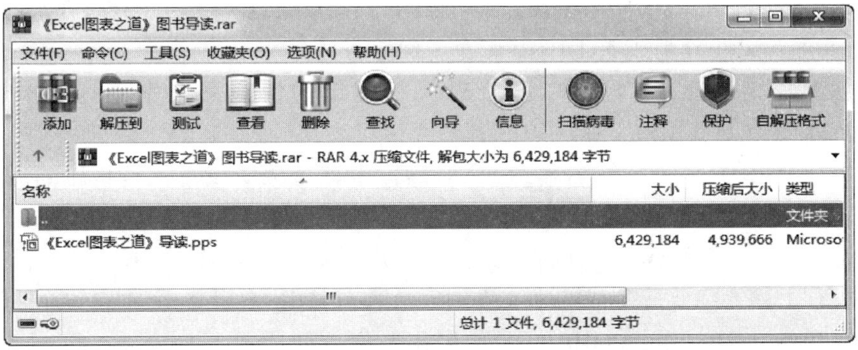

图 6.3　WinRAR 界面

若需解压保存和保存文件,操作步骤如下:

步骤一　右单击该压缩文件,在快捷菜单中选择“解压文件…”菜单命令,如图 6.4 所示。

步骤二　在打开的“解压路径和选项”对话框中,单击选中右侧的目标文件夹路径,本例中将压缩后的文件放在“D:\360Downloads”文件夹中,如图 6.5 所示。

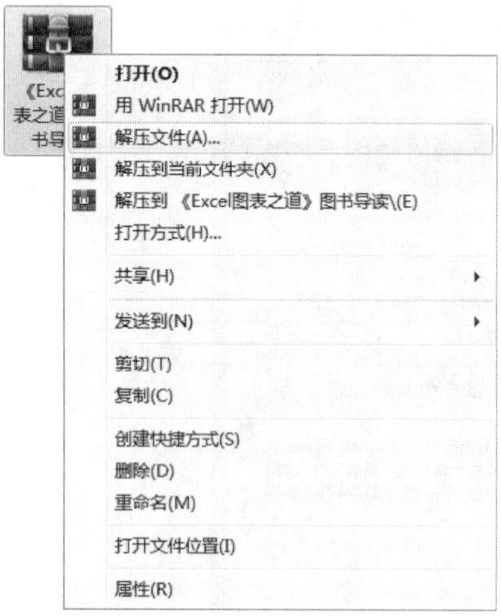

图 6.4　右键解压缩菜单命令

图 6.5　“解压路径和选项”对话框

步骤三　单击“确定”按钮,文件就被解压缩并保存到所选路径。

知识链接: 如果不想改变原压缩文件的保存位置,则在如图 6.4 所示快捷菜单中选择“解压到当前文件夹”命令,会将解压后的文件保存在原压缩文件所在的文件夹中。另外,“解压到《Excel 图表之道》图书导读”命令是在当前文件夹中新建一个名为“《Excel 图表之道》图书导读”的文件夹,然后将解压后的文件保存在该新建文件夹中。

三、使用 WinRAR 压缩文件

现在要将一个名为“资料”的文件夹通过邮箱发送出去,在发送之前,需要先将文件夹转换成压缩格式,该文件夹大小为 790MB,而邮箱附件不能超过 15MB,所以,在压缩的时候,使用“分卷压缩”将大文件分割成若干个小文件。操作方法如下:

步骤一　右单击要压缩的文件夹“资料”,在弹出的快捷菜单中选择“添加到压缩文件…”菜单命令,如图 6.6 所示。

步骤二　在弹出的“压缩文件名和参数”对话框中进行相应设置。若将压缩后生成的文件另存,需要单击“浏览”按钮选择新的保存路径(在此我们仍然以原名称保存在原文件所在路径,不做任何改动)。为了将 790MB 的文件夹分割压缩成不超过邮箱附件容量的若干小文件,在“压缩为分卷,大小”上输入将要分割成的小文件的字节数“14MB”。设置后的界面如图 6.7 所示。

步骤三　单击“确定”后,WinRAR 开始压缩,如图 6.8 所示。

压缩完成后,原来的“资料”文件夹就变成了图 6.9 所示的多个子文件:“资料. part01. rar”“资料 . part02. rar”……,双击其中的任何一个子文件即可打开原文件。

图 6.6　压缩菜单

图 6.7　压缩为分卷

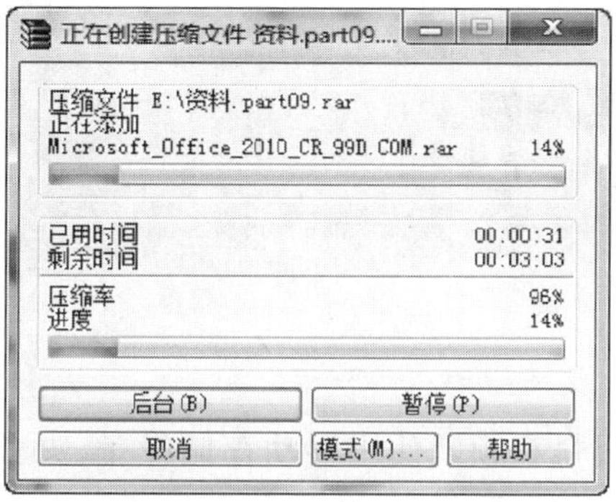

图 6.8　压缩过程

图 6.9　压缩后的子文件

知识链接:并不是每台计算机都装有 WinRAR 软件,有时候我们将 WinRAR 压缩包拷贝到其他电脑上却因为对方没有安装 WinRAR 而无法解压使用。其实 WinRAR 可以制作自解压文件,这样的压缩文件不需要外部程序,自己就可以进行解压操作。方法很简单,只要在图 6.7“压缩文件名和参数”对话框中,选中“压缩选项”下的“创建自解压格式压缩文件”复选项,单击“确定”按钮,即可把选定文件压缩成自解压的文件。

任务实训

使用 WinRAR 压缩软件处理办公文档

(1)在 D:\下创建名为“myfavourite”的文件夹,并在该文件夹中创建多个子文件。

(2)使用 WinRAR 把 D 盘的 myfavourite 文件夹压缩为 myfavourite. rar。

(3)创建过程完成后,将压缩文件发送到自己的邮箱中保存,如果文件太大,超过附件容量,则将上述文件夹重新分割压缩为若干个小文件再发送。

(4)接收下载通过邮箱发送过来的 myfavourite. rar 附件,解压缩到 E:\下。

(5)删除 D 盘和 E 盘上刚刚创建的文件和文件夹。

任务 6.2 正确使用杀毒软件

学习目标

- 掌握升级 360 杀毒软件的方法;
- 学会利用杀毒软件来查杀病毒;
- 掌握 360 杀毒软件的常用设置方法。

任务引入

由于用户经常上网查阅资料和频繁使用移动存储设备,办公室里常用的那台电脑最近运行缓慢,一些经常使用的文件不翼而飞,有时还会出现莫名其妙的文件与字符。常识告诉我们:电脑中病毒了!

任务分析

随着互联网和移动存储设备的普及,各种各样的病毒及其变种也大面积涌现,杀毒软件最主要的功能就是对已知病毒、黑客等的查找、清除和实时监控,恢复被病毒感染的文件或系统。该台电脑上曾装有 360 杀毒软件,它是 360 安全中心出品的一款免费的云安全杀毒软件,具有以下优点:查杀率高、资源占用少、升级迅速等等。同时,360 杀毒可以与其他杀毒软件共存,是一个理想的杀毒备选方案。由于用户没能及时、正确地使用,致使该软件没发挥它应有的作用。现在,就让 360 杀毒软件来为电脑的安全保驾护航吧!

任务实施

一、软件升级

杀毒软件是由两部分构成的,一部分是软件自身,另一部分就是病毒库。病毒库中记录了所有已知病毒的特征码,当杀毒软件工作时,会把电脑中任何可疑的软件代码和病毒库中的病毒特征码做比较,如果这两种代码一样,就说明这是一个病毒。所以,要及时升级更新病毒库,把新病毒的特征码添加到原有的病毒库中。这样,当电脑被这个新的病毒感染时,病毒软件就能及时发现并清除这个病毒。

1. 启动 360 杀毒软件

360 杀毒软件的默认安装设置为“登录 Windows 后自动启动”，在任务栏的右下角通常会有其标志“”，单击即可打开；也可以双击桌面上的快捷方式图标“”，或者执行“开始”→“所有程序”→“360 杀毒”菜单命令来启动。

主程序界面是用户使用的主要操作界面，如图 6.10 所示，此界面为用户提供了 360 杀毒软件所有的功能和快捷控制选项。

图 6.10　360 杀毒软件主程序界面

- 常用功能按钮：位于软件界面的右上角，用于常规设置，包括“日志”“设置”等菜单选项。
- 多引擎保护按钮：位于软件界面左下角，用于开启和关闭多引擎保护功能，包括“360 云查杀引擎”“系统修复引擎”“QVM Ⅱ人工智能引擎”“小红伞引擎”“Behavioral 引擎”。
- 其他功能按钮：位于软件界面右下角，分别是“自定义扫描”“宏病毒扫描”“弹窗过滤”“软件管家”。

2. 更新病毒库

在主程序界面下方，单击“检查更新”按钮，升级程序会连接服务器检查是否有可用更新，如果有的话就会下载并安装升级文件，如图 6.11 所示。

当然，我们还可以通过右击电脑右下角的 360 杀毒图标“”，在快捷菜单中选择“检查更新”来完成升级，如图 6.12 所示。

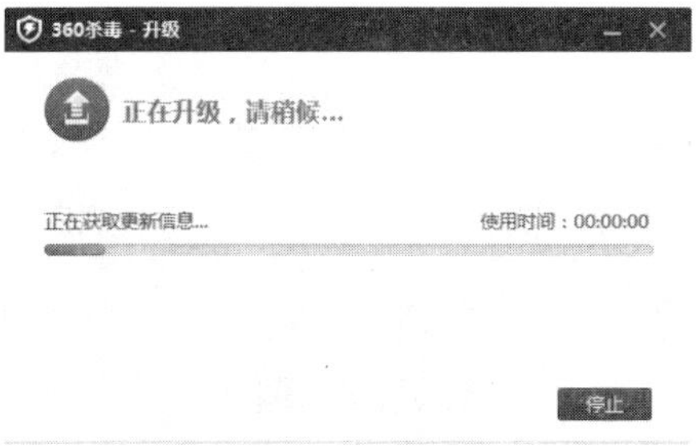

图 6.11　检查更新

图 6.12　托盘图标的右键快捷菜单命令

3. 开启自我保护功能

单击菜单栏中的“设置”按钮,打开“360 杀毒—设置”对话框,在“常规”选项卡中的“自我保护状态”选区中单击“立即打开”按钮,开启 360 杀毒软件的自我保护功能,完成设置后的界面如图 6.13 所示。同时勾选“登录 Windows 后自动启动”复选框,使自己的电脑处于开机查毒状态。

4. 设置自动升级

360 杀毒具有自动升级功能,自动升级完成后会通过气泡窗口提示用户。

在“360 杀毒 - 设置”对话框中单击“升级设置”按钮,切换至相应选项,单击“自动升级病毒库特征库及程序”单选按钮,这样在联网条件下检测服务器有最新版本时,无须用户自己动手,软件会自动升级到最新版本。如图 6.14 所示。

图 6.13　开启“自我保护”功能

图 6.14　开启自动升级功能

5. 病毒扫描设置

在“360 杀毒 - 设置”对话框中单击“病毒扫描设置”选项卡,切换至相应选项卡,将“需要扫描的文件类型”设置为“仅扫描程序及文档文件”;将“发现病毒式的处理方式”设置为“由用户选择处理”。如图 6.15 所示。

图 6.15　病毒扫描设置

我们还可以切换至“实时防护设置”选项卡中，完成“防护级别设置”“发现病毒时的处理方式”等选项的设置。实时防护功能在文件被访问时对文件进行扫描，及时拦截活动的病毒。在发现病毒时会通过提示窗口警告用户。

二、查杀病毒

360 杀毒提供了三种病毒扫描方式：快速扫描、全盘扫描、自定义扫描。其中，快速扫描是扫描 Windows 系统目录及 Program Files 目录；全盘扫描是扫描所有磁盘；自定义扫描是扫描用户指定的目录。

三种扫描都已经在 360 杀毒主界面中作为快捷任务列出，只需点击相关任务就可以开始扫描。启动扫描之后，会显示扫描进度窗口，在这个窗口中可以看到正在扫描的文件、总体进度以及发现问题的文件。如图 6.16 所示。

图 6.16　快速扫描

如果希望 360 杀毒在扫描完电脑后能够自动处理并且关闭计算机，请选中“扫描完成后自动处理威胁并关机”选项。完成扫描之后，360 杀毒软件将会给出本次扫描发现的安全威胁，用户可以根据需要勾选待处理对象（见图 6.17），单击“立即处理”按钮，即可成功处理扫描中发现的部分威胁。

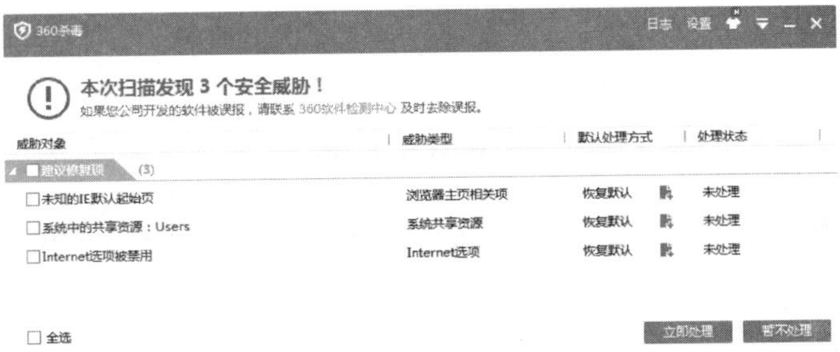

图 6.17　病毒扫描结果

任务实训

使用 360 杀毒软件保护计算机

（1）登录官方网站，下载最新版本的 360 杀毒软件并安装到指定目录。

(2)运行 360 杀毒软件,启用“定时扫描”,扫描类型为“快速扫描”;设置每天“19:00”进行“定时升级”。

(3)对本机磁盘 Office 文件进行“宏病毒查杀”。

(4)开启实时防护中的“监控所有文件”和“拦截局域网病毒”。

(5)开启主动防御中的“木马防火墙”“安全保镖”。

(6)查看“360 恢复区”中的隔离内容。

(7)开启“小红伞引擎”。

任务 6.3　使用迅雷下载软件

学习目标

- 掌握迅雷的下载与安装方法;
- 了解迅雷的常用设置;
- 学会使用迅雷下载软件等各种资料的方法。

任务引入

对互联网时代的人们来说,“下载(DownLoad)”再也不是什么高深的词汇了,这种通过网络进行文件传输,把互联网上或其他计算机上的信息保存到本地电脑上的活动,给人们的工作和生活带来了很大的方便。而一款能够实现高速下载的工具,无疑会让下载更加得心应手。

任务分析

迅雷 7.9 版本是一款新型的基于多资源超线程技术的下载软件,能够将存在于第三方服务器计算机上的数据文件进行有效整合,通过这种先进的超线程技术,用户能够以更快的速度从第三方服务器和计算机获取所需的数据文件。

作为“宽带时期的下载工具”,迅雷针对宽带用户做了特别的优化,能够充分利用宽带上网的特点,带给用户高速下载的全新体验!同时,迅雷推出了“智能下载”的全新理念,通过丰富的智能提示和帮助,让用户真正享受到下载的乐趣。现在,就从下载和安装迅雷 7.9 版本开始,试试它的身手如何。

任务实施

一、迅雷的下载与安装

步骤一　登录迅雷产品中心网站 http://dl. xunlei. com/,右单击“迅雷 7”最新客户端安装程序包的“下载”链接点(见图 6.18),在快捷菜单中选择“目标另存为”命令,将迅雷下载到本地计算机。

图 6.18　迅雷 7 下载地址

步骤二　迅雷下载完成后,按照安装向导指示进行安装即可。执行“开始”→“所有程序”→“迅雷软件”→“迅雷 7”→“启动迅雷 7”,或者双击桌面上的迅雷 7 快捷方式图标,打开迅雷 7 程序,其工作界面如图 6.19 所示。

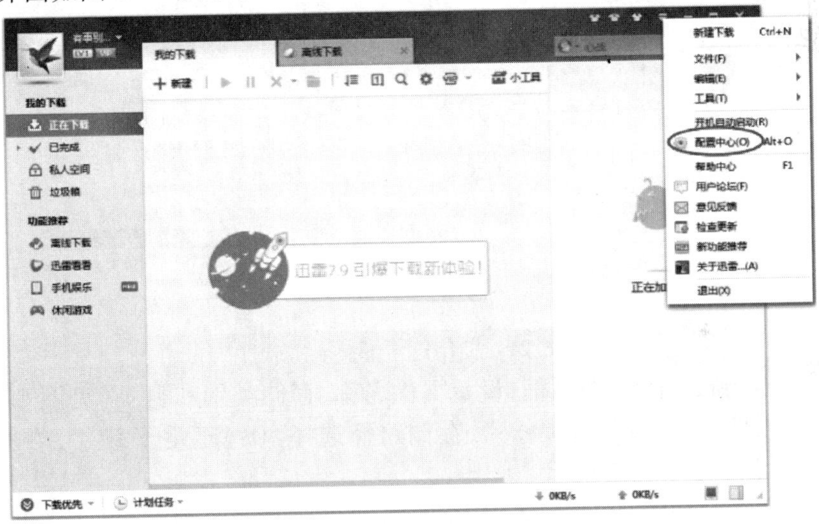

图 6.19　迅雷 7 主界面

二、将迅雷设置为默认下载工具

一般情况下,安装完后,迅雷就会作为 IE 默认下载工具,如果我们使用的是其他浏览器(例如,360 安全浏览器),应该怎样将迅雷 7 设置为它的默认下载工具呢?

运行 360 浏览器,单击“工具”菜单,从下拉列表中选择“下载器”菜单命令,弹出“选项 - 基本设置”网页,在“基本设置”/“下载设置”选项卡中,在“选择默认下载工具”右侧下拉列表中设置“使用迅雷下载”,同时在“下载内容保存位置”设定为“D:\迅雷下载”,如图 6.20 所示。重新启动浏览器,这样当我们单击网页中的下载链接点时,就会自动启动迅雷 7,建立新的下载任务。

三、使用迅雷下载网络资源

这里,我们以下载瑞星杀毒软件为例,介绍迅雷 7 的使用方法。

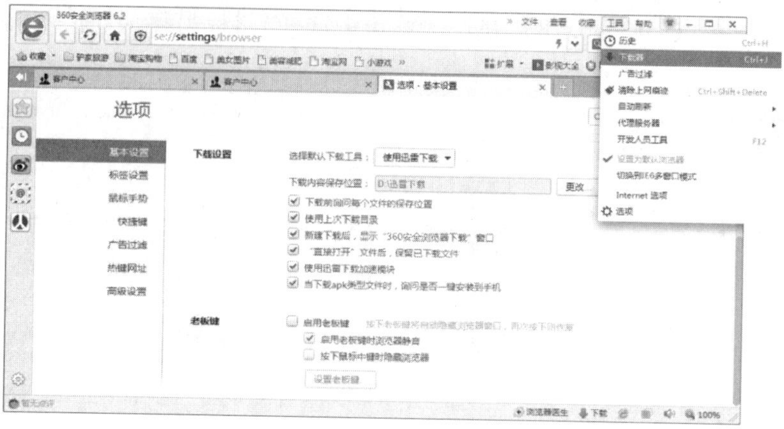

图 6.20　设置迅雷 7 为浏览器默认下载器

步骤一　登录瑞星官方网站,右单击瑞星杀毒软件 v16 版的"下载"链接点,从弹出的快捷菜单中选择"使用迅雷下载"菜单命令,如图 6.21 所示。

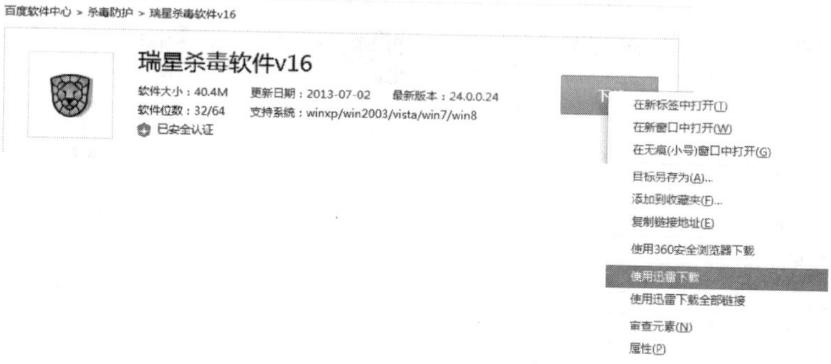

图 6.21　使用迅雷下载瑞星软件

步骤二　弹出"新建任务"对话框,设置文件名称、存储类别和目录(见图 6.22)。本例中使用默认的下载软件名称"raw16std. exe",存储路径选择"D:\迅雷下载\",单击"立即下载"按钮,即可开始下载,如图 6.23 所示。

下载完成后的界面如图 6.24 所示,可在此"运行"文件,也可以打开下载目录,将其移动或者复制到其他存储目录中去。

图 6.22　新建下载任务

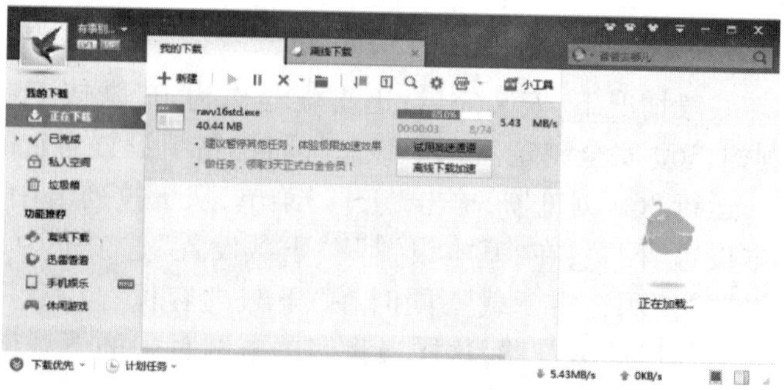

图 6.23　下载过程

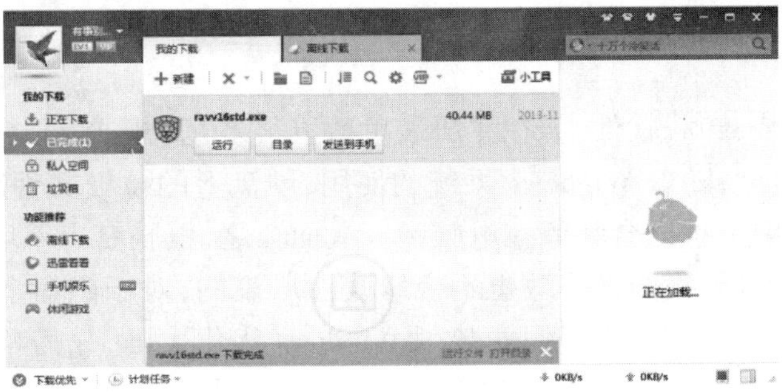

图6.24　下载完成

另外，其他类型的软件或者网络资源，只要在网页上提供了下载链接点，即可使用类似的方法利用迅雷7将其下载到本地计算机上。

任务实训

(1)将迅雷7设置为您喜爱使用的浏览器的默认下载工具。

(2)取消迅雷的开机自动启动。

(3)对迅雷7的常用默认设置进行修改：①设置使用指定的迅雷下载目录为"D:\资料"。②取消显示迅雷资讯，取消任务下载完成显示提示窗口。③在网络设置中，将全局最大连接数设为1000。

(4)使用迅雷下载Windows优化大师软件(提示：可进入优化大师的官方网站下载，也可以到"华军软件园"等下载站点中下载)。

(5)百度搜索王菲的歌曲"传奇"，使用迅雷7下载到本地计算机的"E:\音乐"目录中。

(6)利用迅雷7主界面中的"迅雷看看"功能，在"迅雷看看"中查找并且下载电视剧"咱们结婚吧"，并将其保存到本地计算机"E:\电视剧"文件目录中。

任务6.4　使用Windows优化大师维护电脑

学习目标

- 掌握Windows优化大师的下载与安装方法；
- 学会查看系统配置的各种软硬件信息；
- 能够对磁盘缓存、开机速度等进行优化；
- 能够对系统注册信息、垃圾文件等进行清理。

任务引入

很多人都有过这样的苦恼：电脑运行时间长了之后，就会变得老牛拉破车一般，启动慢，运行慢，系统提示内存不足或磁盘空间已满，如果硬件没毛病的话，这是什么原因呢？如何解决呢？

任务分析

由于我们经常安装、卸载软件,会在注册表里留下很多冗余信息,长期的积累,使得注册表过于臃肿,便会影响速度;随着 Windows 系统的使用,硬盘上的垃圾文件越来越多;另外,许许多多的上网及各种使用记录也会驻留在电脑中。久而久之,电脑变得不堪重负。

作为一个非专业人员,我们是不敢也不会修改注册表的,对于磁盘上的垃圾文件,手工查找和清除起来很困难。其实,只要我们安装了 Windows 优化大师,只需单击几下鼠标,就可以对电脑进行轻松维护。Windows 优化大师是一个小巧、强大的工具,能够为系统提供全面、有效、简便的优化、维护和清理手段,使电脑系统保持最佳状态。

任务实施

一、Windows 优化大师的下载与安装运行

1. 下载与安装

首先,登录 Windows 优化大师的官方网站 www. youhua. com,下载最新版本(此处以 V 7. 99 版本为例)。然后将下载到的安装包,使用 WinRAR 解压缩到指定目录,双击运行主程序 WoptiFree. exe,按照程序指示一步一步完成安装。

2. Windows 优化大师的运行

启动 WIndows 优化大师,打开如图 6. 25 所示主界面。

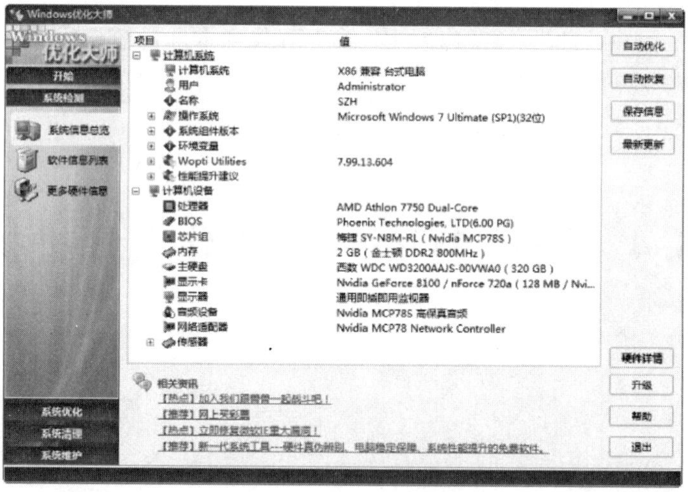

图 6. 25 优化大师主界面

Windows 优化大师的界面简洁,没有其他软件中常见的菜单栏与工具栏,主要分为左、中、右三个区域,分别是系统功能标签、工作区与功能按钮区。

系统功能标签(左侧区域):有"系统检测""系统优化""系统清理""系统维护"四大功能集合,单击功能标签可使用 Windows 优化大师提供的相应功能。

工作区:是 Windows 优化大师各项功能与用户之间的交互场所,一般用来显示信息,在部分功能中允许用户再次进行系统参数的设置。

功能按钮区:提供了各种功能模块中的具体操作按钮。通过这些按钮,Windows 优化大师将完成用户的各种操作要求。如图 6.25 所示,为“系统检测”功能标签下的三个区域。

二、电脑信息检测

Windows 优化大师打开后的主界面首先显示出计算机当前的“系统检测”信息,如图 6.25 所示。

1. 查看硬件信息

系统信息总览:单击“系统信息总览”子功能标签,在工作区中可以看到电脑系统信息的大体情况,如 CPU 的型号、频率,内存大小,装的何种操作系统等。

单击选项前面的“ + ”折叠按钮,可以展开与之相关的更为详尽的系统信息,例如“计算机设备”下的“处理器”“BIOS”“芯片组”等,在工作区中逐一查看。

2. 查看软件信息

单击“软件信息列表”,可以看到电脑中安装的所有软件,如图 6.26 所示。单击列表中某个软件名称前面的“ + ”展开符号,就可以在下面看到软件的版本号、网址、安装日期以及卸载信息等。单击界面下方的“删除”或“卸载”按钮,就可以对某个软件执行相应的操作。

图 6.26　软件信息查看

> **知识链接:**在系统检测功能中,Windows 优化大师提供了“自动优化”按钮来进行简单的优化,如果不想优化了,还提供有“自动恢复”按钮。

三、系统性能优化

1. 磁盘缓存优化

单击“系统优化”功能标签,首先展开的是“磁盘缓存优化”,如图 6.27 所示。

在工作区中磁盘缓存大小的设置可以通过拖动滑块来调整,在此使用推荐值。另外,如果计算机是作为个人使用,而不是作为网络上的服务器,就需要将“计算机设置为较多的 CPU 时间来运行”设置为“程序”,如图 6.27 所示。设置完成后单击“优化”按钮,即可开始系统优化。

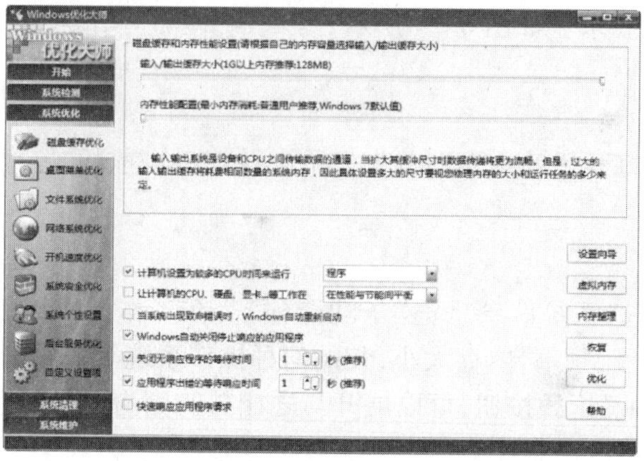

图 6.27　磁盘缓存优化

2. 开机速度优化

如果觉得计算机的开机速度变慢了,可以单击“系统优化”功能项下面的“开机速度优化”子标签,打开如图 6.28 所示界面。

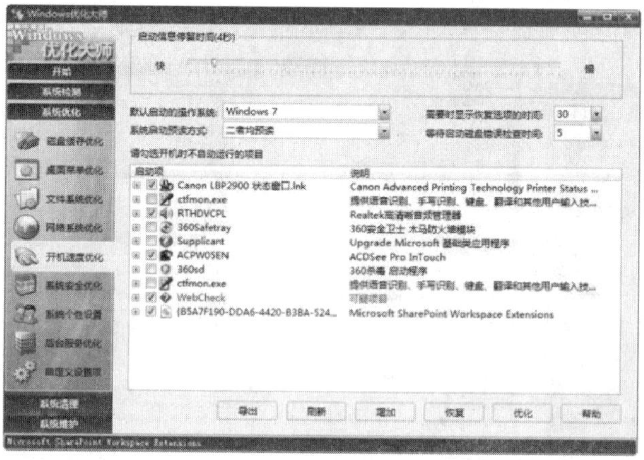

图 6.28　开机速度优化

Windows 优化大师对于开机速度的优化主要通过减少引导信息停留时间和取消不必要的开机自运行程序来提高电脑的启动速度。

在此,我们可以在工作区内进行如下设置:

拖动滑块设置“启动信息停留时间”约为“4”秒;将“等待启动磁盘错误检查时间”设置为“5”秒。在“请勾选开机时不自动运行的项目”中只保留输入法和杀毒软件。

设置完成后单击“优化”按钮,即可开始开机速度优化。

注意:因为部分优化设置是在重新启动计算机后生效,所以,在任务完成后,关闭所有程序,退出 Windows 优化大师,重新启动计算机就可以体验效果了。

四、系统清理

1. 注册信息清理

注册表是 Windows 操作系统、硬件设备以及应用程序得以正常运行和保存设置的一个树状分层结构的数据库系统,它记录了计算机的硬件配置和用户安装在机器上的软件信息。

一些应用程序在删除后,没有删除注册表中的相关信息,导致注册表越来越臃肿。日积月累,这些冗余信息不仅影响了注册表本身的存取效率,而且直接导致了系统整体性能的降低。因此,有必要定期清理注册表。

单击“系统清理”功能项下面的“注册信息清理”子标签,在工作区中可以看到如图6.29所示的界面。选中要扫描的分支,单击“扫描”按钮,系统即可开始注册表扫描。扫描完成后,检查出来的错误信息会在下面显示出来,单击“全部删除”按钮就可以将错误全部清除了(见图6.30)。当然,也可以删除部分错误的注册信息——勾选需要删除的注册信息,单击“删除”按钮。

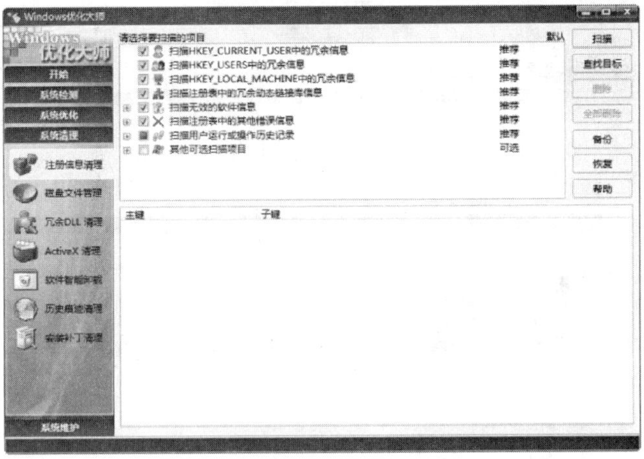

图6.29　注册信息扫描按钮

图6.30　删除错误的注册信息

Windows优化大师提供了注册表的备份与恢复功能。压缩备份的注册表可以随时从Windows优化大师自带的备份与恢复管理器中恢复。建议您在删除前花上一点时间,备份自己的注册表以防不测。

2. 垃圾文件清理

单击展开“系统清理”功能项下面的“磁盘文件管理”,选中要扫描的磁盘分区,如图6.31所示。

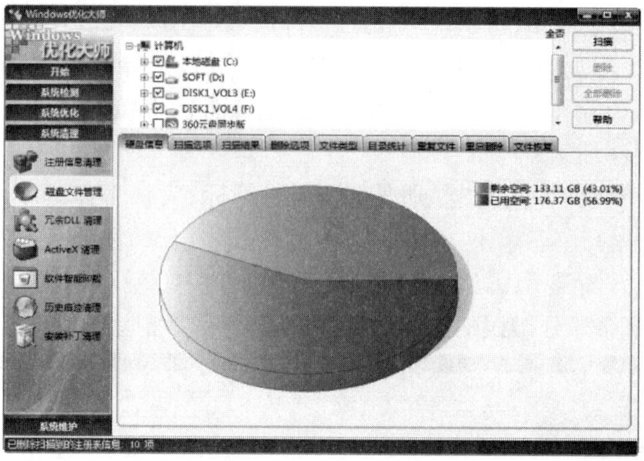

图 6.31　磁盘文件扫描分区

切换至“扫描选项”选项卡,选择扫描类型和文件类型,如图 6.32 所示。

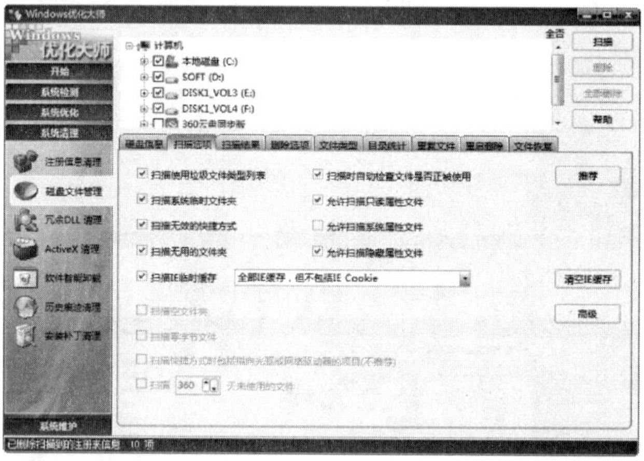

图 6.32　扫描选项

切换至“删除选项”选项卡,选择将文件移到回收站,如图 6.33 所示。

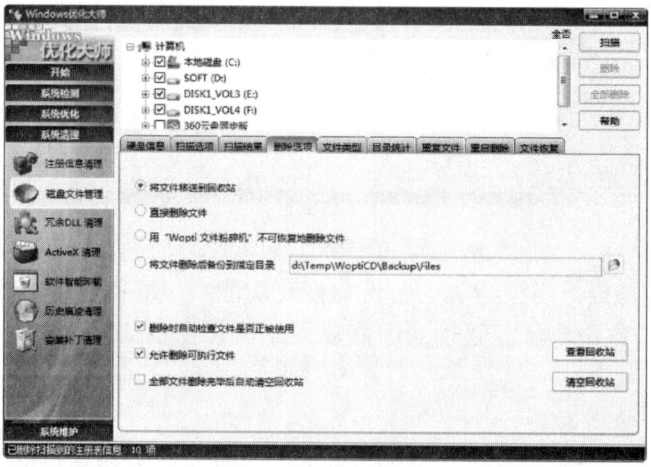

图 6.33　删除选项

单击“扫描”按钮开始寻找垃圾文件，符合扫描选项的内容很快就会在扫描结果中显示出来，单击“全部删除”按钮完成垃圾文件的删除。

利用 Windows 优化大师，还可以进行其他项目的优化，操作方法与上面类似，请读者自行操作实践。

任务实训

清理并优化你的电脑

按照下列方案维护你的电脑：

(1)查看当前计算机的系统信息：查看一下电脑内存是多少？一共有几根内存条？内存条的型号是什么？它的容量有多大？优化大师给出的硬盘检测信息中，该硬盘的容量是多少？当前采用的接口类型是什么？

(2)系统清理：先做垃圾文件清理；再做注册信息清理并保存原来的注册表。

(3)系统性能优化：①磁盘缓存优化：按照 Windows 优化大师推荐值设定“输入/输出缓存大小”；设置“将计算机设置为较多的 CPU 时间来运行”的选项为“程序”。②文件系统优化：按照系统提示自动匹配“二级数据高级缓存”数值，其他默认，然后进行优化。③系统安全优化：优化项选“禁止用户建立空连接”“禁止系统自动启用服务器共享”“禁止自动登录”“禁止系统自动启用管理共享”；在“更多设置”中选择 E 盘作为隐藏的驱动器。④系统个性化设置：设置“在右键菜单加入‘关机’”；将自己最常用的一种输入法顺序调至最前面。

(4)系统维护：为系统文件所在的 C 盘做磁盘碎片整理。

任务 6.5　使用 ACDSee Pro5 处理图像

学习目标

- 学会使用 ACDSee Pro5 来浏览查找各种图像；
- 学会使用 ACDSee Pro5 来整理图像；
- 掌握使用 ACDSee Pro5 修正图像的方法；
- 了解 ACDSee Pro5 的各种共享功能。

任务引入

某少儿活动中心准备近期举办年度汇报演出的宣传海报，需要将一些记录活动的数码图像进行整理、美化等技术处理。如果使用专业图像编辑软件(如 PhotoShop 等)进行加工，需要较高的专业技能，有没有一种较为容易操作的软件便于一般人员使用呢？

任务分析

ACDSee 是最常用的图片浏览和图像处理软件之一。广泛应用于数码图片的获取、图片管理、照片浏览、后期处理和优化、建立相册等,简单易用,功能强大。现在,就让我们来体验一下使用 ACDSee Pro5 处理图像的无穷乐趣吧!

任务实施

一、快速浏览查找图像

1. *启动 ACDSee Pro5 2009*

步骤一　单击“开始”→“所有程序”→“ACD Systems”→“ACDSee Pro5”级联菜单命令(或者双击 ACDSee Pro5 的桌面快捷方式图标),启动程序。

步骤二　打开 ACDSee Pro5 三个主要部分(“浏览器”、“查看器”以及“编辑模式”)之一:“浏览器”。它是 ACDSee Pro5 的主要浏览与管理组件,其界面如图 6.34 所示。

图 6.34　ACDSee Pro5 浏览器主界面

窗口中间区域是“文件列表”窗格,主要显示当前文件夹的内容或是最新的搜索结果,用来查看图像缩略图,对它们进行过滤、组合或排序;左侧上部是“文件夹”窗格,显示电脑的目录结构;左侧下部是“预览”窗格,可以查看单击的任何缩略图的放大版;右侧是“任务”窗格,显示常用按钮和工具菜单命令。

2. 快速浏览查找图像

步骤一　在左侧的“文件夹”窗格中,展开文件夹目录,单击文件夹前面的白色方框(“易选择:单击选择多重文件夹”),如图 6.35 所示,同时选中 E 盘下存放图像的“活动剪影”的文件夹。

步骤二　在“文件列表”窗格中,拖动滑块调整略图大小,使之尽量在窗格中显示更多内容且容易辨认,以利于浏览,如图6.36所示。

步骤三　对于某个感兴趣的图像,双击缩略图可进入“查看器”窗口,按实际大小或各种缩放比例查看图像,如图 6.37 所示。

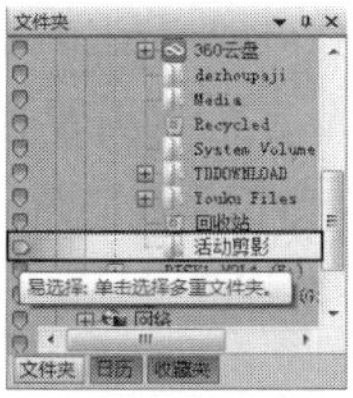

图6.35　选择要打开的文件夹

图6.36　调整略图大小

图6.37　“查看器”窗口

步骤四　查看完后，单击“查看器”窗口工具栏上的“管理”按钮，返回 ACDSee Pro5 浏览器主界面。

知识链接：除了通过“文件夹”窗格实时访问系统上已有的图像，用户还可以使用“文件”→“导入”命令，轻松地从相机、存储卡、闪存盘、手机、CD/DVD 或其他存储设备中导入图像。

3. 将其他图像保存在“活动剪影”文件夹

步骤一　在 ACDSee Pro5 浏览器主界面，选择保存图像的其他文件夹，按住 Ctrl 键依次单击选定需要另存的图像缩略图。

步骤二　单击“编辑”→“复制到文件夹…”命令，将选中的图像复制到“E:\活动剪影”文件夹。

二、整理与管理图像

ACDSee Pro5 提供了多个集成的管理工具，可以更好地对图像与媒体文件进行整理与分类。这些工具包括批处理工具（同时更改或调整多个文件的工具）、类别与评级系统以及用于存放所有重要图像信息的强大数据库。

1. 批量重命名

在“活动剪影”文件夹中的数码图像文件名极易混淆,为了更易识别,我们可以为它们批量重命名为“舞蹈专场 01”“舞蹈专场 03”……等样式,具体操作方法如下。

步骤一 在 ACDSee Pro5 浏览器主界面任务列表中,选中“活动剪影”文件夹中的所有图片,单击“工具”→“批量”→“重命名…”命令(如图 6.38 所示),打开“批量重命名”对话框。

步骤二 在“模板”选项卡中,勾选“使用模板重命名文件”复选框,单击“使用数字替换#”单选按钮,开始于固定值“1”,在“模板”文本框中输入“舞蹈专场_##”,在“预览”区域就可以看到文件名更改前后的情况,如图 6.39 所示。

图 6.38 “重命名”菜单命令

图 6.39 “批量重命名”对话框

步骤三 单击“开始重命名”按钮,即可开始批量重命名操作,得到以“舞蹈专场_XX”样式命名的图片文件,如图 6.40 所示。

图 6.40 批量重命名的效果

2. 批量调整图像大小

步骤一 在 ACDSee Pro5 浏览器主界面中,选中“活动剪影”文件夹中的所有文件,执行单击“工具”→“批量”→“调整大小…”菜单命令,打开“缩放图像大小”对话框。

步骤二 单击“实际/打印大小”单选按钮,设置单位为“厘米”,宽度为“6.00”,高度为“4.00”,分辨率为“300 点/英寸”,勾选“保持原始外观比例”复选框,如图 6.41 所示。

步骤三 单击“选项”按钮,打开“选项”对话框,单击“重命名所修改的图像并放入原始文件夹”单选按钮，其余采用默认设置，如图 6. 42 所示，单击“确定”按钮开始调整图片大小。

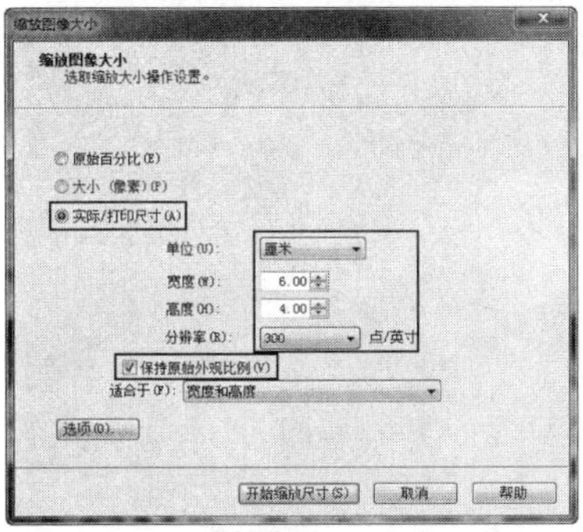

图 6. 41　设置图像缩放大小

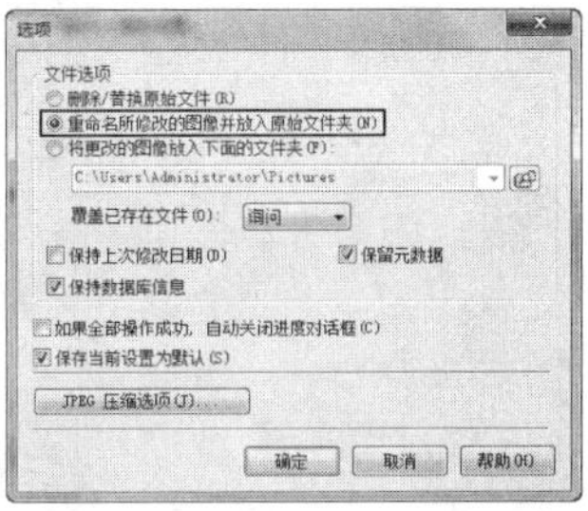

图 6. 42　“选项”对话框

知识链接：ACDSee Pro5 的图像转换功能也很强大，可以把任何一个图像文件转换为其他格式的图像文件，操作方法很简单：在 ACDSee Pro5 浏览器主界面中，选择所需图像，然后单击“工具”→“批量”→“转换文件格式...”命令，弹出“转换文件格式”对话框，设置好目标格式、转换后的保存位置等，单击“开始转换”按钮进行格式转换。

三、快速优化图像

ACDSee Pro5 包含大量的图像编辑工具，可用于创建、编辑、润色数码图像，还可以使用红眼消除、裁剪、锐化、模糊、图像修复等工具来增强或校正图像。

1. 裁剪图像

步骤一　在 ACDSee Pro5 浏览器主界面任务列表中，选中要裁剪的图像，单击“工具”→“处理”→“编辑”菜单命令，进入“编辑”模式界面。如图 6. 43 所示。

步骤二　单击窗口左侧的“裁剪”工具按钮，展开“裁剪”编辑面板，此时图像上出现一个周围有八个黄色小方块的裁剪窗口，裁剪区域外部变暗。

步骤三　将光标放到裁剪窗口的小方块上，进行拖放裁剪，直到窗口比例符合需要为止，如图 6. 44 所示。

图 6. 43　“编辑”模式窗口的裁剪工具

图 6.44　“裁剪”面板与“裁剪”窗口

步骤四　单击“完成”按钮,系统会提示保存,返回 ACDSee Pro5 浏览器主界面。

2. 添加文字

步骤一　选中要添加文字的图像,进入“编辑”模式窗口。单击窗口左侧的“文本”工具按钮。展开“添加文本”编辑面板。

步骤二　添加文字内容。将默认的文字“文本”更改为“红帆艺术团”,设置字体格式为“华文细黑、46 磅、加粗、黄色”,其他效果默认。拖动文本框将其调整到图片左下角,如图6.45所示。单击“完成”按钮,系统会提示保存,返回 ACDSee Pro 浏览器主界面。

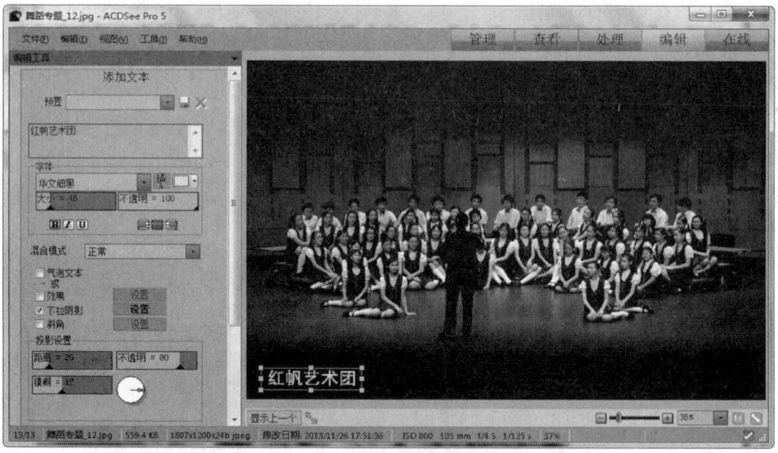

图 6.45　添加文字

四、共享与打印图像

ACDSee Pro5 提供了多种页面布局方式进行图像的打印,按照打印向导进行设置即可。

ACDSee Pro5 的强大还表现在它的共享功能。它能够创建 HTML 相册、创建视频或 VCD、创建 CD 或 DVD、制作幻灯片、输出 PDF 文件,这些功能都在“工具”菜单中,任选一项即可通过向导提示来完成。

任务实训

利用 ACDSee Pro5 浏览和管理图片

1. 在 D 盘上创建一个名为“我喜爱的图片”的文件夹，利用从外部设备导入、从网络下载或者从电脑硬盘上搜索等各种方式，将你喜爱的图片保存在里面。
2. 使用 ACDSee Pro5 打开“我喜爱的图片”，以“放映幻灯片”的方式进行浏览。
3. 对图片进行分类整理，分别保存在不同的子文件夹中。
4. 为图片批量设置标题、作者、关键词、类别等信息。
5. 对图片进行重命名，可以单一命名，也可以“批量重命名”。
6. 将非 JPEG 格式的图片转换为 JPEG 格式的图片文件。
7. 有选择性地给图片加注文字，注意画面的协调。
8. 对图片进行裁剪并添加合适的艺术效果。
9. 为你喜爱的图片创建 HTML 相册。

任务 6.6　利用 Adobe Reader 阅读文档

学习目标

- 能够熟练利用 Adobe Reader 阅读 PDF 文档；
- 掌握将 PDF 文档中的文本和图像复制到另一应用程序中的方法。

任务引入

互联网的普及，彻底改变了人们的生活，你只要有一台能上网的电脑，就如同坐拥一座图书馆，里面种类繁多的图书保证让你目不暇接。当你在网上搜罗到一些和自己项目有关的电子图书，兴奋地下载下来，计划着浏览阅读后，选择其中比较精彩的内容加以整理，融合进自己的策划与设计中。然而有时会发生这样的情况：当你点击那些图书资料时，却一个也打不开。这是为什么呢？

任务分析

原来，在网上发布的图书资料，普遍使用的是一种通用的开放式的电子图书文件格式规范——PDF 格式。PDF 是 Portable Document Format 的缩写，译为可移植文件格式，是 Adobe 公司(http://www.adobe.com)开发的一种电子文档格式，它可以将文字、字形、格式、颜色、图形图像、超文本链接、声音、动态图像等信息封装在一个文件中。这种文件格式与操作系统平台无关，这一特点使它成为在 Internet 上进行电子文档发行和数字化信息传播的理想文档格式。越来越多的电子图书、产品说明、公司文告、网络资料、电子邮件开始使用 PDF 格式文件，使用这种格式后文件图像质量高、文件小、阅读速度快。

要阅读 PDF 文件就必须使用 Adobe Reader 阅读工具。Adobe Reader 软件是电子文档共享的全球标准。它是可以打开所有 PDF 文档并能与所有 PDF 文档进行交互的唯一 PDF 文件查看器。用户还可以使用 Adobe Reader 来选择 PDF 文档中的文本、表格或图像并复制到剪贴板,然后将复制的项目粘贴到另一个应用程序的文档中(有些加密的 PDF 文档不允许复制或转换,需要使用特殊的软件)。

任务实施

Adobe Reader 提供免费试用版,登录官方网站 http://www.adobe.com/可以下载试用。这里我们以 Adobe Reader XI 版本为例,介绍它的使用方法。

一、快速浏览和翻阅文档

1. 使用 Adobe Reader 打开 PDF 文档

步骤一 执行“开始”→“所有程序”→“Adobe Reader XI”命令,或者双击桌面上的 Adobe Reader XI 快捷方式图标,打开 Adobe Reader XI 应用程序窗口,如图 6.46 所示。

步骤二 单击引导页面上的“打开...”按钮,弹出“打开”对话框,选择并打开“EXCEL 图表之道_如何制作专业有效的商务图表”PDF 文档,如图 6.47 所示。

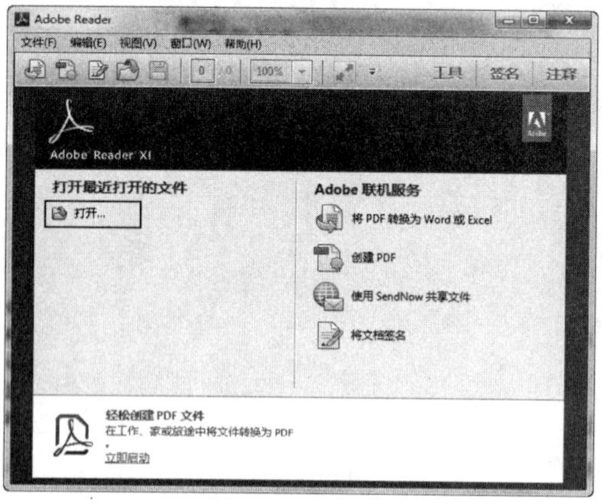

图 6.46 Adobe Reader XI 主界面

图 6.47 打开 PDF 文档

知识链接: Adobe Reader XI 下载安装后,会自动和 PDF 文件关联。双击下载的 PDF 文件可以直接启动 Adobe Reader XI,从而浏览其中的文档内容。

2. 浏览和翻阅 PDF 文档

在打开的 PDF 文档窗口中,左侧是导览窗格(如图 6.47 所示,包括“页面缩略图”、“书签”和“附件”三种)。

(1)单击“页面缩略图”窗格,即可展开相应的导览窗格,如图 6.48 所示。

图 6.48　“页面缩略图”导览窗格

(2)单击“书签”窗格,可以看到该 PDF 文档的书签(如图 6.49 所示),单击某个书签,即可快速跳转到想要阅读的页面。

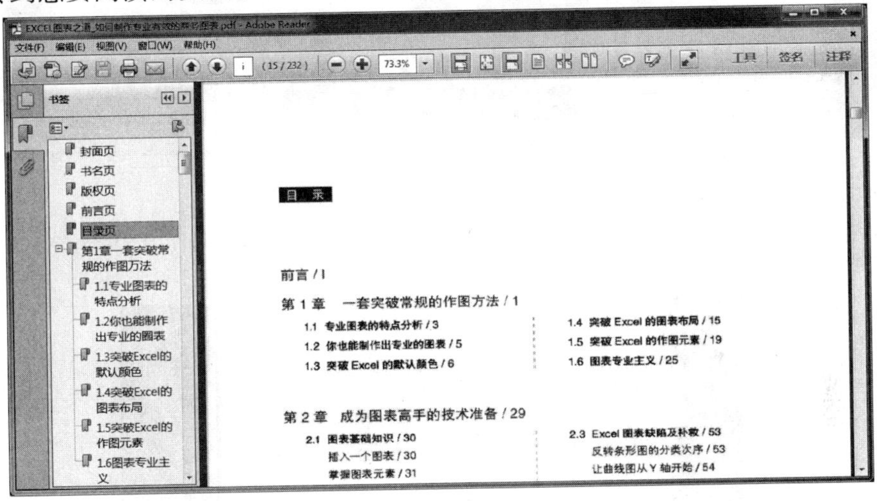

图 6.49　PDF 文档阅读窗口

这样,我们就可以在需要快速浏览内容时,只需要在“书签”或者“页面缩略图”导览窗格中单击书签或者页面缩略图,即可从总体上了解整个电子书的结构,然后选择其中的某个章节来阅读,实现快速跳转到相应文档页的目的。

注意:PDF 文档不同,其包含的导览窗格也不尽相同,例如有的 PDF 文档就没有“书签”标签。

Adobe Reader XI 的主窗口中较大的空间用于显示文档内容。窗口顶部的工具栏提供了各种控件,可用于操作 PDF 文档。

例如,想要阅读下一页,可以利用滚动条,也可单击工具栏中的“显示下一页(向右箭头)”按钮。如图 6.50 所示。

图 6.50　Adobe Reader 工具栏

3. 调整文档视图

阅读时,可以在“阅读模式”或者“全屏模式”下阅读文档,具体操作方法如下。

(1)阅读模式:单击“视图”→“阅读模式”菜单命令,即可切换至阅读模式,如图 6.51 所示。在阅读模式下,鼠标指针为小手形状,拖动此小手,调整移动文档位置。阅读结束,若要取消阅读模式,再次单击“视图”→“阅读模式”菜单命令即可。

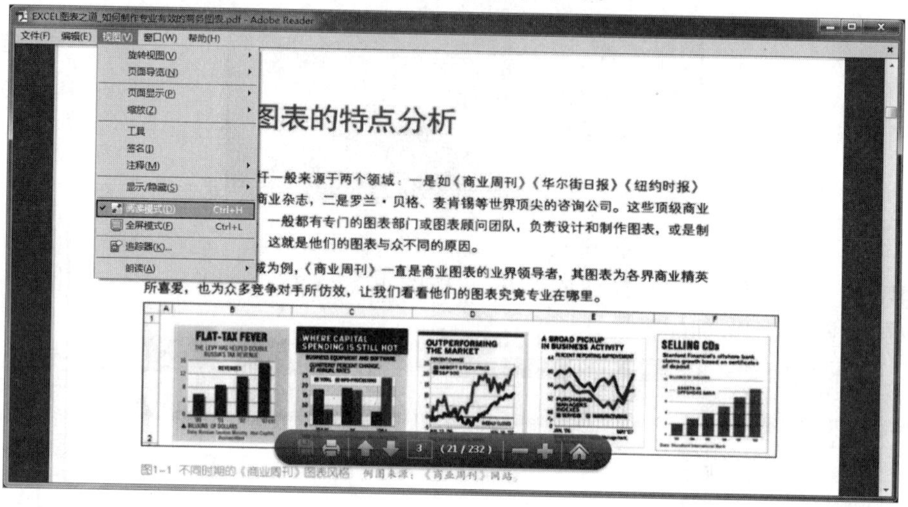

图 6.51　阅读模式

(2)全屏模式:单击“视图”→“全屏模式”菜单命令,即可切换至全屏模式,如图 6.52 所示。阅读完毕,按下 ESC 键即可恢复到阅读模式。

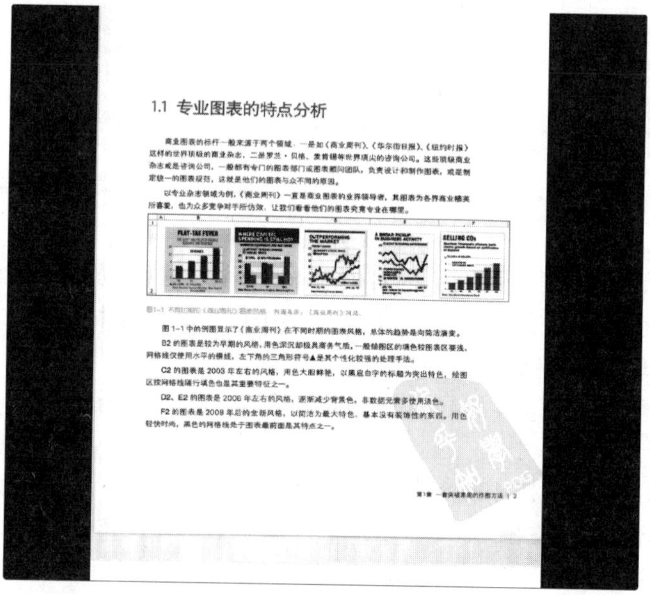

图 6.52　全屏模式

知识链接：Adobe Reader XI 还提供了多种缩放视图的工具，通过单击顶部工具栏上的“放大”或者“缩小”按钮，或者在比例显示框中输入百分比后按 Enter 键（如图 6.53 所示），将页面调整到合适的程度。

图 6.53　“放大”工具按钮

二、将 PDF 文档中的文本和图像截取下来进行编辑

在浏览文档过程中，遇到喜欢的内容，就希望为我所用。PDF 是不允许直接编辑的，但是可以利用某些工具将其中的文字、表格和图像复制到其他应用程序中去。

例如，若将当前 PDF 文档中“商业图表的标杆一般来源于两个区域，……”段落的文字和段落下面的 Excel 图表图片（如图 6.51 所示）复制到 Word 中去，具体操作步骤如下。

步骤一　用鼠标右击工具栏执行“选择和缩放”→“选择工具”命令，将选择工具按钮添加到工具栏，如图 6.54 所示。

步骤二　将鼠标移到第一段文字前，指针变为“I”形时，拖动选择要复制的文本。

步骤三　右击选中的文字，在快捷菜单中选择“复制”命令；打开 Word 程序，按 Ctrl + V 组合键，将复制的内容粘贴到 Word 中。

复制图像的方法和复制文字相似，右击要复制的图像，执行“复制图像”快捷菜单命令，如图 6.55 所示。打开 Word 文档，按下 Ctrl + V 组合键，将复制的图像粘贴过去。

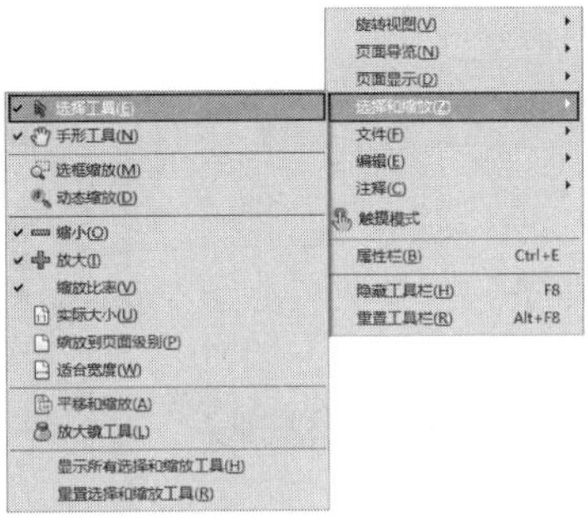

图 6.54　选择工具

图 6.55　复制图像

除了以上两种复制形式外，在 Adobe Reader XI 中还可以使用“编辑”菜单中的“拍快照”命令，将文档中的某部分内容作为图片复制到其他文档中，这里不再赘述。

任务实训

使用 Adobe Reader XI 阅读 PDF 文档

1. 从文件系统或网络浏览器中搜索下载 PDF 文档。
2. 将文档视图调整到合适大小，浏览阅读该文档，体验工具栏、菜单命令和书签的作用。
3. 选择感兴趣的部分文字和图像复制到 Word 中保存。

项目实训　常用工具软件让工作更精彩

“工欲善其事,必先利其器”,如果说,常用办公软件和设备改善了我们的办公条件,让我们的工作更有效率,那么,常用工具软件则会让这种有效率的工作更加精彩。熟练掌握和应用一些常用的工具软件,无疑会大大提高我们的工作质量。

实训目的

- 掌握使用杀毒软件查杀病毒;
- 学会清理和维护办公电脑;
- 熟练应用迅雷工具下载资料;
- 学会阅读和使用 PDF 文档;
- 掌握压缩和解压缩方法;
- 学会使用 ACDSee 管理图片。

实训要求

本项目实训要介绍的就是利用常用工具软件,完成对办公电脑的清理维护和某些事务的辅助处理。包括利用 360 杀毒软件对办公电脑进行例行的病毒查杀;使用 Windows 优化大师对系统注册表、垃圾文件和历史痕迹进行清理;将电脑上保存的照片或者从网上下载的图片制作成电子相册,压缩后通过邮箱发送出去;使用迅雷下载相关专业的电子书籍进行阅读等技能。

操作步骤

一、对办公电脑进行查毒、清理、维护

(1)安装 360 杀毒软件并设置“自动升级病毒特征库及程序”。

(2)使用 360 杀毒软件对“本机磁盘(C)”进行自定义扫描。

(3)使用 Windows 优化大师对系统注册表、垃圾文件和历史痕迹进行清理。

二、制作电子相册

(1)利用 ACDSee 浏览电脑上保存的照片(如果没有,请从网上搜索下载图片)。

(2)将照片分类整理,重命名并转化成统一的 JPEG 格式。

(3)对照片进行必要的修正和艺术加工,如裁剪、调整曝光度、添加文字、添加艺术效果等。

(4)使用“创建”→“HTML 相册…”命令,按照提示向导,为照片创建电子相册。

三、分享劳动成果

将你制作的电子相册进行压缩整理(必要时使用分卷压缩),通过邮箱发送出去。

四、下载浏览电子书籍

(1)登录E书吧网站 http://www.eshuba.com/,选择与自己专业相关的一本电子书,使用迅雷下载。

(2)使用WinRAR解压电子书。

(3)浏览阅读下载的电子书。

项目7 办公局域网的设置及应用

任务7.1 认识办公局域网

学习目标

- 理解办公局域网的含义及特点；
- 了解办公局域网的主要功能；
- 掌握办公局域网的构成与分类；
- 掌握 OSI 参考模型和 TCP/IP 协议。

任务引入

计算机网络是计算机技术和通信技术紧密结合的产物，它涉及通信与计算机两个领域。它的诞生使计算机体系结构发生了巨大变化，在当今社会起着非常重要的作用，为人类社会的进步做出了巨大的贡献。

随着计算机网络的迅速发展，局域网是当前非常流行的技术领域。它的出现使计算机网络为大多数人所认识，并借助这个桥梁传输数据和共享资源。局域网技术在企业、机关的管理信息系统与信息服务领域中得到了广泛应用，学习和使用局域网也成为一种基本要求。

任务分析

本任务主要介绍办公局域网的基础知识，使读者对办公局域网有一个清晰的认识。通过对本任务的学习，可以了解办公局域网的概念，掌握常用的局域网的分类，了解局域网通信协议，重点掌握 OSI 和 TCP/IP 参考模型。

任务实施

一、办公局域网的含义与功能

1. 办公局域网的含义

办公局域网通常是指在一个政府行政机关、企事业单位、校园、医院等范围较小的地域内，把分散的计算机、终端、大容量存储器以及其他设备连接起来组成的计算机网络。

组建办公局域网的目的是将各个计算机、外围设备和计算机系统连接成一个数据共享体，并通过网络管理软件，控制网上用户之间的相互联系和信息传输。

办公局域网具有连接方便、传输高速、维护容易等优点，在现代办公中应用广泛。

2. 办公局域网的特点

(1)分布的地理范围较小：如一幢大楼、一个工厂、一所学校或一个大到几十公里的区域，其范围一般不超过25km。

(2)传输速率高：局域网由于通信线路短，数据传输快，目前通信速率通常在100Mbps以上。因此局域网是计算机之间高速通信的有效工具。

(3)管理方便：由于局域网范围较小，且为单位或部门所有，因而网络的建立、维护、管理、扩充、更新等都十分方便。

(4)价格低廉：由于局域网区域有限、通信线路短，且以价格低廉的微机为联网对象，因而局域网的性价比相当理想。

3. 办公局域网的功能

办公计算机接入局域网后，可方便地实现多台计算机之间的文件传输、磁盘共享、打印共享、协同办公、联机交流等，从而能极大地提高工作效率。概括起来，其功能主要有：

(1)数据通信。数据通信用来快速传送计算机与终端、计算机和计算机之间的各种信息，将分散在各个地区的单位或部门用计算机网络联系起来，进行统一的调配、控制和管理。

(2)资源共享。资源共享包括在全网范围内的硬件、软件、数据等资源的共享。例如，一些昂贵的硬件资源(如高档打印机、多功能一体机等)通过网络系统实现共享，可以减少预算、节约开支，并提高设备利用率。网络上个别计算机里的软件资源可通过共享，被其他用户使用，省去了重复安装软件的烦恼。

(3)分布式处理。网络技术的发展，使得分布式计算成为可能。对于复杂的问题，可以分为许许多多的小问题。由不同的计算机分别完成，然后再集中起来，共同解决问题。

二、办公局域网的构成与分类

1. 办公局域网的构成

办公局域网是由网络硬件系统和网络软件系统两大部分组成的。网络硬件主要包括网络服务器、工作站、网络设备等，这些网络设备的连接方式和配置高低决定着局域网所具备的潜能。网络软件主要包括网络操作系统、通信协议等。

(1)网络硬件系统。

局域网的硬件系统主要包括服务器、工作站、网络适配器、传输介质、集线设备等网络硬件，将这些硬件按照一定的规则进行连接，即可构成一个基础的局域网硬件平台。为了帮助用户能够对局域网硬件设备有一个初步的了解，下面来认识一些基本的网络设备。

● 服务器。从广义上讲，服务器是指网络中能对其他计算机提供某些服务的计算机系统(如果一个PC对外提供FTP服务，也可以叫服务器)。从狭义上来讲，服务器是专指某些高性能计算机，能够通过网络，对外提供服务。小型局域网中的服务器一般提供文件和打印两种服务，而且在大多数情况下，将文件和打印服务集中到一台计算机上进行。

● 工作站是指一个连接到局域网上的可编址设备，它对用户数据进行实时处理，并作为用户和网络之间的接口。用户可通过工作站请求获得网络服务，网络服务器又把处理结果返回给工作站的用户。

● 网络适配器(俗称网卡)是局域网中所有计算机(包括服务器和工作站)与网络进行连接的接口卡。网络适配器首先通过总线接口与计算机主板连接,然后通过网络接口与网线、光纤等传输介质连接,进而实现局域网计算机之间的通信。

● 传输介质主要包括同轴电缆、双绞线、光纤和无线传输介质,用于连接局域网中的各种网络设备并使之进行通信。其中,双绞线是局域网中最常见的传输介质之一。

● 集线设备主要用于将与计算机或其他网络设备相连的传输介质集中到一起,并对所传输的数据信号进行汇集、中继、整形和提升,可以有效增强信号强度。常用的集线设备主要包括交换机和集线器。

(2)网络软件系统。

局域网软件系统是局域网正常工作的“精神”基础,如果没有软件系统的支持,无论多高的网络硬件配置也没有实际意义。局域网软件系统主要包括网络操作系统、通信协议等。

● 网络操作系统(NOS)是网络的心脏和灵魂,是向网络计算机提供服务的特殊操作系统。它在计算机操作系统下工作,使计算机操作系统增加了网络操作所需要的能力。

● 通信协议是指网络中通信各方事前约定的通信规则,可以简单地理解为各计算机之间进行相互会话所使用的共同语言。两台计算机在进行通信时,必须使用相同的协议。计算机局域网中一般使用 NetBEUI、TCP/IP 和 IPX/SPX 这三种协议。

2. 办公局域网的分类

办公局域网按照不同的分类标准,有多种分类方法,从而产生了多种不同的网络类型。常见的类型主要有对等局域网、客户机/服务器局域网、无盘工作站局域网、无线局域网和虚拟专用网 5 种。下面简单介绍这 5 种网络各自的特点。

(1)对等局域网(Peer-to-Peer),也称工作组,其中计算机的数量通常不超过 10 台,所以这种网络相对比较简单。对等局域网上各台计算机有相同的功能,没有主从之分,网上任何一台计算机既可以作为网络服务器,将其资源和其他计算机共享,也可以作为其他服务器的资源。它不需要专门的服务器来作网络支持,也不需要其他组件来提高网络的性能,因而成本相对低廉。不过许多管理功能在这种网络中无法实现。

(2)客户机/服务器局域网(Client/Server,C/S),又称服务器网络,是由一台服务器和若干个客户机组成的。服务器通常采用高性能计算机或专用服务器设备,它在网络操作系统的控制下,将与其相连的硬盘、打印机、Modem 及昂贵的专用通信设备提供给网络上的客户站点共享,也能为网络用户提供集中计算、数据库管理等服务。客户机是用户计算机,它通过向服务器发出请求来获得服务,多台客户机可以共享服务器的各种资源。客户机/服务器网络不仅适合于同类计算机联网,也适合于不同类型的计算机联网。服务器网络安全性容易得到保证,计算机的权限、优先级易于控制,监控容易实现,网络管理规范化,很容易做到日常维护和数据备份,因而是最常用的一种办公局域网。

(3)无盘工作站局域网是基于服务器网络的一种结构,利用网卡上的启动芯片与服务器连接,使用服务器的硬盘空间进行资源共享。

(4)无线局域网利用射频技术实现数据传输,能够弥补有线局域网的不足。当局域网没有固定工作场所或架设有线受到限制时,可采用无线局域网。无线局域网还可以作为有线局域网络的备用系统。

(5)虚拟专用网(Virtual Private Network,VPN)是通过 Internet 建立的一个安全的私有连接,能实现安全稳定的工作传输。

三、局域网的通信协议

局域网中服务器与客户机通常使用不同的操作系统,要使它们实现通信必须遵循一种统一的标准。这种为了进行网络数据交换而建立的规则、标准或约定称为网络协议。通信协议具有层次特性,大多数的网络组织都按层或级的方式来组织,在下一层的基础上建立上一层,每一层的目的都是为上一层提供一定的服务,而把如何实现这一服务的细节对上一层加以屏蔽。网络协议确定交换数据格式及有关的同步问题。

1. OSI 参考模型的分层结构及各层主要功能

开放系统互联参考模型(Open System Interconnection Reference Model,OSI/RM)是国际标准化组织为在世界范围内实现不同系统之间的互联于 1984 年公布的国际标准。OSI 参考模型采用了 7 层体系结构,由底层至高层分别为物理层、数据链路层、网络层、传输层、会话层、表示层和应用层。各层的主要功能如下:

- 物理层:为上层(数据链路层)提供一个物理连接,实现比特流的透明传输。
- 数据链路层:负责建立、维持和释放数据链路的连接,用于在两个相邻节点之间的线路上无差错地传送以帧为单位的数据。
- 网络层:解决网络与网络之间的通信问题。
- 传输层:向上一层(会话层)提供一个可靠的端到端的服务。
- 会话层:在两个互相通信的应用进程之间,建立、组织和协调其交互。
- 表示层:解决用户信息的语法表示以及数据格式的转换问题。
- 应用层:OSI 参考模型的最高层,主要是给用户提供一个良好的应用环境,使用户不必担心网络资源如何分配等问题。

2. TCP/IP 协议

传输控制协议/网际协议(Transmission Control Protocol/Internet Protocol,TCP/IP),于 1969 年由美国国防部高级研究所计划署(ARPA)开发,最初是在分布于全美各地的主机之间建立高速通信连接,实现资源共享,后来成为 Internet 的一种标准通信协议。

TCP/IP 协议共分为 4 层,分别是应用层、传输层、网络层和网络接口层,它与 OSI 参考模型的层次对应关系如图 7.1 所示。

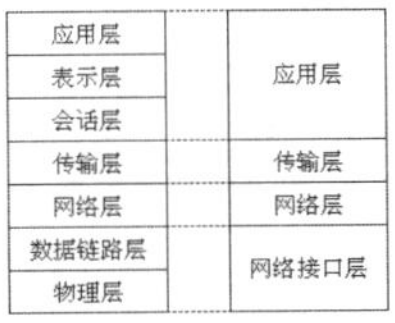

图 7.1　OSI 参考模型与 TCP/IP 协议的层次对应关系

- 应用层:向用户提供一组常用的应用程序。
- 传输层(TCP):提供程序间(即端到端)的通信。
- 网络层(IP):负责相邻计算机之间的通信。

● 网络接口层:这是 TCP/IP 软件的最底层,负责接收数据报并通过网络发送;或者从网络上接收物理帧。

3. IP 地址

要实现网络中各计算机之间的通信,网络中的计算机必须有相应的地址标识,就像平时使用的电话一样,每台电话都有一个唯一的号码,这样一台计算机发出的信息才能够被传送到指定的计算机上。在 TCP/IP 协议中,这个地址被称为 IP 地址。

(1)IP 地址的结构。

IP 地址由 32 位二进制数组成,并被分为 4 段,每段 8 位,中间用小数点隔开。但二进制数不好记忆,因此采用“点分十进制”表示法,即用 4 个十进制整数,每个整数对应一个字节,整数与整数之间以小数点“.”为分隔符的表示方法,就产生了常用的 IP 地址,如 192.168.0.1。

IP 地址采用分层结构,由网络地址和主机地址两部分组成。网络地址用来标识网络,同一网络上所有的 TCP/IP 主机的网络地址都相同;主机地址用来标识网络中的主机。

(2)IP 地址的类别。

由于每个网络中拥有的计算机数量不一样,有的网络可能有较多的计算机,而有的网络则只有少量的计算机,因此根据网络规模的大小,将 IP 地址空间划分为从 A 到 E 这样 5 个不同的地址类别,其中 A、B、C 这三类最为常见。

● A 类地址:用地址中的第一段来标识网络 ID,且最高位必须是“0”,接下来的 7 位表示网络 ID,即网络 ID 的取值介于 1 ~ 126 之间,剩余的 24 位表示主机 ID。

● B 类地址:用地址中的前两段来标识网络 ID,且最高两位必须是“10”,接下来的 14 位表示网络 ID,即网络 ID 的取值介于 128 ~ 191 之间,剩余的 16 位表示主机 ID。它适用于中等规模的网络。

● C 类地址:用地址中的前三段来标识网络 ID,且最高 3 位必须是“110”,接下来的 21 位表示网络 ID,即网络 ID 的取值介于 192 ~ 223 之间,剩余的 8 位表示主机 ID。它适用于小规模的网络。

● D 类地址:不分网络号和主机号,定义其最高 4 位值为“1110”,它用于多播。所谓多播就是把数据同时发送给一组主机,只有那些登记过可以接收多播地址的主机才能接收多播数据包。D 类地址的范围是 224.0.0.0 ~ 239.255.255.255。

● E 类地址:为将来预留,也可以用于实验目的,但不能分配给主机使用。

IP 地址的类型决定了网络地址(ID)使用哪些位,主机地址(ID)使用哪些位,同时也决定了每类网络中包含的网络数和每个网络中可能包含的主机数。5 类地址的格式如图 7.2 所示。

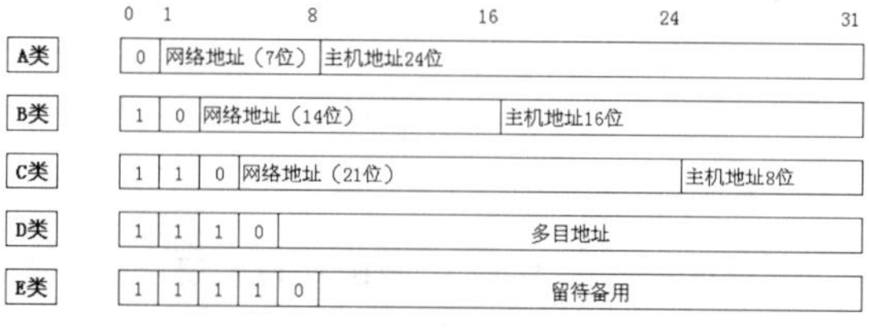

图 7.2　IP 地址的分类结构

知识链接：在 A 类地址中，网络 ID 不能是 127，因为该网络 ID 被保留用作回路及诊断地址，任意主机发送给以 127. x. x. x 的信息都将回传给主机本身。此外，网络 ID 和主机 ID 全为 0 和全为 1 的地址也不能作为主机的 IP 地址，它们分别作为指向本网的地址和向特定的所在网上的所有主机发送数据报的地址。

(3)保留 IP 地址。

为了满足像办公室等内部网络使用 TCP/IP 协议的需要，Internet 地址授权机构 IANA 将 A、B、C 类地址的一部分保留下来作为私人 IP 地址空间。

保留 IP 地址的特点是当局域网使用这些地址并接入 Internet 时，它们不会与 Internet 相连的其他使用相同 IP 地址的局域网发生冲突。正因为如此，所以当组建一个办公局域网时，内部网络的 IP 地址可选择保留的 IP 地址，这样当该局域网接入 Internet 后，即使与 Internet 相连的其他局域网也使用了相同的 IP 地址范围（事实上有成千上万的局域网在使用着这些 IP 地址），它们之间也不会发生 IP 地址的冲突。保留 IP 地址的范围如表 7.1 所示。

表 7.1　保留 IP 地址的范围

类别	IP 地址范围	网络 ID	网络数
A	10.0.0.0 ~ 10.255.255.255	10	1
B	172.16.0.0 ~ 172.31.255.255	172.16 ~ 172.13	17
C	192.168.0.0 ~ 192.168.255.255	192.168.0 ~ 192.168.255	256

任务实训

参观网络中心

(1)观察该网络中所使用的设备，如服务器、交换机、路由器、防火墙等，记录设备名称和型号及这些设备是如何接入网络的，了解这些设备的主要功能。

(2)记录该网络内计算机的数量、配置及使用的操作系统。

(3)了解局域网的结构和特点。

(4)画出该网络的拓扑结构，并分析该网络采用何种网络结构。

(5)查看该网络中任一台计算机的 IP 地址，并分析该 IP 属于哪一类。

任务 7.2 组建办公局域网

学习目标

- 掌握双绞线的连接标准及制作方法;
- 掌握 IP 地址的配置方法;
- 掌握设置计算机名和工作组名的方法;
- 学会组建办公局域网。

任务引入

随着办公自动化、无纸化等应用的普及和深入发展,人们的日常工作已经离不开网络。许多企事业单位的用户已经通过办公网络实现了日常事务处理的网络化,并以此推动着本单位的信息化建设进程。办公局域网对安全性和稳定性的要求较高,因为一旦发生网络连接故障,有可能会丢失重要数据。将办公计算机联网也有利于办公人员协同工作,提高工作效率。因此要建立高效、快捷和安全的办公环境,就必须运用网络技术组建办公局域网。

任务分析

本任务主要介绍组建办公局域网的方法,使读者能够组建小型局域网。要求掌握双绞线的连接标准及制作方法,并会测试双绞线的接法是否正确;了解网络连接设备的一般知识,掌握设置计算机名和工作名的方法,学会设置计算机的 IP 地址。

任务实施

一、制作网线

网络中常见的传输介质有同轴电缆、双绞线、光纤等,其中同轴电缆已经很少使用。双绞线是局域网布线工程中使用最为广泛的一种传输介质。

1. 双绞线的连接标准

目前,局域网组网中广泛使用 5 类线和超 5 类双绞线,分为屏蔽和非屏蔽两种。如果是室外使用,选用屏蔽线要好一些;如果在室内,则可使用非屏蔽线。

根据 EIA/TIA 接线标准,RJ-45 接口制作有两种标准:EIA/TIA 568A 标准和 EIA/TIA 568B 标准。568A 标准的线序为:白绿、绿、白橙、蓝、白蓝、橙、白棕、棕;568B 标准的线序为:白橙、橙、白绿、蓝、白蓝、绿、白棕、棕。

在整个网络布线中应使用同一种线序方式。实际应用中,大多数布线都使用 568B 的标准,通常认为该标准对电磁干扰的屏蔽更好。

2. 双绞线的制作

双绞线的制作非常简单,就是把双绞线的 4 对 8 芯网线按一定规则插入水晶头中,这类网线制作所需的材料是双绞线和水晶头，所需工具是一把网线压线钳，双绞线的制作就是水晶头的制作。制作双绞线的步骤如下。

步骤一　准备好五类线、RJ－45接头和一把专用的压线钳。

步骤二　将RJ－45接头的护套穿入双绞线，用压线钳的剥线刀口将五类线的外保护套划开（注意不要将里面的双绞线的绝缘层划破），刀口距五类线的端头至少间距2cm。

步骤三　将划开的外保护套管剥去（旋转、向外抽），露出五类线电缆中的4对双绞线，按照EIA/TIA 568B标准，将8根芯线平坦整齐地平行排列，导线间不留空隙。

步骤四　将上一步操作的双绞线小心插入压线钳刀口中，用压线钳的剪线刀口将8根导线整齐地截断。

步骤五　使RJ－45接头正面面向操作者，缓缓地用力把8根线缆同时沿RJ－45接头内的8个线槽插入，一直插到线槽的顶端，电缆线的外保护层最后应能够在RJ－45接头内的凹陷处被压实，反复进行调整直到插入牢固。

步骤六　将RJ－45接头放入压线钳的压头槽内，紧握压线钳的手柄用力压紧。在这一步骤完成后，插头的8个针脚接触点就穿过导线的绝缘外层，分别和8根导线紧紧地压接在一起。

步骤七　按照同样的方法，制作双绞线的另一个RJ－45接头。

3. 双绞线的测试

要想网络之间通信，线路必须畅通。要检测双绞线是否接通，可用网络测线仪来测试双绞线是否插对位置，每根导线是否插牢。操作方法如下：

把网线的RJ－45接头分别插入测试仪的两个端口，打开测试仪开关，若测试仪左右两边的亮灯顺序均为1、2、3、4、5、6、7、8依次闪烁，表明接法正确。

如果8个灯中有一个灯不亮，说明有一组导线未夹紧，应重新夹紧网线头；如果闪烁的灯停留在某个指示灯上，则说明网线的接法不对，应剪断重新排列；如果看到亮灯顺序不对，则说明跳线有误，应重新制作。

二、网络连接

在办公局域网中，除了计算机设备之外，还包括服务器、网卡、网线、集线器等网络传输介质和中继器、网桥、路由器、网关等网络互联设备，以及存储设备（如大容量硬盘、磁盘阵列、磁带机等）、打印机、绘图仪等外部设备。它们具有不同的功能，将节点计算机连接起来，使数据能够正确地传输。下面对这些网络设备的功能和特点加以介绍。

1. 服务器

服务器用于向用户提供各种网络服务，如文件服务、Web服务、FTP服务、E-mail服务、数据库服务、打印服务、索引服务、传真服务、流媒体播放服务等。

服务器通常配置有高速CPU、多块大容量硬盘、大容量内存、冗余电源等。

2. 网卡

网卡也称网络适配器、网络接口卡（network interface card，NIC），是连接计算机与网络的硬件设备。对现在常用的以太网来说，常用的是10Mbits/s及10/100Mbits/s自适应网卡，一般带有RJ－45头双绞线接口或是BNC细缆接口。

网卡的主要作用是从计算机通过网线发送数据，或接受从网线传来的数据，在计算机与系统之间控制数据流。

知识链接:每一块网卡都有唯一的卡号,它在网络上向其他设备表明自己的位置或地址,以便与网络上其他网卡区分开来。

3. 网线

网线就是网上传输数据的传输介质,包括光缆、同轴电缆和双绞线。其中,光缆传输距离长,传输率高,不会受到电子监听设备的监听,是高安全性网络的最佳选择。但其价格较高,所以常用在大型骨干网中。同轴电缆是局域网中使用最广泛的一种通信介质,又分为基带同轴电缆和宽带同轴电缆。它具有屏蔽性好,传输距离远的特点,但安装维护不太方便。双绞线是用两条拧在一起的互相绝缘的铜线组成的。它价格便宜,安装方便,但易于受干扰。目前的局域网中常用到的双绞线一般都是非屏蔽的五类 4 对(即 8 根导线)的电缆线。电缆两端安装有 RJ-45 头(水晶头),用于连接工作站的网卡和集线器。

4. 中继器

由于存在损耗,当局域网物理距离超过了允许的范围时,在网络线路上传输的信号能量会逐渐衰减,衰减到一定的程度时将造成信号失真,从而会导致接收错误。

中继器就是为了解决上述问题而设计的。它能完成物理线路的连接,对衰减的信号进行放大,保持其与原数据相同。所以,中继器一般用于延伸同型局域网。

5. 集线器和交换机

集线器是局域网中计算机和服务器的连接设备,是局域网的星形连接点。每个工作站都是用双绞线连接到集线器上,由集线器对工作站进行集中管理。集线器的工作原理是在网络传输中将接收到的网络信号进行整形,然后再将信号转发到所有端口。

交换机和集线器的功能类似,不同的是交换机上每个端口都独占 10Mbits/s 或 100Mbits/s 的带宽,并且其多路交换功能可以提高网络效率,但价格也比集线器昂贵。

6. 网关

网关用于连接不同协议的子网,从而组成异构的互联网。网关能实现异构设备之间的通信,对不同的网络协议进行翻译和变换。网关具有对不兼容的高层协议进行转换的功能。

7. 路由器

路由器是一种连接多个网络或网段的网络设备,它能将不同网络或网段之间的数据信息进行解释,使它们相互通信,从而构成一个更大的网络。路由器适合于连接复杂的大型网络。路由器的互联能力强,处理的信息量比网桥多,但处理速度比较慢。

8. 其他外围设备

办公局域网中还有各种共享的外围设备,包括连接到服务器的存储设备(如大容量硬盘、磁盘阵列、磁带机等)、高速打印机、专业绘图仪以及其他允许用户授权使用的设备。

三、TCP/IP 网络协议的配置

网络协议是计算机之间通信的语言规范。在办公局域网中,考虑到共享打印机以及连接互联网的要求,需要对 TCP/IP 协议中的协议属性进行配置。

1. 安装 TCP/IP 协议

步骤一　右击桌面上的“网络”图标,执行“属性”命令,打开“网络和共享中心”窗口,如图 7.3 所示。

步骤二　选择“本地连接”选项,弹出“本地连接 状态”对话框,如图 7.4 所示。

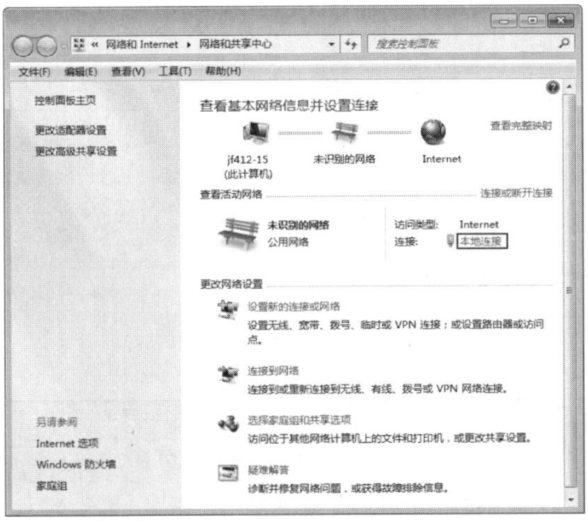

图 7.3　“网络和共享中心”窗口

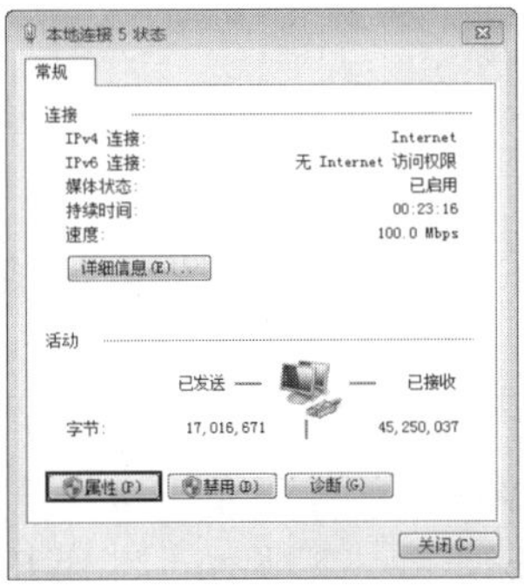

图 7.4　“本地连接 状态”对话框

步骤三　单击“属性”按钮,弹出“本地连接 属性”对话框,选择“Internet 协议版本 4(TCP/IPv4)”选项,单击“安装”按钮,如图 7.5 所示,弹出“选择网络功能类型”对话框,如图 7.6 所示。

步骤四　选择“协议”选项,然后单击“添加”按钮。系统会询问你是否要安装网络协议。如果你有网络协议的安装磁盘,可单击“从磁盘安装”按钮,系统开始从安装盘中复制所需文件,如图 7.7 所示。

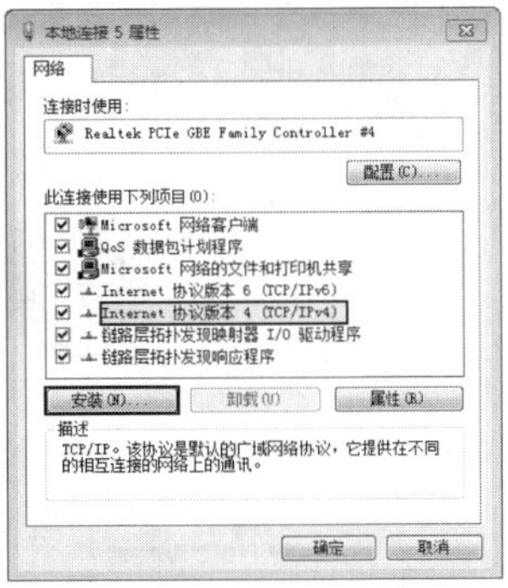

图 7.5　“本地连接 属性”对话框

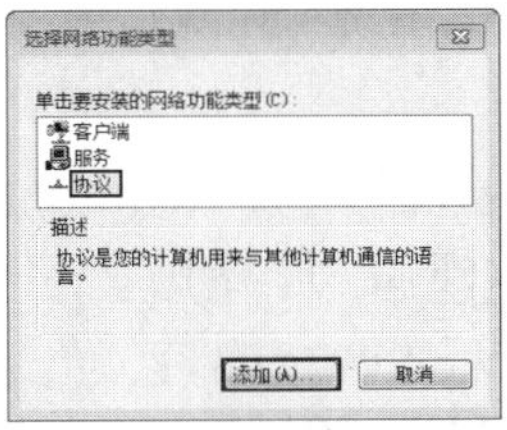

图 7.6　“选择网络功能类型”对话框

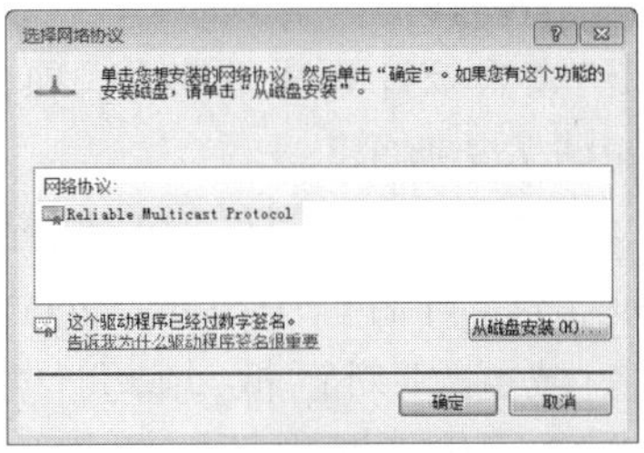

图 7.7　“选择网络协议”对话框

2. TCP/IP 协议常规配置

步骤一　在“本地连接 属性”对话框中选择已安装的 TCP/IP 协议,单击“属性”按钮,弹出“Internet 协议版本 4(TCP/IPv4)属性”对话框。

步骤二　选中“使用下面的 IP 地址”单选按钮,在“IP 地址”文本框中输入“192.168.12.15”,在“子网掩码”文本框中自动生成“255.255.255.0”,在“默认网关”文本框中输入“192.

168.12.254”,在“首选 DNS 服务器”文本框中输入“202.102.128.68”,在“备用 DNS 服务器”文本框中输入“202.102.134.68”,如图 7.8 所示。

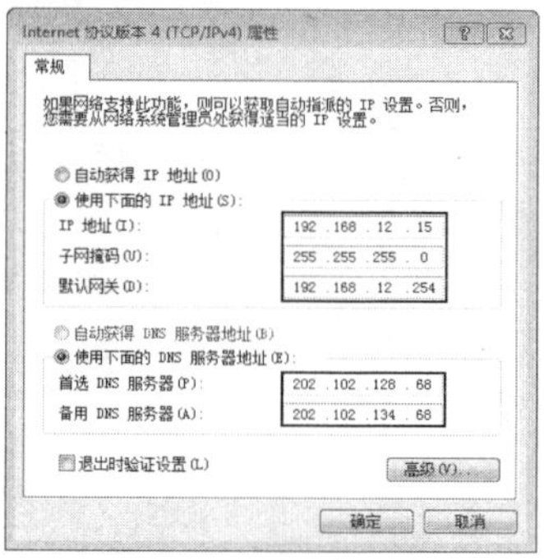

图 7.8　设置 IP 地址

步骤三　单击“确定”按钮,完成 IP 地址的设置。

知识链接:如果所在网络中有 DHCP 服务器的话,选中“自动获得 IP 地址”。向 DHCP 服务器请求一个动态的临时 IP 地址。否则,手动进行设置。在指定的位置输入已分配好的“IP 地址”和“子网掩码”,在“默认网关”处输入指定网关的地址。在“首选 DNS 服务器(P)”处输入 DNS 服务器的 IP 地址。

四、设置计算机的网络标识

计算机连接上办公局域网后,为了管理和访问计算机,需要为每台计算机设置计算机名称。如果网络中的计算机较多,可以根据部门或项目任务将计算机分为几个工作组,每个工作组中有若干台计算机。在 Windows 7 中设置工作组和网络标识的操作步骤如下。

步骤一　单击“开始”按钮,执行“控制面板”命令。在打开的“控制面板”窗口中,单击“系统和安全”图标,打开“系统和安全”窗口。在该窗口中,单击“查看该计算机的名称”项,则打开“系统”窗口,如图 7.9 所示。

图 7.9　计算机的信息描述

步骤二　单击“更改设置”按钮,在弹出的“系统属性”对话框中单击“更改”按钮,弹出“计算机名/域更改”对话框,填写计算机名为“wangpeng”,在“工作组”框中填写工作组为“OFFICE-201”,如图 7.10 所示。

步骤三　设置完成后,单击“确定”按钮,弹出提示对话框。单击“确定”按钮,在出现需要重新启动的提示信息后,回到“系统属性”对话框,显示设置后的计算机信息,如图 7.11 所示。需要注意的是,必须重新启动计算机后,这些设置才能够生效。

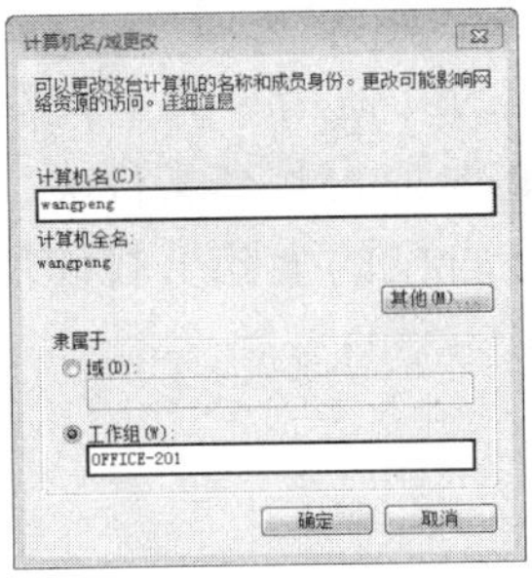

图7.10　设置计算机名及工作组名

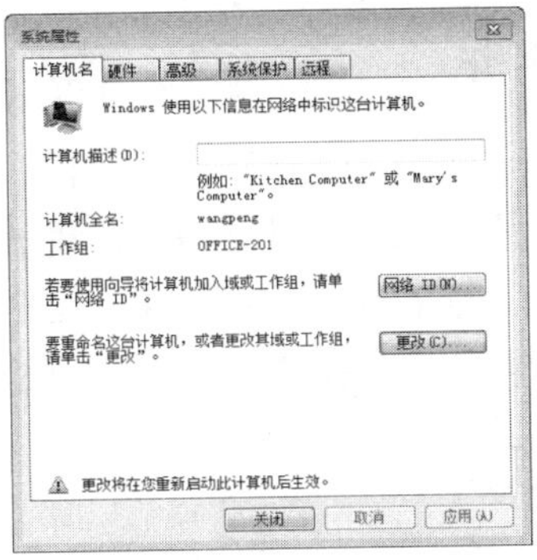

图7.11　设置后的计算机信息

知识链接:需要组网的计算机的工作组名必须相同,计算机名必须不同,否则联机后会出现冲突。计算机名和工作组名的长度都不能超过15个英文字符或7个中文字符,而且输入的计算机名不能有空格。

任务实训

组建宿舍局域网

(1)组建宿舍局域网原则:对于学生宿舍来说,要求几台计算机能组成局域网,可以实现资源共享、联网游戏;能共享宽带,同时上网,对网速没有太苛刻的要求,但要求稳定性好。

(2)接入方式:接入学校提供的校园网。

(3)根据组网原则及接入方式,组建宿舍局域网。

任务7.3　应用办公局域网

学习目标

- 学会设置共享文件夹;
- 掌握打印服务的配置和使用;
- 学会搜索和访问网上计算机;
- 掌握映射网络驱动器的方法。

任务引入

办公局域网最大的特点是可以实现资源的最佳利用,如共享磁盘设备、打印机等,从而可以在组建的局域网内部互相调用文件,并可在任何一台共享打印机上进行打印,这是办公局域网最为广泛的应用。

任务分析

本任务主要介绍在办公局域网中用户如何与网络上的其他用户共享计算机的任何文件夹。为了实现文件的共享,用户需要设置该文件所在的文件夹为共享文件夹。我们还可以设置共享打印机,使得在同一个办公局域网中的用户可以在自己的电脑上打印所需的文件。除此之外,还需要掌握搜索和访问网上计算机及映射网络驱动器的方法。

任务实施

一、设置共享文件夹

共享文件夹实现了办公局域网内简单的数据共享与传输,进行简单的配置即可实现,是局域网内进行数据共享和传输的重要组成部分。

如果想使某个文件夹能够被其他计算机通过网络访问,首先需要将其设置为共享状态。同时,还可以设置对其访问的权限,即设置为只读或可以更改。还可指定其只对特定人员共享。设置共享文件夹的操作步骤如下。

步骤一　右击桌面任意空白区域,执行“新建”→“文件夹”命令,创建一个文件夹,并命名为“share”。然后右击 share 文件夹图标,执行“属性”命令,在弹出的“share 属性”对话框中,选择“共享”选项卡,如图 7.12 所示,并单击“高级共享”按钮。

步骤二　在“高级共享”对话框中,勾选“共享此文件夹”复选框,使用文件夹名称“share”作为共享名称,如图 7.13 所示。然后单击“权限”按钮,在弹出的“share 的权限”对话框中,单击“添加”按钮,弹出“选择用户或组”对话框,在“输入对象名称来选择(示例)”的文本框区域,输入管理员账号“administrator”,如图 7.14 所示,并单击“确定”按钮。

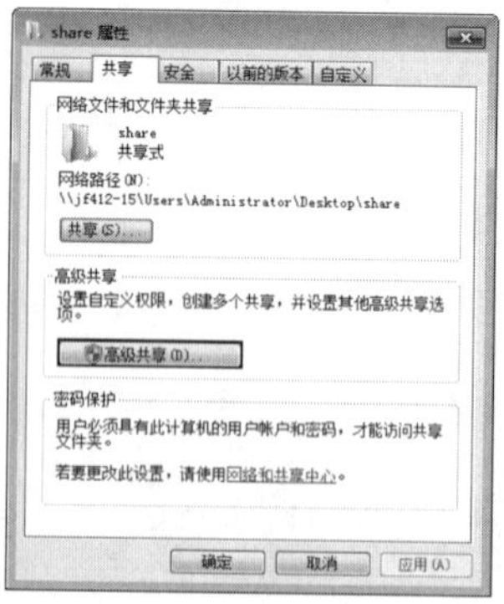

图 7.12　“共享”选项卡

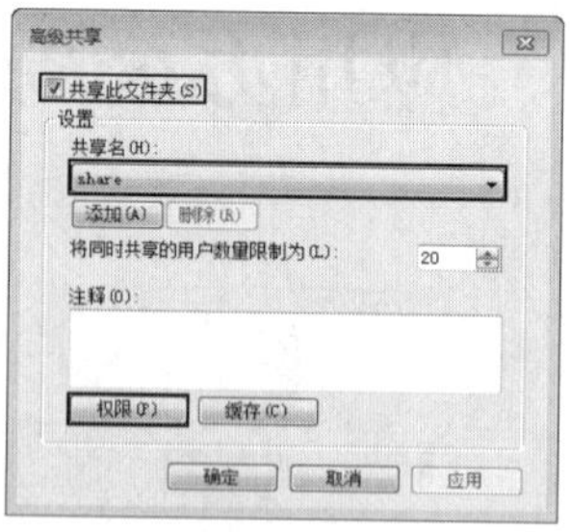

图 7.13　“高级共享”对话框

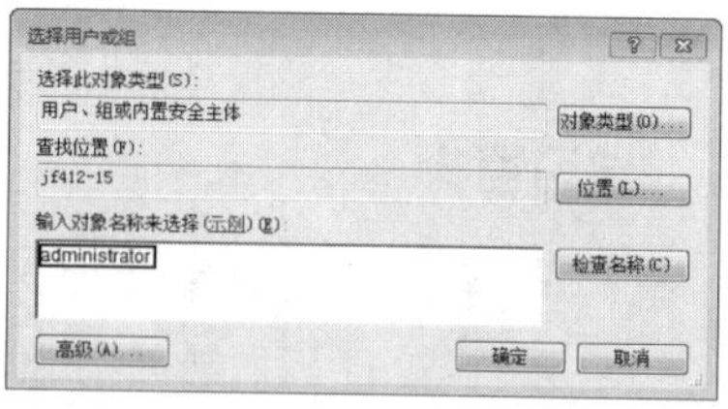

图 7.14　输入管理员账号

步骤三　在“share 的权限”对话框中,选中“administrator”账户,启用完全控制“允许”复选框,并单击“确定”按钮,如图 7.15 所示。在“高级共享”对话框中单击“确定”按钮,使配置生效;返回“share 属性”对话框,单击“关闭”按钮。

步骤四　执行“开始”→“运行”命令,在“打开”文本框中,输入“\\192.168.12.15”命令,如图 7.16 所示,并单击“确定”按钮。

步骤五　查看“share”共享文件夹,如图 7.17 所示。

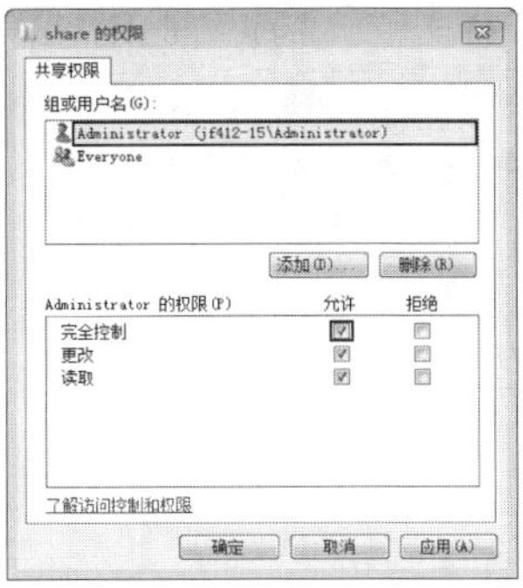

图7.15　共享权限

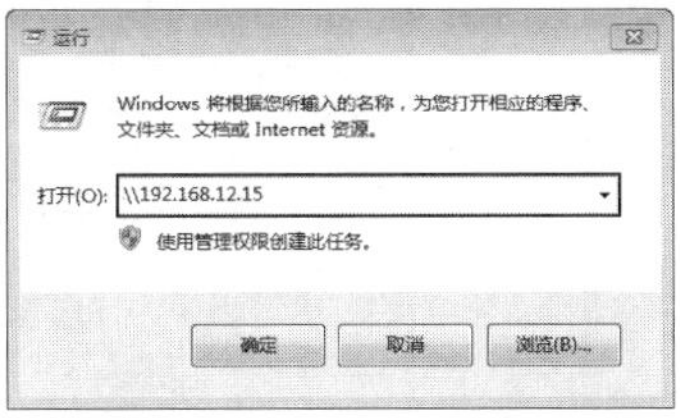

图7.16　"运行"对话框

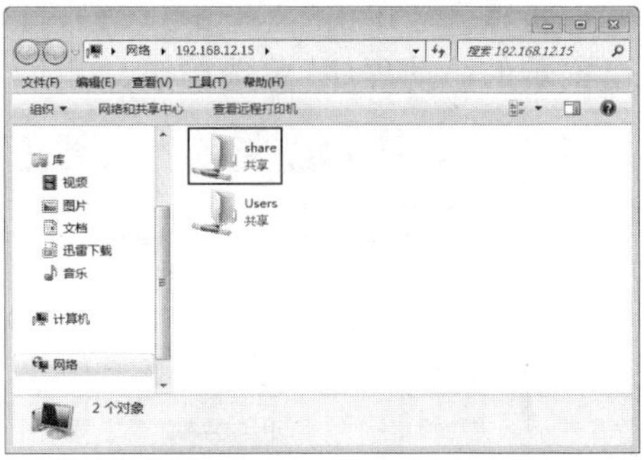

图7.17　share 共享文件夹

知识链接：共享是针对文件夹而言的。将一个文件设为"共享"文件时，应该先把其放入一个文件夹中，然后共享对应的文件夹。

从网络安全角度，一般情况下，不要将共享文件夹设置为允许更改，而应设置为只读文件夹，以防止删除等破坏操作。

二、设置共享设备

在网络上，很多个用户可共享一台打印机、复印机或刻录机等外围设备，这能大大提高设备的利用率。下面就以共享打印机为例介绍共享设备的设置。

步骤一　执行"开始"→"控制面板"命令，打开"控制面板"窗口，选择"硬件和声音"选项，进入"硬件和声音"窗口，选择"设备和打印机"选项。

步骤二　在"设备和打印机"窗口中，单击"添加打印机"按钮，并在弹出的"添加打印机"对话框中，选择"添加本地打印机"选项，如图7.18所示。

步骤三　在"选择打印机端口"对话框中，选择"使用现有的端口"单选按钮，同时选择端口类型为"USB001(USB虚拟打印机端口)"，如图7.19所示，单击"下一步"按钮。

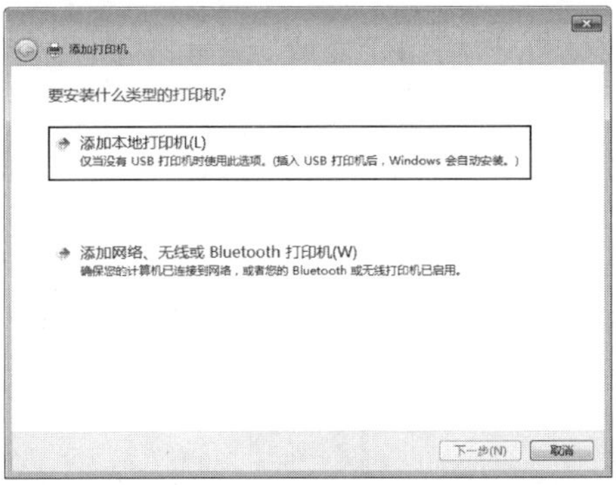

图7.18　"添加打印机"对话框

图7.19　选择打印机端口

步骤四　在"安装打印机驱动程序"对话框左侧列表框中选择"Canon"，同时在右侧列表框中选择"Canon LBP2900"，如图7.20所示。

步骤五　单击“下一步”按钮,打开“选择要使用的驱动程序版本”对话框,选择“使用当前已安装的驱动程序”单选按钮,如图 7.21 所示。

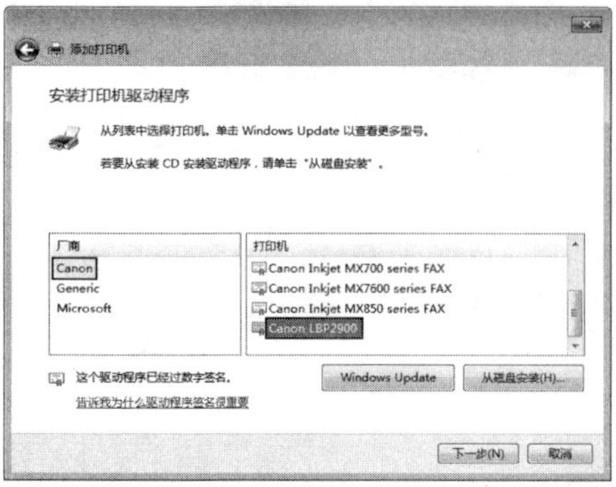

图 7.20　选择打印机型号

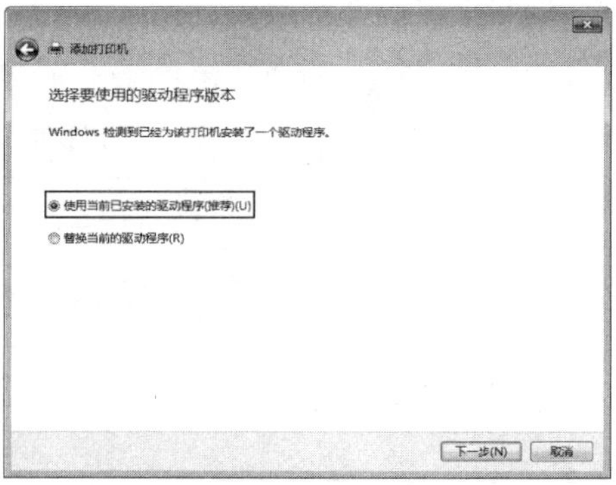

图 7.21　选择驱动程序版本

步骤六　单击“下一步”按钮,打开“键入计算机名称”对话框,输入打印机名称“Canon LBP2900”,如图 7.22 所示,并单击“下一步”按钮,执行添加打印机程序。

步骤七　在“打印机共享”对话框中,选择“共享此打印机以便网络中的其他用户可以找到并使用它”单选按钮,如图 7.23 所示,并使用打印机名称“Canon LBP2900”作为共享名称,单击“下一步”按钮。

图 7.22　输入打印机名称

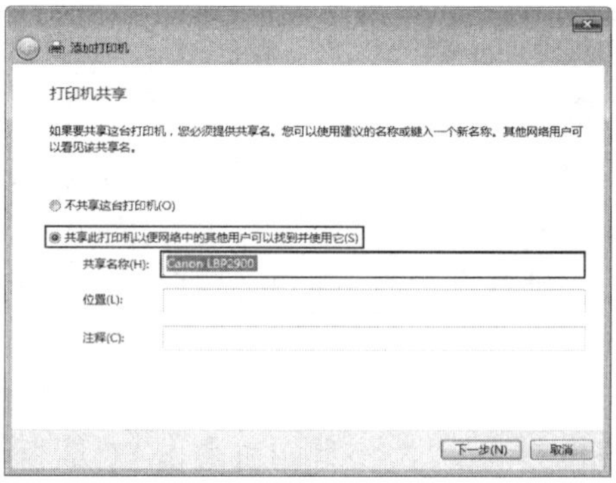

图 7.23　“打印机共享”对话框

步骤八　在“您已成功添加 Canon LBP2900”对话框中,单击“完成”按钮,如图 7.24 所示。

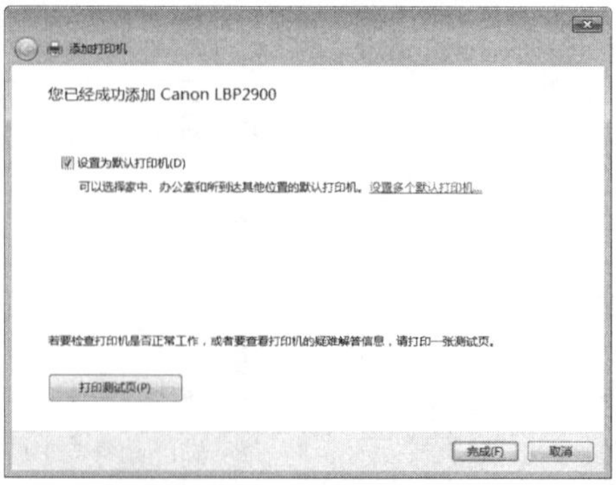

图 7.24　成功添加打印机

三、搜索和访问网上计算机

当服务器建立共享文件夹以后，用户就可以访问网络上的共享资源了。具体操作步骤如下。

步骤一　执行“开始”→“运行”命令，在打开的“运行”对话框中输入共享文件夹所在计算机的 IP 地址“\\192.168.12.15”，如图 7.25 所示。

步骤二　单击“确定”按钮，即可直接访问计算机中的共享文件夹，如图 7.26 所示。

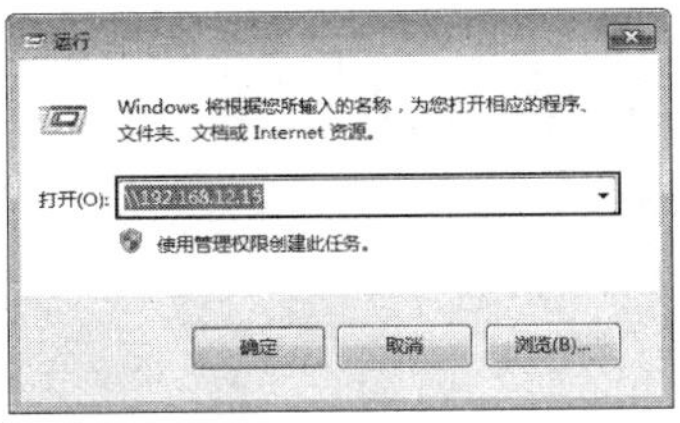

图 7.25　输入 IP 地址

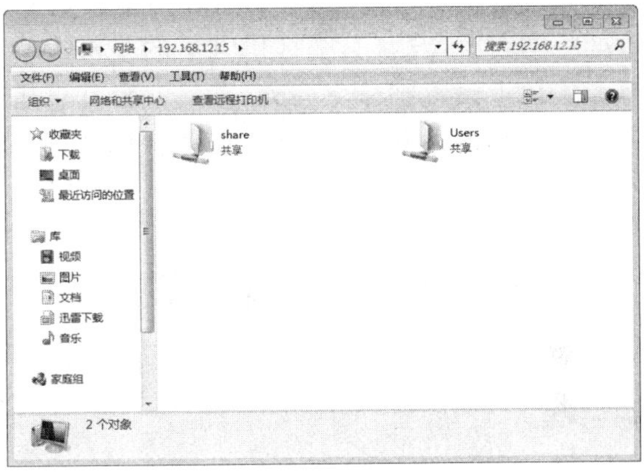

图 7.26　访问网上计算机

四、映射网络驱动器

映射网络驱动器就是把网上的共享文件夹映射为一个驱动器，指定一个驱动器名，以后访问该文件夹就像读取本地磁盘一样，使访问操作更加方便。具体操作步骤如下。

步骤一　在“计算机”窗口中，单击菜单栏内的“工具”按钮，执行“映射网络驱动器”命令，打开“映射网络驱动器”对话框。选择驱动器，系统默认的驱动器为“Z”，单击“浏览”按钮查找网络资源路径，如图 7.27 所示，单击“完成”按钮创建映射。

步骤二　创建好映射驱动器后，“计算机”中就多了一个 Z 盘，下次访问只需要双击该盘符即可，如图 7.28 所示。

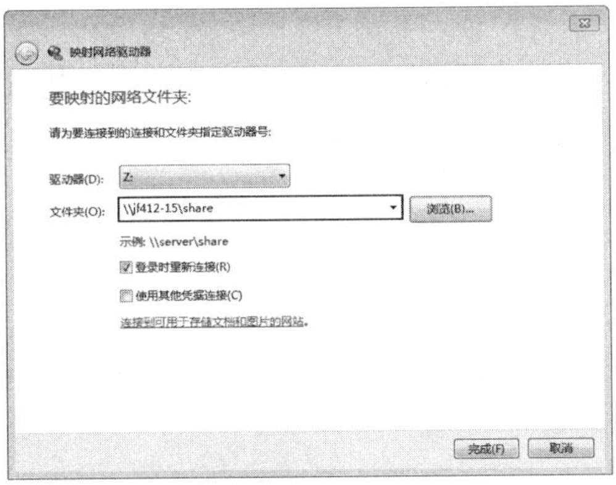

图 7.27　“映射网络驱动器”对话框

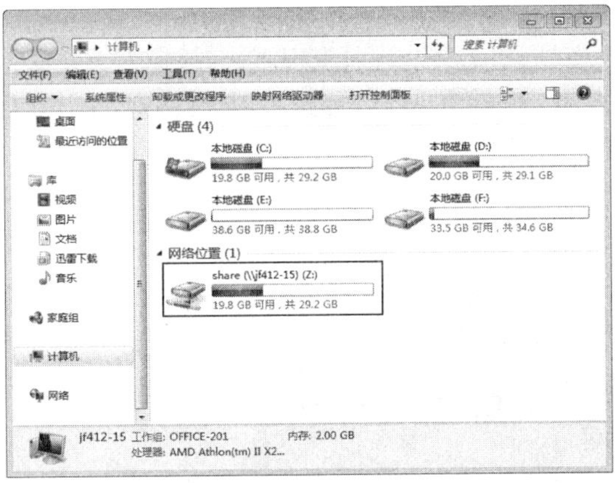

图 7.28　添加了网络驱动器 Z

知识链接:如要取消已经映射的网络驱动器,可右击相应的网络驱动器,从弹出的快捷菜单中选择“断开”命令。

任务实训

Windows 7 环境下设置文件及打印机共享

(1)准备两台打印机,其中提供共享的主机安装有 Windows 7 操作系统。

(2)在主机上设置共享文件夹,在另一台计算机上通过“网络”访问该共享文件夹。

(3)在主机上设置共享打印机,在另一台计算机上添加该共享打印机并打印测试页。

任务 7.4　排除局域网中的常见故障

学习目标

- 了解局域网故障产生的原因;
- 了解局域网故障排除思路;
- 掌握网络故障排除工具;
- 掌握常见故障及处理方法。

任务引入

由于网络协议和网络设备的复杂性,在局域网维护时,经常会遇到各种各样的故障,如无法上网、局域网不通、网络堵塞甚至网络崩溃等。在解决故障时,只有确切地知道网络到底出了什么问题,利用各种诊断工具找到故障发生的具体原因,才能对症下药,最终排除故障。

任务分析

所谓故障处理就是诊断与排除故障,使系统恢复正常运行。若要顺利进行这项工作,必须先有一个好的策略,并据此按照一定的步骤展开工作;故障的正确诊断是排除故障的关键,因此选择好的故障诊断工具是很重要的。在局域网出现故障时,网络管理员应该能够根据其故障现象进行分析并排除故障。通过本任务对常见的网络故障现象的描述和分析,用户可以处理一般的网络故障。

任务实施

一、局域网故障概述

1. 局域网故障产生的原因

局域网运行过程中会产生各种各样的故障,概括起来,主要有以下几方面的原因。

(1)计算机操作系统的网络配置问题;

(2)网络通信协议的配置问题;

(3)网卡的安装设置问题;

(4)网络传输介质问题;

(5)网络交换设备问题;

(6)计算机病毒引起的问题;

(7)因为误操作引起的问题。

2. 局域网故障诊断方法

在排除网络故障之前,必须弄清楚以下情况:了解网络的物理结构,了解网络中所使用的协议及协议的相关配置,了解网络操作系统的配置情况。

(1)试错法。

试错法是一种通过推测解决问题而得出故障原因的方法。

在下列情况下可以选择采用试错法:在没有解决网络故障之前,每次测试仅做一项改变;确保所做的修改具有可恢复性;依据工作经验,可以确定可能产生故障的原因,并能够提出相应的解决方法;与其他故障排除法相比,采用试错法会节约很多时间,耗费更少的人力和物力。

采用试错法的步骤如下:

①故障提出。网络管理员首先了解网络故障发生的现象。

②故障评价。网络管理员根据网络故障发生的现象分析、评价网络发生的原因及需要采取的方法。

③故障定位。根据上步的分析,为故障定位,确定可能的故障原因。

④实施方案。非常快捷地实施相应的解决方案。

⑤测试结果。判定测试结果是否正确解决了网络故障。如果没有解决,则要从步骤②重复这一过程,直到问题正确的解决。

⑥解决问题。问题得以解决,记下这种情况下解决问题的方法,为再次发生此类故障现象积累经验。

(2)参照法。

参照法是一种比较快速解决网络故障的方法,因为它并不需要懂得太多的网络知识或者网络故障排除的经验。

在下列情况下可以选择采用参照法:只有当故障设备与正常工作设备具有相近的条件下才可以使用参照法;不要做出任何会导致冲突的配置修改;确保所做的修改具有可恢复性。

采用参照法的步骤如下:

①故障提出。网络管理员首先需要了解网络故障发生的现象。

②故障评价。网络管理员根据网络故障发生的现象分析、评价网络发生的原因及需要采取的方法。

③故障定位。根据上一步的分析,为故障定位,确定可能的故障原因。

④参考相近设备配置。分析相近设备的配置,并做好记录。

⑤配置故障设备。配置故障设备时,注意与相近设备的不同项,并检验是否正确解决了网络故障。如果没有解决,则要重复步骤②这一过程,直到问题正确的解决。

⑥解决问题。问题得以解决,记下这种情况下解决问题的方法,为再次发生此类故障现象积累经验。

(3)替换法。

替换法是一种常用的网络检测与维护方法。采取这种方法,网络管理员必须明了导致故障发生的可能原因,并且手边有正常的设备可供选择。

在下列情况下可以选择采用替换法:故障定位的网络设备限定1~2个组件之间;确保可以更换正常工作的网络设备;每次只能更换一个组件;如果先前更换的网络设备并没有解决问题,则在替换第二个网络设备之前必须将先前设备安装回去。

二、网络故障排除工具

1. IP 测试工具 Ping

Ping 命令是网络中使用最频繁的工具,它是用来检查网络是否通畅或者网络连接速度的命令。Ping 命令可以在“开始”→“运行”命令下输入“CMD”执行。

如果要检查某一台计算机上 TCP/IP 协议的工作情况,可以在网络上其他计算机上执行命令 Ping <要检查计算机的 IP 地址>。

2. 测试 TCP/IP 协议配置工具 Ipconfig

使用 Ipconfig 可以查看和修改网络中的 TCP/IP 协议的有关配置(如 IP 地址、子网掩码、网关等)。例如,要查看当前计算机的内网 IP 地址、默认网关以及外网 IP 地址、子网掩码和默认网关,在 MS-DOS 方式下执行“ipconfig/all”命令,按回车键即可。

可以看到本地计算机中所有适配器的信息都显示出来了,包括一块名称为“本地连接”的物理网络适配器和一块名称为 NIC 的拨号网络适配器。每块网络适配器下显示了详细的配置信息,包括以下几个方面:

- Description:网络适配器描述信息。
- Physical Address:网络适配器的 MAC 地址。
- IP Address:网络适配器的 IP 地址。
- Subnet Mask:网络适配器配置的子网掩码。
- Default Gateway:网络适配器配置的默认网关。
- DNS Server:网络适配器配置的 DNS 地址。

三、常见故障及处理方法

1. 网络不通

网络不通是最常见的问题,解决问题的原则是“先软后硬、逐步深入”,具体操作步骤如下:

(1)先从软件方面去考虑,检查是否正确安装了 TCP/IP 协议,是否为局域网中的每台计算机都指定了正确的 IP 地址。

(2)使用 Ping 命令,看是否能够 Ping 通网络中其他的计算机。如果不通,则证明网络连接有问题;如果能够 Ping 通,但是有时候丢失数据包,则证明网络传输有阻塞,或者说是网络设备接触不好,需要检查网络设备。

(3)当整个网络都不通时,可能是交换机或集线器的问题,要检查交换机或集线器是否在正常工作。

(4)如果只有一台计算机网络不通,即打开这台计算机的“网络”时,只能看到本地计算机,而看不到其他计算机,可能是网卡和交换机连接有问题,可按如下步骤检查:

①查看一下 RJ-45 水晶头是不是接触不良。

②用测线仪测试一下线路是否断裂。

③检查一下交换机上的端口是否正常工作。

2. 搜索不到共享打印机

这种故障的表现形式是:在共享打印机列表中只出现“Microsoft Windows Network”的信息,却搜索不到共享打印机。其解决办法有以下 3 种:

(1)为“本地连接”安装“NWLink IPX/SPX/NetBIOS Compatible Transport Protocol”协议后,通常就可以搜索到共享打印机。

(2)双击“网络”,进入打印服务器后,用鼠标右击“共享打印机”图标,在弹出的快捷菜单中选择“连接”命令,在弹出的提示框中单击“是”按钮,即可快速安装共享打印机。

(3)检查打印服务器的“本地连接”是否启用“连接防火墙”功能。如果开启了,则需要取消该功能。如果既想使用“Internet 连接防火墙”功能,又想共享文件和打印机,则要安装 NetBEUI协议(非路由协议)。

3. 能 Ping 通 IP 地址但 Ping 不通域名

有时候,会发生能 Ping 通 IP 地址但 Ping 不通域名的故障。这种故障的原因在于:TCP/IP 协议中的“DNS 设置”不正确,为此需要检查其中的配置,看其是否符合如下原则:

(1)对于对等局域网,“主机”应该填本机的名字,“域”不需填写,DNS 服务器应该填自己的 IP 地址。

(2)对于服务器/工作站网,“主机”应该填服务器的名字,“域”填写局域网服务器设置的域,DNS 服务器应该填服务器的 IP 地址。

4. IP 地址冲突

计算机在使用时,或刚刚进入 Windows 7 操作系统时,有时候会出现一个警告框,并给出“系统检测到用户 IP 地址与系统的硬件地址冲突”样式的提示信息。

这是因为在局域网中,计算机的 IP 地址不能重复。上面的提示信息说明这台计算机所设定的 IP 地址在网络中已被占用。解决方法是对局域网的 IP 地址统一分配,每台计算机在网络组建时,就分配一个固定的 IP 地址,且不能更改。这样就不会出现 IP 地址冲突的故障了。

任务实训

局域网故障诊断与排除

(1)用 ping 命令测试网络是否正常运行。

(2)用 ipconfig 命令查看计算机 IP 地址、子网掩码、网关等。

(3)无法设置 Windows 7 文件共享(解决方法:双击“计算机”图标,在主菜单中选择“工具”命令,打开“文件夹选项”对话框并切换到“查看”选项卡,找到“使用共享向导(推荐)”选项,取消该选项的使用)。

(4)IP 地址筛选引起的网络故障(解决方法:打开"Internet 协议版本 4(TCP/IPv4)属性"对话框,单击"高级"按钮,打开"高级 TCP/IP 设置"对话框,分别对"IP 设置""DNS""WINS"选项卡进行"添加""编辑"操作)。

项目实训　小型局域网的组建、管理与维护

随着计算机应用技术的不断普及,计算机技术水平的不断提高,组建小型局域网的需求日益强烈。组建小型局域网将使得多台计算机可实现软硬件资源共享、Internet 连接共享及联网游戏等,既方便了人们的工作学习,又丰富了娱乐生活。

局域网在运行过程中难免会出现故障,如何处理故障,如何对局域网进行管理与维护已经成为一门重要的技术之一。

实训目的

- 了解总线和环型拓扑结构;
- 掌握 EIA/TIA 568A 标准和 EIA/TIA 568B 标准的线序顺序;
- 掌握设置文件夹及打印机共享的方法;
- 学会使用 ping、ipconfig、netstat 和 tracert 命令。

实训要求

某部门现在有 10 台计算机,1 台打印机、1 台扫描仪和 1 台交换机,将其组建为一个小型局域网,并对该局域网进行管理和维护。

操作步骤

一、组建小型局域网

(1)如果要求组成一个总线拓扑结构,请画出简单的网络连接图。

(2)如果要求用环型拓扑结构来组网,请画出简单的网络连接图。

(3)分别制作不同长度的 10 条双绞线,用网络测线仪测试双绞线是否接通。

(4)用双绞线将 10 台计算机和交换机相连。

(5)分别为 10 台计算机设置不同的计算机名,并将这 10 台计算机放在同一个工作组"GROUP"中。

(6)分别为 10 台计算机设置 IP 地址,IP 地址字段为"192.168.0.101~192.168.0.110"。

二、小型局域网的应用

(1)设置共享文件夹。

(2)设置共享打印机。

(3)映射网络驱动器。

三、小型局域网的管理与维护

(1)在 Windows 7 下安装天网防火墙个人版。天网防火墙是一套给个人电脑使用的网络安全程序,它可以帮用户抵挡网络入侵和攻击,防止信息泄露,并可以根据可疑的攻击信息,找到攻击者。

(2)用 ping 命令测试网络是否正常运行。

(3)用 ipconfig 命令查看计算机 IP 地址、子网掩码、网关等。

(4)用 netstat 命令查询当前 TCP/IP 网络连接的情况和相关的统计信息(命令格式:netstat [-r][-s][-n][-a])

(5)用 tracert 命令跟踪路由信息,显示数据包到达目标主机所经过的路径(命令格式:tracert IP地址或主机名。

项目8 互联网资源的应用

任务 8.1 网上信息资源的搜索

学习目标

- 熟练应用 IE 浏览网页；
- 学会设置主页和使用收藏夹；
- 学会使用百度、谷歌等搜索引擎来搜索信息资源。

任务引入

随着互联网的高速发展、网民数量的不断攀升，上网冲浪已经成为很多朋友最为主要的娱乐和休闲方式之一。浏览器是用户浏览 Internet 的主要工具，因此对于用户体验 Internet、浏览海量信息非常重要。

任务分析

万维网(World Wide Web，WWW)是 Internet 上集文本、声音、图像、视频等多媒体信息于一体的全球信息资源网络，是 Internet 上的重要组成部分。浏览器(browser)是用户通过 Internet 的桥梁和获取 Internet 信息的窗口。通过浏览器，用户可以在浩瀚的 Internet 海洋中漫游，搜索和浏览自己感兴趣的所有信息。

互联网上具有各种类型的丰富信息。从互联网上快速准确地检索到自己所需要的信息，对于提高办公效率具有极其重要的意义。本任务介绍信息搜索的方法和常用技巧。

任务实施

一、使用 IE 浏览网页

1. 浏览器概述

浏览器是指可以显示网页服务器或者文件系统的 HTML 文件内容，并让用户与这些文件交互的一种软件。网页浏览器主要通过 HTTP 协议与网页服务器交互并获取网页，这些网页由 URL 指定，文件格式通常为 HTML。

通常所说的浏览器一般是指网页浏览器,除了网页浏览器之外,还有一些专用浏览器用于阅读特定格式的文件,如 RSS 浏览器(也称 RSS 阅读器)、PDF 浏览器(PDF 文件浏览器)、超星阅读器(阅读超星电子书)。此外也有一些专门用于浏览图片的图像浏览器,如 ACDSee、Goole Picasa 等。

2. 默认启动

在 Windows 7 操作系统中,默认安装的浏览器程序是 Internet Explorer 8。

单击"开始"按钮,执行"所有程序"→"Internet Explorer"命令,即可启动 IE 8 主程序。

3. 无加载项启动

在 IE 8 中,微软为了扩展浏览器的功能,加入了很多的插件,称之为加载项。例如"搜索程序""网页加速器""工具栏和扩展选项"等,每次启动浏览器时,将首先启动这些加载项,导致浏览器的启动速度缓慢。但是用户可以有选择性地启动这些加载项,或者禁止加载项启动。下面是禁止加载项和启动浏览器的方法:

单击"开始"按钮,在搜索文本框中,输入"Internet Explorer",选择"Internet Explorer(无加载项)"选项,如图 8.1 所示,并按回车键,执行程序。

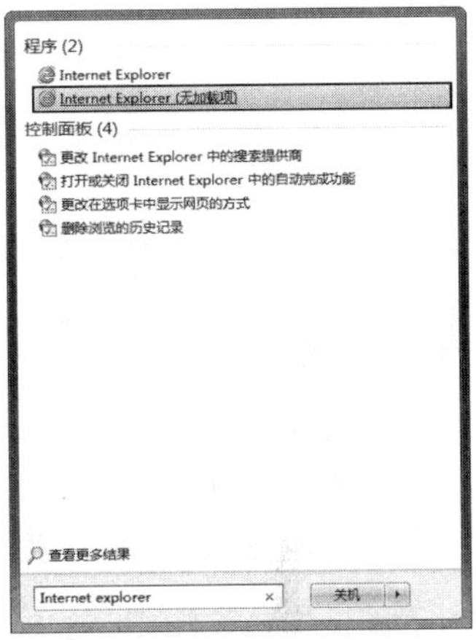

图 8.1　选择"Internet Explorer(无加载项)"选项

知识链接:禁用加载项启动浏览器,不会影响浏览器的正常运行,且能够提高浏览器的运行速度与响应效率。

4. 将当前网页设置为主页

步骤一　打开浏览器,在地址栏中输入"http://hao.360.cn",并按回车键,进入 360 导航首页。

步骤二　单击工具栏"主页"图标后的下拉箭头,如图 8.2 所示,选择"添加或更改主页"选项。

步骤三　在打开的"添加或更改主页"对话框中,单击"将此网页作为唯一主页"单选按钮,如图 8.3 所示,单击"是"按钮。

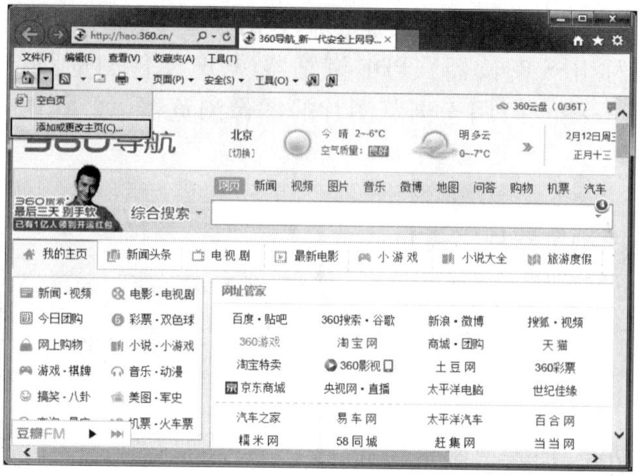

图 8.2 单击“主页”图标后的箭头

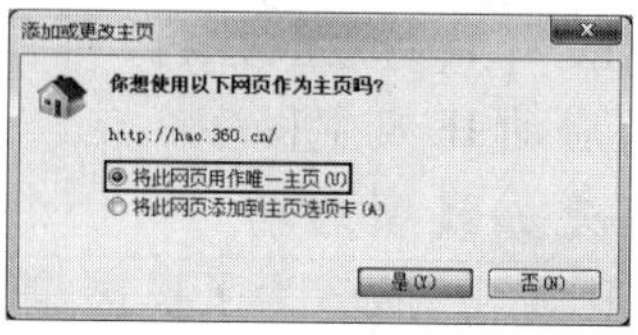

图 8.3 “添加或更改主页”对话框

将 360 导航设置为主页之后,启动浏览器时,将自动打开 360 导航首页,非常方便。

5. 添加主页选项卡集

在 Internet Explorer 8 中,不仅可以设置当前页面为浏览器主页,而且可以同时设置多个主页,创建主页选项卡集。启动浏览器时,将同时打开所有已设置的主页,方便用户选择与快速浏览。

前面已经设置了 360 导航为主页,现在将添加百度为第二个主页,创建主页选项卡集。

步骤一 打开浏览器,进入百度首页。

步骤二 单击工具栏“主页”图标后的箭头,选择“添加或更改主页”命令,然后单击“将此网页添加到主页选项卡”单选按钮,如图 8.4 所示,单击“是”按钮。

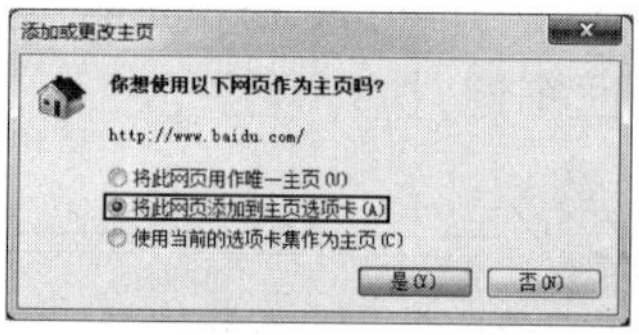

图 8.4 添加新网页到主页选项卡

当再次启动浏览器时,将同时打开 360 导航和百度两个网站。

6. 恢复浏览器默认设置

由于用户的使用不当,或者计算机中毒导致浏览器的设置被更改,不能正常使用浏览器。此时若是逐项排查故障,将浪费很多时间和精力。针对这种情况,用户可以使用默认值功能,快速将浏览器的设置恢复至初始状态。

步骤一 打开浏览器,在工具栏中单击“工具”按钮。

步骤二 在弹出的下拉列表中选择“Internet 选项”选项,打开“Internet 选项”对话框。

步骤三 在“常规”选项卡中单击“使用默认值”按钮,如图 8.5 所示。然后单击“确定”按钮。

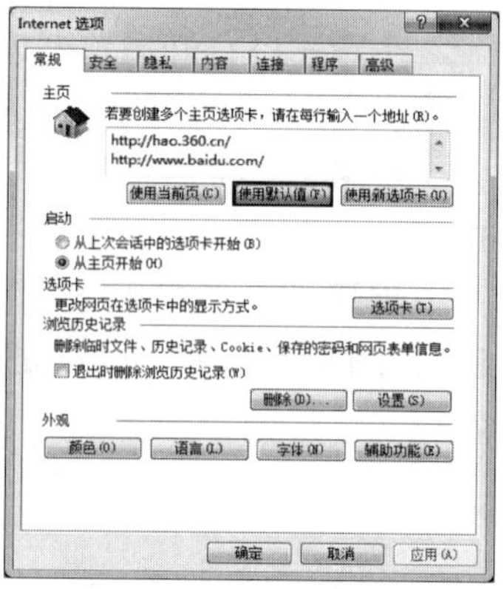

图 8.5 “Internet 选项”对话框

7. 删除历史记录

随着用户对浏览器的使用,本地历史记录将越来越多,临时文件夹的容量不断增大,不仅占用磁盘空间,而且影响计算机的性能。因此,用户需要定期清理历史记录,以释放空间和提升性能。

步骤一　在浏览器中，打开"Internet 选项"对话框。

步骤二　在"常规"选项卡的"浏览历史记录"区域中，单击"删除"按钮。

步骤三　打开"删除浏览的历史记录"对话框，如图 8.6 所示。勾选要删除的选项后，单击"删除"按钮。

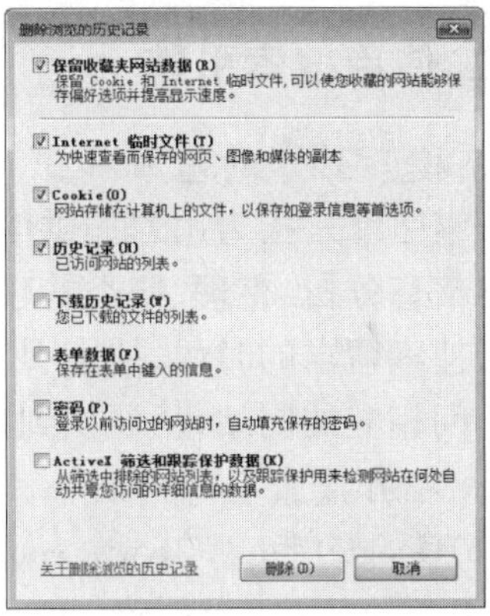

图 8.6　"删除浏览的历史记录"对话框

8. 外观设置

用户浏览网页时，网页显示的内容已经预先被格式化，包括文字、图片、链接、布局，但是用户可以对这些网页内容的显示方式进行调整，以符合自己的习惯和喜好。

在浏览器中，打开"Internet 选项"对话框，在"外观"区域内，可对浏览器的外观进行设置。

例如，单击"外观"区域内的"字体"按钮，打开"字体"对话框，分别选择"网页字体"为"华文新魏"，"纯文本字体"为"幼圆"，如图 8.7 所示，单击"确定"按钮。

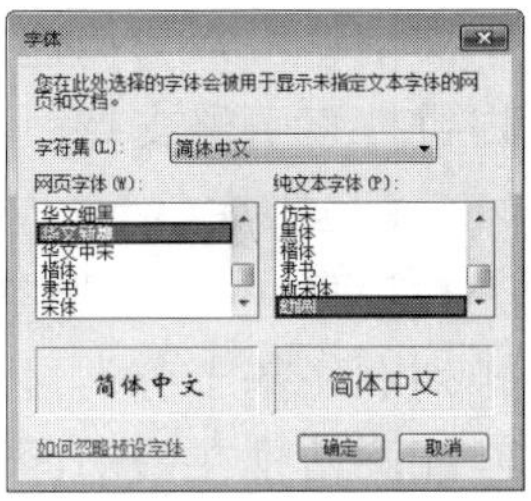

图 8.7　"字体"对话框

9. 自定义收藏夹栏

收藏夹栏替代了以前版本的 Internet Explorer 的链接工具栏，它不但可托管用户的收藏夹链接，还可以托管源和网页快讯。用户可以将链接从地址栏或网页拖到收藏夹栏，以便单击即可获得收藏夹信息。将链接添加到收藏夹栏，使用收藏夹栏可方便地访问用户最经常访问的网站。

打开 Internet Explorer 浏览器，转到要添加到收藏夹栏中的网页。然后，将网页图标从地址栏拖到收藏夹栏，如图 8.8 所示，或将网页上的链接直接拖动收藏夹栏，单击"添加到收藏夹栏"按钮即可。

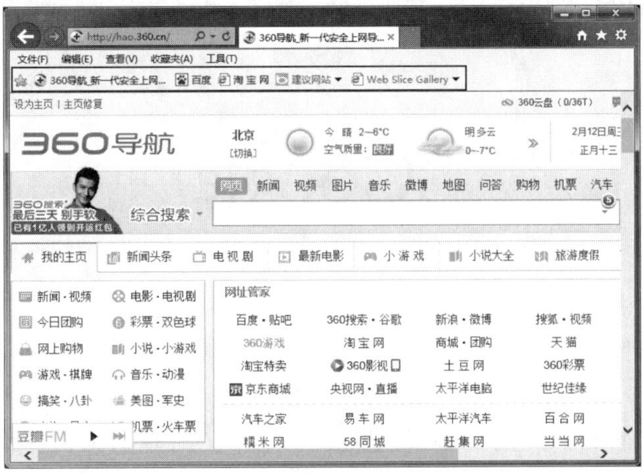

图 8.8　收藏夹栏

二、使用搜索引擎

1. 搜索引擎的基础知识

搜索引擎是指为用户提供信息检索服务的程序,它通过服务器上特定的程序把互联网上的所有信息分析、整理、归类并建立索引,然后把索引的内容放到数据库中。当用户向搜索引擎提交搜索请求的时候,搜索引擎会从数据库中找出匹配的资料反馈给用户,用户再根据这些信息访问相应的网站,从而找到自己需要的资料。

2. 常用搜索引擎介绍

(1)Google(http://www.google.com)搜索引擎由斯坦福大学的两位博士生 Larry Page 和 Sergey Brin 在 1988 年创建。Google 是由英文单词"googol"变化而来。Google 目前已经开出了世界上最大的搜索引擎,提供了便捷的网上信息查询方法。

(2)百度(www.baidu.com)公司于 1999 年底成立于美国硅谷,目前已经是全球最优秀的中文信息检索与传递技术供应商。中国所有提供搜索引擎的门户网站中,超过 80% 都由百度提供搜索引擎支持。百度搜索引擎拥有目前世界上最大的中文信息库。

(3)雅虎(www.yahoo.com)是最早的目录索引类搜索引擎,它可以通过两种方式在上面查找信息:一种是通常的关键词搜索;另一种是按分类目录逐层查找。以关键词搜索时,网站排列顺序基于分类目录及网站信息与关键字串的相关程度。包含关键词的目录及该目录下的匹配网站排在最前面。以目录检索时,网站排列则按字母顺序。

3. 使用 Google 搜索聘书格式样本

步骤一 在浏览器地址栏中,输入"www.google.com",回车,进入 Google 网站主页。

步骤二 在搜索文本框中键入要搜索内容的关键词"聘书格式样本",如图 8.9 所示。

图 8.9 输入关键词

步骤三 单击文本框下面的"Google 搜索"按钮,立刻显示出检索结果,如图 8.10 所示。该结果显示了搜索引擎从索引数据库中找到的匹配该关键词的所有网页链接,为了用户便于判断,链接列表页面中除了显示网页标题和 URL 外,还会提供一段来自网页的摘要以及其他信息。

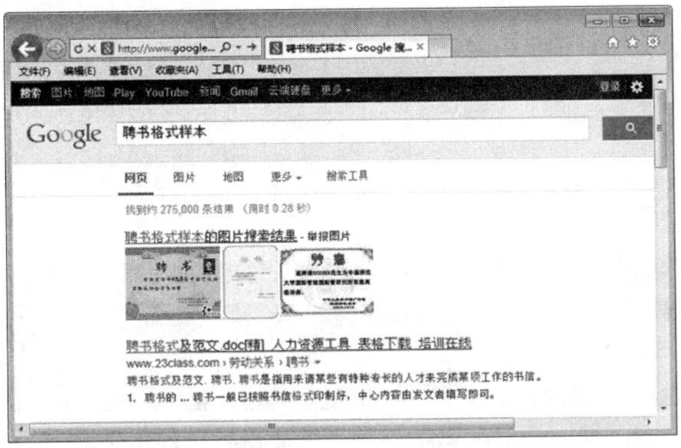

图8.10　搜索到的链接页面

步骤四　在用户需要的网页链接上单击，即可跳转到相关信息页面，如图8.11所示。

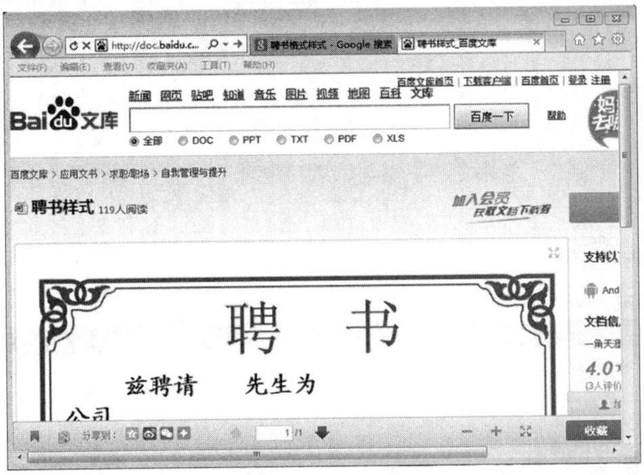

图8.11　搜索结果

4. 使用百度搜索“photoshop 教程”视频

步骤一　在浏览器地址栏中，输入“www. baidu. com”，回车，进入百度网站主页，如图8.12所示。

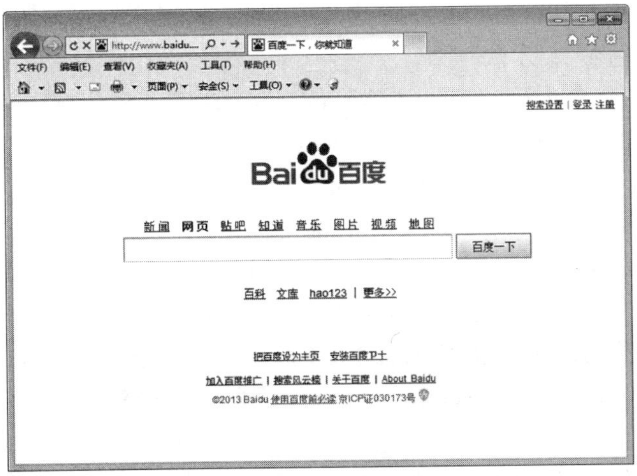

图8.12　百度主页

步骤二　单击搜索文本框上方的“视频”按钮,进入百度视频页面,如图 8.13 所示。

图 8.13　百度视频主页

步骤三　在百度视频页面的搜索文本框中键入要搜索的视频名称“photoshop 教程”,单击文本框旁边的“百度一下”按钮,立刻显示出检索到的几百个视频,如图 8.14 所示。

图 8.14　检索到的视频

步骤四　在用户需要的视频链接上单击,即可播放该视频。

5. 搜索关键词的提炼方法

选择搜索关键词时,首先确定自己要达到的目标,在脑子里形成一个比较清晰的概念,即我要找的到底是什么?是资料性的文档?还是某种产品或服务?然后再分析这些信息都有些什么共性,以及区别于其他同类信息的特性,最后从这些方向性的概念中提炼出此类信息最具代表性的关键词。如果这一步做好了,往往就能迅速定位自己要找的东西,而且多数时候根本不需要用到其他更复杂的搜索技巧。使用搜索关键词时,要注意以下几点:

(1)细化搜索条件。给出的搜索条件越具体,搜索引擎返回的结果也会越精确。例如,用户想查找有关电脑冒险游戏方面的资料,输入 game 是无济于事的。computer game 范围就小一些,当然最好是键入 computer adventure game,返回的结果会精确得多。

(2)一些功能词汇和常用的名词,如英文中的“and”“how”“what”“web”“homepage”和中文中的“的”“地”“和”等,搜索引擎是不支持的。这些词被称为停用词(stop words)或过滤词

(filter words),在搜索时这些词都将被搜索引擎忽略。

(3)用好搜索逻辑命令,精确匹配搜索。搜索引擎基本上都支持附加逻辑命令查询,常用的是“+”号或空格(用来限制该关键字必须出现在检索结果中)、“-”号(用来限制该关键字不能出现在检索结果中),或与之相对应的布尔(Boolean)逻辑命令 AND、OR 和 NOT。还可使用引号(注意为英文字符,虽然现在一些搜索引擎已支持中文标点符号,但顾及其他引擎,最好养成使用英文字符的习惯)用来查询完全匹配关键字串的网站。例如,输入关键字“免费+杀毒软件+下载”,就是要搜索有关免费杀毒软件下载的网站及地址。

(4)使用特殊搜索命令。如针对网页标题的搜索,命令是“title:”;针对网站进行搜索,命令是“site:”(Google)。例如,输入关键字“title:IT”,就是要搜索网页标题中含有“IT”字样的网站及地址。

任务实训

利用互联网搜索信息资源

(1)输入中国日报的网址 http://www.chinadaily.net,浏览该网页。

(2)将 http://www.hao123.com 设为主页。

(3)利用 hao123 导航查询本地天气情况。

(4)利用 Google 搜索北京市旅游景点。

(5)利用百度搜索有关“十八届三中全会”的相关网页并浏览。

(6)利用百度搜索并浏览有关“植树节”的图片。

(7)搜索和气候相关的环保知识。

(8)搜索并浏览自己喜爱的某个名人的博客,添加到收藏夹。

(9)清除浏览网页时产生的临时文件。

任务 8.2　网上信息的保存与打印

学习目标

- 学会保存整个网页;
- 学会保存网页中的文本、图片等部分信息内容;
- 学会打印网页信息。

任务引入

无论我们是在网上冲浪时偶然发现了一些精彩的内容,还是辛辛苦苦搜索到的信息资源,都不希望它随着浏览器的关闭而消失,大部分人接下来要做的一件事就是想方设法将其收入囊中。

任务分析

将搜寻到的信息保存起来的方法很多。如果网上设置有下载链接,我们可以直接单击链接,将目标另存或利用下载工具(迅雷、网际快车等)下载。如果没有下载链接,例如部分文字和图片,可以使用复制的方法。我们既可以将下载的内容保存在硬盘上,也可以直接打印输出。下面就让我们根据不同的需要,体验一下"拿来"的快感吧!

任务实施

一、保存整个网页

上网浏览信息时,若发现有用的信息,可将其保存,以供将来使用。保存整个网页的操作步骤如下。

步骤一　打开要保存的网页,执行"文件"→"另存为"命令,弹出"保存网页"对话框,如图 8.15 所示。

步骤二　选择保存网页的路径,并输入文件名称。在"保存类型"下拉列表框中选择保存类型。

步骤三　单击"保存"按钮,完成当前网页的保存。保存完成后会在指定位置出现一个文件和一个文件夹,如图 8.16 所示。

图 8.15　"保存网页"对话框

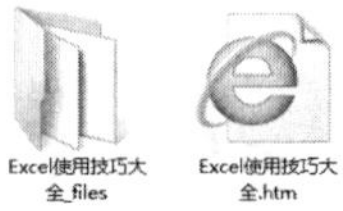

图 8.16　保存网页后形成的文件

步骤四　单击文件"Excel 使用技巧大全. htm",即可阅读该网页内容,在联网状态下,该网页的全部链接有效。

知识链接:在"保存类型"下拉列表框中,提供了四种类型:①选择"网页,全部"时,将保留网页的全部内容。此时网页为一个单独文件,同时还生成一个同名文件夹,其中包括了网页中的图形、动画以及其他与媒体元素对应的文件。如果该文件夹被移动位置或者名称被修改,则对应的网页就不能再显示相关图形对象。②选择"Web 档案,单个文件"时,也保留网页的全部内容,但整个网页是一个单独文件,所有网页元素都在网页中。③选择"网页,仅 HTML"时,只保存网页中的文字,并且保留其字体和段落格式。④选择"文本文件"时,只保存网页文字,并且不保留原来的文字格式。

二、保存网页中的部分内容

1. 保存网页中的部分文本

打开网页后，若对其中的一部分内容感兴趣，可将这部分内容进行保存，操作步骤如下。

步骤一　打开要保存文本的网页，按住鼠标左键拖动选中的文本。

步骤二　在选中的区域右单击，在弹出的快捷菜单中执行“复制”命令。

步骤三　打开一个可保存文本的应用程序，如 Word。

步骤四　在 Word 中，执行“开始”→“粘贴”→“选择性粘贴”命令，弹出“选择性粘贴”对话框。

步骤五　在打开的“选择性粘贴”对话框中，选择粘贴形式为“无格式文本”，如图 8.17 所示。

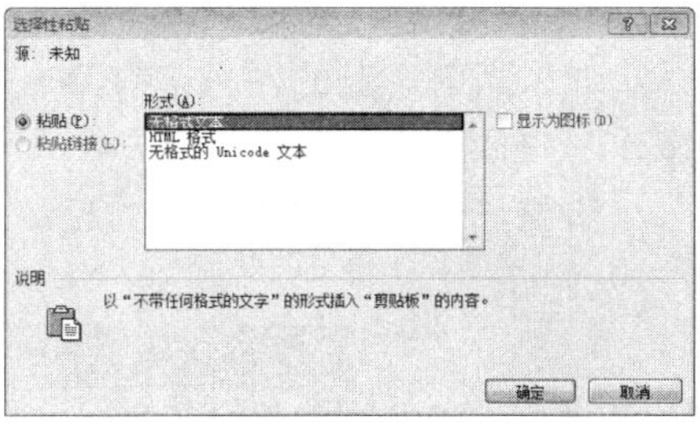

图 8.17　“选择性粘贴”对话框

步骤六　单击“确定”按钮，完成对网页部分文本的粘贴。

> **知识链接：**如果在复制过程中使用的是“开始”→“粘贴”→“保留源格式”命令，则粘贴到应用程序中的文本带有许多网页布局时的格式，要清除这些格式很麻烦，所以我们使用“选择性粘贴”命令。

2. 保存网页中的图片

用鼠标右击网页上的图像，从弹出的快捷菜单中执行“图片另存为”命令，打开“保存图片”对话框，如图 8.18 所示，指定文件保存的路径、文件名及保存类型，然后单击“保存”按钮，即可保存图片。

图 8.18　“保存图片”对话框

知识链接:用鼠标右击网页上的图片,然后单击“设置为背景”选项,既可将相应的图片设置为桌面背景。

3. 保存未打开的网页

如果当前浏览的网页中有某一网页的超链接,用户可以在不打开该网页的情况下保存它,操作步骤如下。

步骤一　右击想要保存的超链接,执行“目标另存为...”命令,弹出“另存为”对话框,如图8.19所示。

图 8.19　“另存为”对话框

步骤二　选择网页保存的路径并输入文件名,再单击“确定”按钮,就可保存该超链接指向的网页。

步骤三　下载完毕后系统会给出提示,单击“打开”按钮,会打开保存的网页。

三、打印网页信息

1. 打印预览及页面设置

打印前,必须先进行打印预览,看一下打印后的效果和实际有什么区别,以做进一步的调整。

步骤一　打开要打印的网页。

步骤二　执行“文件”→“打印预览”命令,进入打印预览页面,如图8.20所示。

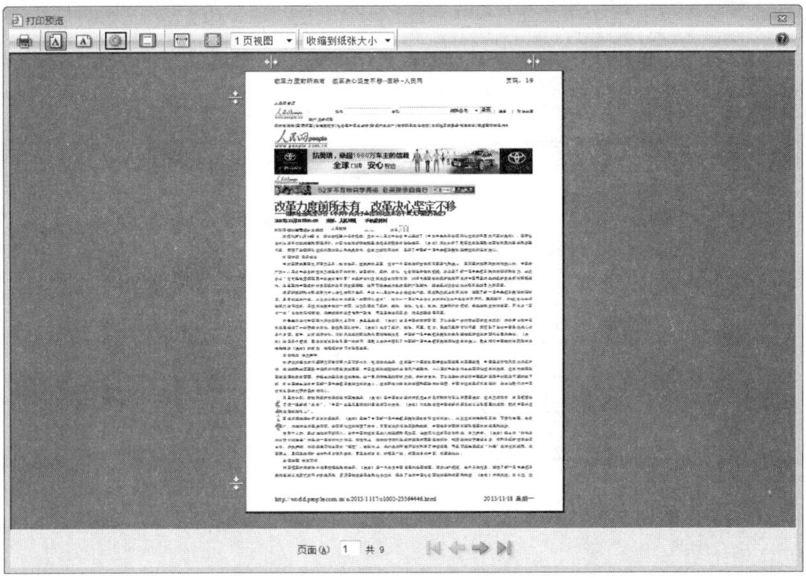

图 8.20　打印预览

知识链接：从预览图中可以发现：网页标题（见左上角）、网页的 URL 地址（见左下角）及打印日期（见右下角）等我们不需要的信息也被打印出来了；而页码又在右上角，不是我们常见的底部。这些问题都可以通过“页面设置”进行调整改进。

步骤三　单击“打印预览”页面工具栏上的“页面设置”按钮，打开“页面设置”对话框，如图 8.21 所示。

在该对话框中，纸张大小选择“A4”；方向设为“横向”，左、右页边距均修改为“15”，（解决网页右侧缺失问题）；删除页眉文本框中的内容（使页眉为空）；删除页脚中的 URL 地址和日期，在页脚居中位置显示页码为“总页数的第#页”。改进后的页面设置如图 8.22 所示。

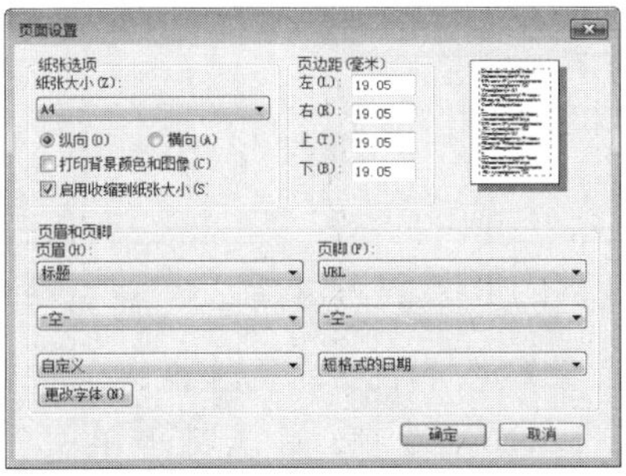

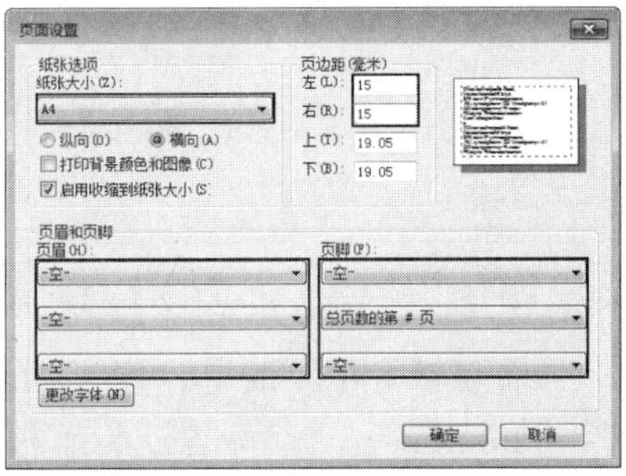

图 8.21　“页面设置”对话框　　　　图 8.22　调整后的页面设置

步骤四　页面设置完成之后，单击“确定”按钮，效果如图 8.23 所示。

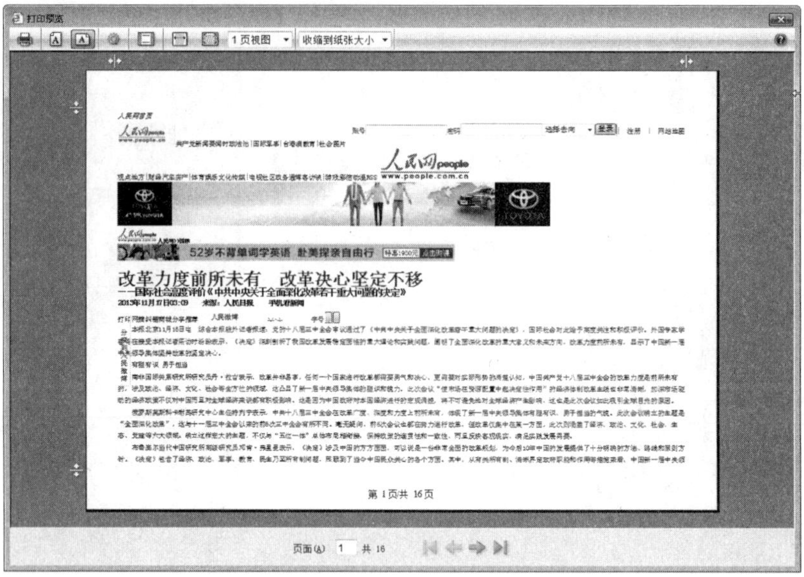

图 8.23　设置完成后的预览效果

2. 打印

页面设置完成后,打印预览效果如果满意的话,就可以安排打印了。安装好打印机,执行“文件”→“打印”命令,在弹出的“打印”对话框中选择打印机,设置好打印的页面范围和份数(如图 8.24 所示)就可以开始打印了。

图 8.24　“打印”对话框

知识链接:IE 的默认设置是不打印网页的背景颜色和图像的。修改方法有两种:①在打开的“页面设置”对话框中,勾选“打印背景颜色和图像”复选框;②执行 IE 主菜单中的“工具”→“Internet 选项”命令,在弹出的“Internet 选项”对话框中单击“高级”选项卡,勾选“打印背景颜色和图像”复选框,单击“确定”按钮就可以了,如图 8.25 所示。

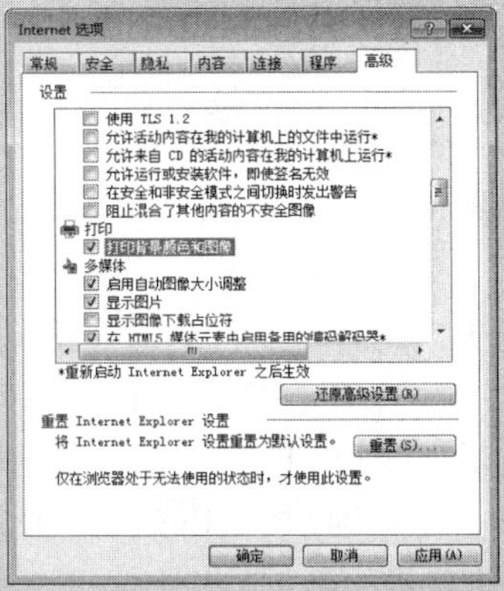

图 8.25　设置打印背景颜色和图像

任务实训

保存并打印搜索到的信息

(1)从 hao123 网址导航上登录联合早报网站,浏览新闻并保存相关网页。

(2)登录多特软件站 http://www.duote.com/,下载优化大师软件。

(3)登录 MBA 智库百科网站 http://wiki.mbalib.com/,浏览有关时间管理的内容并保存到 Word 中。

(4)搜索浏览并保存兰花的各种图片。

(5)搜索下载有关于丹播讲“论语心得”的视频。

(6)将自己感兴趣的某个网页打印出来。

任务 8.3　BBS 和新闻组在办公中的应用

学习目标

- 了解 BBS 和新闻组的基本功能;
- 学会使用 BBS;
- 学会使用新闻组。

任务引入

互联网最大的特点是资源共享,上网用得最多的是 WWW 浏览。但是,如果我们不满足于这些,而想就某一主题发表自己的观点,想知道其他人对该主题的看法,还想打破时间和空间的限制，与成千上万的人进行讨论，互联网上是否提供有这样一种以最低的成本、最高的速度和较大的广度进行资讯交流的服务呢？——登录本单位的 BBS，我们就能与同事交流，登录免费公开的 BBS 和新闻组，我们就能与许多素不相识的人进行交流。

任务分析

公告牌服务(Bulletin Board Service，BBS)和新闻组(Usenet NewsGroup)同为互联网提供的重要服务内容之一。

BBS 翻译成中文为"电子布告栏系统"或"电子公告牌系统"，是一种电子信息服务系统。它向用户提供了一块公共电子白板，每个用户都可以在上面发布信息或提出看法，早期的 BBS 由教育机构或研究机构管理，如今多数网站上都建立了自己的 BBS 系统，供网民通过网络来结交更多的朋友，表达更多的想法，目前国内的 BBS 已经十分普遍，可以说是不计其数。

新闻组就是一个基于网络的计算机组合，这些计算机被称为新闻服务器，不同的用户通过一些软件可连接到新闻服务器上，阅读其他人的消息并可以参与讨论。新闻组是一个完全交互式的超级电子论坛，是任何一个网络用户都能进行相互交流的工具。与 BBS 相比，新闻组可以离线浏览，但它不提供即时聊天服务。

任务实施

一、BBS 的使用

1．登录 BBS 站

步骤一　在浏览器地址栏中输入 BBS 站的 IP 地址或 URL 地址，进入 BBS 主页。例如，输入"http://bbs.tianya.cn"，进入天涯论坛(全球最有影响力的中文论坛)，如图 8.26 所示。

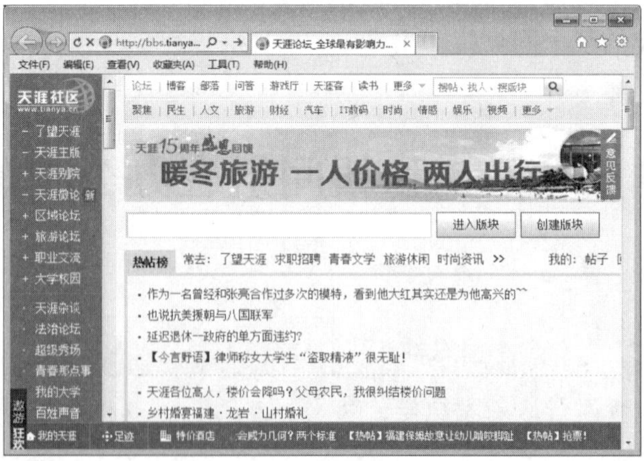

图 8.26　BBS 主页

步骤二　在主页面中，单击"登录"按钮，进入登录页面。在此输入用户名和密码，如图 8.27所示。如果还没有用户名，可以单击"注册"按钮进行注册。只有完成了注册，成为 BBS 站的一个正式用户，才拥有读帖和发帖的权限。而论坛设置和版块管理则由具有更高权限的管理员负责。

图8.27 “社区登录”界面

2. 浏览、发言

步骤一 单击“职业交流”版块中的“求职招聘”子版块,进入子版块页面。在子版块页面中,单击想要浏览的帖子名称,即可阅读该帖全部内容。

步骤二 在“求职招聘”版块页面中,单击“发帖”按钮,如图8.28所示,进入发帖页面。

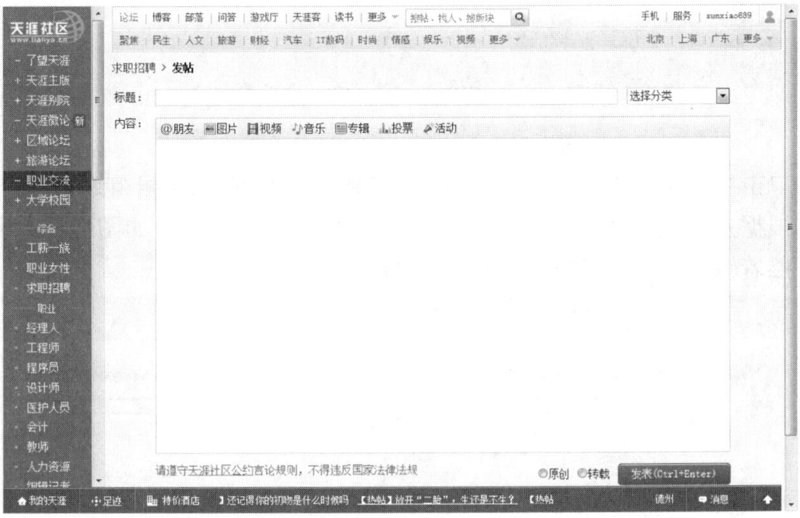

图8.28 发帖页面

步骤三 在发新帖页面中,输入标题及内容,该页面还可在正文中插入视频、图片、内容等,正文编辑完成后,单击“发表”按钮,输入验证码,将帖子发送出去。

二、新闻组的使用

要参与新闻组的讨论,首先要连接上一个可以使用的新闻服务器,其次要有一个新闻阅读器。在Windows XP下,常用的新闻阅读器是“Outlook Express”。但在Windows 7下,已经不支持“Outlook Express”了,代替它的是Windows Live Mail。它是Outlook Express的凤凰涅槃版,其客户端可以将包括Hotmail在内的各种邮箱轻松同步到计算机上,而且巧妙地集成了其他Windows Live服务。

1. 设置新闻组账号

步骤一 单击Windows Live Mail(并非系统自带软件,需从网站上自行下载),启动后的界面如图8.29所示。

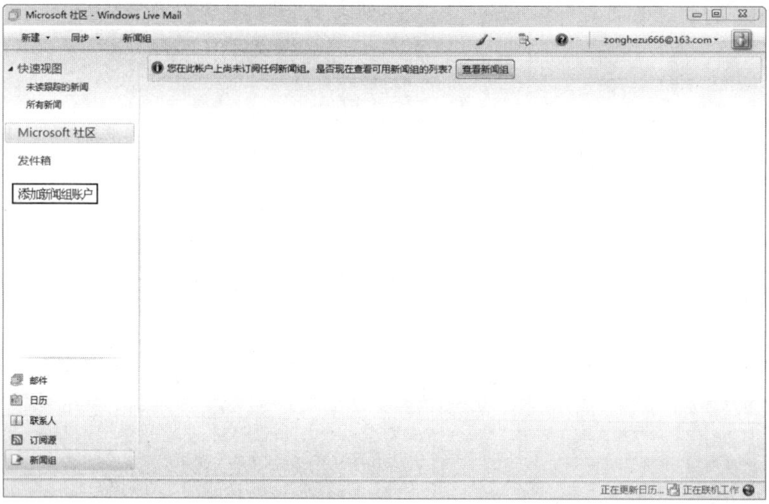

图 8.29　Windows Live Mail 主界面

步骤二　单击主页面中“添加新闻组账户”按钮,弹出“添加新闻组账户”对话框。

步骤三　根据连接向导提示,输入显示名,单击“下一步”按钮,如图 8.30 所示。

步骤四　接着输入电子邮件地址,如图 8.31 所示。

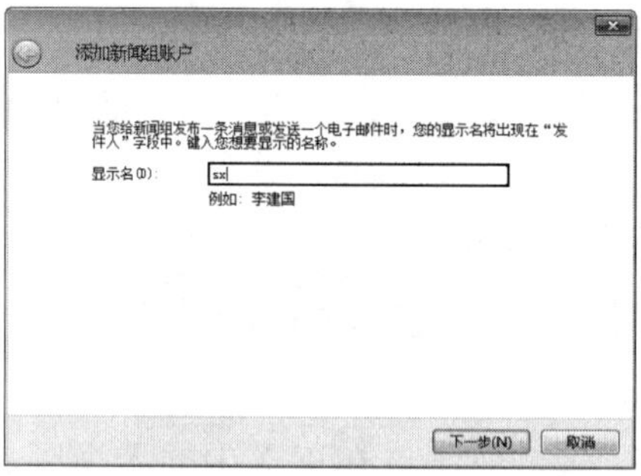

图 8.30　输入显示名

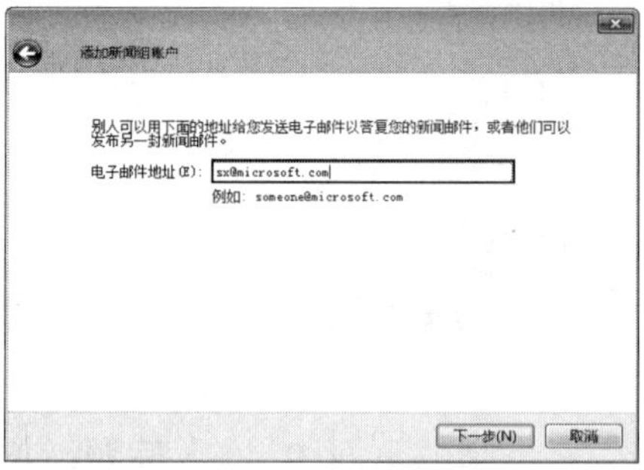

图 8.31　输入电子邮件地址

步骤五　最后输入新闻(NNTP)服务器名,本例中输入的是“news. newsfan. net”,如图8. 32所示。

步骤六　输入完成后单击“下一步”按钮,系统会提示用户成功输入了设置账户所需的所有信息,单击“完成”保存这些设置。

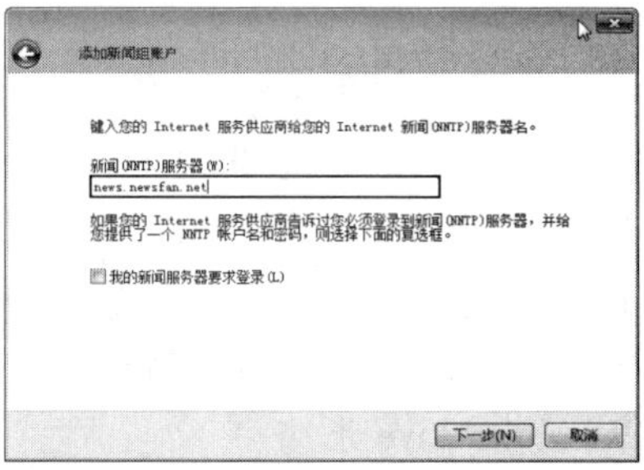

图 8.32　输入新闻服务器名

2. 预订新闻组

新闻服务器上有很多新闻组,只有预订了某个新闻组,我们才能对其进行收、发操作。

步骤一　设置新闻组账户成功后,Windows Live Mail 会提示我们是否从添加的服务器下载新闻组列表,单击“是”按钮,连接服务器。

步骤二　连接服务器成功之后,会在“新闻组订阅”对话框中显示所有在这个新闻服务器上的新闻组。选中新闻组列表中要预订的新闻组名称,单击右侧的“订阅”按钮,如图 8.33 所示。

步骤三　如果一个新闻服务器上的新闻组很多,列表太长,为了快速找到需要预订的新闻组，还可以在“显示包含以下内容的新闻组”文本框中输入关键字，例如输入“软件开发”，列表中将只显示包含软件开发内容的新闻组，如图 8.34 所示。

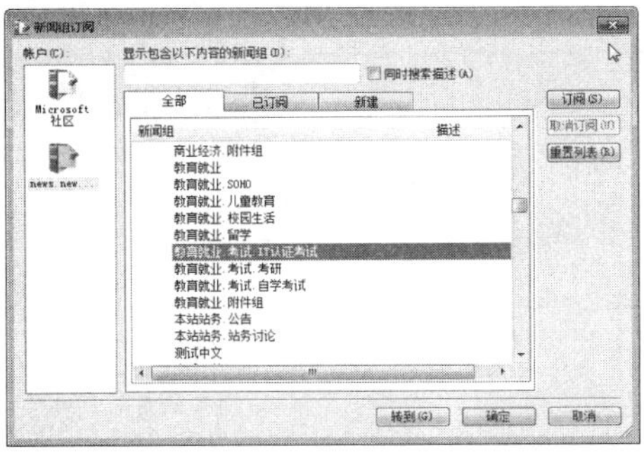

图 8.33　订阅新闻组

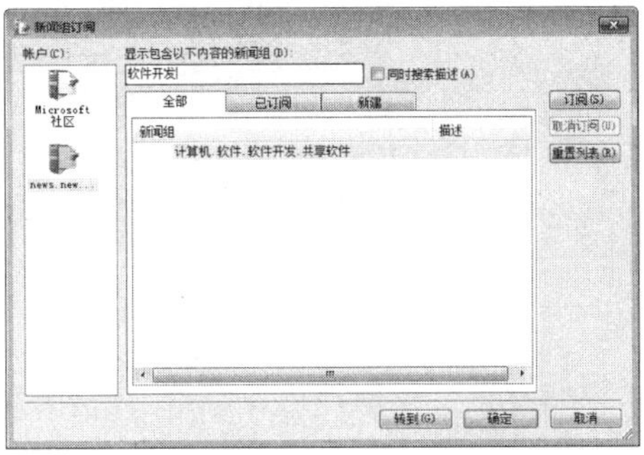

图 8.34　输入关键字订阅新闻组

按照上述步骤，预定所有需要的新闻组。

3. 阅读并回复消息

步骤一　在订阅的新闻组的左侧任务窗格内单击选中已经预订的新闻组名称，例如“软件开发，共享软件”。系统就会自动连接到新闻服务器上取回新消息的标题，显示在消息窗格内。

步骤二　在此消息窗格内单击选中要阅读的消息，这个标题的内容就会显示在下面的预览窗口中，如图 8.35 所示。

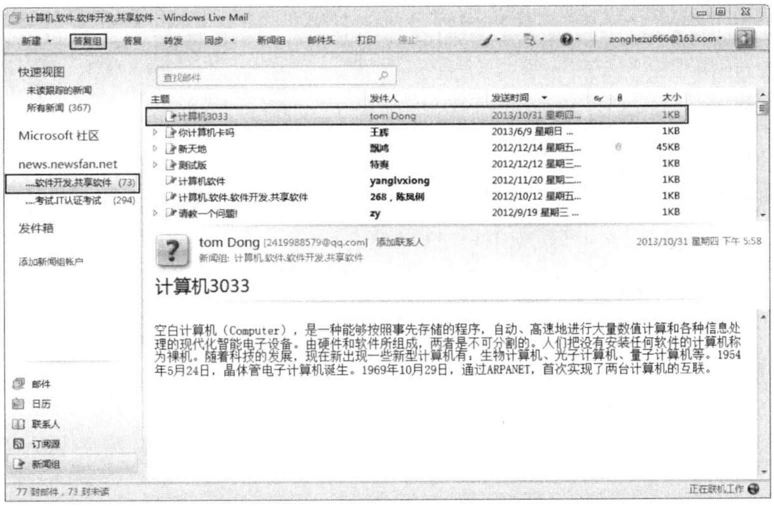

图 8.35　阅读新闻

步骤三　单击选中消息窗格内要参与讨论的消息，然后单击常用工具栏上的“答复组”按钮，打开回复消息窗口。

步骤四　在回复消息窗口中输入回复的主题和内容，然后单击工具栏中的“发送”按钮，如图 8.36 所示。

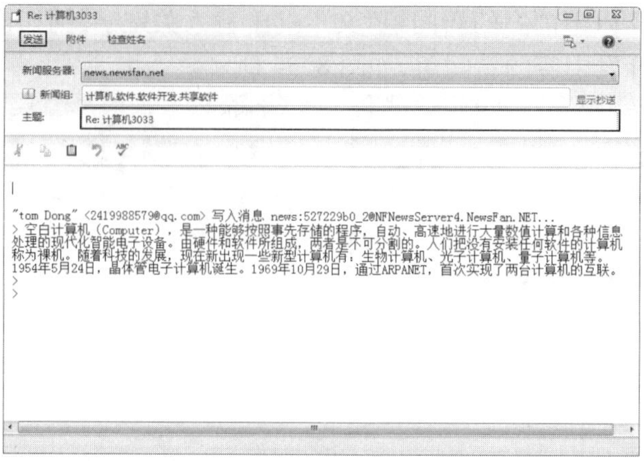

图 8.36　回复消息

知识链接:常用工具栏上的“全部答复”按钮是把消息发布到新闻服务器上,其他人都可以看见,而“答复”按钮则是直接给消息发送人的电子邮件发送消息,其他人无法在新闻组上看到回复的内容,更适合于私下的讨论。

4. 发表文章

如果有了问题想找人讨教,或者有了什么新的想法,都可以发送到新闻组上,让大家帮忙参谋。操作步骤如下。

步骤一　在文件夹列表中选择希望将文章发布到的那个新闻组,例如“计算机. 软件. 软件开发. 共享软件”新闻组。

步骤二　执行“新建”→“新闻邮件”命令,打开邮件编辑窗口。在新邮件窗口中,编辑好自己的内容,记住一定要写上主题,如图 8.37 所示。

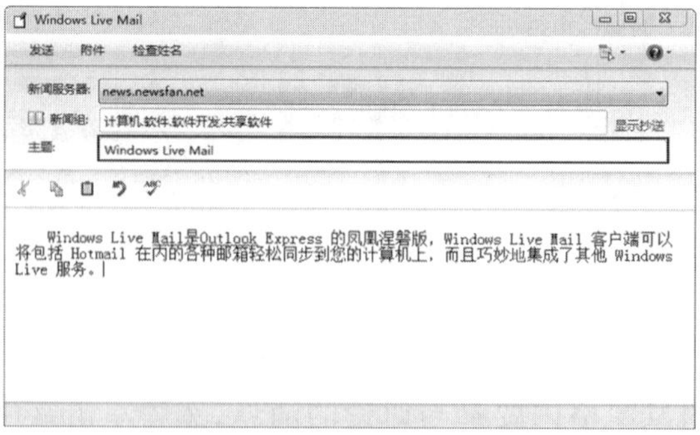

图 8.37　编辑邮件内容

步骤三　编辑完成后,单击“发送”按钮将其发送出去。

5. 离线浏览

如果不想占用网络带宽,可以使用新闻组的离线浏览功能。

步骤一　在文件夹列表中选中希望离线浏览的新闻组,例如“计算机. 软件. 软件开发. 共享软件”新闻组。

步骤二　用鼠标右击执行“同步设置”→“所有邮件”命令，如图8.38所示。

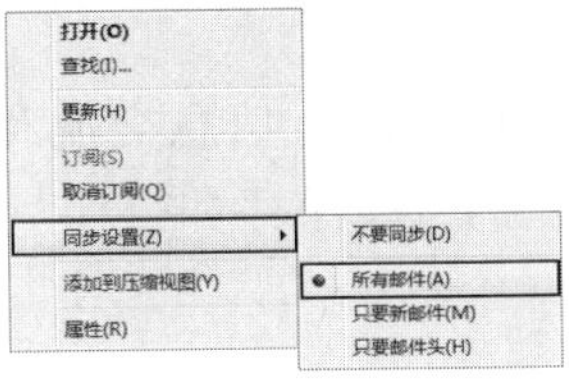

图8.38　同步新闻组选择

步骤三　单击“确定”按钮，Windows Live Mail 就会从新闻服务器上取回相应的消息。

步骤四　下载完毕后离线浏览。

任务实训

利用 BBS 和新闻组交流信息

(1)登录本单位 BBS，浏览办公通知和相关主题的文章。

(2)登录中国企业员工互动平台 http://bbs.bztdxxl.com，选择自己感兴趣的分论坛发表文章。

(3)登录天涯社区网站，对“天涯论坛”→“开心乐园”中的某篇帖子发表评论。

(4)在 Windows Live Mail 中设置新闻服务器为微软新闻服务器 msnews.microsoft.com，预订关于“办公软件使用技巧”的新闻组。

(5)阅读新闻组中的文章。

(6)同步新闻组。

(7)在文件夹窗口中，用鼠标右击已订阅的新闻组，取消订阅。

(8)设置新闻服务器为 CN99(news.cn99.com)，预订自己喜欢的新闻组。

项目实训　利用互联网进行信息交流与资源共享

互联网不仅为人们提供了各种各样简单而快捷的通信与信息检索手段，更重要的是为人们提供了巨大的信息资源和服务资源。通过使用互联网，全世界范围内的人们既可以互通信息，交流思想，又可以获得各个方面的知识、经验和信息。互联网是人类社会有史以来第一个世界性的图书馆和第一个全球性论坛。

实训目的

- 学会浏览网页；
- 学会使用搜索引擎；
- 学会下载保存软件、图片、视频、文本等信息资源；
- 学会打印网页；
- 学会使用 BBS；
- 学会使用新闻组。

实训要求

本项目实训要介绍的就是利用互联网进行信息交流和资源共享。首先进行网上冲浪,浏览网页并搜索相关的信息和资源进行下载、保存和打印。其次利用 BBS、新闻组进行信息交流,体验共享的快乐。

操作步骤

一、网上冲浪,搜索所需的信息和资源

(1)打开 IE,将自己常用的某个网站(比如"hao123")设为主页。

(2)输入联合早报网的网址 http://www.zaobao.com/,浏览该网页,并将该网站或其中的某个频道网页添加到收藏夹。

(3)整理收藏夹。

(4)利用百度搜索关于十八届三中全会的相关评论。

(5)登录天空软件站 http://www.skycn.com/,下载自己喜欢的一款杀毒软件。

(6)利用百度搜索有关春天的诗词,保存到 Word 文档中。

(7)搜索关于计算机硬件组装的视频,下载保存到硬盘上。

(8)搜索元旦联欢会的活动方案,选择其中较好的网页打印出来。

二、与人交流,体验共享的便捷和快乐

(1)登录本单位 BBS,浏览办公通知和相关主题的文章并踊跃发帖。

(2)注册登录清华大学的水木社区 http://www.newsmth.net,浏览并发言。

(3)登录天涯社区网站,在"天涯论坛"中选择与工作有关的版块发帖、跟帖。

(4)阅读你在 Windows Live Mail 中预订的新闻组中的文章。

(5)将你保存的图片贴到电子白板上与联系人共同欣赏品评一下。

项目 9　常用办公设备的使用与维护

任务 9.1　计算机系统的组装与优化

学习目标

- 了解计算机的组成；
- 学会计算机硬件的简单安装；
- 掌握计算机系统的优化设置。

任务引入

某单位办公用计算机(配置不低)损耗严重,如果全部淘汰,重新购置一批新计算机,资金一时又无法到位。于是用户决定将原来计算机中一些完好的配件拆卸下来,择优利用,重新组装几台计算机。

任务分析

计算机由硬件和软件两大系统组成。硬件包括主机和外部设备。主机最基本的配备有主板、CPU、内存、显卡、电源;外设最基本的配备有硬盘、光驱、键盘、鼠标、显示器。硬件组装完成后的机器称为“裸机”,裸机是无法完成任何信息处理任务的,只有再继续安装好操作系统、驱动程序和各种应用软件,计算机才能作办公之用。鉴于篇幅原因,本任务只介绍硬件的组装。

任务实施

一、计算机系统的组装

1. 组装工具

专业计算机组装人员都有一套专门的工具。计算机内部的大多数零件都是用螺钉固定的,因而组装计算机的工具主要是螺钉旋具。在进行计算机组装前,须准备一个具有磁性的螺钉旋具。此外,还需要准备导热硅胶、尖嘴钳、镊子、万用表等工具。其中,导热硅胶是安装CPU 时必不可少的用品;遇到不易插拔的设备时可使用尖嘴钳;插拔较小的零件可使用镊子

(如设置跳线等);万用表可用来测量电压。

2. 装机前的注意事项

(1)防止静电。

(2)禁止带电操作。

(3)轻拿轻放所有部件。

(4)避免粗暴安装。

3. 计算机的组装流程

(1)安装 CPU、CPU 风扇和内存条。

(2)将主板安装在机箱内,并用螺钉固定。

(3)将显卡、声卡以及网卡等设备插入对应的主板插槽,并用螺钉固定。

(4)将硬盘和光驱安装到机箱中,并通过数据线与主板连接。

(5)将鼠标、键盘、显示器等外围设备与主板的接口连接。

(6)连接主机和显示器电源,并开机测试。

4. CPU 和风扇的安装

下面以安装 Socket 架构的 Pentium CPU 为例,介绍 CPU 的安装方法,具体安装步骤如下。

步骤一　稍向外、向上拉开 CPU 插座上的拉杆,拉到与插座垂直的位置,如图 9.1 所示;将 CPU 上针脚有缺针的部位对准插座上的缺口,如图 9.2 所示。

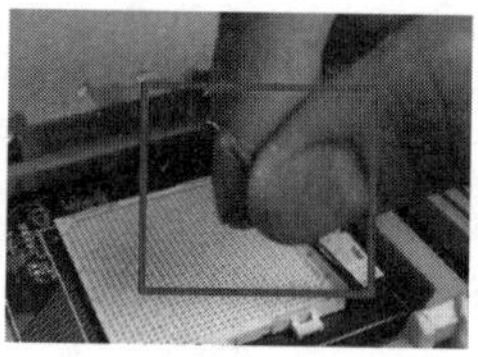

图 9.1　抬起拉杆

图 9.2　插入 CPU

步骤二　CPU 只有在方向正确时才能够被插入插座中,然后拉下拉杆,如图 9.3 所示;在 CPU 核心上均匀涂上导热硅胶,确保 CPU 能正常运行,防止高温烧毁 CPU。

步骤三　将散热片妥善定位在支撑机构上,把散热风扇安装在散热片的顶部,向下压风扇直到它的 4 个卡子嵌入支撑机构对应的孔中。再将两个压杆按下以固定风扇,如图 9.4 所示。需要注意的是,每个拉杆都只能沿一个方向按下。

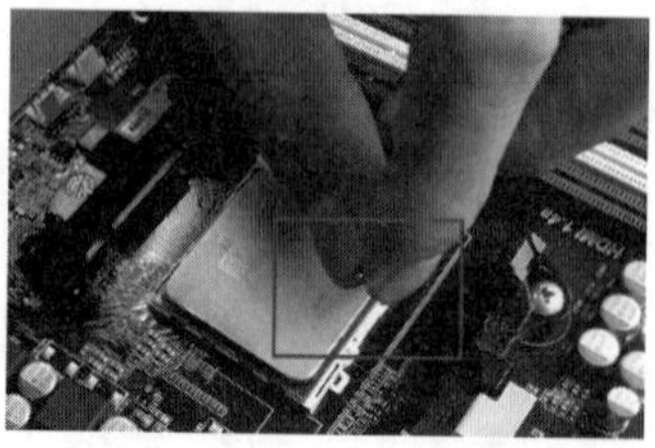

图 9.3　关闭拉杆

图 9.4　固定风扇

步骤四　最后将 CPU 风扇的电源线接到主板的 2 针或 3 针接头上。

5. 内存条的安装

步骤一　拨开内存插槽两边的卡槽,根据内存条金属引脚,以及内存条插槽上的限位装置,分辨出内存条的正确安装方向,如图9.5所示。

步骤二　将内存条垂直放入插座,双手拇指平均施力,将内存条压入插槽中,如图9.6所示。此时两边的卡槽会自动向内卡住内存条。

图9.5　确定正确的安装方向

图9.6　插入内存条

6. 主板的安装

步骤一　将机箱水平放置,观察主板上的螺钉固定孔,在机箱底板上找到对应位置处的预留孔,将机箱附带的铜柱安装到这些预留孔上。这些铜柱不但有固定主板的作用,而且还有接地的功能。将主板放入机箱内,如图9.7所示,拧紧螺钉将主板固定在机箱内。

步骤二　连接主板电源线,将电源插头插入主板电源插座中,如图9.8所示,然后连接专用电源。

图9.7　主板放入机箱

图9.8　连接主板电源线

7. 显卡、声卡和网卡的安装

目前市场上的主流显卡有两种规格:一种是AGP插槽的显卡,另一种是PCI－E 16X插槽的显卡。

步骤一　将机箱后面的挡板取下。根据显卡的规格将它以垂直于主板的方向插入AGP插槽或PCI－E 16X插槽中,用力适中并要插到底部,保证显卡和插槽良好接触。

步骤二　以同样的方法把声卡插入ISA插槽。如果是PCI的声卡就要插在PCI插槽中。把网卡插入PCI插槽。安装好了显卡、声卡以及网卡后,用螺钉将它们固定好。

8. 硬盘和光驱的安装

硬盘按照接口不同,可分为IDE硬盘和SATA硬盘,下面以SATA硬盘为例来详细介绍硬盘的安装方法,光驱的安装方法类似。

步骤一　把硬盘轻轻推入机箱的3.5英寸设备专用支架,并让硬盘上的螺钉孔与支架上的螺钉孔对齐,然后使用螺钉将硬盘固定在支架上。

步骤二　SATA线的接头都具有防呆设计,用户只要根据接口的外观特征,正确地对准接口,并将SATA线插入硬盘接口即可,如图9.9和图9.10所示。

图 9.9　硬盘的 SATA 接口

图 9.10　主板上的 SATA 接口

步骤三　在主板上找到 SATA 接口,并将 SATA 线的接口与主板接口对准,接着垂直将 SATA 线插入主板的 SATA 接口。

步骤四　从电源延伸出来的电源接头中,找出 SATA 硬盘的电源接头,并与硬盘的 SATA 电源接口对好,接着用力将两个接口接好即可。

9. 显示器、鼠标、键盘等外部设备的安装

目前显示器产品有两种,一种是传统的 CRT 显示器,另一种是时尚的 LCD 液晶显示器。鼠标和键盘目前也主要有两种接口设计,一种是传统的 PS/2 接口,另一种是 USB 接口。它们的安装比较简单,用户只要根据接口的外观特征,正确地对准接口,插到主板上即可。

二、计算机系统的优化设置

在计算机系统运行一段时间后,用户就需要对操作系统进行一系列的优化设置,从而提高计算机的运行性能。下面介绍一些在 Windows 7 中直接进行系统优化的相关设置。

1. 优化启动设置

系统启动时会加载相关的项目,过多的启动项目会严重影响到系统的启动速度。用户可以自定义启动的项目,将不需要的项目关闭,从而加快启动速度。操作步骤如下。

步骤一　单击“开始”按钮,执行“运行”命令,在打开的“运行”对话框中输入“msconfig”,如图 9.11 所示,然后单击“确定”按钮。

步骤二　在打开的“系统配置”对话框中,选取“启动”选项卡,下面列出了所有的“启动项目”信息内容。单击需禁用的项目,使复选框变为非选中状态,如图 9.12 所示,然后单击“确定”按钮,系统会提示重新启动计算机后所做的修改才生效,单击“重新启动”按钮,重新启动计算机后就完成了相应的启动优化设置。

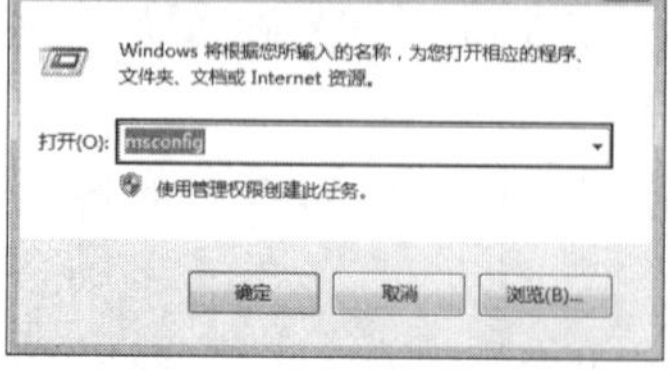

图 9.11　“运行”对话框

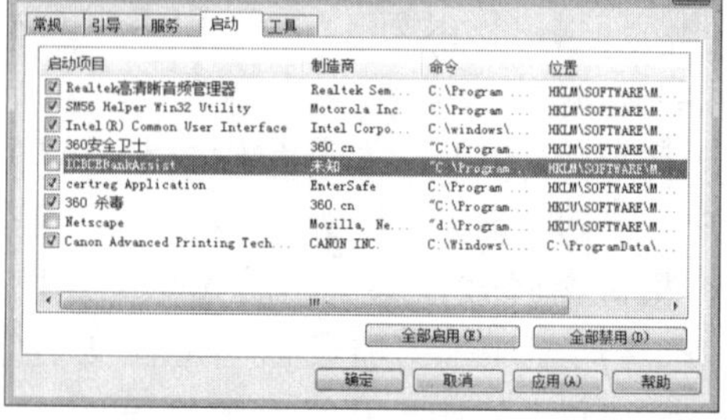

图 9.12　取消需要禁用的项目

2. 合理设置虚拟内存

虚拟内存是系统将硬盘上的一部分存储空间预留出来,以便将来作为文档数据交换的暂

存位置，当物理内存的容量不够用时，系统就会自动启动虚拟内存，来辅助物理内存进行数据存取操作。一般 Windows 默认的是由系统自行管理虚拟内存，它会因程序不同而自动调节交换文档的大小。但交换文档变大、缩小会给系统带来额外的负担，使系统运行变慢。因此用户最好自定义虚拟内存的最小值和最大值，具体的操作步骤如下。

步骤一 用鼠标右击桌面上的“计算机”图标，执行“属性”命令，打开“系统”窗口，选择“高级系统设置”选项，弹出“系统属性”对话框，单击“高级”选项卡，如图 9.13 所示。

步骤二 在“性能”区域中，单击“设置”按钮，弹出“性能选项”对话框，单击“高级”选项卡，如图 9.14 所示。

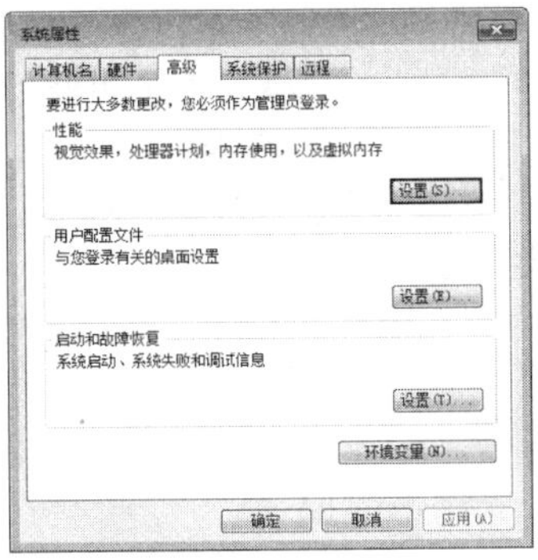

图 9.13 “系统属性”对话框

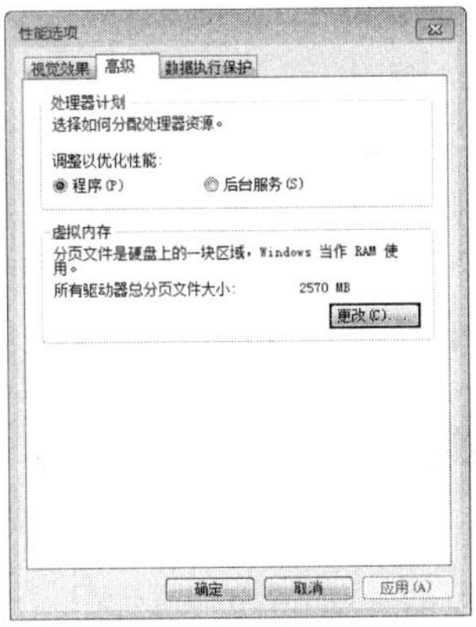

图 9.14 “高级”选项卡

步骤三 单击“虚拟内存”区域中的“更改”按钮，弹出“虚拟内存”对话框，如图 9.15 所示。取消勾选“自动管理所有驱动器的分页文件大小”复选框，在驱动器列表中选择保存交换文档的驱动器盘符，然后在“自定义大小”区域输入交换文档的“初始大小”和“最大值”。虚拟内存最小值建议设置为物理内存的 1.5 ~ 2 倍，最大值建议设置为物理内存的 2 ~ 3 倍。

步骤四 单击“设置”按钮，确认虚拟内存的设置数据。单击“确定”按钮，系统会提示重新启动计算机后所做的修订才能生效，单击“确定”按钮返回，然后重启计算机就完成了相应的内存优化设置。

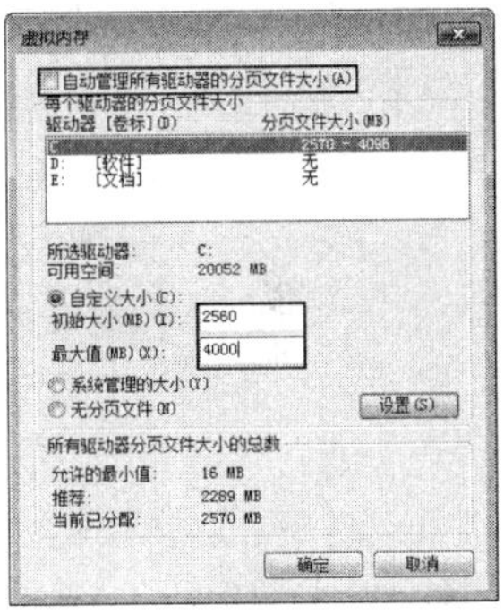

图 9.15 “虚拟内存”对话框

3. 不要将 Internet 临时文件与操作系统存放在相同的分区中

由于脱机的网页文件数量多、文件小、随机性强，并且经常进行创建和删除操作，因此容易使磁盘系统在短期内产生大量的磁盘碎片，从而导致系统文件的存取速度变慢。因此，建议不要将 Internet 临时文件与操作系统存放在相同的分区中。

改变 Internet 临时文件存放路径的操作步骤如下。

步骤一 启动 IE 浏览器，单击“工具”→“Internet 选项”命令，弹出“Internet 属性”对话框，如图 9.16 所示。

步骤二 在“Internet 属性”对话框的“常规”选项卡中，单击“浏览历史记录”区域中的“设置”按钮，弹出“Internet 临时文件和历史记录设置”对话框，如图 9.17 所示。在其中可以看到当前 Internet 临时文件夹的位置，为 C 盘上制定的默认存放位置。

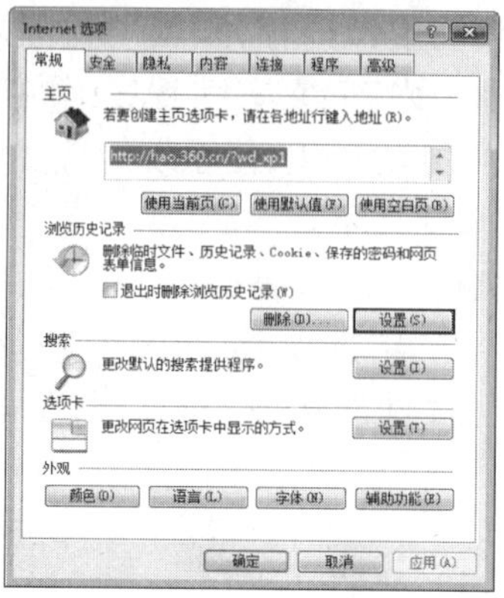

图 9.16　“Internet 属性”对话框

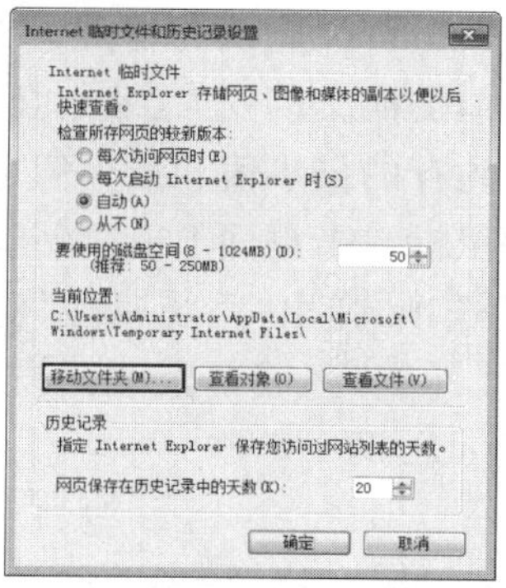

图 9.17　“Internet 临时文件和历史记录设置”对话框

步骤三　单击“移动文件夹”按钮，将弹出“浏览文件夹”对话框，在“浏览文件夹”对话框中，选择 Internet 临时文件夹的存放位置，然后单击“确定”按钮即可。

任务实训

组装计算机

(1)上网搜索最新电脑配置情况。

(2)拆卸一台废弃的旧电脑，了解各部件的组成。

(3)为自己的台式机再安装一个内存条(如果只有一个内存条的话)。

(4)练习组装一台电脑。

任务 9.2　打印机的使用与日常维护

学习目标

- 学会安装打印机；
- 熟练使用打印机进行打印作业；
- 了解打印机日常维护保养和常见故障的排除方法。

任务引入

用户在工作和学习中，有时需要将已经编辑好的文档、表格、幻灯片等打印出来，以便大家更方便地阅读和学习。如何使用打印机进行打印输出，是我们本任务要解决的问题。

任务分析

在办公活动中，有许多文件需要打印出来存档，有许多电子资料需要打印出来分发讨论，甚至许多票据、证明材料的打印本身就是办公环节之一,因此,打印机应该算是办公设备中使用频率较高的一种了。办公性质不同、用途不同,配备的打印机也会有所区别,本任务就以最常用的打印机和最通用的文稿为例,来介绍一下打印机使用和维护方面的知识。

任务实施

一、打印机的安装

打印机的安装分两个步骤:硬件安装和驱动程序安装。这两个步骤的顺序不定,视打印机不同而不同:如果是串口打印机,一般先连接打印机再安装驱动程序;如果是USB接口的打印机,一般先安装驱动程序再连接打印机(具体顺序要按照打印机说明书要求设定)。本案例中使用的Canon LBP2900打印机的数据传输线是USB接口。

1. 驱动程序安装

打开计算机,进入操作系统后,将打印机驱动程序光盘放入光驱,直接运行Setup.exe可执行文件,按照安装向导提示一步一步完成即可。

2. 打印机硬件安装

步骤一　进行电源线的连接。将打印机电源线的一端插入打印机背面板电源插头座,将另一端插入到已经接地的电源插座中。

步骤二　进行数据传输线的连接。在连接该线缆之前,应确保打印机电源已经关闭,将打印机数据传输线的一端插入打印机的数据端口(USB接口)中,将另外一端插入计算机的USB接口中,最后用手轻轻拉一下数据传输线,看看它是否已经被牢固地连接好了。

步骤三　打开打印机电源开关,计算机桌面右下角很快会出现“发现新硬件”的提示,安装完成。

知识链接:目前办公用打印机按照工作方式分类,有针式打印机、喷墨打印机和激光打印机;按照与计算机的接口方式分类,主要有并行接口、USB接口和IEEE 1394接口;按照用途分类,主要包括通用、专用、商用、家用、便携、网络打印机等。

二、如何打印文档、数据表格及幻灯片

1. 打印文档

(1)常规打印设置。

编辑好“企业管理制度.docx”文档(参见项目1的任务1.1)后,只要电脑已经连接有打印机,就可以将文档打印出来。操作步骤如下:

打开要打印的Word文档,单击Word窗口左上角的“文件”选项卡,在展开的菜单中选择“打印”命令,然后在中间的窗格中设置打印参数,如图9.18所示,并可以在右侧任务窗格中预览打印效果,完成所有设置,单击“打印”按钮即可。

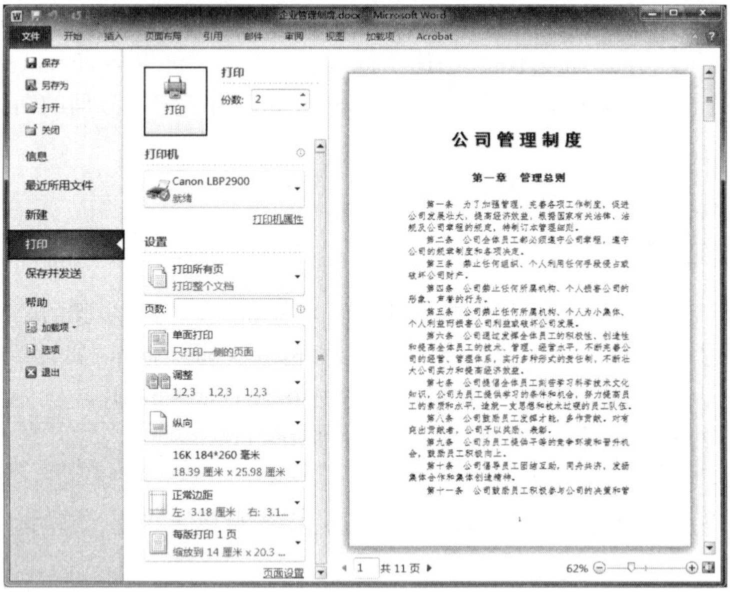

图 9.18 “打印”命令

知识链接:为方便用户操作,这里对 Word 的常用打印设置进行简单介绍。

- 打印份数:默认打印 1 份,用户可根据需要在“份数”文本框中自行输入实际要打印的份数。
- 打印机:在此下拉列表中,选择当前需要用到的打印机名称。
- 设置打印范围:默认将打印当前文档的所有页,用户也可以选择只打印当前页或者打印自己手动选中的文档内容。如果需要打印文档中的某些页面,可以在“设置”下拉列表中选择“打印自定义范围”选项,然后在“页数”文本框中输入要打印的页码。
- 单面或双面打印:默认使用单面打印,如需双面打印,需选择“手动双面打印”选项。
- 每版打印页数:默认每版只打印 1 页,用户可根据需要设置每版打印为 2 页、3 页……,不过要注意如果纸张版面大小和单位版面打印页数的总面积不相同,打印的内容将自动缩放。

(2)解决打印文档无背景色及背景图像的问题。

默认情况下,在打印 Word 文档时,将不会打印文档中的背景色或背景图像。如果有需要,用户可以通过以下设置,在打印文档的同时也打印背景色或背景图像。

单击“文件”选项卡,在展开的菜单中选择“选项”命令,打开“Word 选项”对话框,单击“显示”选项卡,然后在右侧的“打印选项”区域勾选“打印背景色和图像”复选框,如图 9.19 所示,单击“确定”按钮。

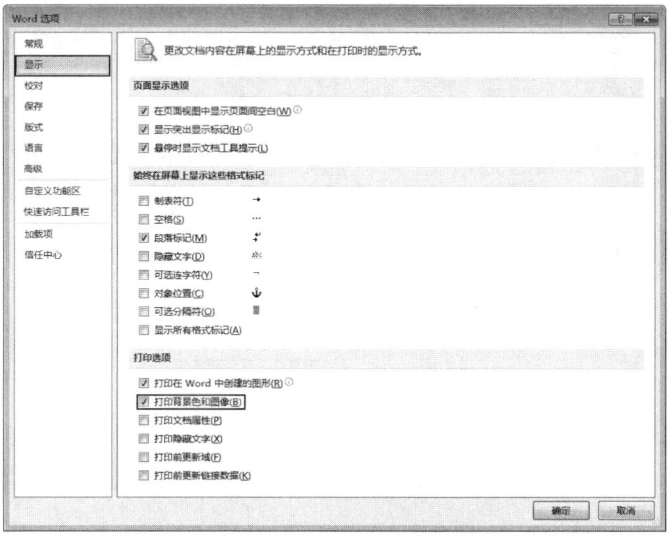

图 9.19　“显示”选项卡

2. 打印数据表格

编辑好“员工工资表. xlsx”文档(参见项目 3 的任务 3. 1)后,想将员工工资表打印出来。

步骤一　单击“文件”选项卡,在展开的菜单中选择“打印”命令,弹出如图 9. 20 所示对话框。

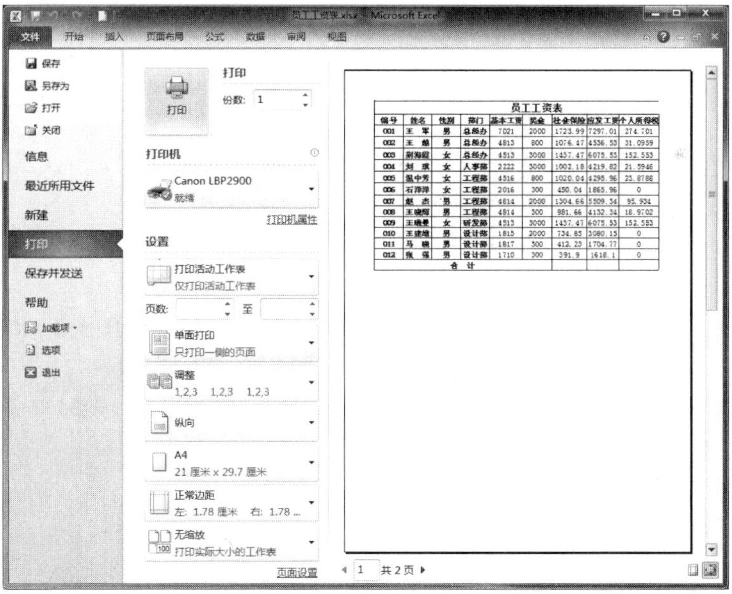

图 9. 20　“打印”命令

步骤二　在右侧的任务窗格中可以预览打印的效果,发现表格不在一页上,用户需在“设置”区域中的“纵向”下拉列表中,选择“横向”选项,将纸张方向改为“横向”,如图 9. 21 所示。

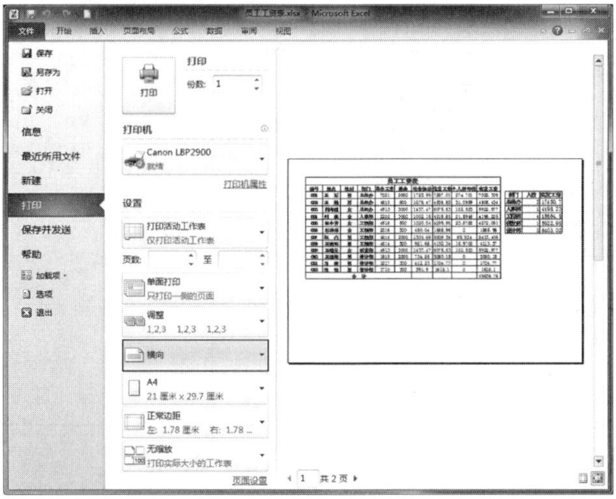

图 9.21　“横向”打印效果

步骤三　此时在预览窗口中发现表格不居中,打印出来不美观。用户需单击“页面设置”按钮,打开“页面设置”对话框,单击“页边距”选项卡,在下方的“居中方式”区域中,勾选“水平”和“垂直”两个复选框,如图 9.22 所示,单击“确定”按钮。

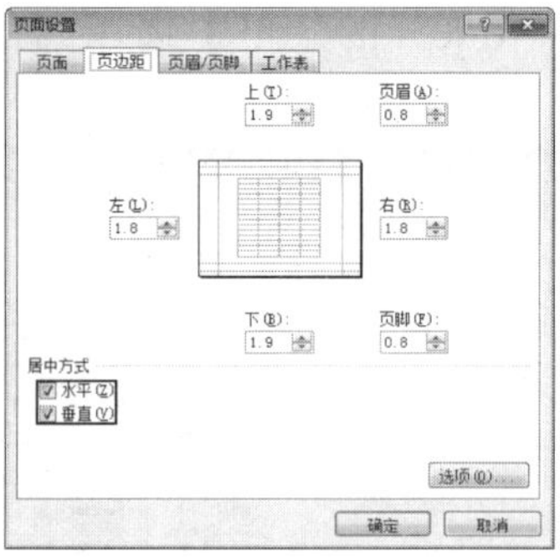

图 9.22　“页面设置”对话框

步骤四　设置完成后,单击“打印”按钮,即可将员工工资表打印出来,如图 9.23 所示。

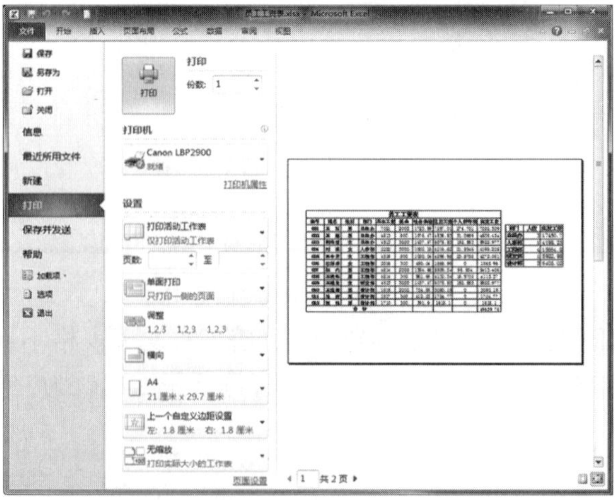

图 9.23　打印效果

3. 打印幻灯片

制作好的演示文稿除了用于放映外,还常以书面讲义的方式派发。为此,需要将所设计的演示文稿打印输出。

步骤一　单击“文件”选项卡,选择“打印”命令,将显示详细的打印输出设置。

步骤二　在展开的“打印”窗格中,根据需要设置打印输出的各项参数,如图9.24所示。

图9.24　“打印”命令

步骤三　设置完成后,单击“打印”按钮,即可将演示文稿打印输出。

三、打印机的日常维护与保养

1. 针式打印机的日常维护与保养

为了延长打印机的使用寿命,在日常使用过程中要注意做好以下各项工作:

(1)使用前应认真阅读操作使用手册,正确设置开关,正确使用操作面板。

(2)打印机应工作在干净、无尘、无酸碱腐蚀的环境中,避免日光直晒,避免过潮过热。工作台必须平稳无振动。不可在打印机上放置物品。不使用时最好加布罩。

(3)经常进行打印机清洁维护,保持打印机外观清洁,内部可见部位无纸屑、尘迹。清洁应在断电情况下进行,可用稍微潮湿的软布进行清擦。擦拭外壳可用中性洗涤剂,清理内部可用软刷和带喷嘴的真空吸尘器。切忌用酒精和稀料清洗。

(4)务必使用含有接地线的三线电源。避免打印机与大功率电器连接同一电源。不可在开机状态下插拔电源线和打印电缆,每次关机后要等待5秒钟以上才能再次开机。

(5)按操作规程正确装卸纸张。每次打印前应检查纸张是否畅通,使用纸张与过纸控制杆位置是否一致。不要在带电的情况下任意调整过纸控制杆和手动走纸旋钮。若纸走偏或不到位,应首先脱机,再利用操作面板上的相关按钮进行调整。

(6)为了保证打印质量、保养好打印头,每次打印前,应认真检查打印色带位置是否正确,纸厚调整杆位置是否适当。应尽量使用高质量色带,不宜使用过湿或油墨过浓的色带。色带使用过一段时间后,要注意适时更换,旧的色带不宜加油墨后重新使用。

(7)保持机械运动部件和部位的清洁与润滑。润滑油可用钟表油或缝纫机油,加油前先用柔软的干布擦去油污垢后再进行。加油位置要准确,主要是打印头滑动部件。

(8)经常清洁打印头和橡胶打印辊。尤其是使用低劣质量色带或打印蜡纸后,要及时进行清洗。打印头可用无水乙醇清洗,打印辊可用微潮软布擦拭。

(9)色带盒中的色带若需更换,请小心进行。在打开色带盒的过程中,切勿掰断卡扣塑料片和定位塑料柱,并在拿出旧色带前,请认真观察色带所经路径,以便放置。

2. 喷墨打印机的日常维护与保养

喷墨打印机在日常使用过程中要注意做好以下几项工作:

(1)在使用环境、清洁方法和电源要求上,与针式打印机一样,请参考针式打印机。

(2)在开启喷墨打印机电源开关后,电源指示灯或联机指示灯将会闪烁,这表明喷墨打印机正在预热,在此期间不要进行操作,待预热完毕后指示灯不再闪烁时方可使用。

(3)正确使用纸张。在正式打印之前,一定要根据纸张的类型、厚度以及手动、自动送纸方式等情况,调整好打印介质各个控制杆的位置。由于喷墨打印机所支持的打印幅面有限,打印前一定要对所打印的内容设置相应的纸张幅面。喷墨打印机不宜使用过薄的纸张。整叠的单页打印纸放入送纸器前,一定要充分翻拨,整齐后放入,切忌过潮。

(4)必须正确使用和维护打印头。打印机在初始位置的时候通常处于机械锁定状态。此时不能强行用力移动打印头,否则会导致机械部件的损坏。安装或更改墨盒,应在打印机手册或相应的安装指导下通电进行。

(5)定期清洁打印头。打印机使用一段时间后,如果打印质量下降,输出不清晰,可利用自动清洗功能来清洗打印头。清洗时可通过联机计算机利用打印机附带软件中的打印头清洗工具进行,有的也可通过打印机自身控制面板上的按钮来进行。清洗打印头会消耗少量墨水。如果连续清洗几次后效果仍不理想,就要考虑更换墨盒。

3. 激光打印机的日常维护与保养

激光打印机在日常使用过程中要注意做好以下几项工作:

(1)在使用环境、清洁方法和电源要求上,与针式打印机相同,请参考针式打印机。

(2)开启激光打印机电源开关后,在预热状态,不要盲目操作,原因同喷墨打印机。

(3)正确使用纸张。注意事项与正确操作同喷墨打印机。

(4)通过经济方式延长碳粉使用寿命。“经济方式”打印比普通打印使用的碳粉大约少50%。虽然打印的图像较淡,但适于打印草图或校样。对Canon LBP2900打印机而言,只需在属性窗口中选中“EconoMode(节省碳粉)”选项即可设置“经济方式”。

(5)通过重新分布碳粉延长碳粉使用寿命。打印件出现浅淡区域通常是硒鼓已接近其碳粉使用寿命的指示,然后重新分布硒鼓中的剩余碳粉,可以暂时复原打印质量。操作时,先取出硒鼓,然后轻轻地来回晃动,使碳粉在盒内分布均匀,重新装入硒鼓即可。

四、打印机常见故障的排除

1. 针式打印机的一般故障排除

针式打印机一般可能遇到的故障现象、可能原因及排除方法如表9.1所示。

表 9.1　针式打印机一般故障现象、可能原因及排除方法

故障现象	可能原因	排除方法
打印机不打印	打印机电源没有接好,电源灯没有亮	检查电源线是否插好,打印机是否打开
	打印机没有处于联机状态,联机灯没有亮	请按一下联机按钮
	打印电缆线没有连接好	检查打印电缆两端,使之牢固连接
打印机乱打印	打印驱动程序出现错误	请重装打印驱动程序
	非默认打印机,或者打印机选择错误	设置其为默认打印机或者重新选取打印机
	打印选项中有关属性设置不当	重装打印软件或更改软件中有关设置
打印模糊或不均匀	色带安装不正确	正确安装色带及色带盒
	色带已经用旧	请更换新色带
	纸厚调整杆位置不恰当	请重新调整纸厚调整杆位置
	打印头可能有断针	请与服务商联系或更换打印头
	打印头太脏	请清洗打印头后再试
打印机停止打印	纸张用完或者打印纸供纸不当	请按照要求正确加纸
	卡纸	先把过纸控制杆设定在连续纸方式,然后轻轻抽出被卡纸张
	色带阻塞	整理或更换色带
	若停打后受令灯熄灭而联机灯闪烁,则打印机停止打印是为了冷却打印头	打印会很快恢复,等待一会儿即可
	若停打后蜂鸣器鸣叫而联机灯不闪,可能是打印机暂时出现故障	请先关掉打印机,然后再开,重试打印。若故障照旧,请与服务商联系

2. 喷墨打印机的典型故障排除

喷墨打印机一般故障的排除方法,可参考针式打印机部分的相关内容。表 9.2 是喷墨打印机使用过程中的典型故障现象、可能原因及排除方法。

表 9.2　喷墨打印机典型故障现象、可能原因及排除方法

故障现象	可能原因	排除方法
打印机运作正常,但不喷墨	喷头阻塞	运用本身的自动清洗打印头功能进行自动清洗
刚换完墨盒,墨水指示灯仍亮	检测不到新墨盒,可能是安装不到位	按相应打印机墨盒安装的步骤重新安装
墨头部件运行困难,有时乱撞	导轴润滑不好	用棉花或干软布清洁导轴后,加少量润滑油

3. 激光打印机的一般故障排除

激光打印机使用过程中的一般故障现象、可能原因及排除方法如表 9.3 所示。

表 9.3　激光打印机一般故障现象、可能原因及排除方法

<table>
<tr><th>故障现象</th><th>可能原因</th><th>排除方法</th></tr>
<tr><td rowspan="9">卡纸</td><td>纸张未正确安装</td><td rowspan="9">对于进纸区域的卡纸,若从纸张输入盒或单页输入槽可以看到大部分卡塞的纸张,可用手小心地将卡塞的纸张竖直向上拉出。重新对齐纸张并装入,打印机将自动恢复打印
对于内部区域的卡纸,可按以下步骤清除:
①打开打印机端盖,取出硒鼓
②将绿色松纸手柄向后推
③用手慢慢拉动卡塞纸张,使其脱离机器
④清除可能掉下的纸张碎片
⑤重新装入硒鼓,合上打印机端盖,打印机将自动恢复打印</td></tr>
<tr><td>纸张输入盒过满</td></tr>
<tr><td>导纸板未调整至正确位置</td></tr>
<tr><td>在未先清空并重新对齐纸盒中介质的情况下,添加了更多的纸张</td></tr>
<tr><td>纸张输出盒太满</td></tr>
<tr><td>打印时调整了送纸道手柄</td></tr>
<tr><td>打印时打开打印机端盖</td></tr>
<tr><td>使用的纸张不符合规格</td></tr>
<tr><td>在打印时电源中断</td></tr>
<tr><td rowspan="2">不进纸</td><td>纸张未正确装入</td><td>轻按并松开控制面板按钮,打印机将再次尝试送入介质。若不成功,从输入盒中取出纸张,重新对齐,再装入打印机。确保导纸板松紧适度地夹住纸张,使纸张居中</td></tr>
<tr><td>可能有卡纸</td><td>取出硒鼓,检查是否有卡纸,若有,应及时清除。重新装入硒鼓并合上端盖</td></tr>
<tr><td rowspan="2">打印件颜色浅,或有垂直的白色条纹</td><td>碳粉不足或启用了“经济方式”</td><td>补充碳粉、更换硒鼓或取消“经济方式”</td></tr>
<tr><td>打印机内置光学器件被污染</td><td>清洁充电组件</td></tr>
<tr><td rowspan="3">打印件有纵向或横向的黑色条纹、不规则污迹或全黑</td><td>硒鼓受损或未正确安装</td><td>更换或重新安装硒鼓</td></tr>
<tr><td>打印机需要清洁</td><td>清洁打印机</td></tr>
<tr><td>纸张太粗糙,或太潮,或不符合打印用纸规格</td><td>更换纸张</td></tr>
</table>

任务实训

使用和维护办公室打印机

(1)打印两份篇幅较短的 Word 文稿。

(2)双面打印一份 Word 文稿。

(3)将几张照片排列整齐打印在一张 A4 纸上。

(4)将自己喜爱的网页打印出来。

(5)为办公室中的打印机做一次维护保养。

任务9.3 复印机的使用与日常维护

学习目标

- 了解复印机的分类；
- 掌握复印机的安装与使用方法；
- 了解复印机日常维护保养和常见故障的排除方法。

任务引入

某公司计划召开市场研讨会，需要将研讨材料分发给参会者，材料事先已打印出来，包括一份10页的文稿（A4纸张正反面）和一份手绘的市场分布图（8开纸张）。现在要做的工作就是将文稿复印20份，图纸缩印20份（A4纸张）。

任务分析

使用复印机能够从书写、绘制或印刷的原稿得到等倍、放大或缩小的复印品。它可以提高公文形成的速度，节省大量的等待时间，给办公工作带来极大的方便。复印机复印的速度快，操作简便，与传统的铅字印刷、蜡纸油印、胶印等的主要区别是无须经过其他制版等中间手段，而能直接从原稿获得复印品，复印份数不多时较为经济。由于复印机的操作是一项技术性较强的工作，很容易因操作不当而损坏机器，现在就介绍一下复印机的使用常识。

任务实施

一、复印机的基本知识

1. 复印机的分类

（1）根据复印机工作原理的不同，复印机可分为模拟复印机和数码复印机两种。

（2）根据复印的速度不同，复印机可分为低速、中速和高速三种。低速的每分钟可复印A4文件10～30份，中速的每分钟可复印30～60份，高速的每分钟可复印60份以上。

（3）根据复印的幅面不同，复印机可分为普及型复印机和工程复印机两种。一般普通的办公场所均为普及型，其幅面大小为A3～A5。如果需要复印更大幅面的文档（如工程图纸等），则需使用工程复印机，其幅面大小为A2～A0，甚至更大，不过其价格非常昂贵。

（4）根据复印纸使用纸张的材料，复印机可分为特殊纸复印机和普通纸复印机。特殊纸一般指可感光的感光纸，而普通纸是指日常普遍使用的一般静电复印纸。

（5）根据复印机复印的颜色不同，复印机可分为单色、多色和彩色三种。

2. 复印用纸

（1）纸张幅面价格。

我国目前常用的纸张,有两种计幅面规格的方式。一种是“开”,如“16 开”“8 开”等,成品整张纸沿长度方向一分为二,即为“2 开”,2 开纸沿长度方向一分为二,即为“4 开”,由此可见,16 开纸应该正好是 8 开纸的一半大小;另一种是国际标准的,以 A0、A1……,B4、B5……来标示纸张幅面规格的方式。这种方式下常用的复印纸有 A3、A4、A5、A6 和 B4、B5、B6、B7 八种幅面规格。日常办公常用的为 A4(210mm×297mm)和 B5(176mm×250mm),国际上公文标准用纸是 A4 纸。

(2)复印纸的选用。

- 纸的厚度。纸的厚度通常是以每平方米的质量来表示,一般静电复印机用纸的厚度规格为 $64\sim80g/m^2$。
- 纸的密度。纸的密度是指纸的纤维疏密和粗细的程度。如果纸的纤维太疏或太粗(即密度差),复印品图像的分辨率就比较差,而且还容易产生纸毛、纸屑,弄脏复印机,从而使复印品产生底灰,因此宜选用密度高的复印纸。
- 纸的挺度。纸的挺度是指纸的质地坚硬程度。若挺度差时,容易在输纸通道内稍遇阻力就起皱以致阻塞通道,所以应选用坚挺度好的复印纸。
- 纸的表面光度。纸的表面光度是指纸表面的光亮程度。纸颜色为白色,不应为灰暗色;但光亮程度也不宜太高,光亮度太高对图像的定影不利。
- 纸的干燥程度。复印纸如果干燥度低,含水量大,就会降低纸的绝缘性能,从而使复印品的图像(或字迹)浅淡,底灰大,而且还容易产生卡纸现象。因此,要选用干燥度高的复印纸。另一方面,纸要注意防潮,要存放在干燥和通风的地方。

二、复印机的安装与使用

1. 复印机的安装环境

(1)电源和接地要求。电源电压波动应在额定电压的 ±10% 以内。应使用机器原装的三芯插头,与带地线的插座配合使用。

(2)环境温度要求。复印机使用环境的温度应在 5℃ ~35℃。温度过高对机器散热不利,影响机器寿命和复印质量;温度过低,一些器件的性能会受影响,预热时间也会延长。

(3)环境湿度要求。复印机使用环境的湿度应在 20% ~30% 之间,在过湿的环境下使用会缩短机器的寿命,并影响复印的质量。

(4)通风问题。复印机使用时会释放一定量的有害气体和热量,对人体的健康不利。因此要求放置复印机的房间应通风良好,保持室内空气新鲜。

(5)安放条件。复印机应安放在水或者其他液体不能溅到的地方,应远离易燃物或腐蚀性气体,应在无尘的环境中使用。复印机放置时应水平置于机台或桌面上,支撑物必须坚固,使之不会随机器的运转而晃动。机器背部应留 15cm 以上的空间做通风道,机器前面和左右两边应留有足够的空间,以利于机器的操作、更换消耗品和维修保养。

2. 复印机的安装

复印机的安装建议参考随机操作手册进行,一般需经过以下步骤。

步骤一　检查主机、零部件、消耗材料及备件,确保完整无缺。新机器要按操作手册说明,逐一去掉包装物或紧固件后检查。

步骤二　按照安放要求正确放置主机，并依此安装感光鼓，加入载体及墨粉，安装纸盒和副本盘。

步骤三　主机显示及工作状态检查。具体包括机器各部位有无损伤和变形；各齿轮、皮带轮和链轮等是否处于正确位置；各按键和机器状态显示是否正常。

步骤四　机器试运行。经过通电、预热，若机器无异常显示或声音，即可复印。试运行测试应包括：原样复印、连续复印、缩放复印、浓淡复印、各送纸盒送纸能力测试等。

步骤五　做好记录。试运行正常后，应装好后挡板和前门，并擦拭机器表面、清理现场，同时填写试用维修卡片，并附上一张复印品，存档备查。

步骤六　安装自选附件。例如自动分页器、自动进稿器等，请按相应技术材料正确安装。

3. 复印机的使用

(1)常规复印操作步骤。

步骤一　放置原稿，正面朝下，按纸张标尺放正。

步骤二　设定缩放尺寸、浓淡程度和复印数量。

步骤三　放入纸张。

步骤四　启动复印。

知识链接：要复印多份，请先复印样张。满意复印效果后，再设定复印数量，启动复印。

(2)使用中应注意的问题。

- 不可将重物放在复印机上或让复印机受到冲击。
- 当复印机在复印时，不可打开任何门盖或断开电源。
- 不可让磁性物体靠近复印机，或在复印机旁使用易燃喷雾剂。
- 不可把盛水或其他液体的器皿放在复印机上。
- 不可将纸屑、书钉或其他金属碎片掉进复印机内。
- 不可使用有损坏或裂开的电线源，电线源不可塞入复印机内。
- 当复印机异常发热或产生异常噪声时，不可继续使用，应立即断开电源检修。

三、复印机的日常维护与保养

定期对复印机进行维护和保养，是保证复印机正常高效运转的有效措施。因此，作为复印机的日常管理和使用者，掌握一定的维护保养方法和常识非常必要。

1. 基本保养程序

复印机的基本保养应当经常进行，它主要包括以下几个方面的内容：

(1)查阅保养或维修档案，根据机器的复印数量和使用时间检查达到时限的易损零件。

(2)记录计时器的读数。将复印品质量测试板或清晰的原稿放在稿台上，分别用等比、放大、缩小等功能复印数张，并检查复印品图像浓度、清晰度、定影情况，有无污染、底灰等毛病。运转同时注意机器有无杂音。

(3)对复印机进行清洁。用浸过中性家用清洁剂(或清水)的稍潮软布擦净外壳表面和原稿压板，用干软布清洁稿台玻璃表面、操控面板和前门内侧，用清洁机构小心清洁充电组件。

(4)检查并修复有故障的部分,更换性能不良的零件。

(5)安装好机器,复印数张复印品,留一张存档。同时填写维修或保养卡片存档备查。

2. 定期保养程序

一般来讲,复印3000张后,要对废粉盒、显影器底部、导纸板和稿台玻璃进行清洁;复印10000张后,要对显影辊和定影器进行清洁;复印50000张后,除清洁主要部件外,还要检查易损零部件的工作状况,有损的需及时更换;复印100000张后,还应检查驱动部件的工作状况,是否需清洁、加油或更换。

3. 保养时应注意的问题

在保养过程中,为了不使机器产生人为故障或损坏机器零部件,必须注意以下几点:

(1)保养应在断电情况下进行。

(2)一定要用中性清洁剂清洁。若清洁某些部件时需使用酒精,应注意防火。

(3)使用润滑剂一定要适量。塑料和橡胶零件不可加油,否则会促其老化。

(4)拆卸部件时,应注意次序,必要时要做记录,以免安装时漏掉或颠倒次序。

(5)拆下的不同螺钉要记好位置,以免上错,损坏机器。

四、复印机常见故障的排除

表9.4为复印机使用过程中常见的故障现象、可能原因及排除方法。

表9.4　复印机常见故障现象、可能原因及排除方法

故障现象	可能原因	排除方法
复印件图像太浅	自动曝光模式中曝光量设置较高或手动曝光量设置较浅	采用手动曝光模式,按动曝光加深控制键,可获得较深影像
	刚刚复印完一张照片或有大面积深色的原稿或刚更换完墨粉	按所需次数辅助碳粉补充键,获得所需图像浓度
	纸潮	更换干燥纸张
复印件图像太深	自动曝光模式中曝光量设置较低或手动曝光量设置较深	采用手动曝光模式,按动曝光变浅控制键,可获得较浅影像
	原稿玻璃整个表面脏	用干软布擦干净稿台玻璃
	原稿没有紧贴稿台玻璃	正确放置原稿,使其紧贴稿台玻璃
复印件模糊不清	纸潮	更换干燥纸张
复印件出现线条	充电组件脏	清洁充电组件
复印件有深色斑点	原稿压板或文件传输带脏	用浸过中性清洁剂(或清水)的稍潮软布擦净原稿压板和文件传输带
	原稿太薄或高度透明	将一张空白纸盖在原稿上
	原稿是双面原稿	采用手动曝光模式,按动曝光变浅控制键,使曝光量变大

续表

故障现象	可能原因	排除方法
复印件边缘脏	原稿压板很脏	用浸过中性清洁剂(或清水)的稍潮软布擦净原稿压板和文件传输带
	等比复印时,所选纸尺寸规格比原稿大	选择与原稿相同规格的复印纸
	等比复印时,原稿放置位置或方向不正确	正确放置原稿,使其与宽度标尺对齐
	缩小复印时,所选倍率与复印纸尺寸不符(尤其体现在手动缩小复印时)	根据纸张规格选择缩放比率
复印机不按设定工作	复印件指示灯为橘黄色,复印机处于预热状态	请等待
	加碳粉指示灯亮,碳粉已用完	请更换碳粉瓶
	卡纸指示灯亮,纸已经用完	请加纸
	卡纸指示灯亮,在复印机或配件中有纸误送情况	检查卡纸位置,并清除卡纸
	维护保养指示灯亮,需进行维护保养	请进行维护保养
	呼叫维修指示灯亮,复印机出现技术故障	重新将复印机复位,若该灯仍亮,请检修

任务实训

按要求复印文件

(1)复印一篇约5页厚的文稿(双面复印)。
(2)将身份证正反面复印到一张A4纸上。
(3)将一份材料按50%的比例缩印。
(4)复印一本书中的几页内容,注意清除阴影和黑边。
(5)将某份材料复印10份。

任务9.4　扫描仪的使用与日常维护

学习目标

- 学会安装扫描仪;
- 熟练使用扫描仪进行扫描;
- 了解扫描仪日常维护和常见故障的排除方法。

任务引入

某中学计划搞一次大型的校庆活动,搜集了很多宝贵的历史资料。现在需要将其中一些资料(老照片、证书、单据、部分实物等)制成电子版,以便长期保存或作宣传之用。

任务分析

扫描仪是一种能够捕获图像和将原始的线条、图形、文字、照片、平面实物等转换成可以编辑及可以加入文件中的设备,它由扫描头、控制电路和机械部件组成。扫描过程很简单,把要扫描的材料放在扫描仪的玻璃台面上,运行扫描软件,扫描仪就将图像扫描到图像编辑软件中,并以文件格式存储。本案例中使用的扫描仪是清华紫光 Uniscan F22A 扫描仪。

任务实施

一、扫描仪的基本知识

1. 扫描仪的分类

常见的扫描仪有三类,分别是手持式扫描仪、小滚筒式扫描仪和平台式扫描仪,其中平台式扫描仪是现在的主流。这类扫描仪光学分辨率为 300 ~ 8000dpi,色彩位数从 24 位到 48 位,扫描幅面一般为 A4 或者 A3。平板式的好处在于使用方便,只要把扫描仪的上盖打开,不管是书本、报纸、杂志、照片底片都可以放上去扫描,而且效果很好。

其他的扫描仪类型还有大幅面扫描用的大幅面扫描仪、笔式扫描仪、条码扫描仪、底片扫描仪和实物扫描仪,另外还有主要用于印刷排版领域的滚筒式扫描仪等。

2. 扫描仪的工作原理

扫描仪首先对原稿进行光学扫描,然后将光学图像传送到光电转换器中变为模拟电信号,再将模拟电信号变换成为数字电信号,最后通过计算机接口送至计算机中。

3. 平台式扫描仪扫描图像的步骤

步骤一 将欲扫描的原稿正面朝下铺在扫描仪玻璃板上,可以是文字稿件或者图纸照片。

步骤二 启动扫描仪驱动程序后,安装在扫描仪内部的可移动光源开始扫描原稿。为了均匀照亮稿件,扫描仪光源为长条形,并沿横向扫过整个原稿。

步骤三 照射到原稿上的光线经反射后穿过一个很窄的缝隙,形成沿原稿的横向光带。经过一组反光镜,由光学透镜聚焦并进入分光镜,经过棱镜和红绿蓝三色滤色镜得到 RGB 三条彩色光带后,彩色光带又被转变为模拟电信号,再被模拟/数字转换器转换成计算机能够接受的二进制数字电信号,最后通过计算机接口送至计算机显示出来。

二、扫描仪的安装与使用

1. 扫描仪驱动程序及应用程序的安装

步骤一 启动 Windows 7(建议不要运行其他程序),将安装光盘放入计算机的光驱中,安装光盘自动运行。

步骤二 单击“安装扫描仪驱动程序”按钮,系统开始进行安装程序的准备;接下来出现“欢迎安装 Uniscan F22A”的界面,如图 9.25 所示,单击“下一步”按钮。

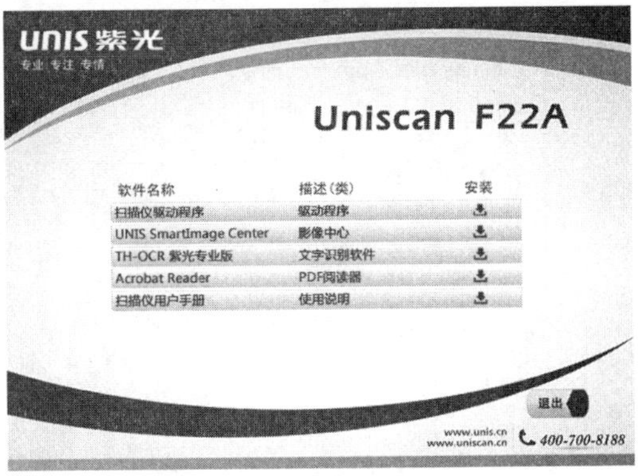

图9.25　“欢迎安装 Uniscan F22A”界面

步骤三　确定要安装程序后，单击“安装”按钮，系统自动开始安装驱动程序；显示安装完毕后单击“完成”按钮，完成驱动程序的安装。

知识链接：①用户必须完成软件安装后，再把扫描仪连接到计算机。否则软件可能无法正确安装，扫描仪可能无法正确使用。②如果用户的计算机光盘无法自动运行，可按下面的方法进行安装：执行“开始”→“运行”命令，在“运行”对话框的“打开”文本框中输入“DRIVE:\Autorun.EXE”，DRIVE 是用户的光驱盘符（如“E”），然后单击“确定”按钮，即可出现安装界面，您可参照屏幕提示进行驱动程序及应用软件的安装。

2. 扫描仪连接到计算机

步骤一　将自动送纸器的连线接口连接到平台扫描仪的对应接口中，将电源适配器的一端连接到扫描仪后端的电源插口。

步骤二　将电源线两端分别插入电源适配器及电源插座（注意：本机仅适用于220V 标准电源，电源插座应装在设备的附近，而且应便于触及）。

步骤三　将 USB 连接线的一端连接到扫描仪后端的 USB 接口，将 USB 连接线的另一端连接至计算机的 USB 接口（为保证能获得最好的扫描速度，建议使用 USB 2.0）。

3. 使用扫描仪扫描

(1)用 TWAIN 来完成扫描。

扫描仪随机附赠软件中的 TWAIN 是一个很重要的程序。它介于扫描仪硬件与图像编辑软件之间。

步骤一　双击 Windows 7 系统任务栏上的图标，弹出“Uniscan F22A Wizard”对话框。

步骤二　在“Uniscan F22A Wizard”对话框中，设置扫描模板为“Scan Utility(0)”，再选择已安装的图像软件程序，单击应用程序后面的“选择”按钮，本案例中选择“光影魔术手”，然后选择文件保存路径，用以保存扫描的图像生成路径，设置完毕后，如图9.26 所示，单击“执行”按钮。

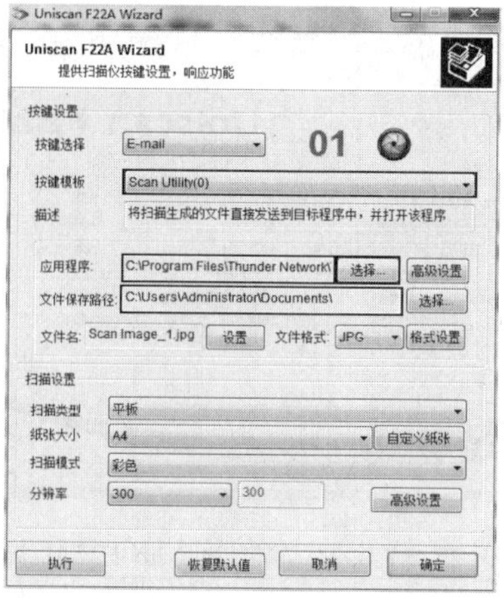

图 9.26　“Uniscan F22A Wizard”对话框

步骤三　将图像进行扫描,扫描完成后进入“光影魔术手”编辑区中,在该对话框中可对扫描的图像进行设置,如图 9.27 所示。设置完成后,即可打印输出。

图 9.27　“光影魔术手”编辑区

(2)用扫描仪按键来完成扫描。

使用扫描仪按键来完成扫描工作非常方便。扫描仪面板上显示的扫描任务数字是通过按键精灵设置的。按键精灵提供用户最便捷的方式调用常用的扫描功能。当用户需要重复使用相同的设置重复扫描并送到相同的目标程序时,这些功能就相当有用。

在用户第一次通过扫描仪按键进行扫描之前,最好先根据用户的需要和偏好设置按键功能。将文件或图像放入扫描仪中,通过按键设置窗口检查当前的按键装置。如果需要,您还可以调整设置以符合用户的当前要求。按下相应按键,选择需要的任务,按下按钮扫描仪就立即开始扫描,完成用户在按键设置窗口中设置的相应动作。

三、扫描仪的日常维护与保养

扫描仪的日常维护与保养，主要包括以下几个方面。

1. 定期做好清洁工作

扫描仪是一种对清洁度要求较高的设备，一定要认真做好清洁工作。扫描仪中的玻璃平板以及反光镜片、镜头，如果落上灰尘或者其他杂质，会使扫描仪的反射光线变弱，从而影响图片的扫描质量。为此，尽量要在无尘或者灰尘少的环境下使用扫描仪。用完以后，要用防尘罩把扫描仪遮盖起来，以防止更多的灰尘侵袭。当扫描仪长时间不使用时，还要定期地进行清洁。对外壳或原稿玻璃板，应该用浸过清水的稍潮软布轻轻擦拭。

2. 保护好光学部件

扫描仪在扫描图像的过程中，通过一个叫光电转换器的部件把模拟信号转换成数字信号，然后再送到计算机中。这个光电转换设备非常精密，光学镜头或者反射镜头的位置对扫描的质量有很大的影响。因此在工作的过程中，不要随便地改动这些光学装置的位置，同时要尽量避免对扫描仪的震动或者倾斜。

3. 不要擅自拆修

遇到扫描仪出现故障时，不要擅自拆修，一定要送到厂家或者指定的维修站去维修，另外大部分扫描仪都带有安全锁，在运送扫描仪时，一定要把扫描仪背面的安全锁锁上，以避免改变光学配件的位置。

四、扫描仪常见故障的排除

表9.5为扫描仪使用过程中常见的故障现象、可能原因及排除方法。

表9.5　扫描仪常见故障现象、可能原因及排除方法

故障现象		可能原因	排除方法
一般故障	扫描软件找不到扫描仪或扫描仪不工作	扫描仪电源未接通	确认电源已经接通
		扫描仪与计算机未连接或连接不好	检查所有连线连接是否妥当
		扫描软件或驱动安装不正确	重新安装扫描软件和驱动程序
	面板上的按钮操作失灵	可能是扫描仪属性设置不正确	在控制面板中，正确设置扫描仪属性
	扫描仪发出噪声	可能是扫描仪上锁或内部部件故障	核实扫描仪锁处于开启位置
	扫描件被扭曲	原件倾斜度大于10	将扫描仪上原件摆正，重新扫描
	扫描件打印不正确	打印机属性或输出类型设置不正确	检查打印机属性，或者更改输出类型

续表

故障现象		可能原因	排除方法
图片或照片扫描	获取的图像色彩与原件色彩不同	不同的操作系统使用不同的调色板,如果在一个操作系统上扫描原件,然后用于另一个系统,色彩可能不正确	为打印机更改墨盒;如果目的地是图像编程器,可在图像编辑程序中修改色彩
	原件效果很好,但扫描件图像模糊或在应用程序中编辑时图像变形	如果是输出到色彩喷墨打印机,打印机中可能无墨	扫描照片或彩色图片时,最好在更改输出尺寸对话框中更改尺寸,而不要在目的应用程序中更改
	扫描的图片文件用于网页时,效果不好或调用速度太慢	有关图片的扫描设定不恰当	要在网页上使用文件,请在扫描时使用.gjf、.jpg 或.fpx 格式保存,并将分辨率设定为 75dpi。另外,最好使用正确彩色照片输出类型,而不要使用最佳彩色照片,以便减少扫描件中的色彩数目
文字扫描转换和 OCR	文字处理程序中转换后文字的字体与原件字体不同	OCR 转换并不总保留字体、字形等排版信息,一般使用文字处理程序的默认字体	必要时从文字处理程序中重新设置文字格式
	无法在文字处理程序中编辑扫描文字	HP 扫描软件可能把扫描件识别为图形或照片	在图像窗口中,以手动方式将输出类型更改为文字,重新将扫描件输送至目的地
	文字处理程序中的转换文字包含错误	OCR 过程有时会出现错误,某些字体转换可能不如其他字体理想。另外,比例间距字体及某些衬线字体转换比较困难	欲获得最佳效果,应扫描清洁的原件。同时,可使用文字处理程序的拼写检查程序纠正剩余错误
	HP 扫描软件把文字看作照片	有背景的文字、与图形重叠的文字或颠倒的文字常常被识别为照片	以手动方式,将输出类型更改为文字后重新扫描至目的地。若依旧发生错误,只有在文字处理程序中将文字用作照片或者在文字处理程序中重新键入文字

任务实训

使用和维护扫描仪

(1)使用扫描仪扫描几幅照片(要求使用扫描仪自带的扫描软件)。

(2)使用扫描仪扫描证书或发票(要求使用 ACDSee 或 Photoshop 软件)。

(3)对办公扫描仪做一次清洁维护。

任务9.5　刻录光盘

学习目标

- 学会安装光盘刻录机；
- 学会安装刻录软件 Nero；
- 熟练掌握刻录视频光盘和数据光盘的方法。

任务引入

现在每个人的数据资料越来越多，如何存储好自己的数据成为一个问题。存在电脑硬盘里的数据，虽然容量大但容易被删除格式化；U 盘容量小，且容易丢失；移动硬盘容量大，但携带麻烦，每次都要带一根数据连接线。而光盘容量大，速度快，安全方便，里面的数据经过长期存储也不会丢弃。如何将数据（如视频、文档、表格等）刻录到光盘里，是本任务要解决的问题。

任务分析

通过光盘刻录机将硬盘上的视频文件转刻到光盘上，就可以在普通的 VCD 或 DVD 机上播放了。通过光盘刻录机将硬盘上的重要数据备份到廉价、安全的光盘上，也是目前非常有效的保护数据的方法。

当然，要刻录光盘，不但需要光盘刻录机，还需要刻录软件。刻录机根据外形的不同，分为内置式和外置式。我们平时常见的多为内置式，它的外形与光驱一样，安装在计算机机箱内部，占用机箱面板的一个 5.25 英寸的扩展槽。光盘刻录软件中，Nero 无疑是市场占有率最高的一款。Nero 支持中文长文件名刻录，支持数据光盘、音频光盘、视频光盘、启动光盘、硬盘备份以及混合模式光盘刻录，操作简便并提供多种可以自定义的刻录选项，是一个相当不错的光盘刻录软件。

任务实施

一、刻录机的安装

1. 刻录机硬件的安装

USB 接口刻录机的安装与其他 USB 设备的安装一样。IDE 接口刻录机的安装与普通内置硬盘的安装一样，只要设定好主从跳线即可。

2. 刻录机驱动程序的安装

刻录机驱动程序是否需要手动安装，视所用的刻录机和操作系统而定。一般 IDE 刻录机在 Windows 2000 以上的操作系统上都可以自动找到，而 USB 刻录机，大多需要手动安装驱动程序，方法与其他硬件驱动程序安装一样。安装后，在“计算机”属性里查看“设备管理器”，在“DVD/CD－ROM 驱动器”一栏，应出现相应刻录机的信息。

知识链接：为了保证 IDE 接口刻录机的工作稳定，最好让刻录机独占一个 IDE 接口，当然如果实在没有办法，最好将刻录机的跳线设为主设备(Master)。

二、刻录软件 Nero 的安装

1. Nero 的下载

登录 Nero 官方网站 http://www.nero.com，下载 Nero 最新版本的试用版。此处使用的是 Nero 8 版本。

2. Nero 的安装和启动

步骤一　下载成功后，双击安装文件，首先选择安装语言为“简体中文”，依次单击“下一步”按钮，即可完成安装。

步骤二　首次运行该软件时，会要求进行合法用户确认，只要输入正确的序列号，如图 9.28所示，单击“确定”按钮即可。

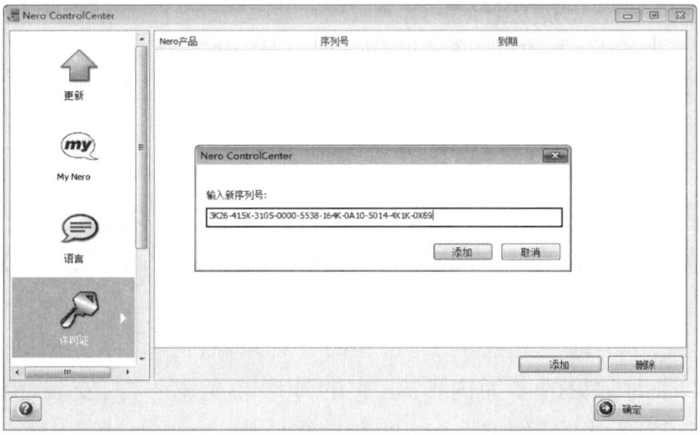

图 9.28　输入正确的序列号

步骤三　运行 Nero Express，主界面如图 9.29 所示。

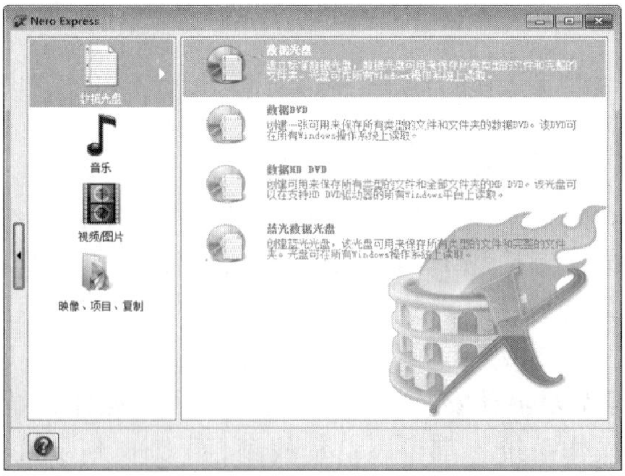

图 9.29　“Nero Express”主界面

知识链接：在“选择额外任务”窗口中，建议不要选择“将标准的映像文件关联到 Nero”复选框，因为选择之后所有被选中的文件都会使用 Nero 来打开，而 Nero 的启动时间相对比较缓慢——打开一张很小的图片也要使用很长的时间。

三、刻录视频光盘

步骤一 将空白光盘放入刻录机中，单击“Nero Express”主界面的“视频/图片”按钮，进入视频/图片刻录面板，如图 9.30 所示。这里提供了 Video CD、Super Video CD、DVD 视频文件三种视频格式的刻录，可根据自己的需求进行选择。

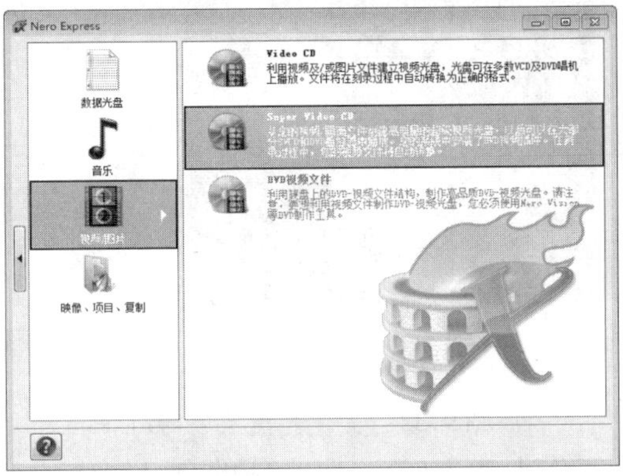

图 9.30 视频/图片刻录面板

步骤二 单击“Super Video CD”格式按钮，进入添加视频文件窗口。单击右侧的“添加”按钮，为光盘添加视频文件，找到文件所在目录，选中文件后单击下面的“添加”按钮，添加后的页面如图 9.31 所示。

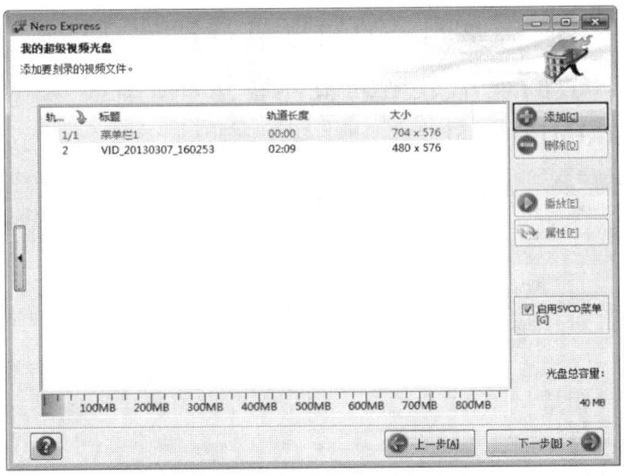

图 9.31 添加视频文件

选中添加的文件，单击右侧的“播放”按钮，看是否可以播放，要想同时添加几个视频文件，可以再次单击“添加”按钮，选中文件单击“删除”按钮，则可删去不想要的文件。

步骤三 文件添加好以后单击“下一步”按钮，出现美化光盘菜单窗口。单击窗口右侧的按钮（如“布局”“背景”“文字”），进行相应的设置，更改菜单外观，使其更美观，如图 9.32 所示。

步骤四　单击“下一步”按钮,进入“最终刻录设置”窗口,在此处用户还可以更改光盘名称或者选择默认,然后单击“刻录”按钮,进行刻录。

步骤五　当绿色的进程条走到尽头时,弹出“保存映像文件”对话框,用户可以选择保存的路径和文件名(默认的路径“我的文档”,文件名为“Image”),单击“保存”按钮,系统提示“刻录完成”。在“刻录完成”对话框中,用户可以选择打印或者保存详细报告。

步骤六　单击“下一步”按钮,进入“选择项目”窗口,在这个窗口中,可以单击选择“再次刻录同一项目”,也可以单击“封面设计程序”选择设计并制作光盘的封面。如果不再刻录,可直接关闭窗口,退出 Nero。

图 9.32　美化光盘菜单窗口

至此,视频光盘的刻录工作大功告成,一张崭新的自己制作的光盘诞生了!

四、刻录数据光盘

步骤一　将空白光盘片放入刻录机中,单击“数据光盘”按钮,选择“数据光盘”选项卡,弹出“将数据加入光盘”窗口。

步骤二　单击“添加”按钮,将要刻录的数据进行添加,窗口列表中可以看到已经添加的数据,如图 9.33 所示。窗口下面显示数据的整体容量(图中显示 686MB),一定不要超过刻录盘的指定容量(图中显示 800MB),否则将无法进行刻录。

图 9.33　添加数据

步骤三　添加完成后，单击“下一步”按钮，进行最终刻录设置，在此选择刻录机名称，输入光盘名称，勾选“刻录后检验光盘数据”和“允许以后添加文件(多区段光盘)”，如图9.34所示。

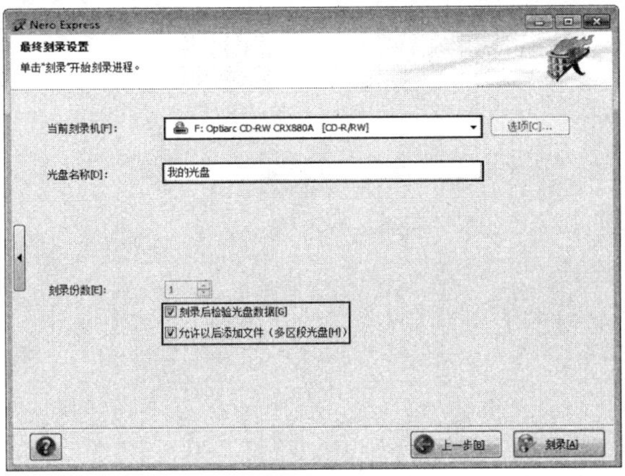

图9.34　刻录设置

步骤四　单击“刻录”按钮，开始刻录，如图9.35所示。

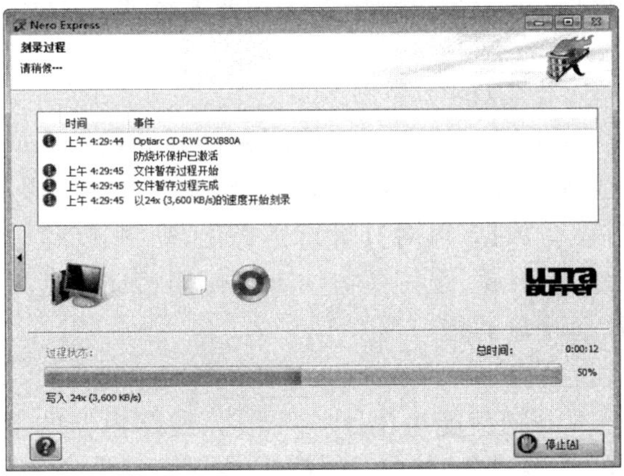

图9.35　开始刻录

当刻录完成后，系统提供给用户三个选择：“新建项目”、“封面设计程序”和“保存项目”，用户可以根据需要自行选择决定。如果不需要继续刻录，关闭窗口退出Nero。

任务实训

制作个性化光盘

(1)将自己喜爱的视频文件整理好，然后刻录在一张光盘上，要求设计个性化的播放菜单(包括布局、背景、文字等)。

(2)将硬盘上的一些重要文件刻录到光盘上保存。

(3)根据某个主题(如音乐家、流行、经典等)收集自己喜爱的歌曲刻录成音乐CD，要求音轨之间无停顿，为光盘添加标题文本，并且将与前一个音轨交叉淡入/淡出的时间设置为“1秒”。

(4)先将一张CD光盘生成映像文件并保存在硬盘上，然后将此映像文件刻录成光盘。

任务 9.6　移动存储设备的使用与无线上网设置

学习目标

- 能够熟练使用移动硬盘和 U 盘；
- 了解使用移动存储设备的注意事项；
- 学会连接和设置无线路由器。

任务引入

随着现代社会信息化的日益进步，个人或企业用户信息交换更加频繁，同时网络的普及也使我们能够通过网络获取到大量的资料和信息。但是，在没有联网的、不同的计算机之间，如何对数据进行交换和传递呢？笔记本电脑用户又如何上网呢？

任务分析

在不同计算机之间交换和传递数据，可以使用移动存储设备。U 盘是一种采用 USB 接口的无须物理驱动器的微型高容量移动存储产品，使用非常简单方便，只要插到计算机的 USB 接口上，就可独立地存储读/写数据，可对其进行格式化、复制、删除等操作并支持热插拔，可随时取下或接上。对于容量大的数据，最好的方法就是使用移动硬盘。如果使用移动硬盘，一定要注意计算机是否支持移动硬盘的接口。

如果办公室内的台式机已经通过局域网接入 Internet，再增加一台无线路由器（带有无线覆盖功能的路由器），笔记本电脑就能上网了。一般无线路由器的覆盖范围为几十米到一百米，它把无线和有线连接的终端都分配到一个子网，使得子网内的各种设备可以方便地交换数据。另外无线路由器的 4 个有线端口也很实用，可以连接几台有线的 PC。

任务实施

一、移动硬盘和 U 盘的使用方法

1. 移动硬盘的安装和使用

移动硬盘一般由台式计算机硬盘或者笔记本电脑硬盘改装而成，通常按产品的接口类型分为 USB 1.1、USB 2.0 和 IEEE 1394 三种，其数据传输速率不同，USB 1.1 的最大速度是 12MB/s，USB 2.0 支持高达 480MB/s 的峰值速率，1394 接口的速度是 400MB/s。

当前普遍使用的移动硬盘基本上都是 USB 接口。在 Windows 2000 以上版本的操作系统中使用时，不须手动安装驱动，用 USB 电缆连接后，系统会自动载入驱动，可直接使用。

2. U 盘的安装和使用

U 盘，也称闪盘、闪存，它利用 Flash 闪存芯片作为存储介质，采用 USB 接口，可擦写 100

万次，体积小，容量大，使用极其方便，可通过开关写保护，能承受3m以下自由落体时的撞击，不易损坏，数据安全。尤其是新近出品的计算机大都有前置USB接口，为使用这类USB设备带来了更大的方便。另外，较新型的计算机主板，还可以通过设置，支持从USB设备启动，有的U盘还可直接支持音乐文件播放，更使其成为时尚用品。

U盘与移动硬盘的安装和使用基本一样，在Windows 2000以上版本的操作系统中使用时，不须手动安装驱动程序。部分U盘在某些计算机（特别是笔记本电脑）上使用时，需提供外接电源，一般通过专用的电源连接线从键盘或鼠标接口获得。

二、使用移动存储设备的注意事项

1. 避免使用USB延长线

在实际使用移动存储设备的时候，考虑到计算机摆放位置等方面的原因，不少人会选用USB延长线来连接移动磁盘和计算机。殊不知，延长线的使用，一方面会增加连接线缆的长度，造成数据传输信号的衰减，导致数据传输的不稳定；另一方面，一旦使用了质量比较低劣的杂牌USB延长线时，移动磁盘的USB接口很难与USB延长线的接口在尺寸上保持匹配，不是太紧就是太松，都会影响到正常的插拔操作，端口极易出现锈蚀现象。因此，尽量不要使用USB延长线进行中转连接；确实需要使用延长线的话，也必须去选购知名品牌、质量好而且长度不能太长的USB延长线。

2. 及时移除移动存储设备

不少人为了图省事，无论用还是不用移动存储设备，一旦将它连接到计算机上后，就不知道将它及时从计算机的USB接口中拔除下来。殊不知，计算机的操作系统一旦启用了休眠记忆功能，当我们使用该功能将操作系统恢复到正常运行状态时，与计算机时刻保持连接的移动磁盘可能就会受到计算机的“冲击”，一旦冲击次数较多，移动磁盘的反应灵敏度就会下降，严重的话移动磁盘会发生短暂性“休克”现象。另外，来自网络的病毒或木马有可能通过计算机的USB端口，对移动磁盘进行攻击。为此，在长时间不需要使用移动存储设备的情况下，一定要将它从计算机中拔下来，这样不但能够确保移动存储设备不受计算机的潜在威胁，还能空出有限的USB接口，方便其他USB设备的正常工作。

3. 插拔细节不容忽视

尽管USB接口的移动磁盘支持热插拔功能，但绝对不能对它进行随心所欲的插拔，为了保证移动磁盘的传输性能始终稳定，必须注意以下几个插拔细节：

（1）在读/写数据的过程中不能对移动存储设备进行插拔操作。

（2）对移动存储设备的插拔操作不能太过频繁，防止接口磨损或者发生系统运行错误和死机现象。插拔操作之间一定要保持5秒钟以上的间隔时间。

（3）在将移动存储设备插入计算机中时，千万不要用蛮力。

4. 注意外界使用环境

平时一定要将移动存储设备放置在干燥、通风的环境中，对于长时间不用的移动存储设备也要定期拿出来用一用。使用时应放在平稳的地方，避免受到震动。移动硬盘、U盘这些移动存储设备容易受到磁场和辐射的干扰，必须保持它们远离手机、音箱等强磁场、强辐射。

三、无线上网设置

在移动办公中,往往需要进行无线上网设置。下面以某单位图书馆的无线上网设置为例,说明无线上网的一些操作设置。

1. 无线上网的终端配置

(1)对于集成无线网卡的笔记本电脑,不需要配置某些无线网卡。

(2)未集成无线网卡的笔记本电脑,则需购置 PCMCIA 或 USB 接口无线网卡。

(3)台式机需要购置 PCI 接口无线网卡或 USB 接口无线网卡。

2. 无线网卡的安装

无线网卡包括以下三种不同类型:

(1)PCMCIA 无线网卡。这类网卡内置大功率的自适应天线,覆盖范围较大,适合笔记本电脑使用。由于该卡只占用一个 II 型 PCMCIA 插槽,可以方便地利用其他插槽扩展计算机。

(2)PCI 无线网卡。这类网卡适用于台式计算机,特点是即插即用。

(3)USB 无线网卡。这类网卡通过 USB 接口连接,对于两种计算机都适用。

新型的笔记本电脑一般都集成“迅驰”技术,无线连接部分已经内置并启用。其他需要重新安装外置无线网卡的笔记本电脑或者台式机,在第一次使用无线网卡时需要安装网卡驱动程序,一般使用购置网卡时自带的安装光盘进行安装,若无自带安装光盘,则需要根据网卡型号上网搜索对应驱动程序,下载后安装,安装过程采用默认设置即可。

3. 网络连接设置

网卡安装成功后,即可进入网络连接设置,其操作步骤如下。

步骤一　右击桌面上的“网络”图标,执行“属性”命令,打开“网络和共享中心”窗口,如图 9.36 所示。

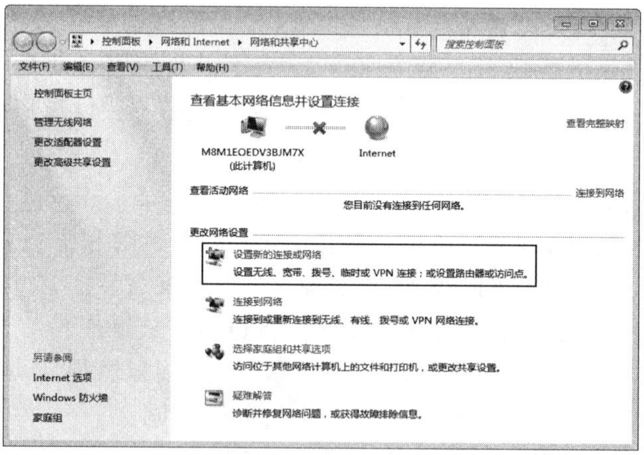

图 9.36　“网络和共享中心”窗口

步骤二　选择“设置新的连接或网络”选项,弹出“设置连接或网络”对话框,如图 9.37 所示。

图 9.37　“设置连接或网络”对话框

步骤三　选择“连接到 Internet”选项，单击“下一步”按钮，弹出“连接到 Internet”对话框。

步骤四　在“连接到 Internet 对话框”中选择“创建新连接”选项，单击“下一步”按钮，弹出如图 9.38 所示的对话框。

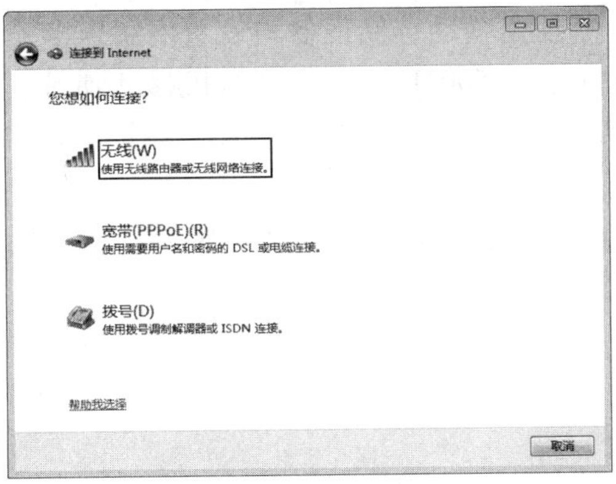

图 9.38　连接无线

步骤五　在“连接到 Internet”对话框中，选择“无线（W）”选项，弹出如图 9.39 所示对话框。

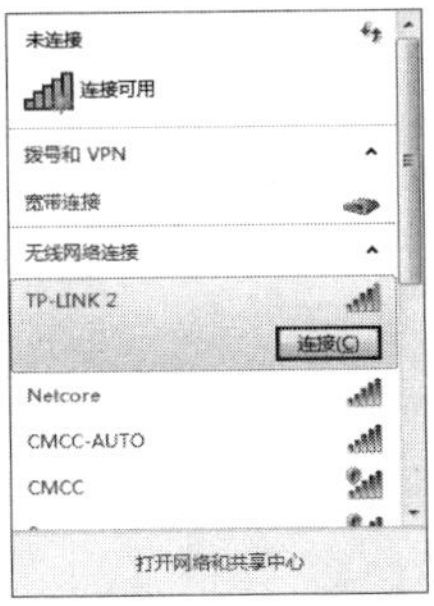

图 9.39　“无线（W）”选项

步骤六　单击“TP－LINK 2”后的“连接”按钮，则可将笔记本电脑连接到无线网络中，如图 9.40 所示。

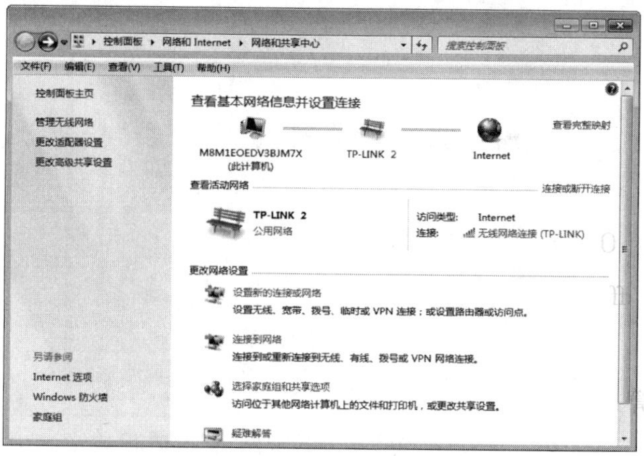

图 9.40　连接到无线网络

任务实训

使用移动存储设备与设置网络连接

(1)使用 U 盘将某文件(小于 500M)从一台计算机移动到另一台计算机上。

(2)使用移动硬盘将某文件(大于 1G)从一台计算机移动到另一台计算机上。

(3)查看计算机上的各类网络连接状况。

(4)购置一个无线路由器,为办公室内的笔记本电脑设置无线上网。

参考文献

[1]金松河. 最新Office2016高效办公六合一[M]. 北京:中国青年出版社,2018.

[2]文杰书院. Office2016电脑办公基础教程(微课版)[M]. 北京:清华大学出版社,2020.

[3]互联网+计算机教育研究院. Office2016三合一职场办公效率手册[M]. 北京:人民邮电出版社,2020.

[4]龙马高新教育. Office2016办公应用从入门到精通[M]. 北京:北京大学出版社,2016.

[5]文杰书院. Office2016电脑办公基础与应用(Windows7+Office2016版)(微课版)[M]. 北京:清华大学出版社,2019.

[6]刘玉红,王攀登. Office2016高效办公实战[M]. 北京:清华大学出版社,2018.